복 있는 사람

오직 여호와의 율법을 즐거워하여 그 율법을 주야로 묵상하는 자로다.
저는 시냇가에 심은 나무가 시절을 좇아 과실을 맺으며 그 잎사귀가 마르지 아니함 같으니
그 행사가 다 형통하리로다. (시편 1:2-3)

설교와 설교자

D. MARTYN LLOYD-JONES

Preaching and Preachers

설교와 설교자

마틴 로이드 존스 지음 | 정근두 옮김

복 있는 사람

설교와 설교자

2005년 10월 6일 초판 1쇄 발행
2011년 10월 7일 초판 16쇄 발행
2012년 4월 5일 증보판 1쇄 발행
2025년 6월 25일 증보판 15쇄 발행
지은이 마틴 로이드 존스
옮긴이 정근두
펴낸이 박종현
(주) 복 있는 사람
서울특별시 마포구 연남동 246-21 (성미산로 23길 26-6)
전화 723-7183 (편집), 723-7734 (영업·마케팅)
팩스 723-7184
hismessage@naver.com
등록 1998년 1월 19일 제1-2280호
ISBN 979-11-7083-093-1

Preaching and Preachers
by D. MARTYN LLOYD-JONES

Copyright ⓒ 1971 by D. Martin Lloyd-Jones
Originally published in Great Britain in 1971 in English under the title
Preaching and Preachers
Published by Hodder & Stoughton A Division of Hodder Headline Ltd., 338 Euston Road London NW1 3BH UK.
Translated and used by the permission of Hodder & Stoughton through the arrangement of rMaeng2, Seoul, Korea.
The essays in this book are used by permission of Zondervan, 5300 Patterson Avenue SE Grand Rapids, MI USA.
The essay by John Piper is copyrighted and is used by permission in this book. All other rights are reserved.
All rights reserved.
This Korean edition Copyright ⓒ 2005 by The Blessed People Publishing Inc., Seoul, Korea.

이 한국어판의 저작권은 알맹2 에이전시를 통해 Hodder & Stoughton과 독점 계약한 (주) 복 있는 사람이 소유합니다. 신 저작권법에 의하여 한국 내에서 보호를 받는 저작물이므로 무단전재와 복제를 금합니다.

과거와 현재를 망라한
웨스트민스터 협회의 모든 설교자들에게

| 차례 |

편집자의 말　9

서문　11

저자 서문　14

1. 설교라야만 한다　　　　　　　　　19
2. 대안은 없다　　　　　　　　　　　45
3. 설교문과 설교 행위　　　　　　　　75
4. 설교문의 형식　　　　　　　　　　107
5. 설교 행위　　　　　　　　　　　　135
6. 설교자　　　　　　　　　　　　　167
7. 회중　　　　　　　　　　　　　　201
8. 메시지의 성격　　　　　　　　　　235
9. 설교자의 준비　　　　　　　　　　269

10. 설교문의 준비　　　　　　　　301

11. 설교문의 형태　　　　　　　　333

12. 예증, 웅변, 유머　　　　　　　363

13. 피해야 할 것들　　　　　　　　393

14. 결단의 요청　　　　　　　　　427

15. 함정과 낭만　　　　　　　　　457

16. "성령의 나타나심과 능력"　　　491

「설교와 설교자」 출간 40주년, 헌정의 글　525
　　존 파이퍼 · 팀 켈러 · 마크 데버 · 브라이언 채플
　　케빈 드영 · 리건 던컨 · 정근두 · 김서택 · 김남준

연구와 토론을 위한 질문　573
옮긴이의 글　583

편집자의 말

「설교와 설교자」는 고전이다. 과대 허위 광고에 익숙한 세상 사람들에게는 따분한 소리로 들리겠지만, 이 책은 분명히 고전이 맞다. 1969년 봄, 마틴 로이드 존스 박사는 필라델피아에 있는 웨스트민스터 신학교에서 설교의 본질을 탐구하고 그 중심성을 감동적으로 옹호하는 강의를 했다. 그 강의가 「설교와 설교자」라는 제목으로 묶여서 1972년 3월에 출간되었다. 이제 우리가 40주년 기념증보판을 내놓는 것은 로이드 존스의 유산을 기념하고, 그의 지혜와 열정을 새로운 세대에 소개하기 위해서다. 설교에 관한 한 박사는 특별한 재능과 식견을 갖춘 사람이었고, 자기주장이 강한 사람이었다. 독자들은 이 책의 메시지가 40년 전 못지않게 지금도 생생히 적용된다는 사실을 발견할 것이다.

증보판에는 1972년 출간된 초판의 내용을 그대로 담았다. 원래 메시지에 전혀 손을 대지 않았다. 그러나 높은 인기를 누리고 있는 이 책에 좀 더 쉽게 접근할 수 있도록 몇 가지 요소를 덧붙였다. 독자들의 읽기를 수월하게 하기 위해 소제목들을 달았고, 모임에서 토론을 하거나 개인적으로 숙고할 수 있도록 각 장마다 질문들을 수록했다. 더 나아가 현재 설교자로 사역하고 있는 몇 사람이 이 책의 영향과 로이드 존스가 자신들의 삶에 끼친 영향에 대해 쓴 글들을 함께 실었다. 편집자인 나를 포함하여 브라이언 채플Bryan Chapell, 마크 데버Mark Dever, 리건 던컨Ligon Duncan, 팀 켈러Timothy Keller, 존 파이퍼John Piper가 쓴 이 글들을 통해, 고전이라고 불러 마땅한 이 책을 새로운 설교자 세대에 소개하는 것이 곧 교회를 섬기는 길이라 믿는다.

설교에 관한 여러 책들 중에서도 이 책만큼 설교의 동기를 강하게 부여해 주는 책을 나는 알지 못한다. 목회자들은 이 책을 통해 설교의 낭만을 재발견하게 될 것이다. 그리고 일반적인 그리스도인들은 설교 사역이 무엇인지, 설교가 왜 교회 사역에서 가장 중요한 자리를 차지해야 하는지 더 잘 이해하게 될 것이다. 내가 이 책을 사랑하는 것은, 하나님이 더 훌륭한 설교자들을 만드시고 그들로 하여금 더 좋은 설교를 하도록 격려하시는 일에 이 책을 사용하실 줄 믿기 때문이다. 이보다 더 긴요한 일은 없다. 강단이 살아야 교회가 산다.

케빈 드영Kevin DeYoung

서문

따로 추천할 필요가 없을 만큼 훌륭한 책들을 남긴 20세기 설교자가 있다면, 바로 마틴 로이드 존스 박사일 것이다. 이 말은 이미 설교 분야에서 고전이 되어 버린 「설교와 설교자」에 가장 먼저 적용된다. 어쩌다 보니 로이드 존스 박사에게 최고의 찬사를 돌려야 할 자리에 있게 되었다. 그가 30년간 설교했던 바로 그 강단에 서 있으니 말이다. 나는 그의 회중과 그를 따랐던 이들, 그가 회심시킨 수많은 사람들을 물려받았다. 그렇기 때문에 그가 이루어 놓은 일에 대해 권위 있게 말할 수 있다.

사람들은 내가 다음과 같은 질문을 자주 받았으리라는 것을 능히 짐작할 것이다. "마틴 로이드 존스 박사의 발자취를 따라가기가 어떤가요?" 그 대답은 세상에서 가장 쉽기도 하고, 가장 어렵기도 하다는 것이다. 무슨 뜻인지 설명해 보겠다. 로이드 존스 박사는 훌륭한 설교 원고보다 복음을 더 사랑하며, 전례典禮보다 설교를 더 사랑하고, 경건의 모양보다 하나님을 더 사랑하는 회중을 남겨 주었다. 그것은 모든 설교자의 꿈이다. 박사가 워낙 당대에 독보적인 인물이었기 때문에 그의 스타일을 모방할 생각 같은 것은 아예 하지도 않았다는 점 또한 밝혀야겠다. 그뿐만이 아니다. 사람들은 그런 설교자가 다시 나오지 않는다는 사실을 알았기에 그를 좇아 하려는 노력을 하지 않아도 너그럽게 봐주었다. 그리고 동일한 복음과 비슷한 신학, 설교의 우선성과 중심성에 대한 깊은 확신을 가졌다는 점에서 우리 두 사람은 공통점이 있었다.

다른 한편으로 "최고의 개혁주의 설교"(로이드 존스 박사에 대한 에밀 브루너Emil Brunner 교수의 평가)에 익숙한 회중 앞에 서는 것보다 더 두렵고 힘에 부치는 일은 없었다. 박사가 강단에서 놀랍게 성경을 열어 주었던 1938-1968년에 가장 어울리는 말을 찾으라면, 바로 "준비 없이 설교하느니 벌거벗고 설교하겠다"라는 말을 꼽아야 할 것이다. 우리는 그를 천재라고—정치계에 입문했으면 수상이 되었을 것이라고—말한다. 바보가 아닌 다음에야 아무도 그의 스타일에 통달할 엄두를 못낼 만큼 그의 지적인 자질은 뛰어난 것이었다.

그러나 로이드 존스 박사의 성공을 가능케 한 진정한 비결은 그런 육신적인 차원으로 설명되지 않는다. 이 책이 설교의 기술보다 설교자를, 설교 원고의 준비보다 영적인 준비를 더 강조하는 이유가 여기 있다. 이것은 정말 격려가 되는 사실이다! 천부적인 재능이 없어 위축되어 있는 설교자라면, 설교를 설교 되게 하는 유일한 것, 즉 영적인 은혜를 받을 수 있다는 사실에 감격할 것이다. 나는 로이드 존스 박사가 다른 어떤 차원에서보다 영적인 차원에서 내게 훨씬 큰 영향을 끼쳤다고 증언할 수 있다. 우리는 3년 동안—박사가 돌아가시기 몇 달 전까지—거의 매주 두 시간씩 만나서 그 다음 주에 설교할 내용을 놓고 토론하곤 했다. 그 시간을 통해 나는 더 나은 설교자가 되고 싶다는 소원이 아니라 더 나은 사람이 되고 싶다는 소원을 품게 되었다. 이 책을 읽으면서 이런 정신을 발견하지 못하는 독자는 박사의 진정한 천재성을 놓치는 것이다.

그의 책이 처음 내 삶에 찾아온 때는 1963년이었다. 내 사역에 그 책들이 가장 필요한 시기였다. 과거에 만난 어떤 저자도 이 저자처럼 나를 사로잡지는 못했다. 그 당시만 해도 얼굴 한 번 보지 못한 사이였지만 나는 친구를 만났다고 생각했다. 우리 모두 그를 친구 삼을 수 있다는 것이야말로 그가 남겨 준 유산이 아닐 수 없다. 그는 내가 들어 본 설교자 중에 가장 위대한 설교자이자 내가 만난 친구 중에 가장 좋은 친구였다.

1981년 3월
런던 웨스트민스터 채플에서
R. T. 켄달Robert Tillman Kendall

저자 서문

웨스트민스터 신학교 학생들에게 제가 원하는 목회 영역에 대해 연속 강의를 해 달라는 요청을 받았을 때, 저는 '설교와 설교자'에 대해 말하기로 마음먹었습니다. 전에도 한두 차례, 또는 세 차례에 걸쳐 '강해 설교'에 대해 강의해 달라는 요청을 받은 적이 많이 있었지만, 그때마다 불가능하다며 거절하곤 했습니다. 강해 설교에는 남에게 전수해 줄 무슨 비법이 있는 것이 아니기에 좀 더 여러 차례에 걸쳐 충분히 다룰 필요가 있다고 생각했기 때문입니다.

또한 저는 이렇게 중대한 주제와 씨름할 자신이 영 없었습니다. 몇몇 젊은 설교자들이 설교나 목회와 관련하여 동료 목회자들에게 서슴없이 충고하는 것을 볼 때마다 저는 늘 놀라움을 금할 수가 없습니다. "누가 이 일을 감당하리요?"(고후 2:16)

지금도 저는 이 강의를 책으로 출판하는 일이 선뜻 내키지 않습니다. 그럼에도 책으로 출판하는 이유가 한 가지 있다면, 그것은 제가 거의 44년에 이르는 경험을 토대로 이 강의를 했다는 점입니다.

그 기간 동안 저는 제가 시무했던 두 교회―11년 반은 남 웨일스에서, 30년은 런던 웨스트민스터 채플에서 시무했습니다―에서 정기적으로 설교했을 뿐 아니라 주중에도 여러 곳을 다니면서 설교했습니다. 남 웨일스에 있을 때에는 보통 화요일과 목요일에 외부로 나가 설교했고, 런던에 있었던 대부분의 기간에는 화요일과 수요일에 외부로 나가되 가능한 한 수요일 밤에는 돌아와 주말에 웨스트민스터 채플에서 전할 세 차례의 설교를 준비했습니다.

그 결과 저는 설교에 대해 몇 가지를 배우게 되었는데, 그것이 이 책을 내는 유일한 자격이라면 자격일 것입니다.

그 세월 동안 저는 설교에 대해 많은 책들을 읽었습니다. 그 책들을 통해 배운 것이 많다고 할 수는 없지만, 그래도 상당히 즐겁게 읽었고 대개는 재미도 있었습니다. 저로서는 일화가 많은 책일수록 더 좋았습니다.

그렇다고 이 강의를 준비하면서 그런 책들을 다시 찾아본 것은 아닙니다. 가장 좋은 강의 계획은 저 자신의 의견과 제가 직접 실천한 내용을 있는 그대로 말하는 것이라고 생각했기 때문입니다.

저는 무엇보다 실용적인 이야기를 하고자 했으며, 사람들이 종종 사적으로 물어오는 질문들이나 목회자들의 모임에서 자주 논의되는 여러 가지 세부적인 문제들을 다루고자 했습니다. 많은 강의에 나타나듯이, 어떤 경우에도 이론적이거나 추상적으로 접근하지 않도록 힘썼습니다.

이러한 의도는 이 책의 문체에도 영향을 끼쳤습니다. 저는 신학생들과 목사 안수를 받은 설교자들을 대상으로 강의했으며―어떤 의미에서 그들과 함께하는 가운데 생각나는 것들을 이야기했다고 할 수 있습니다―이 책 역시 설교자들과 설교에 관심을 가지고 있는 모든 이들을 위해 출판하는 것입니다. 따라서 친밀한 대화체 말투를 굳이 바꾸려 들지 않았으며, 소소한 몇 가지 사항만 교정했을 뿐 제가 실제로 강의한 내용을 그대로 책에 담았습니다.

저는 설교할 때 개인적인 이야기를 거의 하지 않습니다. 그러나 이 경우에도 그렇게 하는 것은 잘못이라는 생각이 들었습니다. 그래서 이 책에는 저의 개인적인 이야기나 일화가 상당히 많이 나옵니다. 저는 이런 이야기들이 제가 힘써 전하고자 한 원리들의 예증으로서 유익한 역할을 하리라 믿습니다.

제가 독단적인 주장을 편다고 이의를 제기하는 이들도 있을 것입니다. 그러나 그에 대해 변명할 생각은 없습니다. 모든 설교자는 자기의 방법에 강한 확신을 가지고 있어야 합니다. 모든 사람이 제 주장을 받아들이도록 설득할 수는 없다 해도, 최소한 다른 가능성에 대해 생각해 보거나 고려해 보도록 자극할 수는 있을 것입니다. 솔직히 저라면 제 설교를 들으려고 애써 찾아가는 수고를 하지 않을 것입니다. 실제로 제가 가장 즐겨 들은 설교자들은 저와는 사뭇 다른 방법과 표현법을 쓰는 사람들이었습니다. 그러나 저의 임무는 그런 사람들에 대해 설명하는 것이 아니라 제가 옳다고 믿는 바에 대해 진술하는 것입니다. 비록 그 교훈을 직접 실천하는 면에서는 제가 좀 미흡하다고 하더라도 말입니다. 그 결과물이 사람들에게 약간이라도 도움이 되기를, 특히 이렇게 슬프고 악한 시대에 모든 직무 중에 가장 위대한 직무인 이 일로 부름 받은 젊은 설교자들에게 도움이 되기를 바랄 뿐입니다. 다른 많은 이들과 더불어 저 또한 "추수하는 주인"께서(마 9:38) 여러 강력한 설교자들을 보내어 "측량할 수 없는 그리스도의 풍성"을(엡 3:8) 선포하게 하시기를 기도합니다.

저를 따뜻하게 맞아 주었을 뿐 아니라 강의가 진행되었던 1969년 봄 학기 6주 동안 활기찬 분위기를 만들어 주었던 웨스트민스터 신학교 학생들과 교수진, 클라우니 교수께 감사드리고 싶습니다.

강의를 녹취해서 원고를 준비해 준 E. 버니 부인에게 감사드리며, 지난 세월 내내 제 설교를 들으면서 설교라는 이 매혹적이면서도 중대한 주제의 여러 측면에 대해 저와 함께 계속 토론해 준 아내에게도 언제나처럼 감사를 표합니다.

1971년 7월

D. M. 로이드 존스

1

설교라야만 한다

왜 저는 설교에 대해 강의하고자 할까요? 여기에는 몇 가지 이유가 있습니다. 설교는 제 평생의 사역이었습니다. 저는 42년 동안 목회를 했는데, 그 사역의 주된 부분을 차지한 것이 바로 설교였습니다. 물론 설교만 한 것은 아니지만, 설교를 주로 했습니다. 게다가 설교는 제가 계속해서 연구해 온 주제이기도 합니다. 그동안 설교해 오면서 부족한 점도 많았고 실패도 많았다는 것을 압니다. 저는 바로 그 부족함과 실패 때문에 설교 전반에 대해 총체적인 관심을 가지고 많은 연구와 토론을 하지 않을 수 없었습니다. 그러나 궁극적으로 제가 기꺼이 이 강의를 수락한 이유는, 적어도 제가 볼 때에는 설교야말로 사람의 소명 중에 가장 고귀하고 위대하며 영광스러운 소명이기 때문입니다. 또 다른 이유를 밝히라면, 참된 설교야말로 오늘날 교회에 가장 긴급하게 필요한 일이기 때문이라고 주저 없이 말하겠습니다. 이것은 교회의 가장 크고 긴급한 필요일 뿐 아니라 세상의 가장 큰 필요임이 분명합니다.

설교야말로 가장 긴급한 필요라는 이 진술은 우리가 함께 논의할 첫 번째 문제를 제기해 줍니다. 설교는 정말 필요한 일일까요? 현대 교회와 현대 사회에 설교가 설 자리라는 것이 과연 있을까요? 설교는 시대에 뒤처진 방법이 아닐까요? 제가 볼 때에는 이런 질문을 던지고 생각해 보아야 한다는 사실 자체가 교회의 현 상태를 가장 잘 밝혀 주는 것 같습니다. 저는 이 사실이야말로 교회가 오늘날 세상에 영향을 끼치지 못하고 다소 위태로운 처지로 전락해 버린 주된 이유를 설명해 준다고 생각합니다. 현재 설교의 필요성과 교회 사역에서 차지하는 위치 전체가 의문시되고 있는 만큼, 우리는 이 문제부터 다루고 넘어가야 할 필요가 있습니다. 사람들은 설교에 관해 강의하거나 강연할 때 설교 방법론이나 여러 가지 수단 및 방식, 기교부터 다루는 경우가 아주 많습니다. 저는 그것이 몹시 잘못된 접근이라고 생각합니다. 우리가 먼저 다루어야 하는 것은 전제와 배경과 원리입니다. 제가 크게 오해하지 않았다면, 문제는 주로 설교가 무엇인지 정확히 모르는 데서 생겨나기 때문입니다.

그러므로 중요한 질문은 이것입니다. 우리는 설교의 정당성을 입증할 수 있습니까? 현대 세계에 설교가 대체 왜 필요합니까? 여러분도 아시겠지만, 이것은 좀 더 큰 문제의 일부에 불과합니다. 우리는 단지 설교뿐 아니라 교회 자체가 의문시되는 시대에 살고 있습니다. 여러분은 '종교적이지 않은 기독교'에 대한 말을 익히 들었을 것입니다. 이 개념을 고수하는 많은 이들은 교회 자체가 기독교 신앙의 가장 큰 걸림돌이 될 수 있다고 생각합니다. 교회는 그리스도 예수 안에 있는 진리와 세상 사람들 사이를 가로막고 서 있는 장애물이기 때문에, 그들의 표현대로라면 교회부터 제거해 버려야 하는 것입니다.

물론 우리는 교회에 대한 이러한 비판에 상당 부분 동의할 수 있습니다. 교회에 잘못된 부분이 아주 많은데도—전통주의와 형식주의, 생명력 상실 등—그것을 부인하는 것은 지극히 어리석고 안이한 태도입니다. 사실은 어떤 모임이나 공동체를 과연 교회라고 부를 수 있을지 의심이 가는 경우도 자주 있습니다. 교회는 아주 쉽게 하나의 조직으로 전락할 수 있으며, 심지어 사교 모임이나 그 비슷한 단체로 전락할 가능성이 있습니다. 그렇기 때문에 교회에 대해 총체적인 질문을 제기할 필요가 종종 있는 것입니다. 그러나 그것이 이 강의의 목적은 아니므로, 여기에서 그러한 교회의 본질을 다루지는 않겠습니다. 하지만 교회에 대한 이 일반적인 태도의 일환으로 설교의 문제가 심각하게 제기된다는 것만큼은 분명한 사실입니다. 제가 다루려는 주제는 바로 이것입니다.

현대인들이 설교에 반발하는 원인이 무엇입니까? 설교가 한때 교회의 삶에서 차지했던 위치, 사람들의 존경을 받던 위치에서 추락한 이유가 무엇입니까? 아무리 건성으로라도 교회사를 읽은 사람이라면 누구나 설교가 교회의 삶에서, 특히 개신교에서 늘 중심적이고 주도적인 위치를 차지해 왔음을 발견했을 것입니다. 그렇다면 설교의 지위와 능력이 이처럼 쇠락한 이유가 무엇입니까? 설교의 필요성 자체가 의문시되고 있는 이유가 무엇입니까?

설교의 쇠퇴와 몰락

저는 이 질문에 대한 대답을 크게 두 가지 항목으로 나누어 말씀드리려 합니다. 우선 일반적인 이유가 몇 가지 있고, 그 다음으로 교회 내부의 특정한 이유가 몇 가지 있습니다. 여기에서 '일반적'이라는 것은 교회 밖에서 흔히 통용되는 개념이라는 뜻입니다. 실례를 들어 보겠습니다. 예컨대 영국의 상황을 두고 말할 때, 저는 보통 볼드윈주의Baldwinism를 이야기합니다. 이 용어가 익숙지 않은 분들을 위해 그 뜻을 설명해 드리겠습니다. 1920년대와 30년대 영국에 스탠리 볼드윈Stanley Baldwin이라는 수상이 있었습니다. 오늘날에도 그 이름에서 별 의미를 찾을 수 없을 정도로 그리 중요한 인물이 못되었던 이 사람은 연설과 웅변이 인간의 삶에서 갖는 가치와 관련하여 일반인들의 생각에 상당한 영향을 끼쳤습니다. 그는 로이드 조지David Lloyd George, 윈스턴 처칠Winston Churchill, 버컨헤드 경Lord Birkenhead 같은 인물들이 이끌었던 연립내각 시대 이후에 권력을 잡아 수상으로 취임했습니다. 그의 선임자들은 위대한 연설가요 웅변가였습니다. 그러나 그런 재능이 없었던 스탠리 볼드윈은 자신이 그 뒤를 이어 살아남으려면 반드시 연설과 웅변의 가치를 깎아내려야 한다는 사실을 알았습니다. 그는 동시대의 위대한 웅변가였던 이 탁월한 인물들과 경쟁하기 위해 자신이 소박하고 정직하며 평범한 영국인임을 내세웠습니다. 스스로 위대한 웅변가가 아니라고 말함으로써 연설을 잘하는 사람은 신뢰할 수 없으며 별로 정직하지 못하다는 암시를 준 것입니다. 그는 그들과 자신을 대조함으로써 이러한 인상을 심어 주었습니다. 웅변술과 상상력을 대단하게 발휘할 수는 없지만, 소박하고 분명하며 정직하게 말하는 솔직한 인물로 다가서겠다는 것이 그가 채택한 노선이었습니다.

웅변과 연설의 힘에 대한 이러한 태도는 영국에서, 특히 정치인들 사이에서 큰 인기를 얻었습니다. 그러나 슬프게도 교회 또한 이러한 태도에 영향을 받았다는 것이 저의 주장입니다. 사람들은 웅변이나 수사修辭나 그에 준하는 연설을 새로운 태도로 바라보게 되었습니다. 이것은 웅변가에 대한 불신의 한 가지 표현입니다. 이러한 태도를 전면에 내세우면서 읽기의 중요성을 새롭게 강조하게 된 것은 당연한 일입니다. 옛날에는 스스로 글을 읽지 못했기 때문에 위대한 연설가나 웅변가에게 의존해야 했지만, 우리 현대인들은 좀 더 많은 교육을 받은 교양인들이기 때문에 더 이상 그런 사람들에게 의존할 필요 없이 책을 읽거나 도서관에 가면 된다는 것입니다. 게다가 우리에게는 라디오와 텔레비전이 있어서 진리에 관한 여러 가지 지식과 정보를 집에서 직접 얻을 수 있다는 것입니다. 저는 이 모든 생각이 교회에 전반적인 영향을 끼쳤으며, 설교처럼 입으로 전달되는 말에 대한 교인들과 교회의 관점에도 영향을 끼쳤다고 생각합니다.

이처럼 설교에 반하는 일반적인 분위기를 반박하는 일에 너무 많은 시간을 쓰고 싶지는 않습니다. 오직 한 가지만 지적하는 것으로 만족하겠습니다. 세상에 알려진 일부 위대한 활동가들이 위대한 연설가이자 웅변가였다는 것은 아주 흥미로운 사실입니다. 예컨대 20세기에 일어난 양차대전 기간에 영국에 등장했던 위대한 두 지도자가 모두 위대한 웅변가였던 것은 결코 우연이 아니었다고 생각합니다. 말 잘하는 사람은 실속 없는 말쟁이에 불과하다는 인상을 심어 주려 했던 자들도 역사의 분명한 사실 앞에서는 입을 다물 것입니다. 가장 위대한 활동가들은 위대한 연설가이기도 했습니다. 이것은 당연히 사람들을 열광시키고 각성시켜 행동하게 만들어야 할 지도자의 필수요건이자 지도자가 감당해야 할 역할의 일부입니다. 페리클레스Pericles나 데모스테네스Demosthenes 같은 사람들을 생각해 보십시오. 일반적인 세계 역사가 아주 분명하게 입증해 주는 사실은, 말을 할 줄 알았던 사람들, 메시지를 전달할 줄 알았던 사람들, 다른 이들에게 영향을 끼쳐서 행동하게 할 줄 알았던 사람들이 역사를 만들어 냈다는 것입니다.

설교를 쇠퇴시킨 교회의 태도

지금까지 이야기한 것은 일반론입니다. 그러나 우리가 좀 더 관심을 갖는 것은 교회 자체가 보여 주는 특정한 태도, 즉 설교의 지위를 쇠퇴시킨 교회 내부적인 이유들입니다. 저는 이 큰 항목 아래 몇 가지 중요하고 주된 요인들이 포함된다고 봅니다. 제가 서슴없이 첫 번째로 꼽는 요인은 성경의 권위에 대한 믿음이 사라지고 진리에 대한 신뢰가 약화되었다는 것입니다. 제가 이 점을 첫 번째로 꼽는 것은 이 점이야말로 주된 요인이라고 확신하기 때문입니다. 성경의 권위가 상실되면 제대로 말할 수도 없고 설교할 수도 없습니다. 설교의 위대함은 항상 주제의 위대함에 좌우됩니다. 어느 영역이든 주제가 위대하면 연설도 위대하게 마련입니다. 교회의 영역에서는 더더욱 그렇습니다. 사람들이 성경을 권위 있는 하나님의 말씀으로 믿었던 시대에는 그 권위에 근거해서 위대한 설교를 할 수 있었습니다. 그러나 그 믿음이 사라지면서 사람들은 추측하고 이론화하며 가정하기 시작했고, 말로 전하는 위대하고 웅변적인 설교는 필연적으로 퇴조하고 쇠락하기 시작했습니다. 추측과 짐작에 불과한 내용을 전하면서 성경의 위대한 주제들을 다루었던 과거의 설교자들처럼 설교할 수는 없는 노릇입니다. 이처럼 성경의 위대한 교리에 대한 믿음이 사라지면서 설교는 윤리적인 담화나 도덕적 훈계, 사회 정치적 담론에 자리를 내주게 되었습니다. 이렇게 보면 설교가 쇠퇴한 것도 이상한 일은 아닙니다. 저는 이 권위의 상실이야말로 설교가 쇠퇴한 첫 번째 원인이자 가장 큰 원인이라고 생각합니다.

두 번째 이유가 있습니다. 우리는 이런 문제들을 공정한 태도로 다룰 필요가 있습니다. 저는 이른바 '위대한 강단꾼들the great pulpiteers', 특히 19세기 후반에 등장한 인물들이 반발감을 불러일으켰다고 생각합니다. 그런 인물들은 영국에도 많았고 미국에도 많았습니다. 제가 늘 느끼는 바지만, 이 영역에서 가장 전형적인 미국인은 헨리 워드 비처Henry Ward Beecher입니다. 그는 강단꾼들에게 나타나는 주요 특징들을 완벽하게 보여 주었습니다. 이것은 아주 흥미로운 용어이며, 제 생각에는 아주 정확한 용어이기도 합니다. 그들은 설교자라기보다는 강단꾼들이었습니다. 즉, 강단을 점령하고 지배하며 청중을 지배한 사람들이었던 것입니다. 그들은 전문 직업인들이었습니다. 쇼맨십이 상당했을 뿐 아니라 회중을 다루며 그들의 감정을 자극하는 일에 전문가들이었습니다. 그들은 거의 자기가 원하는 수준까지 청중을 움직일 수 있었습니다.

저는 이런 일이 반발심을 불러일으켰다고 확신합니다. 사실 그것은 지극히 정당한 반응입니다. 제가 보기에도―그리고 제 설교관에 의거할 때도―이러한 강단꾼들은 혐오스러운 존재입니다. 현재 사람들 사이에 나타나는 반발감에 여러 모로 주된 책임을 져야 할 사람들은 바로 이들입니다. 이런 일이 하나님의 말씀인 복음 설교의 영역에서뿐 아니라 다른 영역에서도 일어났다는 것은 매우 흥미로운 사실입니다. 제가 보기에는 에드윈 해치 Edwin Hatch가 교회에 미친 그리스 사상의 영향을 다룬 책에 나오는 흥미로운 진술이 이 점을 잘 설명해 주고 있습니다. 그는 수사학 때문에, 그리고 수사학을 점점 더 많이 사용한 결과, 그리스인들의 삶에서 철학이 명성을 잃고 쇠락하게 되었다고 말합니다. 해치의 말을 인용해 보겠습니다.

역사를 좀 더 면밀히 들여다보면, 수사학이 철학을 죽였다는 사실을 알게 된다. 철학이 그 현실성을 잃고 사고와 행동의 영역에서 떠나 주해와 문학의 영역으로 옮겨 가 버린 탓에, 극소수를 제외한 모든 이들에게 철학은 죽은 학문이 되어 버렸다. 그 전파자들은 표출하지 않고서는 견딜 수 없을 만큼 진리로 충만해졌기 때문에 그것을 전파한 것이 아니라, 자신들이 세련된 문장에 능숙한 전문가들이며 그 시대 자체가 세련된 문장을 높이 평가하는 시대였기 때문에 그것을 전파했다. 요컨대 철학은 궤변이 되면서 죽어 버린 것이다. 궤변은 특정 나라나 특정 시대에만 나타나는 것이 아니라 문학이 성장하는 모든 토양에 자연스럽게 나타난다. 위대한 천재 작가가 특별한 형태의 문학을 창출해 내면, 곧이어 문체 그 자체를 위해 문체를 연마하는 일군의 무리가 등장한다. 철학이든 종교든 새로운 자극이 없으면 내용 없이 형식만 모방하는 일군의 무리가 나타나 과거의 메아리를 현재의 소리처럼 꾸미려 들게 마련이다. 똑같은 일이 기독교에도 일어났다.

이것은 아주 중요한 요점으로서, 강단꾼들이 참된 설교에 끼친 악

영향에 대해 제가 지적하는 바와 아주 실제적인 관련성이 있다고 생각합니다. 아시다시피 내용보다 형식이 더 중요해졌고, 웅변과 수사가 그 자체로 중요한 문제가 되었으며, 설교는 결국 오락의 한 형태로 전락해 버렸습니다. 진리를 언급하는 경우에도 지나가면서 잠깐 다루는 정도가 고작일 뿐, 형식이 내용보다 중요한 자리를 차지하게 된 것입니다. 우리는 지금 그에 대한 반작용이 나타나는 시대에 살고 있다고 생각합니다. 그 현상은 20세기 내내 지속되어 왔습니다. 20세기에는 특히 전도를 목적으로 한 인기 있는 설교 형태가 종종 등장하곤 했는데, 그러한 설교는 내용 없이 형식과 연출에 지나친 관심을 쏟음으로써 참된 설교의 평판을 떨어뜨리는 결과를 낳았습니다. 결국 설교는 쇼맨십이라고까지는 말할 수 없어도 제가 이미 말한 바 전문 직업인의 업무로 변질되어 버렸습니다.

마지막으로 제가 제시하고자 하는 또 다른 요인은 설교문sermon이 진정 무엇인지에 대해 잘못된 개념이 형성되었다는 것, 따라서 설교 행위preaching가 진정 무엇인지에 대해서도 잘못된 개념이 형성되었다는 것입니다. 형식에 대해 방금 지적한 내용이 여기에도 적용됩니다. 지금껏 제가 언급한 것처럼 노골적인 방식으로는 아니지만, 설교집의 인쇄와 출판도 설교에 나쁜 영향을 주었다고 생각합니다. 특히 저는 1890년대 경의 설교집 출판에 대해 언급하고 싶습니다. 이렇게 말해도 될지 모르겠지만, 저는 스코틀랜드 쪽 설교자들이 이 부분에 가장 큰 해를 끼쳤다는 느낌이 듭니다. 제가 볼 때 그들이 해를 끼친 방식은 다음과 같습니다. 그들은 실제로 문학적인 재능이 있는 사람들로서, 그들 역시 자신도 모르는 사이에 메시지의 진실성보다 문학적인 표현에 더 큰 강조점을 두게 되었습니다. 그들은 문학적이고 역사적인 인유引喩와 인용 등에 지대한 관심을 쏟았습니다. 다음에도 다루겠지만, 그들은 설교자라기보다는 수필가에 가까웠습니다. 그런데 그들이 그 수필을 설교집으로 출판했기 때문에 사람들은 그것을 설교로 받아들이게 되었습니다. 이런 경향이 설교문은 어떤 것이어야 하며 설교 행위는 진정 어떤 것이어야 하는지에 대한 교회 내 다수의 생각에 지배적인 영향을 끼친 것은 물론입니다. 따라서 저는 현재 설교가 쇠퇴한 원인의 상당 부분을 설교문과 설교 행위로 통용되었던 문학적 표출에 돌리고 싶습니다.

이 모든 일들의 결과로 설교에 대한 새로운 개념이 스며들어와 여러 가지 형태로 나타나게 되었습니다. 그중에서도 아주 의미심장한 현상은 사람들이 설교 대신 '강연'에 대해 언급하기 시작했다는 것입니다. 이 용어 자체가 미묘한 변화를 보여 주고 있습니다. 이제는 '강연'이라는 것입니다. 더 이상 설교가 아니라 '강연'이라는 것이며, 심지어 '강의'라는 것입니다. 그 차이에 대해서는 다음에 다루기로 하겠습니다. 미국에서 자신의 책 시리즈를 「조용한 이야기 *Quiet Talks*」라는 의미심장한 제목으로 출판한 사람이 있습니다. 그렇습니다. 설교자들의 '고함소리'가 아닌 '조용한 이야기'라는 것입니다! 그 큰 제목 아래 '기도에 관한 조용한 이야기', '능력에 대한 조용한 이야기' 등이 출판되었습니다. 다시 말해서 그 제목 자체가 설교하지 않겠다는 저자의 의도를 전달하고 있는 것입니다. 설교는 당연히 영성이 결여된 세속적인 것으로서, 우리에게는 난롯가에 앉아 나누는 담소나 조용한 이야기 등이 필요하다는 것입니다!

이런 개념이 교회에 들어왔습니다.

설교를 위협하는 요소들

그에 더하여 '예배 의식', 흔히 '예배의 요소'라고 불리는 부분이 새롭게 강조되기에 이르렀습니다. 이런 용어들은 쉽게 오해를 불러일으킵니다. 전에 어떤 모임에서 "우리 성공회는 당신네 자유교회들보다 당연히 예배에 더 신경을 많이 쓰고 있지요"라고 말했던 사람이 생각납니다. 그의 말뜻은 자신들에게는 예전 형식이 있지만 우리에게는 없다는 것임을 간파할 수 있었습니다. 그는 예전 Liturgy을 예배 worship와 똑같이 해석해 버렸습니다. 이처럼 설교에 대한 혼란은 점점 심각해지고 있습니다.

 이것이 지금까지의 추세입니다. 즉, 설교가 쇠퇴하면서 예배의 형식적인 요소가 강화된 것입니다. 독립교회라고 부르든 비감독교회라고 부르든 간에, 설교가 퇴조하면서 성공회의 예배 형식으로부터 점점 더 많은 아이디어들을 빌려 오고 있는 것을 보면 흥미롭습니다. 그들은 회중이 예배에 더 많이 참여해야 한다고 주장합니다. 그래서 '교독문'을 도입하고, 음악과 노래와 성가대 찬양의 비중을 늘립니다. 헌금 방식도 정교하게 만들며, 때로는 목회자와 성가대가 행렬을 지어 예배실로 입장하기도 합니다. 우리는 이러한 현상들을 통해 설교가 쇠퇴하면서 그 밖의 요소들이 강조되고 있다는 점, 사람들이 아주 의도적으로 그런 것들을 강조하게 되었다는 점을 알게 됩니다. 이것은 설교에 대한 반작용의 일부입니다. 사람들은 예배 의식과 형식, 예전에 더 큰 관심을 기울이는 것을 좀 더 고상한 일로 생각하게 되었습니다.

더 나쁜 변화는 공예배에 오락적인 요소가 늘어났다는 것입니다. 영화가 도입되었으며, 노래를 더 많이 하게 되었습니다. 말씀 읽는 순서와 기도 순서는 심각할 정도로 축소된 반면, 노래에는 더 많은 시간이 할애되고 있습니다. '찬양 사역자'가 교회의 새로운 직책으로 등장하여, 찬양 인도뿐 아니라 분위기 조성의 임무까지 맡고 있습니다. 그런데 인도자가 그 일에 너무 많은 시간을 사용하는 바람에, 정작 분위기는 조성되었지만 설교할 시간은 없는 경우도 종종 발생합니다! 이것은 메시지를 경시하는 전반적인 풍조를 보여 주는 한 가지 현상입니다.

이 모든 것에 더하여 간증도 살펴볼 필요가 있습니다. 이처럼 설교가 쇠퇴하면서 설교자들이 점점 더 간증할 사람들—특히 각 분야의 유명인들—을 많이 부르게 되었다는 것은 흥미로운 사실입니다. 그들은 대중이 복음에 좀 더 관심을 가지며 귀를 기울일 마음을 갖게 하기 위해 이런 일을 한다고 말합니다. 간증자로 초대되는 사람들 중에는 해군 제독이나 육군 장성처럼 특별한 직함을 가진 이들도 있고, 야구선수나 연극배우, 영화배우, 가수처럼 대중에게 잘 알려진 이들도 있습니다. 사람들은 복음을 설명하고 설교하는 일보다 그런 이들의 간증 듣는 일을 훨씬 더 가치 있게 여깁니다. 제가 이 모든 것을 '오락'이라는 범주에 포함시키고 있음을 눈치채셨습니까? 저는 이런 일들이 당연히 오락에 속한다고 생각합니다. 그런데 교회는 설교에 등을 돌리고 이런 오락에 관심을 갖는 것입니다.

이 문제와 관련하여 또 한 가지 살펴보아야 할 점은 이른바 '개인 사역' 내지는 '상담'이 점차 강조되고 있다는 것입니다. 이 부분에서도 여러분은 똑같은 상관관계를 발견할 것입니다. 즉, 설교가 쇠퇴하면서 개인 상담이 상승세를 보인다는 것입니다. 상담은 20세기에 큰 인기를 끌고 있는 영역인데, 제1차 세계대전 이후에는 특히 더 그렇습니다. 현대인의 삶에는 새로운 스트레스와 긴장과 어려움들이 있기 때문에 좀 더 개인적인 관심을 가지고 각 사람의 어려움을 파악해야 하며, 그 어려움을 개인적으로 다루어 주어야 한다는 것이 그들의 논리입니다. 그들은 사람들이 개별적인 보살핌을 받아야만 자신들에게 필요한 심리적인 도움을 얻을 수 있다고, 문제를 해결하며 어려움을 극복하고 효율적이면서도 능률적인 삶을 살 수 있게 된다고 말합니다. 여기에 대해서는 나중에 좀 더 자세히 다루고자 합니다. 지금은 설교가 교회에서 덜 중요한 자리로 밀려나고 쇠퇴하게 된 책임이 바로 이런 것들에 있다는 일반적인 언급만 하고 넘어가겠습니다.

설교의 쇠퇴를 불러온 요인들의 목록을 완성하려면 녹음 테이프 항목도 추가해야 할 것입니다. 제가 볼 때 그것은 이 시대에 등장한 독특하고도 특별한 재앙입니다.

또한 교회 자체도 전반적인 변화를 겪고 있습니다. 지금까지 제가 이야기한 내용들은 불신자들에 대한 것이 아니라 교회의 가치를 믿는 사람들, 실제로도 교회에 다니고 있는 사람들에 대한 것입니다. 그런데 그런 사람들이 생각하는 설교의 위상에 변화가 생긴 것입니다. 그러한 변화는 가끔 가시적으로 나타나기도 합니다. 영국에서 새로 건축되는 대부분의 예배당들에서는 강단이 더 이상 중심을 차지하지 못한 채 옆으로 밀려나 있습니다. 전에는 강단이 중심을 차지하고 있었지만, 이제는 그렇지가 못합니다. 강단이 예배실 전체를 내려다보는 것이 아니라 제단에 상응하는 물건이 그 자리를 대신 차지하고 있는 것입니다. 이 모든 것은 아주 의미심장한 변화들입니다.

설교 자체를 포기해야 하는가

이제까지는 교회의 가치를 여전히 믿는 사람들 사이에서 일어나고 있는 일들을 살펴보았습니다. 지금부터는 교회 자체가 장애물이 될 수 있기 때문에 진정 복음을 전파하려면 교회부터 포기해야 한다고 주장하는 사람들에 대해 살펴보겠습니다. 제가 염두에 두고 있는 이들은 "어떤 의미에서 우리는 기존의 모든 전통과 깨끗이 결별해야 한다. 사람들을 정말 그리스도인으로 만들고 싶다면 그들과 섞여 살면서 삶을 공유해야 하며, 서로의 짐을 지고 하나가 됨으로써 하나님의 사랑을 보여 주어야 한다"라고 말하는 사람들입니다.

설교자들도 이런 식의 주장을 펴는 것을 들은 적이 있습니다. 그들이 주목한 것은 교회 출석인원이 점점 줄어든다는 사실, 특히 영국에서 그런 현상이 두드러지게 나타난다는 사실이었습니다. 그들은 이것이 놀랄 일이 아니며, 설교자들이 성경과 기독교 교리를 계속 전하는 한 다른 결과를 기대할 수 없다고 말했습니다. 사람들은 그런 데 아무 관심도 없다는 것이 그들의 주장입니다. 사람들이 관심을 보이는 주제는 정치와 사회 상황, 세계 각 곳에서 자행되는 온갖 불의, 전쟁과 평화라는 것입니다. 따라서 진정으로 그들을 기독교적인 방향으로 이끌고 싶다면 정치 문제를 언급하고 사회 상황을 다루며 거기 적극 참여해야 한다고 주장합니다. 세상에서 설교자로 제쳐 놓은 이들과 교회 내부의 유력인사들이 앞장서서 정치나 사회활동이나 박애사업에 참여하기만 해도, 전통적인 방식에 따라 강단에 서서 설교할 때보다 훨씬 더 큰 유익을 끼치리라는 것입니다. 영국의 유명한 설교자 한 사람도 10년 전에 이와 똑같은 의견을 표명한 적이 있습니다. 그는 선교사에게 설교 훈련을 시켜 북아프리카―그는 그때 특별히 그 지역에 대해 언급하던 중이었습니다―로 파송한다는 것은 아주 어리석은 생각으로서, 이제는 그런 짓을 그만 둘 때가 되었다고 말했습니다. 또한 선교사 대신 일반 그리스도인들을 보내서 평범한 직업을 가지고 섞여 살게 하되, 특히 현지의 정치 사회 문제에 참여케 하자고 제안했습니다. 그리스도인으로서 계속 그런 일을 해 나가다 보면 지금 사람들의 손자 세대 정도는 그리스도인이 되리라는 희망을 품을 수 있다는 것입니다. 바로 그것이 기독교를 효과적으로 전파하는 방식이라는 것입니다. 이제는 설교라는 낡은 방법을 버리고 사람들과 한데 어울려 그들에게 관심을 보이며 동정을 표명하고, 그들과 일체가 되어 한자리에서 같은 관심사와 문제에 대해 토론해야 한다는 것입니다.

현재 많은 나라들이 사람들을 예배 장소에 데려와 복음을 듣게 하는 방법 내지는 복음의 대체물로 이런 주장을 지지하고 있으며, 더 나아가 기독교 신앙을 알리는 훨씬 나은 수단으로 이런 주장을 크게 지지하고 있습니다.

교회와 목회자의 주된 임무

이제 우리가 던져야 할 중요한 질문은 이것입니다. 이 모든 주장에 대한 우리의 답변은 무엇입니까? 제가 지금 말하려는 요지, 이후로도 계속해서 말하고 싶은 요지는 이 모든 것이 기껏해야 차선책에 지나지 않는다는 것입니다. 아니, 때로는 차선책조차 되지 못하며 그 정도의 가치조차 찾을 수 없을 때가 아주 많다는 것입니다. 교회와 목회자의 주된 임무는 다름 아닌 하나님의 말씀을 설교하는 것입니다.

지금부터 이 말을 입증해 보이겠습니다. 제가 이렇게 말하는 이유는 다음과 같습니다. 무엇보다 성경은 이에 대해 어떤 답변을 제시하고 있을까요? 구약 선지서에서도 제 주장에 대한 증거를 찾을 수 있지만, 일단 신약성경에 한정해서 우리 주님에 대해 먼저 살펴보겠습니다. 주님에 대한 이야기를 읽을 때 가장 흥미로운 점은 그의 사역이 두 측면 내지는 두 부분으로 나뉘어 있었다는 것입니다. 주님은 기적을 행하셨습니다. 그러나 흥미롭게도 그것은 주된 사역이 아니라 부차적인 사역이었습니다. 아시다시피 요한은 그런 기적들을 항상 "표적"이라고 불렀으며, 오늘날에도 기적은 표적으로 인식되어야 합니다. 주님은 병자와 앉은뱅이와 눈먼 자를 고치고 폭풍을 잔잔케 하기 위해 세상에 오신 것이 아닙니다. 그는 그런 일들을 행하실 수 있었고 실제로도 자주 행하셨습니다. 그럼에도 불구하고 그것들은 부차적인 일이었지, 주된 일이 아니었습니다.

그렇다면 주님이 오신 주된 목적은 무엇이었습니까? 주님이 사용하신 단어 자체가 이 질문에 대답해 주고 있습니다. 그는 스스로

"세상의 빛"이라고 말씀하셨습니다(요 8:12). 또한 "너희는 먼저 그의 나라와 그의 의를 구하라. 그리하면 이 모든 것을 너희에게 더하시리라"라고 말씀하셨습니다(마 6:33). 그러한 기적들은 정당한 것이지만 주된 것은 아닙니다. 그것들은 부차적인 것이며 결과요 열매입니다. 주님이 가이사에게 세금 내는 문제에 대해 답변하신 유명한 말씀을 읽어 보십시오. "가이사의 것은 가이사에게, 하나님의 것은 하나님께 바치라"(마 22:21). 여기에 주님의 특별한 강조점이 있습니다. 대부분의 사람은 첫 번째 영역, 즉 가이사에게 바치는 일에 관심을 갖습니다. 주님은 사람들이 "하나님의 것은 하나님께" 바치는 일을 망각하고 있음을 암시하십니다.

주님이 하신 일을 살펴보면 이 주제 전반에 대해 아주 흥미로운 방증을 얻을 수 있다고 생각합니다. 여러분은 주님께서 5,000명을 먹이는 기적을 베푸신 후 사람들이 감명을 받은 나머지 그를 억지로 왕으로 삼으려 했던 일을 기억할 것입니다(요 6:15). 그들은 '이것이야말로 우리가 바라던 바야. 이 사람은 먹을 것이 필요한 우리의 현실적인 문제를 해결해 주잖아. 바로 이런 사람이 왕이 되어야 해. 힘이 있어서 문제를 해결할 수 있는 사람 말이지'라고 생각했습니다. 그러나 성경은 주님이 그들을 물리치시고 "혼자 산으로 떠나"가셨다고 기록하고 있습니다. 주님은 그것을 곁길로 새게 하는 유혹으로 여기셨습니다. 누가복음 4장에 나오는 광야의 유혹에서도 똑같은 내용을 읽을 수 있습니다. 마귀는 주님께 이 세상 왕국과 그 밖의 것들을 주겠다고 제안했습니다. 그러나 주님은 그 제안을 확고하고도 분명하게 거부하셨습니다. 이런 것들은 다 부차적인 것들입니다. 이런 것들을 추구하는 일은 교회와 목회자의 주된 역할이나 주된 임무가 될 수 없습니다.

누가복음 12:14에서도 아주 흥미로운 예를 볼 수 있습니다. 주님은 제자들을 설교하고 가르치도록 파송하시면서 그들과 하나님과의 관계에 대해, 또 반대에 부닥쳤을 때 어떻게 처신해야 하는지에 대해 말씀하고 계셨습니다. 그런데 잠깐 말씀을 멈추신 사이, 한 남자가 불쑥 끼어들어 이런 부탁을 드렸습니다. "내 형을 명하여 유산을 나와 나누게 하소서." 그때 주님이 하신 말씀은 이 문제 전반을 다루는 데 중요한 통찰력을 제공해 줍니다. 주님은 그를 돌아보시며 말씀하셨습니다. "이 사람아, 누가 나를 너희의 재판장이나 물건 나누는 자로 세웠느냐?" 다시 말해서 자신은 그런 일을 하기 위해 세상에 온 것이 아님을 분명히 밝히신 것입니다. 그렇다고 그런 일은 아예 할 필요조차 없다는 말은 아닙니다. 그런 일도 할 필요가 있습니다. 공정하고 공평하며 올바른 처사는 중요한 것입니다. 그러나 주님이 세상에 오신 것은 그런 일을 하시기 위해서가 아니었습니다. 주님의 대답은 요컨대 '나는 그런 일을 하려고 천국을 떠나 이 땅 위에 온 것이 아니다. 그것은 나의 주된 임무가 아니다'라는 것입니다. 그래서 주님은 그 사람을 꾸짖으셨습니다.

실제로 주님이 행하신 놀라운 일을 보고 사람들이 더 큰 일을 기대하며 붙잡으려 했을 때, 일부러 그들을 떠나 다른 곳으로 떠나가신 주님의 모습을 우리는 성경 여러 군데에서 찾아볼 수 있습니다. 주님은 "세상의 빛"이십니다. 그것이 주님의 주된 일입니다. "내가 곧 길이요 진리요 생명이니 나로 말미암지 않고는 아버지께로 올 자가 없느니라"(요 14:6). 다른 일들은 전부 부차적입니다. 또한 여러분은 주님이 제자들을 파송하실 때 사람들을 가르치고 귀신도 내쫓게 하시려고 그들을 보내셨음을 알고 있을 것입니다. 가르치는 일이 먼저입니다. 주님은 그리스도인들에게 "너희는 세상의 빛"이라고 말씀하셨습니다. 주님이 세상의 빛이시듯이 그리스도인들도 세상의 빛입니다. "산 위에 있는 동네가 숨겨지지 못할 것이요……"(마 5:14). 저는 여러분이 복음서를 읽어 보고 주님의 생애와 사역을 살펴볼 때, 설교와 가르침이야말로 주된 임무라는 명백한 증거를 얻으리라 생각합니다.

부활 이후의 사건과 신약성경의 나머지 부분에서도 같은 증거를 찾아볼 수 있습니다. 주님은 택한 자들에게 무엇보다 "내 증인이 되라"고 명하십니다. 이것이 그들의 첫 번째 중요한 임무입니다. 물론 주님은 제자들에게 다른 능력도 주실 것입니다. 그러나 그들의 주요 임무는 주님의 증인이 되는 것입니다. 그들이 오순절 날 성령으로 충만해진 즉시 설교하기 시작했다는 것은 아주 의미심장한 사실입니다. 베드로는 예루살렘에 사는 사람들에게 진리를 설명하고 풀어서 설교했습니다. 지금 막 발생한 이 현상, 제자들을 이처럼 바꾸어 놓은 현상의 정체는 과연 무엇일까요? 이 질문에 대답할 수 있는 방법은 설교뿐이었습니다. 그래서 사도행전 2장 후반부에 설교가 기록되어 있는 것입니다.

사도행전 3장에서도 같은 일이 일어나고 있습니다. 사람들은 베드로와 요한이 미문에서 한 남자를 고친 것을 보고 흥분하며 큰 관심을 나타냈습니다. 그들은 두 사람을 기적을 일으키는 자들로 여겨 무슨 큰 혜택을 얻지는 않을까 기대했습니다. 그러나 베드로는 다시 한 번 설교를 통해 그들의 잘못을 바로잡아 주면서, 자신과 요한이 방금 행한 기적보다 훨씬 중요한 그리스도와 그의 구원에 관한 위대한 진리로 관심의 방향을 즉각 돌려 버렸습니다. 사도들이 항상 강조한 것은 바로 이것이었습니다.

사도행전 4장을 다시 보시기 바랍니다. 제가 이 부분을 상세히 다루는 것은 여기에 교회의 기원과 교회가 처음 한 일들이 나와 있기 때문입니다. 교회는 나가서 설교하고 가르치라는 사명을 받았습니다. 교회는 바로 그 일을 계속해 나가야 합니다. "담대히 하나님의 말씀을 전하니라"(행 4:31). 당국자들은 무엇보다 가르치거나 설교하지 못하게 하려고 노심초사했습니다. 그들은 이것을 기적보다 훨씬 더 큰 문제로 여겼습니다. 자신들을 괴롭히는 "이 이름"으로 설교하고 가르치는 일을 더 큰 문제로 여긴 것입니다. 그러나 그에 대한 사도들의 반응은 "우리는 보고 들은 것을 말하지 아니할 수 없다"라는 것이었습니다(행 4:20). 그들은 보고 들은 것이 있었기 때문에 계속해서 말했으며, 그렇게 말하지 않고서는 견딜 수 없는 심정을 느꼈습니다. 사도들은 자신들을 짓누르는 커다란 부담을 의식하고 있었습니다.

제가 이 주제와 관련하여 종종 생각하는 바, 여러 면에서 가장 흥미로운 진술이 초대교회에 닥친 큰 위기를 다루는 6장에 나오고 있습니다. 제가 알기로 교회의 현 상태와 주된 임무에 대해 이보다 더 직접적으로 언급하는 본문은 없습니다. 그 핵심 내용이 첫 두 구절에 나옵니다. "그때에 제자가 더 많아졌는데 헬라파 유대인들이 자기의 과부들이 매일의 구제에 빠지므로 히브리파 사람을 원망하니 열두 사도가 모든 제자를 불러 이르되 우리가 하나님의 말씀을 제쳐 놓고 접대를 일삼는 것이 마땅하지 아니하니."

이것은 확실히 흥미롭고도 중요한 진술이며 결정적인 진술입니다. 교회는 대체 무엇을 하는 곳입니까? 자, 초대교회에 한 가지 문제가 발생했습니다. 헬라파 과부들은 단지 과부이기만 했던 것이 아니라 끼니를 잇지 못할 정도로 형편이 어려웠습니다. 그것은 사회적인 문제였습니다. 부분적으로는 정치적인 문제였을 수도 있지만, 여하튼 아주 예민하고 긴급한 사회 문제였음이 분명합니다. 그렇다면 이 절박한 아우성을 해결해 주는 것이야말로 교회의 할 일이요 특히 지도자들의 할 일임이 분명하지 않습니까? 사람들이 굶고 있고 실제적인 어려움과 고통을 겪고 있는데도 설교를 계속해야 하겠습니까? 이것은 교회의 출범 즉시 찾아온 중대한 시험이었습니다. 그러나 성령의 인도와 지도를 받고 있었으며 자신들이 주님께 어떤 사명을 받았는지 알고 있었던 사도들은 그 위험성을 간파하고 이렇게 말했습니다. "우리가 하나님의 말씀을 제쳐 놓고 접대를 일삼는 것이 마땅하지 아니하니." 즉, '이것은 잘못이다. 만약 우리가 이 일을 맡게 된다면 원래의 사명은 놓치고 말 것이다. 우리가 교회에 존재하는 것은 말씀을 전하기 위해서이다. 이것이 우선이다'라는 것입니다. "우리는 오로지 기도하는 일과 말씀 사역에 힘쓰리라."

이로써 교회의 영원한 우선순위가 정립되었습니다. 교회의 주된 임무이자 교회 지도자들의 주된 임무, 권위를 가진 자들의 주된 임무는 기도하는 것과 말씀 전하는 것입니다. 제아무리 명분 있는 일이고 긴급한 일이라도 그보다 앞에 두어서는 안 됩니다. 이것이야말로 우리가 현재 다루고 있는 상당수의 잘못된 사고와 논법에 대한 직접적인 답변임이 분명합니다.

사도행전을 죽 읽어 나가다 보면 도처에서 같은 내용을 발견할 것입니다. 저는 거의 매 장에서 그것을 찾아 보여 드릴 수 있습니다. 한 가지 예만 더 들겠습니다. 사도행전 8장을 보면 예루살렘에 큰 핍박이 일어나 사도 외에 모든 성도들이 사방으로 흩어지는 장면을 볼 수 있습니다. 그 흩어진 사람들이 무슨 일을 했습니까? 4절과 5절을 보십시오. "그 흩어진 사람들이 두루 다니며 복음의 말씀을 전할새 preaching." 여기에서 복음의 말씀을 전했다는 것은 강단에서 설교했다는 뜻이 아닙니다. 어떤 이는 "전할새"를 '소문낼새 gossiping'라고 번역할 것을 제안하기도 했습니다. 흩어진 자들의 최대 관심사는 사람들에게 이 말씀에 대해 이야기하는 것이었습니다. "빌립이 사마리아 성에 내려가 그리스도를 백성에게 전파하니." 5절에서는 "전파하니"라는 다른 단어가 사용되고 있습니다. 이것은 포고한다는 의미로서, 강단이나 그 밖의 공적인 자리에 서서 연설하는 설교자의 모습에 좀 더 가까운 단어입니다. 같은 내용이 사도행전 전체를 관통하고 있습니다.

마찬가지로 서신서에서도 사도 바울은 디모데에게 교회가 "진리의 기둥과 터"임을 상기시키고 있습니다(딤전 3:15). 교회는 사회 조직이나 기관, 정치 단체, 문화 단체가 아닌 "진리의 기둥과 터"입니다.

바울은 디모데후서 2:2에서 그 점을 이렇게 설명하고 있습니다. "또 네가 많은 증인 앞에서 내게 들은 바를 충성된 사람들에게 부탁하라. 그들이 또 다른 사람들을 가르칠 수 있으리라." 어떤 의미에서 바울이 디모데에게 한 마지막 말은 이것입니다. "너는 말씀을 전파하라. 때를 얻든지 못 얻든지 항상 힘쓰라. 범사에 오래 참음과 가르침으로 경책하며 경계하며 권하라"(딤후 4:2). 그의 권면은 확실하고도 아주 분명합니다.

우리에게 필요한 부흥

지금까지 신약성경의 주장과 진술을 대강 훑어보았습니다. 이 모든 것은 교회사를 통해서도 충분히 입증할 수 있습니다. 교회사를 조감해 볼 때, 교회 역사상 위축된 시기는 항상 설교가 쇠퇴했던 때임이 분명하지 않습니까? 매번 종교개혁과 부흥의 새벽을 알렸던 현상이 무엇입니까? 설교가 새로워진 것입니다. 설교에 새로운 관심이 생긴 것이며, 새로운 종류의 설교가 등장한 것입니다. 교회 역사상 위대한 운동이 일어날 것을 알렸던 전조 현상은 언제나 참된 설교가 되살아나는 것이었습니다. 물론 종교개혁이나 부흥이 일어날 때에도 유례가 없을 정도로 위대하고 중대한 설교의 시기가 도래하곤 했습니다. 사도행전에 기록된 교회 초기에도 그러했고 종교개혁 시대에도 그러했습니다. 루터 Martin Luther, 칼뱅 Jean Calvin, 낙스 John Knox, 래티머 Hugh Latimer, 리들리 Nicholas Ridley 같은 인물들은 모두 위대한 설교자들이었습니다. 17세기에도 같은 일이 일어났습니다. 위대한 청교도 설교자들과 다른 설교자들도 떠올려 보십시오. 18세기의 조나단 에드워즈Jonathan Edwards와 윗필드George Whitefield, 웨슬리 형제John & Charles Wesley, 롤런즈Daniel Rowlands, 해리스Howell Harris도 모두 위대한 설교자들이었습니다. 18세기는 위대한 설교의 시대였습니다. 종교개혁과 부흥을 접할 때마다 피할 수 없는 결론이 바로 이것입니다.

이처럼 지금까지 제가 제시한 답변, 즉 설교야말로 교회의 주된 임무라는 진술은 성경의 증거와 교회사가 지지하고 확인해 주는 증거에 근거한 것입니다.

이 점에 대해서는 다음에 좀 더 자세히 논의하고 증명해 보겠습니다.

2

대안은 없다

첫 번째 강의에서는 '설교야말로 교회의 주된 임무이자 목회자의 주된 임무이며, 그 밖의 모든 것은 보조적인 장치로서 외곽에서 설교를 받쳐 주고 매일의 삶을 통해 실천하는 방편'이라는 명제를 제시했습니다. 저는 다른 여러 형태의 활동에 들어가는 수고를 감수하면서까지 설교를 깎아내리려 드는 오늘날의 경향을 특별히 염두에 두면서 이 명제의 정당성을 입증해 나가는 중입니다. 그래서 일단 명제를 제시한 후, 신약성경과 교회사가 제공하는 증거를 통해 그 정당성을 입증하고자 했습니다.

이번에는 한 걸음 더 나아가, 신약성경 자체가 제공해 주는 증거, 교회 역사가 실례를 통해 지지해 주는 이 증거로 볼 때, '설교의 우선성을 주장하는 것이 결국 신학적으로도 옳은 일'이라는 결론이 나온다고 말하고 싶습니다. 다시 말해서 성경 메시지 전체가 이 결론을 주장하며 이 결론으로 우리를 몰아간다는 것입니다. 무슨 뜻입니까? 본질적으로 제가 의미하는 바는, 인간의 진정한 필요와 성경이 전하고 선포하는 구원의 성격을 고려할 때 바로 이 부분에 대해 설교하며 선포하는 것, 즉 인간의 진정한 필요가 무엇인지 밝히며 그 유일한 해결책 내지 치료책을 밝히는 것이야말로 교회의 주된 임무라는 결론을 내리지 않을 수 없다는 것입니다.

좀 더 자세히 설명해 보겠습니다. 제 논지의 핵심은 이것입니다. 사람들이 설교의 중요성을 더 이상 깨닫지 못하는 것은 교회의 주된 임무를 오해하는 견해들이 나돌고 있기 때문입니다. 인간의 필요라는 문제에 대해 생각해 보십시오.

단순한 질병의 문제가 아니다

인간의 필요는 무엇입니까? 소극적인 정의부터 내리자면, 인간의 필요는 단순히 질병을 고치는 것이 아닙니다. 사람들은 인간의 본질적인 문제를 질병의 측면에서 보려는 경향이 있습니다. 물론 여기에서 질병이란 신체적인 질병만 가리키지 않습니다. 물론 그것도 포함되기는 하지만, 여기에서 말하는 것은 정신적이고 도덕적이며 영적인 질병입니다. 인간의 문제는 그런 질병에 있지 않습니다. 인간의 진정한 필요는 그런 질병을 치료받는 것이 아닙니다. 인간의 비참함과 불행에 대해서도, 또한 인간은 환경의 희생자라는 주장에 대해서도 저는 같은 말을 하고 싶습니다.

오늘날에는 이렇게 잘못된 견해들이 득세하고 있습니다. 많은 이들이 인간의 상황을 진단하려고 달려듭니다. 그리고 인간이 병들고 불행한 존재이며 환경의 희생자라는 결론에 도달합니다. 따라서 인간의 주된 필요는 이 문제를 해결하는 것이며, 이 문제에서 해방되는 것이라고 믿습니다. 그러나 저는 그들이 인간의 상황을 너무 피상적으로 진단했다고 생각합니다. 인간의 진정한 문제는 하나님을 거슬러 반역함으로써 하나님의 진노 아래 놓이게 된 데 있습니다.

이것이 인간에 대한 성경의 설명이며, 인간의 원래 모습에 대한 성경의 견해입니다. 인간은 "허물과 죄로" 죽은 존재, 즉 영적으로 죽은 존재입니다(엡 2:1). 인간은 하나님의 생명과 영적인 영역에 대해 죽어 있으며, 그 영적인 영역이 주는 모든 혜택에 대해서도 죽어 있습니다. 또한 성경은 인간이 "맹인"이라고 말하고 있습니다. 바울은 고린도후서 4:3-4에서 이렇게 말합니다. "만일 우리의 복음이 가리었으면 망하는 자들에게 가리어진 것이라. 그중에 이 세상의 신이 믿지 아니하는 자들의 마음을 혼미하게 하여 그리스도의 영광의 복음의 광채가 비치지 못하게 함이니." 또한 바울은 에베소서 4:17 이하에서 인간의 문제는 "그들의 총명이 어두워지고 그들 가운데 있는 무지함과 그들의 마음이 굳어짐으로 말미암아 하나님의 생명에서 떠나" 있는 것이라고 말하고 있습니다. 이러한 인간의 상태를 묘사하기 위해 성경이 흔히 사용하는 또 다른 단어는 "어둠"입니다. 여러분은 요한복음 3:19에서 그 단어를 볼 수 있습니다. "그 정죄는 이것이니 곧 빛이 세상에 왔으되 사람들이 자기 행위가 악하므로 빛보다 어둠을 더 사랑한 것이니라." 요한일서에도 같은 사상이 나타나고 있습니다. 요한은 그리스도인들을 향해 "어둠이 지나가고 참빛이 벌써 비침이니라"라고 말합니다(요일 2:8). 사도 바울도 에베소서 5장에서 똑같은 개념을 사용하고 있습니다. "너희가 전에는 어둠이더니 이제는 주 안에서 빛이라"(엡 5:8). 성경은 인간의 본질적인 문제를 이러한 말들로 진단하고 있습니다. 이 모든 말을 한 단어로 요약하면 '무지'라고 할 수 있습니다. "맹인"이나 "어둠"은 전부 무지를 가리키는 말입니다. 성경적인 인간관에 따르면 불행이나 비참함, 더 나아가 신체적 질병이나 우리에게 고통과 괴로움을 주는 모든 것은 원죄의 결과요 타락의 산물입니다. 근본적인 문제가 아니라 결과 내지는 증상이며, 궁극적이고 주된 이 병의 표출이라는 것입니다.

구원에 이르는 지식

인간의 필요가 이런 것이라고 할 때, 성경이 구원에 대해 이야기하면서 이러한 필요를 나타내는 표현들에 상응하는 용어들을 사용하는 것은 놀랄 일이 아닙니다. 사도 바울은 구원을 "진리를 아는 데에 이르"는 일로 묘사합니다(딤전 2:4). 모든 사람이 구원을 받고 진리를 아는 데 이르는 것이야말로 하나님의 뜻입니다. 구원은 진리를 아는 것입니다. 바울은 고린도후서 5:19-20에서 그리스도의 "사신"인 설교자들에게 위탁된 메시지는 곧 '너희는 하나님과 화목하라'라는 것이라고 말합니다. 우리는 사도행전에서 그 실례를 발견합니다. 17장에서 바울은 아덴 사람들에게 "너희가 알지 못하고 위하는 그것을 내가 너희에게 알게 하리라"라고 설교합니다(행 17:23). 아덴 사람들은 철학자였음에도 진리에 무지했습니다. 바울은 이 부분에서 그들에게 가르침과 빛을 줄 수 있는 사람이었습니다.

저는 이러한 사람들의 무지를 해결해 주는 것이 곧 구원이며, 성경은 사람들에게 없는 이 '지식'을 줄 때 구원이 임한다고 가르치고 있음을 밝히고자 합니다. 바울은 "하나님의 뜻을 다" 전했다고 말하며(행 20:27), 베드로도 그리스도인들이란 "어두운 데서" 나와 "그의 기이한 빛에 들어가게" 된 자들이라고 말함으로써 똑같은 사상을 보여 주고 있습니다(벧전 2:9). 성경은 이런 용어들을 사용하고 있으며, 제가 볼 때 이 모든 용어들은 우리가 항상 설교에 우선권을 주어야 한다는 사실을 보여 줍니다. 만약 구원이 인간에게 가장 필요한 것이며 인간의 궁극적인 필요가 그에 대한 무지에서 발생한 것이라면, 다시 말해서 하나님께 반역한 결과 발생한 것이라면, 인간에게 최우선적으로 필요한 일은 무엇보다 이 사실에 대해 듣는 것이며, 자기 자신에 대한 진실을 듣는 것이고, 이 문제를 해결할 수 있는 유일한 방법을 듣는 것입니다. 그러므로 저는 이 모든 것에 대해 알려 주는 일이야말로 교회와 설교자의 고유한 임무라고 주장하는 바입니다.

여기에서 제가 강조하고 싶은 것은 '고유한'이라는 단어입니다. 원한다면 '예외적인'이나 '특별한'이라는 말로 바꾸어도 좋습니다. 이것은 오직 설교자만 할 수 있는 일입니다. 설교자만 세상의 가장 중대한 필요를 채워 줄 수 있는 자리에 있습니다. 바울은 고린도전서 9:17 이하에서 이 점에 대해 이야기하고 있습니다. 그는 자신이 복음을 나누어 주는 "사명을 받았"다고 말합니다. 즉, 자신이 부름 받은 것은 자신에게 주어진 이 메시지, 복음을 나누어 주기 위해서라는 것입니다. 똑같은 표현을 에베소서 3:8-10에 나오는 지극히 영광스러운 진술에서도 찾아볼 수 있습니다. "모든 성도 중에 지극히 작은 자보다 더 작은 나에게 이 은혜를 주신 것은 측량할 수 없는 그리스도의 풍성함을 이방인에게 전하게 하시고." 이것이 그의 소명이자 임무였습니다. 그는 앞에서도 "이제 그의 거룩한 사도들과 선지자들에게 성령으로 나타내신 것같이 다른 세대에서는 사람의 아들들에게 알리지 아니하셨으니"라고 말하고 있습니다. 하나님이 성령으로 나타내 주신 메시지는 바로 이것입니다. "영원부터 만물을 창조하신 하나님 속에 감추어졌던 비밀의 경륜이 어떠한 것을 [만민에게] 드러내게 하려 하심이라. 이는 이제 교회로 말미암아 하늘에 있는 통치자들과 권세들에게 하나님의 각종 지혜를 알게 하려 하심이니."

저의 주장은 교회만이 이 일을 할 수 있으며, 따라서 이런 내용을 알릴 수 있는 사람 또한 설교자밖에 없다는 것입니다. 앞으로도 밝혀 나가겠지만, 설교자는 이 고유한 역할을 감당하며 이 고유한 임무를 수행하기 위해 교회가 따로 구별해서 세운 사람입니다. 우리는 이 점을 우선적으로 강조해야 합니다. 반드시 그래야 합니다. 우리가 인간의 참된 필요와 그 유일한 해답을 알게 되는 순간, 오직 그 지식을 가진 자들이 그렇지 못한 자들에게 그것을 전해 주어야 한다는 사실 또한 분명히 깨닫게 됩니다.

교회가 해야 할 일

좀 더 설명해 보겠습니다. 세상에는 인류의 여러 문제들을 다룰 수 있는 매개체들이 많이 있습니다. 예를 들어 의술도 있고 국가도 있으며, 더 나아가 다른 종교나 사교 및 심리학, 그 밖의 다양한 가르침과 정부 기관들도 있습니다. 이 모든 매개체들은 인간의 상황을 조금이나마 개선시키고자 고안된 것들이며, 삶에 수반되는 문제들과 고통들을 덜어 주고 좀 더 조화롭게 살면서 삶의 즐거움을 더 많이 누릴 수 있도록 고안된 것들입니다. 이 같은 목적을 위해 만들어진 매개체들에 아무 가치도 없다고 말할 생각은 추호도 없습니다. 우리는 이런 매개체들도 유익을 끼칠 수 있다는 사실, 그것도 상당한 유익을 끼칠 수 있다는 사실을 인정해야 합니다. 이런 매개체들 또한 인간의 문제를 어느 정도는 다루어 줄 수 있습니다. 그러나 우리가 지금까지 살펴본 이 근본적이고도 주된 문제를 다룰 수 있는 매개체는 한 가지도 없습니다.

설사 그들이 제 역할을 다 한다 해도, 심지어 교회가 그런 매개체들의 수준으로 내려가 그 수준에서 할 일을 다 한다 해도 인간의 주된 문제는 여전히 해결되지 못한 채 남게 됩니다. 그렇기 때문에 교회의 주된 임무는 그런 매개체들처럼 사람을 신체적, 정신적으로 치료하거나 교육하거나 행복하게 만드는 일이 아니라는 것을 저는 기본 명제로 전제하고 싶습니다. 더 나아가 사람을 선하게 만드는 일 또한 교회의 임무가 될 수 없습니다. 이런 것들은 구원에 수반되는 부산물에 불과합니다. 교회가 참된 임무를 수행하는 과정에서 부수적으로 사람들을 가르치거나 지식과 정보를 제공하거나 사람들을 행복하게 만들거나 전보다 더 선한 사람으로 만들게 되는 것입니다. 그러나 그 자체는 교회의 주된 목표가 아니라는 것이 저의 논지입니다. 그중 어느 것도 교회의 주된 목적은 될 수 없습니다. 교회의 주된 목적은 인간을 하나님과 바른 관계로 이끄는 것이며 화목케 하는 것입니다. 이 점은 특히 요즘 강조될 필요가 있습니다. 제가 볼 때 이것이야말로 현대인들이 범하고 있는 오류의 핵심에 있는 문제이기 때문입니다. 이러한 오류는 교회에도 침투해서 많은 교인들의 사고에 영향을 주고 있습니다. 사람들을 행복하게 만들거나 삶을 유기적으로 통합시키거나 어려움을 덜어 주거나 상황을 개선시키는 것이 교회의 할 일이라는 개념이 스며든 것입니다. 그러나 그런 일들은 단지 증상을 완화시켜서 일시적으로 진정시키는 데 지나지 않는다는 것이 저의 주장입니다.

물론 증상을 완화시키는 것 자체가 나쁜 일은 아닙니다. 그것은 분명히 옳고 좋은 일입니다. 그러나 이처럼 증상을 완화시키거나 경감시키는 것이 그 자체로서는 나쁜 일이 아니라 하더라도 인간과 인간의 필요를 이해하는 성경의 관점에서 볼 때에는 나쁜 일이 될 수 있으며 나쁜 영향과 나쁜 효과를 낼 수 있다는 점을 짚고 넘어가지 않을 수 없습니다. 증상을 완화시킴으로써 오히려 질병의 실체를 가려 버릴 수 있기 때문입니다. 현대 세계에 사는 우리는 바로 이 점에 유념해야 합니다. 제가 크게 오해한 것이 아니라면, 이것이야말로 오늘날 우리가 안고 있는 문제의 핵심입니다.

병원의 예를 들어 봅시다. 침대에 누워 복통으로 몸부림치는 환자가 있다고 합시다. 아주 친절하고 동정적인 의사가 그 곁으로 다가옵니다. 그는 사람이 고통을 겪거나 괴로워하는 모습을 보고 싶어 하지 않습니다. 그래서 그의 고통을 덜어 주기 위해 조치를 취해 주어야겠다고 생각합니다. 그는 그럴 능력이 있는 사람입니다. 진통제 주사를 놓아 줄 수도 있고, 금방 고통을 덜어 줄 다양한 약을 처방할 수도 있습니다. 이에 대해 "그건 확실히 잘못된 행동이 아닙니다. 오히려 친절하고 선한 행동이지요. 그 덕분에 환자의 몸과 마음이 편해지고 고통도 사라지지 않습니까?"라고 말할 수도 있습니다. 그러나 의사로서 그것은 거의 범죄행위에 가깝습니다. 증상의 원인은 찾지 않은 채 증상만 제거하는 것은 오히려 환자에게 해를 입히는 일이기 때문입니다. 증상은 질병의 표출이라는 점에서 아주 중요합니다. 그 증상을 잘 추적해야 질병의 정체를 파악할 수 있습니다. 따라서 원인을 발견하기도 전에 증상을 제거해 버리는 것은 환자를 일시적으로 편안하게 만들어 줌으로써 마치 모든 문제가 사라진 양 착각하게 만든다는 점에서 환자에게 해를 입히는 행위입니다. 문제는 사라지지 않았습니다. 일시적으로만 편안해졌을 뿐, 병은 여전히 진행되고 있습니다. 만약 그 병이 급성 맹장염 같은 것이라면 빨리 처리하면 할수록 좋습니다. 수술은 하지 않고 고통만 면하게 해 주는 것은 맹장이 곪아 터지거나 그보다 더 나쁜 결과가 오기를 재촉하는 짓이나 다름없습니다.

    이 예는 현재 일어나고 있는 상황을 잘 이해하게 해 줍니다. 이것은 오늘날 교회가 직면하고 있는 문제 중 하나이기도 합니다. 우리가 살고 있는 이 '풍요로운 사회'는 사람들에게 마취제를 주어서 마치 만사가 잘되고 있는 것처럼 착각하게 만듭니다. 사람들은 더 많은 월급과 더 좋은 집, 더 좋은 차와 온갖 종류의 가전제품을 소유하고 있습니다. 생활은 만족스럽고 만사는 형통한 것 같습니다. 그래서 진정한 문제들에 대해 생각하거나 직면하기를 회피합니다. 사람들은 이러한 피상적인 편안함에 만족하며, 그 만족감 때문에 자신들이 처한 실제 상황을 진정으로 철저하게 이해하지 못합니다. 다른 많은 요소들도 이러한 경향을 악화시키고 있습니다. 사람들은 쾌락에 집착하고 있으며, 텔레비전과 라디오가 가정 깊숙한 곳까지 영향을 끼치고 있습니다. 이 모든 요소들이 마치 만사가 잘되고 있는 것처럼 착각하도록 우리를 설득하며, 일시적인 행복감을 줌으로써 다 형통한 것처럼 안심하게 만들고, 더 이상 생각하지 않게 만듭니다. 그 결과, 인간은 자신이 실제 처지를 인식하거나 직면하지 못하게 됩니다.

진정제를 맞는 일, 이른바 각성제와 수면제를 먹는 일도 여기에 추가시켜야 할 것입니다. 사람들은 이런 약에 의존해서 살아가는데, 그럴 경우 흔히 신체적 문제가 은폐될 뿐 아니라 더 심각하게는 영적인 문제까지 은폐되어 버립니다. 이처럼 일시적인 위안에 만족할 때, 인간은 계속해서 만사가 잘되고 있다고 안심하고 있다가 결국에는 파멸에 이르게 됩니다. 그러한 파멸은 오늘날 약물 중독 등의 형태로 흔히 나타나고 있습니다. 각성제와 수면제, 진정제와 자극제를 번갈아 먹지 않고서는 일을 계속하지 못하는 사람들이 많이 있습니다. 교회가 설교라는 주된 임무를 수행하는 대신 다른 매개체들이 하는 일들로 돌아간다면, 이와 똑같은 결과를 낳게 될 것입니다. 그 자체로서는 나쁜 일을 한 것이 아님에도 불구하고 진정한 필요를 은폐시킴으로써 결과적으로는 큰 피해를 입히게 되는 것입니다.

교회와 설교가 해야 할 일, 교회와 설교만이 할 수 있는 일은 인간의 근본적인 문제들을 끄집어내서 철저하게 다루는 것입니다. 이것은 전문적인 일이며 교회의 고유한 임무입니다. 교회는 여러 매개체 중에 하나가 아닙니다. 사교와 경쟁하는 곳도 아니고, 다른 종교와 경쟁하는 곳도 아니며, 심리학자나 다른 정치 단체, 사회 단체와 경쟁하는 곳도 아닙니다. 교회는 특별하고도 독특한 기관입니다. 오직 교회만이 이 일을 할 수 있습니다.

복지시설 교회와 사회복음

저는 다른 사람들의 말을 통해 제 주장의 정당성을 입증하고자 합니다. 예를 들어 저에게는 거의 재미있게 들리기까지 하는 제안이 있습니다. 그것은 설교는 줄이고 다른 다양한 활동을 더 많이 해야 한다는 것으로서, 물론 새로운 제안은 아닙니다. 그런데도 사람들은 이런 제안을 아주 새롭게 여기면서, 설교를 비난하고 깎아내리는 것을 현대성의 표지로 여기는 것 같습니다. 그러나 이러한 제안은 전혀 새로운 것이 아니라고 간단히 대답할 수 있습니다. 형태는 새로울지 몰라도 원리는 전혀 새롭지 않습니다. 그런데도 20세기는 이것을 특히 강조해 왔습니다.

복음의 사회적 적용에 대한 이 모든 새로운 관심에 대해, 즉 사람들 사이로 들어가 정치를 논하며 사회적 사안 등에 개입하자는 견해에 대해 한번 생각해 봅시다. 이에 대한 간단한 답변은, 제1차 세계대전이 발발하기 전에도 대부분의 서방 국가에서 이런 견해가 유행했다는 것입니다. 그때는 '사회복음'이라는 이름이 붙어 있었지만, 그 내용은 지금의 주장과 하나도 다를 것이 없습니다. 그들은 케케묵은 복음 설교는 너무 개인 중심적이고 단순하며 사회 문제나 상황을 도외시한다고 주장했습니다. 물론 그것은 성경과 주님을 자유주의와 현대주의, 고등비평의 관점에서 바라본 사람들의 견해였습니다. 그들은 주님을 완벽한 인간이요 위대한 선생에 불과한 분으로, 정치적 선동가이자 개혁가이며 위대한 본보기에 불과한 분으로 보았습니다. 주님은 선을 행하러 온 인물이며 산상설교는 법률과 규정에 포함되어야 할 내용이라고 생각한 것입니다. 그들은 그

가르침을 실천함으로써 완벽한 세상을 만들 수 있다고 생각했습니다. 이처럼 오늘날 새로운 주장으로 간주되며 교회의 주된 임무로 간주되고 있는 내용은 사실상 20세기 초반에 이미 철저하게 시도된 것들입니다.

교회의 활동과 삶에 침투해 들어오고 있는 다양한 다른 매개체들도 마찬가지입니다. 오늘날 새로운 접근법으로 지지받고 있는 것들은 이른바 '복지시설 교회 Institutional Church'가 이미 시험을 마친 것들이며, 그것도 상당히 철저한 시험을 마친 것들입니다. 교회 내에 각종 문화 단체들이 마련되었고, 교회는 사회 생활의 중심지 역할을 하면서 여러 가지 이름의 운동경기와 모임들을 조직했습니다. 이 모든 것이 1914년 이전에 이미 철저한 시험을 거쳤습니다.

우리에게는 이런 시도들이 효과가 있었는지, 과연 어떤 결과를 낳았는지 물어볼 권리가 있습니다. 그에 대한 대답은 그것이 전부 실패했다는 것, 완전한 실패작으로 드러났다는 것입니다. 미국의 상황은 자세히 모르겠지만, 영국과는 약간 달랐던 것으로 알고 있습니다. 그러나 영국 교회들을 텅 비게 만든 책임은 대부분 '사회복음적인' 설교와 '복지시설 교회'에 있었다고 주저 없이 말할 수 있습니다. 거기에 무엇보다 큰 책임이 있었습니다. 교회의 사명이 단지 정치, 사회적인 개혁과 평화주의를 전하는 것이라면 굳이 교회가 있어야 할 필요는 없다는 주장이 당연히 대두되었습니다. 그런 일은 정치 단체에서도 능히 할 수 있었습니다. 그래서 사람들은 교회를 떠나 정당에서 그 일을 하고자 했습니다. 그것은 논리적으로 완벽한 수순이었습니다. 그러나 교회는 치명타를 맞았습니다.

이 점은 지금의 상황을 가지고서도 얼마든지 입증할 수 있습니다. 교회가 정치, 사회적 관심을 보여야 한다고 열렬히 주창하는 설교자 두 사람이 런던에 있습니다. 그들은 이렇게 할 때 사람들을 얻을 수 있고 도울 수 있으며 그리스도인으로 만들 수 있다고 주장합니다. 그런데 영국에서 이런 내용을 가장 많이 가르치는 이 두 사람의 교회에 모이는 인원이 소수에 불과하다는 것은 아주 흥미로운 사실입니다. 런던 도심에 교회가 있어서 어디서나 쉽게 찾아갈 수 있는데도 말입니다. 이것은 확인 가능한 사실로서, 그리 놀라운 일이라고 할 수 없습니다. 사람들은 굳이 교회까지 가서 그런 이야기를 들으려 하지 않기 때문입니다. 그런 이야기는 신문에서도 매일 읽을 수 있고, 바로 그런 목적으로 세워진 정치 기관이나 사회 기관을 통해서도 얼마든지 들을 수 있습니다. 그 두 설교자 중 한 사람이 이러한 자신의 관심 때문에 최근 주일 저녁예배를 폐지함으로써 여론의 주목을 받았습니다. 결국 그는 같은 거리에 있는 다른 교회의 저녁예배에 참석할 수밖에 없었습니다.

자, 이것은 매우 흥미롭고도 중요한 주제입니다. 여러분이 교회의 주된 임무를 버리고 다른 일을 한다면, 아무리 그 동기가 순수하고 훌륭하다고 해도 결과는 이렇게 나타날 것입니다. 저는 그 동기를 의심하거나 비난하려는 것이 아닙니다. 다만 이런 이론이 추구하는 결과와 실제 결과는 사실상 상반된다는 점을 보여 주려는 것입니다. 저는 현대 사회가 이 모양이 된 책임의 상당 부분이 교회가 설교에서 떠나 버린 데 있다고 주장하는 바입니다. 교회는 복음에 토대를 두지 않은 도덕과 윤리를 설교하고자 애썼습니다. 경건이 없는 도덕을 설교했고, 결국 아무 영향도 끼치지 못했습니다. 그러한 시도는 아무 열매도 거두지 못했으며 앞으로도 거두지 못할 것입니다. 진정한 임무를 포기한 교회는 결국 인류가 자기 꾀를 좇아가도록 어느 정도 방치하는 결과를 낳았습니다.

일시적인 풍조와 유행

이 점에서 제가 예증하려는 또 하나의 주장이 있습니다. 그것은 교회가 설교에서 돌이켜 이러한 수단들로 향하는 순간, 끊임없는 변화에 휘둘려 갈팡질팡하게 된다는 것입니다. 나이가 들어서 좋은 점 중에 한 가지는 사람들이 새로운 것을 보고 흥분할 때 자신도 40년 전에 그랬다는 사실을 기억할 수 있다는 것입니다. 교회에도 인기 있는 풍조나 유행이나 물결이 나타났다 사라졌다 합니다. 새로운 유행이 나타날 때마다 사람들은 크게 흥분하면서 **이것이야말로** 교회를 가득 채우는 방법이며 문제 해결 방책이라고 크게 선전합니다. 그렇게 너나없이 그것에 관해 이야기하다가 몇 년 후에는 또 전부 잊어버린 채 또 다른 물결, 또 다른 새로운 개념에 빠져듭니다. 누군가 필요한 한 가지를 생각해 내거나 현대인을 이해하는 심리적인 통찰을 얻으면 그것이야말로 최상의 해결책인 것처럼 저마다 그리로 달려가지만, 그것도 금세 한물가 버리고 또 다른 유행이 그 자리를 차지하는 것입니다.

이처럼 교회도 세상처럼 끊임없는 유행의 변화에 휩쓸린다는 것은 참으로 슬프고 안타까운 일입니다. 그 와중에서 교회는 지금껏 그 영광이 되어 왔던 메시지의 지속성과 견고함, 안정성을 상실하고 있습니다.

복음 설교를 사회 정치적 관심으로 대체하려는 시도에 대해 좀 더 적극적인 반대의견을 내놓을 수도 있습니다. 사회 정치적 상황과 개인의 행복 등에 대한 관심이 좀 더 효율적으로 실행된 때는 교회가 부흥하고 개혁되며 진정한 설교가 이루어졌던 때였습니다. 저는 한 걸음 더 나아가 수세기에 걸쳐 이러한 문제를 해결하는 데 가장 지대한 공헌을 한 곳 또한 교회였음을 밝히고자 합니다. 현대인은 역사에 아주 무지합니다. 그들은 병원을 처음 시작한 곳이 교회라는 사실을 모르고 있습니다. 처음으로 고통과 질병에 연민을 느끼고 신체적인 질병에 대해 무언가 조처를 취하려 했던 이들은 바로 그리스도인들이었습니다. 그들이 초창기 병원들을 세웠습니다. 교육도 마찬가지입니다. 교육의 필요를 처음으로 보고 무언가 일을 시작한 곳은 바로 교회였습니다. 구빈법을 제정해서 가난에 시달리는 사람들의 고통을 덜어 준 곳도 교회였습니다. 다름 아닌 교회가 이런 일들을 실천한 것입니다. 노동조합과 그 밖의 사회 운동들도 시초를 살펴보면 거의 항상 그리스도인들이 관여했음을 알게 됩니다.

교회가 주된 임무를 제대로 수행할 때, 이러한 다른 활동들 또한 반드시 하게 된다는 것이 저의 주장입니다. 달리 말해 봅시다. 예컨대 종교개혁은 삶에 대한 인간의 관점과 활동 전체에 자극을 주었습니다. 종교개혁이 과학이나 과학적 탐구 및 연구를 한껏 촉진시켰으며 문학과 다른 많은 활동들도 동일하게 촉진시켰다는 것은 얼마든지 입증할 수 있는 사실입니다. 다시 말해서 인간은 하나님의 통치를 받게 되어 있는 본연의 위치로 돌아갈 때에야 비로소 자신의 능력과 가능성을 깨닫기 시작하며 그것을 사용하기 시작한다는 것입니다. 따라서 역사상 가장 위대한 시대는 항상 위대한 종교개혁과 부흥의 시대에 뒤이어 찾아왔습니다. 다른 사람들도 정치와 사회 상황에 대해 말들은 많이 쏟아 내지만 실제로 하는 일은 거의 없습니다. 그런 상황들에 현실적으로 대처하여 지속적이고도 영구적인 결과물을 만들어 내는 것은 바로 교회의 활동입니다. 그러므로 저는 실용적인 관점에서 볼 때에도 무엇보다 설교를 중심적이고 주된 위치에 두어야 한다는 사실이 입증된다고 주장하는 바입니다.

설교야말로 개인 사역이다

이제 개인의 문제라는 영역을 살펴봅시다. 앞서 지적한 바와 같이 이것은 오늘날 익숙한 주제입니다. 설교자는 강단에 서서 설교하지만, 그 앞에 앉아 있는 사람들은 각각 개인적인 문제와 고통을 가지고 있다고들 말합니다. 그러므로 설교 시간은 줄이고 개인 사역을 하는 시간, 즉 개인 상담과 면담을 하는 시간을 늘려야 한다는 논리를 전개합니다. 그러나 그에 대한 저의 대답은 이 부분에서도 역시 설교를 주된 위치에 두어야 한다는 것입니다. 왜 그렇습니까? 참된 설교는 개인의 문제를 다루게 되어 있으며, 그만큼 목회자의 시간을 엄청나게 절약해 주기 때문입니다. 저는 지금 40년간의 경험을 토대로 말씀드리고 있는 것입니다.

이것이 무슨 뜻일까요? 이제부터 설명해 보겠습니다. 청교도들은 목회적 설교로 유명합니다. 그들은 설교할 때 이른바 '양심의 문제'를 다루었습니다. 사람들은 이런 문제를 다루는 그들의 설교를 들으면서 각자 개인의 문제들을 해결했습니다. 저도 내내 그런 경험을 했습니다. 성령께서 강단에서 전파되는 복음을 각 개인에게 적용시키시고 그들 각자의 문제들을 다루는 수단으로 삼으시는 경험을 한 것입니다. 설교자인 저는 그 문제들에 대해 개인적으로 아는 바가 없었습니다. 예배가 끝난 후에 사람들이 찾아와서 하는 말을 듣고서야 알았을 뿐입니다.

"오늘 설교를 듣고 정말 감사했습니다. 목사님이 제가 교회에 와 있다는 것을 미리 아셨고 제가 정확히 어떤 문제로 고민하고 있는지 아셨다 해도, 제 마음속에 있는 여러 가지 질문에 대해 오늘 설교 때보다 더 완벽한 답을 주시지는 못했을 겁니다. 목사님을 찾아가서 말씀드릴까도 여러 번 생각해 보았지만, 이제는 대답을 들었으니 갈 필요가 없겠군요."

제가 직접 만나기 전에 설교로 이미 그들의 문제가 해결되어 버린 것입니다. 오해하지는 마십시오. 저는 설교자가 개인 사역을 해서는 안 된다고 말하는 것이 아닙니다. 결코 아닙니다. 제가 주장하려는 바는 설교가 언제나 첫자리에 와야 하며, 다른 어떤 것으로도 설교를 대체해서는 안 된다는 것입니다.

제가 자주 언급했던 이야기 중에 이 점을 잘 보여 주는 것이 있습니다. 수년 전에 의사이자 목사의 자격으로, 8년간 양다리가 마비된 채 살아온 아가씨를 만나 달라는 부탁을 받은 적이 있습니다. 그런데 직접 그 아가씨를 만나 본 저는 깜짝 놀랐습니다. 그에게는 다리를 아주 잘 움직일 만한 신체적인 능력이 있었기 때문입니다.

저는 즉각 히스테리라는 진단을 내렸습니다. 그리고 그 진단이 옳았음이 곧 드러났습니다. 그의 가상적인 마비 증세 내지 기능 장애는 감정적인 실망의 결과로 찾아온 것이었습니다. 그는 침대에 누워 있었는데, 제가 의사로서 제대로 진찰할 수 있을 만큼 가만히 있지 않았던 탓에 그 당시에는 도움을 줄 수가 없었습니다. 그러나 그 후에 다음과 같은 일이 일어났습니다. 그에게는 언니가 둘 있었는데, 저의 방문을 받고 맏언니가 교회에 나오기 시작했습니다. 그리고 수개월 후 회심하여 아주 훌륭한 그리스도인이 되었습니다. 얼마 후에는 둘째 언니도 예배에 참석하기 시작했고, 그 역시 그리스도인이 되었습니다. 어느 주일 저녁, 드디어 저는 그 '마비' 환자가 두 언니에게 반쯤 들려진 채 교회에 들어서는 모습을 보게 되었습니다. 그는 그 후에도 계속해서 예배에 참석했고, 오래지 않아 그리스도인이 되었습니다. 제가 강조하고 싶은 점은 이것입니다. 저는 그 마비 증세에 대해 당사자와 더 이상 이야기를 나눈 적이 없었습니다. 그에 대해 언급한 적도 없었고 의논한 적도 없었는데 증상이 완전히 사라져 버렸습니다. 그 이유가 무엇일까요? 어떻게 그런 일이 일어났을까요? 그것은 복음을 설교한 결과 일어난 일이었습니다. 그가 그리스도인이 되자 성령께서 진리를 적용시켜 주셨고, 그로써 별도의 개인 상담이나 심리 분석이나 치료 없이 문제가 해결된 것입니다.

물론 매번 이런 일이 일어난다고 주장하는 것은 아닙니다. 저의 논점은, 설교자가 참으로 복음을 설교할 때 성령께서 아주 놀라운 방식으로 그것을 각 사람의 사례와 문제에 적용시키심으로써 설교자가 알지 못하는 가운데 문제들을 해결해 주시는 일이 일어날 수 있다는 것입니다. 저는 이 말을 입증해 줄 이야기를 수도 없이 할 수 있으며, 심지어 설교자는 생각지도 않았던 부분이 어떤 이들의 문제를 해결하는 수단으로 사용된 이야기 또한 수도 없이 할 수 있습니다.

여하튼 저는 사람들이 복음 설교를 듣고 설교자를 찾아와 이야기하는 경우와 자신들의 특정한 문제를 해결할 기회를 제공받는 경우를 종종 보곤 했습니다. 설교는 사람들을 서로 만나게 하는 최상의 수단으로서, 서로를 연결하는 띠를 만들어 줍니다. 사람들은 설교자의 어떤 말을 들으면서 그가 동정심과 이해심을 가지고 있다거나, 자신의 특정한 어려움에 대해 통찰력을 가지고 있다는 인상을 받습니다. 사람들은 그 설교 때문에 설교자를 찾아가 개인적인 도움을 청할 마음을 갖게 됩니다.

더 나아가 설교자는 이런 식으로 수십 명, 아니 수백 명의 사람들을 동시에 도와줄 수도 있습니다. 한 번의 예배에서 성경을 설명했는데 여러 가지 다양한 상황에 처한 사람들이 동시에 도움을 받는 일을 보게 되는 것은 참으로 놀라운 경험이 아닐 수 없습니다. 설교가 오히려 설교자의 시간을 훨씬 절약해 준다는 말의 의미가 바로 이것입니다. 설교자가 각 사람을 따로 만나야 한다면 아마 평생을 바쳐도 모자랄 것입니다. 그러나 설교자는 한 편의 설교로 아주 많은 문제를 동시에 다룰 수 있습니다.

어떤 경우에든 설교하는 것이야말로 사람들에게 개인적인 도움이 될 근본적인 원리를 제공하는 방법입니다. 이것은 저에게 아주 중요한 논지입니다. 간단한 예를 들어 보겠습니다. 한 사람이 목회실에 찾아와 어떤 문제에 대해 의논하고 싶어 합니다. 여러분이 해야 할 첫 번째 일은 문제의 본질을 파악하는 것입니다. 여러분은 그가 그리스도인인지 아닌지부터 파악해야 합니다. 그래야 그 다음에 할 일을 결정할 수 있기 때문입니다. 만약 그리스도인이 아니라면 영적인 도움은 줄 수가 없습니다. 그럴 때 먼저 해야 할 일은 그리스도인이 되도록 도와주는 것입니다. 그것이 최우선적으로 해야 할 일입니다. 그래야 영적인 가르침을 특정 문제에 적용할 수 있습니다. 그리스도인이 아닌 사람에게 영적인 가르침을 적용하려 드는 것은 어리석은 일입니다. 복음 사역자로서 그런 사람의 특정 문제와 어려움을 다루려 드는 것은 시간 낭비입니다. 그럴 때에는 그 문제를 전문적으로 다루는 사람과 연결시켜 주는 것이 여러분의 의무라고 저는 생각합니다. 목사로서 여러분이 해야 할 일은 영적인 문제를 다루는 전문가의 사역이기 때문에 무엇보다 이 부분을 먼저 확인해 보아야 합니다. 영적인 지각이 없는 사람에게 영적인 방식으로 말해 보았자 아무 소용이 없습니다. 그러한 영적 지각은 일반적으로 복음 전도를 통해 생기는 것이며, 영혼이 거듭나야 생기는 것입니다(고전 2:10-16; 벧전 1:23). 만약 여러분이 설교를 통해 그들 자신이 그리스도인이 아니라는 사실을 깨우친다면, 본인들이 직접 그 문제를 가지고 여러분을 찾아올 것입니다. 그러면 그들이 염려하고 있는 특정 증상은 그리스도인이 아니기 때문에, 즉 하나님과 잘못된 관계에 있기 때문에 생긴 것이라는 사실을 알려 줄 수 있습니다. 이처럼 그들 스스로 여러분을 찾아올 때 상담해 주고 도와

주며 구원의 길을 보여 줄 수 있습니다. 설사 특정 문제 그 자체는 본질적으로 해결해 주지 못한다 해도, 그들과 함께 영적인 방식으로 문제의 답을 찾아나갈 수 있는 위치에 서게 되는 것입니다. 결국 개인 사역의 유일하고 참된 기초는—그 사역이 순전히 심리적인 치료로 전락하지만 않는다면—참되고 건전한 복음을 설교하는 것이라고 저는 주장하는 바입니다.

제 논지는 개인 상담을 비롯한 다른 모든 활동들은 설교를 대체하기 위해서가 아니라 보충하기 위해 존재한다는 것입니다. 원한다면 그런 활동들을 '추가 사역'이나 '후속 사역'으로 할 수 있겠지만, 결코 주된 사역으로 취급해서는 안 됩니다. 그 관계를 잘못 설정하는 순간, 여러분은 개인적인 의미에서 화를 자초할 뿐 아니라 교회가 위임한 사명 또한 참되고 바르게 해석하지 못하게 될 것입니다. 따라서 저는 오직 설교로만 사람들에게 진리를 전달할 수 있으며, 그들 자신의 필요가 무엇인지 깨우쳐 줄 수 있고, 유일하게 그 필요를 채워 줄 수 있다는 말로 제 주장을 요약하고자 합니다. 예전과 의식, 찬양과 오락, 정치 사회적인 사안들에 대한 관심 등 다른 것들로는 이 일을 할 수 없습니다. 물론 그런 것들도 영향을 끼칠 수 있다는 사실까지 부인하는 것은 아닙니다. 그런 것들도 영향을 끼칠 수는 있습니다. 그렇기 때문에 위험할 수가 있는 것입니다. 사람들은 '진리를 아는 지식'으로 나아가야 합니다. 그 지식으로 나아가게 하지 못한다면 단지 증상을 완화시키며 문제를 일시적으로 무마하는 수준에 머물고 말 것입니다. 한마디로 교회와 목회자에게 위임된 커다란 사명을 수행하지 못하게 되는 것입니다.

시대가 변했다는 주장

이제 이러한 논지와 관점에 대한 몇 가지 반대의견들을 살펴봅시다. 어떤 이는 말할 것입니다.

"하지만 시대가 변하지 않았습니까? 20년 전이라면, 아니, 100년 전이라면 당신 말이 전부 맞을 수도 있습니다. 하지만 시대가 변하지 않았습니까? 이 새로운 상황에서도 당신의 방법이 옳다는 말입니까?"

미국에 있는 사람들은 또 이렇게 말할 수도 있습니다.

"글쎄요, 당신 말이 영국이나 런던에는 해당될지 몰라도 미국에는 통하지 않습니다. 여기는 상황이 달라요. 배경도 다르고 문화도 다르고 환경도 다릅니다."

그에 대한 대답은 무엇일까요? 아주 간단합니다. 하나님은 변하지 않으셨으며 사람도 변하지 않았다는 것입니다. 물론 표면적으로는 변했다는 것을 저도 압니다. 옷차림도 달라졌고, 한 시간에 4마일이 아닌 400마일을 여행할 수 있게 되었습니다. 그러나 인간의 본질은 하나도 변하지 않았으며, 인간의 필요도 예나 지금이나 다를 바가 없습니다. 또한 지난 강의에서 살펴본 대로 과거 교회 역사에도 지금처럼 생명 없이 죽어 있던 시대가 있었습니다.

이처럼 우리의 상황은 전혀 새로울 것이 없습니다. 우리가 20세기 중반에 살고 있기 때문에 우리의 문제들 또한 완전히 새로울 것이라는 생각은 오늘날 사람들이 범하고 있는 가장 치명적인 오류 중에 하나입니다. 그런 생각은 전후 세계니 과학 시대니 원자 시대니 기독교 후기 시대니 하는 말들로 포장되어 교회의 활동과 사고에까지 스며들어 있습니다. 그러나 그것은 전부 헛소리입니다. 새로울 것은 하나도 없습니다. 하나님은 변하지 않으십니다. 누군가의 표현대로 "시간은 영원하신 분의 이마에 주름살 하나 남기지" 못합니다. 인간도 변하지 않습니다. 인간은 타락한 이후 항상 이런 모습이었고, 항상 같은 문제를 안고 있었습니다.

실제로 저는 오늘날보다 더 설교하기에 더 좋은 때는 없다고 말하고 싶습니다. 왜냐하면 우리는 환상이 깨진 시대에 살고 있기 때문입니다. 지난 세기, 즉 빅토리아 시대는 낙관의 시대였습니다. 사람들은 진화와 발전 이론에 흥분했고, 시인들은 "인간의 의회와 세계 연방"의 도래를 노래했습니다. 사람들은 전쟁이 곧 추방될 것이고 만사가 잘될 것이며 세계는 커다란 하나의 국가를 이룰 것이라고 생각했습니다. 그들은 진짜 그런 일이 일어날 것을 믿었습니다. 그러나 지금은 여기저기 조금 남아 있는 1914년 이전의 옛 '사회복음' 주창자들 외에는 아무도 그렇게 믿지 않습니다. 우리는 옛 낙관적 자유주의의 몰락을 보고 있으며, 절망에 빠진 환멸의 시대에 살고 있습니다. 학생들의 항의집회와 온갖 종류의 항의집회가 일어나는 이유가 여기 있으며, 사람들이 마약에 빠져드는 이유가 여기 있습니다. 자유주의자들의 낙관주의는 종말을 고했습니다. 이것은 필연적인 결과입니다. 왜냐하면 그 기본 개념과 기원과 사고 자체가 잘못되어 있었기 때문입니다. 우리는 그 모든 것의 종말을 목도하고 있습니다. 그러니 지금이야말로 복음을 설교할 문이 활짝 열려 있는 시대가 아니겠습니까? 우리가 살고 있는 이 시대는 여러 가지 면에서 1세기와 아주 비슷합니다. 옛 세계도 고갈되어 있었습니다. 헬라 철학이 꽃을 피웠던 시대는 물러갔고, 어떤 의미에서 로마도 절정기를 지났으며, 현대인들처럼 피곤하고 지친 사람들이 자연히 쾌락과 오락으로 돌아서고 있었습니다. 오늘날도 마찬가지입니다. 설교를 줄이고 다른 임시방편들을 더 많이 활용하자는 주장과 달리, 저는 지금이야말로 하늘이 주신 설교의 기회라고 말하고 싶습니다.

다른 방법이 있지 않느냐는 주장

자, 이제 두 번째 반대의견을 살펴봅시다. 사람들은 다음과 같이 말할 수 있습니다.

"요즘 사람들은 확실히 교육도 받고 세련된 만큼, 책이나 잡지를 통해서도 당신이 말한 일들을 다 할 수 있지 않습니까? 텔레비전이나 라디오를 통해, 특히 토론을 통해 그런 일들을 할 수 있지 않습니까?"

물론 다른 매개체들처럼 독서도 큰 도움이 될 수 있습니다. 그러나 지금은 그런 것들이 진정으로 상황을 개선시키는 데 과연 어느 정도까지 도움이 되느냐를 물어야 할 때가 아닐까요? 제가 볼 때 그 결과는 실망스러운 것으로서, 지금부터 그렇게 생각하는 이유를 말씀드리겠습니다. 첫째로, 그것은 너무 개인주의적이라는 점에서 잘못된 접근입니다. 어떤 사람이 앉아서 책을 읽고 있습니다. 그것은 순전히 지적인 접근이며, 지적인 관심에서 비롯된 일입니다. 또 한 가지 이유는 말로 표현하기는 어렵지만 제가 볼 때 아주 중요한 점으로서, 사람이 너무 많은 통제권을 행하게 된다는 것입니다. 즉, 책을 읽다가 동의하지 않으면 덮어 버린다거나 텔레비전을 보다가 원치 않으면 꺼 버릴 수 있다는 것입니다. 그럴 때 여러분은 혼자 있으면서 상황을 자기 마음대로 통제합니다. 좀 더 적극적으로 말하자면, 그런 접근방식에는 교회가 가지고 있는 핵심적인 요소가 결여되어 있습니다.

교회는 선교 공동체입니다. 우리는 교회 자체가 복음과 그 진리 및 메시지에 대한 증거의 일부라는 개념을 회복해야 합니다. 그렇기 때문에 사람들이 교회의 영역 안에 함께 모여 말씀을 듣는 일이 아주 중요한 것입니다. 그 자체에 영향력이 있습니다. 저는 그에 관련된 이야기들을 종종 듣곤 합니다. 결국 설교자는 자기 자신의 이야기를 하는 사람이 아니라 교회를 대변하는 사람입니다. 그는 교회가 어떤 곳이며 교회에 모인 사람들이 어떤 이들인지, 왜 지금과 같은 이들이 되었는지에 대해 설명해야 합니다. 여러분은 사도 바울이 데살로니가전서에서 이 점을 잘 지적해 주고 있음을 기억할 것입니다. 요즘 사람들은 이 점을 무시하는 경향이 있습니다. 바울은 데살로니가 사람들에게 그들이 하나의 교회로서 자신의 설교에 큰 도움이 되었다고 말합니다. 그는 1:6 이하에서 다음과 같이 말하고 있습니다.

또 너희는 많은 환난 가운데서 성령의 기쁨으로 말씀을 받아 우리와 주를 본받은 자가 되었으니 그러므로 너희가 마게도냐와 아가야에 있는 모든 믿는 자의 본이 되었느니라. 주의 말씀이 너희에게로부터 마게도냐와 아가야에만 들릴 뿐 아니라 하나님을 향하는 너희 믿음의 소문이 각처에 퍼졌으므로 우리는 아무 말도 할 것이 없노라. 그들이 우리에 대하여 스스로 말하기를 우리가 어떻게 너희 가운데에 들어갔는지와…….

회중이 모인 것 자체가 설교의 일부로서, 예배 참석자들에게 즉각 그 영향을 끼치기 시작합니다. 제가 볼 때에는 순전히 지적인 논증보다 회중의 존재가 영적인 의미에서 더 강한 영향력을 행사할 때가 자주 있습니다.

그뿐 아니라 교회를 찾아온 사람은 거기 모인 회중이 하나님의 백성이자 수세기에 걸쳐 각 세대에 알려 주신 내용을 현대에 전달하는 대변인 같다는 느낌을 막연하게 받게 되며, 그 느낌 자체가 그에게 강한 영향력을 행사하게 됩니다. 회중 사이에 앉아 있는 사람은 단순히 새로운 이론이나 가르침이나 사상을 검토하고 있는 것이 아닙니다. 오랜 역사와 전통을 가진 어떤 세계로 찾아온 것이며 그 세계로 진입한 것입니다.

다른 식으로 말해 봅시다. 이런 일이 독서나 텔레비전 시청으로 일어날 수 있다고 생각하는 사람은 교회의 삶 속에 들어 있는 신비스러운 요소를 놓치고 있는 것입니다. 그 신비스러운 요소가 무엇입니까? 그것은 "두세 사람이 내 이름으로 모인 곳에는 나도 그들 중에 있느니라"라는 주님의 말씀에 제시되어 있습니다(마 18:20). 교회는 단순한 인간의 모임이 아닙니다. 그리스도가 그 가운데 함께 계시는 모임입니다. 이것은 교회의 신비 중에서도 가장 위대한 신비입니다. 하나님께 예배드리며 복음 설교를 듣기 위해 모인 그리스도인들 사이에는 분명히 무언가가 있습니다.

이 말뜻을 잘 보여 주는 이야기를 한 가지 하겠습니다. 전에 제가 알던 여성은 강신술사이자 영매로서 강신술 모임에 고용되어 일하고 있었습니다. 그는 일요일 밤마다 그 모임에 참석해서 영매 역할을 하는 대가로 3기니를 받았습니다. 이것은 1930년대의 일로서, 그 당시 3기니는 중하층 여성에게 상당히 큰 수입이었습니다. 그런데 어느 일요일 밤, 그는 몸이 아파 약속을 지킬 수가 없었습니다. 그래서 집에 앉아 있다가 사람들이 교회에 가는 모습을 보게 되었는데, 그 교회는 제가 남 웨일스에 있을 때 시무했던 교회였습니다. 그는 거기 가는 사람들에게 대체 무엇이 있는지 알고 싶다는 생각이 들었습니다. 그래서 예배에 참석하기로 마음먹었고, 실제로 예배에 참석했습니다. 그 후로 그는 죽을 때까지 교회에 나왔으며 아주 훌륭한 그리스도인이 되었습니다. 어느 날, 저는 그에게 처음 교회에 왔을 때의 느낌이 어떠했느냐고 물었습니다. 그때 그가 했던 대답에 바로 제가 보여 드리고 싶은 요점이 들어 있습니다. 그는 이렇게 말했습니다.

"예배당에 들어가서 사람들 사이에 앉는 순간, 어떤 능력이 느껴졌어요. 우리 강신술 모임에서 익숙하게 경험했던 바로 그 능력이라는 것을 알아챘지요. 그러나 그 사이에는 큰 차이가 한 가지 있었습니다. 예배당에서 느낀 능력은 정결한 능력이었어요."

제가 말하고 싶은 것은 그가 어떤 능력을 인식했다는 이 단순한 사실입니다. 이것이 제가 말하는 신비스러운 요소입니다. 이것은 하나님의 자녀, 하나님의 백성들 가운데 임하시는 성령의 임재로서, 외부인들도 그것을 인식합니다. 그러나 혼자 앉아 책을 읽을 때에는 이런 것을 경험할 수 없습니다. 물론 성령께서 책도 사용하실 수 있다는 것은 저도 압니다만, 인간의 본질상―무리지어 사는 속성, 무의식중에라도 서로 도움을 받으며 의지하려는 습성―함께 모인다는 것은 아주 중요한 요소입니다. 자연의 측면에서도 그렇지만 성령의 임재라는 측면에서는 더더욱 그렇습니다. 그렇다고 군중심리를 옹호하려는 것은 아닙니다. 저는 군중심리를 아주 위험하게 생각하며, 그것을 부추기는 일은 더더욱 위험하게 생각합니다. 저의 논지는 여러분이 교회, 즉 하나님 백성의 모임 속에 들어갈 때 즉각적으로 작용하는 어떤 요소가 있으며, 그것은 설교자가 강단에서 말씀을 설명할 때 더욱 강화된다는 것입니다. 이것이 독서나 텔레비전 시청, 그 밖의 다른 활동으로 설교를 대체할 수 없는 이유입니다.

3
설교문과 설교 행위

이번에도 역시 설교가 교회와 목회자의 주된 임무라는 명제를 입증해 보겠습니다. 우리는 성경의 증거와 교회사가 제공하는 더 상세한 증거들을 찾아보았습니다. 그리고 신학적인 논의를 전개하면서, 우리의 신학 자체가 어떻게 이 점을 강조하고 있는지 밝히려 했습니다. 그 다음으로는 이 모든 것에 대한 몇 가지 반대의견들을 고찰하기 시작했습니다. 첫 번째 반대의견은 "시대가 변하지 않았습니까?"라는 것이었고, 두 번째 반대의견은 "그 모든 것은 책을 읽거나 텔레비전을 보거나 라디오를 들음으로써도 할 수 있는 일 아닙니까?"라는 것이었습니다.

설교를 '대화'로 대체할 수 있을까

이제 세 번째로 다룰 반대의견은 "그 모든 일은 그룹 토의를 통해 더 잘할 수 있지 않습니까? 왜 꼭 설교를 해야 합니까? 왜 그런 특정 형태만을 고집하는 것입니까? 요즘 말하는 '대화'나 의견 교환 같은 것으로 대체할 수 있지 않습니까? 차라리 설교를 마칠 때 더 많은 질문을 던지도록 유도해서 청중과 목사가 더 많은 대화를 나누는 편이 좋지 않습니까? 그 모든 것도 당연히 교회의 영역에 속한 일 아닙니까?"라는 것입니다. 더 나아가 그들은 이런 일은 텔레비전 토론으로도 가능하다고 말합니다. 그리스도인 몇 사람과 비그리스도인 몇 사람이 만나서 함께 토론하자는 것입니다. 그것이야말로 복음을 전하고 성경의 메시지를 알리는 좋은 방법일 뿐 아니라 현대에는 설교보다 더 나은 방법이라는 것이 그들의 생각입니다.

이것은 현재 대부분의 나라에 많이 알려져 있고 상당한 지지 또한 얻고 있는 견해이기 때문에 직접 검토해 볼 필요가 있습니다. 이번에도 저 자신의 회고담을 통해 답변하고자 하는데, 제가 이런 형식을 사용하는 것은 이와 관련된 원리들을 좀 더 분명히 밝히기 위해서입니다. 1942년경, 저는 그 당시 아주 유명한 인물이었던 고故 조드C. E. M. Joad 박사와 종교 문제에 대해 공개적으로 토론하는 자리에 초대를 받았습니다. 그는 '브레인 트러스트'라는 라디오 프로그램에 출연하여 최고 유명인사라고까지는 할 수 없어도 상당한 지명도를 얻고 있었으며, 어느 정도는 무신론적 견해를 가진 연사로 높은 인기를 누리고 있었습니다. 그런데 '옥스퍼드 유니언Oxford Union Debating Society'이 종교 문제에 대해 그와 토론할 것을 요청해 온 것입니다. 그런 요청을 받은 배경이나 이유까지 굳이 밝힐 필요는 없겠습니다만, 사실 그들이 그런 요청을 한 것은 저의 설교 때문이었습니다. 제가 이 이야기를 꺼낸 이유가 여기 있습니다. 그 당시 저는 옥스퍼드 대학의 전도 사역에 참여하고 있었는데, 어느 주일 밤 설교한 내용이 직접적인 원인이 되어 그 초청을 받게 된 것입니다. 그러나 저는 그에 응하지 않았고, 공개토론에 참석하기를 거부했습니다. 그것은 과연 옳은 일이었을까요? 많은 이들은 제가 잘못했다고 생각했습니다. 그 토론은 복음을 제시하고 설교하기에 아주 좋은 기회가 되었을 것이고, 조드 박사의 명성만으로도 수많은 청중이 몰려들었을 뿐 아니라 언론 또한 지대한 관심을 보였으리라는 것이 그 이유였습니다. 따라서 제가 놀라운 전도의 기회를 놓쳐 버렸다고 생각한 이들이 많았습니다.

그러나 저는 그때도 제 결정이 옳았다고 주장했으며 지금도 그렇게 주장하는 바입니다. 이제부터 밝히려는 자세한 이유들은 차치하고서라도, 그런 접근법 자체가 아예 잘못되었다고 생각하기 때문입니다. 제가 볼 때 그러한 접근을 통해 성공을 거두거나 의미 있는 결과를 얻은 사례는 거의 없습니다. 제가 아는 한, 또 제 경험과 지식에 비추어 볼 때, 공개토론은 오락을 제공하기에는 좋을지 몰라도 기독교 신앙을 심어 주는 데에는 그리 효과적이거나 유익한 방법이 못 됩니다.

하나님은 토론의 대상이 아니다

그러나 그보다 훨씬 더 중요한 것은 지금부터 밝히려는 상세한 이유들입니다. 첫째로—저는 이것만으로도 충분한 이유가 된다고 생각하는데—, 하나님은 결코 토론이나 논쟁의 대상이 되실 수 없습니다. 하나님의 인격과 신분으로 볼 때 논쟁의 주제가 되실 수 없다는 것입니다. 물론 불신자들은 제 말에 동의하지 않을 것입니다. 그것은 분명한 사실이지만, 그렇다고 달라질 것은 하나도 없습니다. 남들은 몰라도 우리는 그렇게 믿기 때문입니다. 그것은 우리가 역설하는 주장의 일부분입니다. 우리의 관점이 그렇기 때문에, 우리는 하나님에 대해 그렇게 믿고 있기 때문에, 어떤 경우에도 하나님이 토론이나 논쟁이나 조사의 주제가 되도록 허용할 수 없는 것입니다.

이 점에서 제가 논리의 근거로 삼는 것은 하나님이 불타는 떨기나무에서 모세를 부르신 사건입니다(출 3:1-6). 모세는 떨기나무가 불타고 있는 이상한 광경을 보고, 가까이 가서 그 놀라운 일을 살펴보려 했습니다. 그 순간, 그를 꾸짖는 음성이 들려왔습니다. "이리로 가까이 오지 말라. 네가 선 곳은 거룩한 땅이니 네 발에서 신을 벗으라." 제가 볼 때에는 이것이야말로 이 문제 전체를 지배하는 원리입니다. 우리의 구체적인 행동보다 더 중요한 것은 우리의 자세입니다. 히브리서가 일깨우는 바대로 하나님께는 언제나 "경건함과 두려움으로" 나아가야 합니다. "우리 하나님은 소멸하는 불"이시기 때문입니다(히 12:28-29).

이것은 저에게 아주 중요한 문제입니다. 안락의자에 아무렇게나 앉아 담배를 피워 가며 하나님의 존재에 대해 논하도록 허용할 수는 없습니다. 하나님은 철학적으로 탐구할 미지의 존재나 개념이 아니시기 때문입니다. 우리는 전능하고 영광스러우며 살아 계신 하나님을 믿는 사람들입니다. 남들이야 어떻게 하든지 간에 우리만큼은 하나님을 철학적 명제처럼 취급하여 토론하는 자리에 가서는 안 되며, 남들이 우리를 그런 자리로 몰고 가도록 허용해서도 안 됩니다. 이것이 저에게는 최우선적인 고려사항입니다.

기독교는 오락이 아니다

여기에서 나올 수밖에 없는 또 다른 이유들이 있습니다. 제가 제시하려는 두 번째 주장은, 우리가 다루는 문제들이야말로 인생에서 가장 심각하고 엄숙한 문제라는 것입니다. 우리는 우리와 관련된 사람들의 이생의 삶뿐 아니라 영원한 운명에도 영향을 끼친다고 믿는 문제들을 다룹니다. 이러한 주제 자체의 성격과 본질상, 가능한 한 가장 사려 깊고 진지한 분위기에서 접근해야 마땅합니다. 단순히 논쟁적인 분위기나 가벼운 분위기에서 접근할 수는 없습니다. 오락거리로 취급하는 것은 더더욱 안 될 일입니다.

텔레비전이나 라디오에서 종교를 주제 삼아 토론하거나 대화하는 프로그램은 순전한 오락물에 불과할 때가 많습니다. 신자와 불신자에게 똑같은 발언 시간이 주어지고, 그 사이사이에 치열한 논쟁과 익살, 재치 있는 말들이 끼어듭니다. 프로그램 진행 순서가 꽉 짜여 있기 때문에 주제를 깊이 있게 다룰 여지가 없습니다. 저는 우리와 관련된 이 문제가 너무나 심각하고 긴급하며 생명을 좌우하는 것이기 때문에 결코 그런 식으로 접근하도록 내버려 두어서는 안 된다고 단언하는 바입니다.

이렇게 말하는 지극히 정당하고 건전한 이유를 한 가지 비교를 통해 말씀드리겠습니다. 우리 중에 아주 심각한 병이 진행 중에 있거나 갑자기 그런 병에 걸린 사람이 있다고 합시다. 고통이 심하고 열이 점점 치솟을 뿐 아니라 본인이 너무나 아파하고 있습니다. 그의 상태가 심각하다고 판단한 담당 의사는 다른 의사에게 요청해서 더 정확한 의견을 듣고자 합니다. 그런 상황, 그런 조건에서 의사들이 서로 정반대의 가능성을 놓고 토론하며 논쟁하거나, 경솔한 태도로 한 가지 명제를 제시하고 비판하고 평가한 뒤에 또 다른 명제에 대해 토론하기를 바랄 환자가 과연 있겠습니까? 만약 그렇게 하는 의사들이 있다면 누구라도 분개할 것입니다. 자기 생명이 경각에 달려 있음을 지적하면서, 그렇게 경솔하고 가볍게 논쟁하며 토론할 시간이 없음을 일깨울 것입니다. 그런 상황과 조건에서는 누구나 확실한 말을 듣기 원하며, 자신의 병이 진지하게 다루어지길 원하고, 희망과 치료의 가능성, 회복의 가능성을 보게 되기를 원합니다. 이렇게 긴박한 상황에서 누가 익살을 떨거나 초연한 자세를 취한다면 누구라도 화를 낼 것입니다. 그것은 지극히 당연한 반응입니다. 몸의 건강이나 안녕의 문제와 관련해서도 그러할진대, 영혼의 질병과 인간의 영원한 운명에 대해 그런 식으로 토론한다는 것은 더더욱 있을 수 없는 일입니다.

이 점은 아무리 강조해도 지나치지 않습니다. 우리 모두는 이것을 질책으로 받아들여야 하며, 그리스도인들은 비그리스도인들보다 더 심각하게 이 점을 고려해야 합니다. 우리는 신학을 다룰 때에도 다른 많은 주제들에 대해 논쟁할 때와 똑같이 우리 삶이나 안녕이나 영원한 운명과 완전히 동떨어진 문제 다루듯 할 때가 아주 많습니다. 그것은 분명히 잘못된 태도입니다. 말로만 믿는 것이 아니라 진심으로 믿는 사람이라면 반드시 그 믿는 바에 인격적으로, 긴밀하게 관여할 수밖에 없습니다. 이 문제들은 이 세상에서의 진정한 삶뿐 아니라 영원한 운명과도 관련되어 있는, 너무나도 심각하고 엄숙한 것입니다.

영적인 일은 영적으로 분별해야

셋째로, 육에 속한 사람, 곧 비그리스도인은 영적으로 무지하기 때문에 어떤 의미에서 그런 논쟁이나 토론이나 대화를 나눌 대상이 되지 못합니다. 비그리스도인은 이런 문제들에 대한 토론에 참여할 능력 자체가 없다는 것이 저의 주장입니다. 그들은 영적인 것들을 보지 못하는 어두움의 상태에 있다는 당연한 이유 때문에 그렇습니다. 사도 바울은 고린도전서 2:14에서 이렇게 말하고 있습니다. "육에 속한 사람은 하나님의 성령의 일들을 받지 아니하나니 이는 그것들이 그에게는 미련하게 보임이요 또 그는 그것들을 알 수도 없나니 그러한 일은 영적으로 분별되기 때문이라." 육에 속한 사람에게는 영적인 지각이 전혀 없습니다. 고린도전서 2장의 전체 논지는 "그러한 일은 영적으로 분별"한다는 것입니다. 이런 일은 영적인 진리의 영역에 속한 것이고, 영적인 용어와 언어로 진술되는 것이며, 영적인 정신으로만 이해할 수 있는 것입니다. 바울은 "육에 속한 사람", 곧 비그리스도인은 이렇게 할 능력이 없다고 말하고 있습니다. 그렇다면 그런 사람과 더불어 토론도 할 수 없다는 점이 분명해집니다. 다시 말해서 그리스도인과 비그리스도인이 만날 수 있는 중립지대란 없습니다. 말하자면 공통의 출발점이 없다는 것입니다. 그리스도인으로서 우리는 비그리스도인과 정반대되는 자리에 있으며, 그들이 틀렸다는 것을 여실히 드러내는 자리에 있습니다. 그렇기 때문에 이런 문제들에 대한 토론이나 논쟁 자체가 불가능합니다.

설교는 교만을 깨뜨린다

이제 이 점을 보강해 주는 네 번째 요점으로 나아갑시다. 육에 속한 사람에게 무엇보다 필요한 것은 겸손입니다. 우리와 믿지 않는 사람이 무엇이든 함께할 수 있으려면 겸손부터 선행되어야 합니다. 육에 속한 사람이 가진 궁극적인 문제는 자부심입니다. 바울은 고린도전서 첫 장 후반부에서 이 내용을 다루고 있습니다. "지혜 있는 자가 어디 있느냐? 선비가 어디 있느냐? 이 세대에 변론가가 어디 있느냐?" 사도는 하나님이 그런 자들과 토론하시는 것이 아니라 오히려 그들을 미련하게 하신다고 말합니다. 자신을 자랑하며 살았던 자들은 겸손해져야 하는 반면, 그리스도인은 "주 안에서 자랑"하는 자리에 있는 자들입니다. 우리가 기독교 신앙을 받아들이지 않는 사람에게 가장 먼저 해 주어야 할 일은 그를 겸손하게 만드는 것입니다. 그것이 첫 번째 필수사항입니다. "하나님께서 이 세상의 지혜를 미련하게 하신 것이 아니냐?" 주님의 말씀대로 "돌이켜 어린아이들과 같이 되지 아니하면 결단코 천국에 들어가지" 못합니다(마 18:3). 이것은 모든 사람에게 적용되는 결정적인 진술이자 중심적인 진술입니다. 사람은 누구나 "돌이켜 어린아이들과 같이" 되어야 합니다. 그들이 무엇을 알고 있느냐, 어떤 사람들이냐, 무엇을 소유하고 있느냐, 무엇을 성취했느냐는 전혀 상관이 없습니다. 자신이 완전히 망했다는 것을 깨닫고 "어린아이들과 같이" 되기 전까지는 누구에게도 희망이 없습니다.

그러므로 믿지 않는 자들과 동등한 입장에서 이런 문제들에 대해 논쟁하거나 토론할 수 없으며, 그렇게 해서도 안 된다는 것이 이제 분명해졌습니다. 그것은 기독교의 문을 여는 첫 원리를 부정하는 것입니다. 실제로 주님은 여기에서 한 걸음 더 나아가 다음과 같이 말씀하셨습니다.

그때에 예수께서 대답하여 이르시되 천지의 주재이신 아버지여, 이 것을 지혜롭고 슬기 있는 자들에게는 숨기시고 어린아이들에게는 나타내심을 감사하나이다. 옳소이다. 이렇게 된 것이 아버지의 뜻이니이다. 내 아버지께서 모든 것을 내게 주셨으니 아버지 외에는 아들을 아는 자가 없고 아들과 또 아들의 소원대로 계시를 받은 자 외에는 아버지를 아는 자가 없느니라(마 11:25-27).

진리는 성경 안에서, 오직 성령만이 비추실 수 있는 빛을 통해 우리에게 계시됩니다. 따라서 이러한 문제들에 대해 논쟁하거나 토론하거나 의견을 교환한다는 개념 자체가 복음의 성격이나 본질에 배치된다는 것이 저의 주장입니다.

그러므로 저는 설교를 대체하려는 현대의 모든 대안들을 거부하며, 우리에게는 오직 한 가지 방법만이 있을 뿐이라고 단언하는 바입니다. 그것은 바로 아덴에서 사도 바울이 택한 방법입니다. 이 부분은 전에도 인용한 적이 있습니다. "너희가 알지 못하고 위하는 그것을 내가 너희에게 알게 하리라." 이렇게 선포하는 것이 가장 중요합니다. 무엇보다 먼저 선포해야 합니다. 선포를 통해 어느 정도의 정보가 전달되기 전까지는 유익한 의견 교환이 이루어질 수 없습니다. 이 '선포'야말로 교회와 설교자만이 할 수 있는 일이며, 우리의 첫 번째 주된 임무입니다.

과연 설교를 들으러 올까

이제 우리가 다루어야 할 마지막 주장 내지는 반대의견이 있습니다. 그것은 "당신 말이 이론적으로는 옳다 하더라도, 사람들이 들으러 오지 않는데 어쩌겠습니까?"라는 것입니다. 이 놀라운 주장을 내세우는 것까지는 좋다는 것입니다. 그러나 요즘 사람들은 이런 종류의 말에 귀를 기울이지 않을 뿐 아니라 아예 관심조차 없으며, 그보다는 자신이 직접 발언하고 자기 의견 개진하기를 더 좋아한다는 것입니다. 이 점에 대해서는 '설교자에게 귀를 기울이는 청중'에 대해 이야기할 때 다루도록 하고, 이 자리에서는 한 가지만 말하고 넘어가겠습니다. 이런 주장에 대한 저의 답변은, 참된 설교를 하면 사람들이 온다는 것, 그것도 반드시 온다는 것입니다. 과거에도 언제나 그러했다는 것을 저는 역사적 증거를 통해 이미 입증한 바 있습니다. 오늘날도 마찬가지입니다. 왜냐하면 우리가 이미 살펴보았듯이 하나님이 여전히 동일하시며 사람 또한 동일하기 때문입니다. 더 중요한 점이 있습니다. '참된 설교를 하면 반드시 사람들이 온다'라고 믿지 못한다는 것은 결국 성령과 그분의 역사를 거의 배제한 채 이 문제 전체를 바라본다는 뜻입니다.

물론 그렇게 되기까지 오랜 시간이 걸릴 수 있으며, 실제로도 오랜 시간이 걸리는 경우가 많습니다. 설교는 장기적인 정책입니다. 그럼에도 설교는 하나님이 친히 주신 방법이기에 효과가 있으며 열매가 있고 영광이 있다는 것, 반드시 그렇다는 것이 저의 전체적인 논지입니다. 우리를 설교로 부르시고 우리에게 설교를 맡기신 분이 하나님이시니, 그가 친히 그것을 높이실 것입니다. 그는 언제나 설교를 높이셨고, 현대 사회에서도 여전히 높이고 계십니다. 다른 방법과 계획이 있으면 전부 시도해 보십시오. 아무 효과도 없음을 깨닫고 결국 설교로 돌아오게 될 것입니다. 교회는 언제나 이 방법으로 존재해 왔습니다. 신약성경이 그 사실을 보여 주고 있으며, 이후 계속되어 온 교회사와 현대 세계 또한 그 사실을 보여 주고 있습니다.

이 모든 것은 우리에게 같은 질문을 되풀이하게 만듭니다. 설교란 무엇입니까? 저의 주장은 참된 설교를 할 때 사람들이 와서 듣는다는 것입니다. 이렇게 말하는 즉시 우리는 '설교란 무엇인가?'에 대한 논의에 휘말리게 됩니다. 물론 이것은 극히 중대한 질문으로서, 저는 지금부터 본격적으로 이 질문을 다루려 합니다. 결국 불완전한 설교관을 가지고 불완전한 설교를 한 것이 우리가 지금까지 다루어 온 대부분의 문제들을 불러일으켰으며, 믿는 자들이 근심하고 있는 어려운 상황을 몰고 왔다는 것이 저의 입장입니다. 저는 강단이 그 책임을 모면할 수 있다고 생각지 않습니다. 사람들이 예배 장소에 오지 않는 주된 책임은 강단에 있습니다. 물론 다른 요인에 책임을 전가하려는 경향이 있는 것은 사실입니다. 가장 흔한 핑곗거리는 두 차례의 세계대전입니다. 또 한동안은 가난이 이유가 되었습니다. 먹을 것도 부족하고 입을 것도 마땅치 않은데 과연 설교를 들으러 오겠느냐는 것입니다. 그러니까 가난이 큰 장애물이라는 것입니다. 그런데 오늘날에는 반대로 풍요가 큰 문제라고들 말하고 있습니다. 사람들이 잘살고 모든 것이 풍성해진 나머지 복음의 필요성을 느끼지 못하는 게 문제라는 것입니다. 원인을 환경에서만 찾으려 들면 항상 이렇게 우스운 입장을 취하게 되어 있습니다.

저의 논지는 궁극적으로 강단에 책임이 있다는 것입니다. 강단이 바로 서고 참된 설교가 이루어지면 사람들이 관심을 가질 것이며 메시지를 들으러 올 것입니다. 제가 볼 때 고통을 겪고 있는 이 현대 세계보다 더 설교의 필요가 절실한 시대, 설교의 기회가 많았던 시대는 역사상 없었다는 사실을 다시 한 번 상기시키고 싶습니다.

설교의 정의

그렇다면 설교란 무엇입니까? 제가 말하는 설교의 의미는 무엇입니까? 이런 식으로 생각해 봅시다. 한 사람이 강단에 서서 말하고 있고, 다른 사람들은 회중석에 앉아서 듣고 있습니다. 그 자리에서 지금 무슨 일인가가 일어나고 있습니다. 그것이 무엇입니까? 그 사람은 왜 강단에 서 있습니까? 그의 목적은 무엇입니까? 교회는 왜 그 사람에게 이 일을 맡겼습니까? 다른 사람들은 왜 와서 듣고 있습니까? 그 사람은 무슨 일을 하고자 합니까? 그가 해야 하는 일은 무엇입니까? 제가 볼 때 중요한 것은 바로 이런 질문들입니다. 기술이나 방법론이나 '의사소통의 문제'로 곧장 달려들어서는 안 됩니다. 이런 서론적인 질문들을 먼저 던지지 않기 때문에 온갖 세부적인 문제와 논의에 빠져서 허우적거리는 것입니다. '이 사람이 강단에서 무엇을 하느냐?'라는 것이야말로 우선적으로 해결해야 할 중요한 질문이며 중심적인 질문입니다.

 설교를 참으로 정의하려 할 때 꼭 해야 하는 말은, 사람이 하나님의 메시지를 전달하기 위해, 즉 하나님이 인간에게 주시는 메시지를 전달하기 위해 강단에 선다는 것입니다. 바울의 표현을 빌리

자면 그는 "그리스도의 사신"입니다. 이것이 그의 직분입니다. 보냄을 받은 자이자 사명을 맡은 자로서, 하나님과 그리스도를 대변하여 사람들에게 말하기 위해 강단에 서 있는 것입니다. 다시 말해서 그는 단순히 잡담을 하려고 강단에 서 있는 것도 아니고 사람들을 즐겁게 해 주려고 강단에 서 있는 것도 아닙니다. 그는 회중에게 무언가를 해 주기 위해—저는 이 점을 강조하고 싶습니다—거기 서 있는 것입니다. 여러 종류의 결과를 이끌어 내기 위해 거기 서 있는 것이며, 사람들에게 영향을 주기 위해 거기 서 있는 것입니다. 그는 단지 한 부분에만 영향을 주려는 것이 아닙니다. 지성에만 영향을 주려는 것도 아니고, 감정에만 영향을 주려는 것도 아니며, 단순히 의지를 밀어붙여서 특정한 행동을 하게 하려는 것도 아닙니다. 그가 강단에서 다루는 대상은 전인全人입니다. 삶의 중심에 자리잡고 있는 인격 전체에 영향을 주기 위해 설교하는 것입니다. 설교는 듣는 이들을 변화시켜서 이전과 다르게 만드는 것입니다. 다시 말해서 설교자와 청중 사이의 상호작용인 것입니다. 설교는 사람의 영혼에, 전 인격에, 그 사람 전체에 영향을 끼칩니다. 설교는 아주 핵심적이고 근본적인 방식으로 사람을 다룹니다.

 수년 전에 어떤 사람이 저의 산상설교 연구에 대해 언급했던 말이 생각납니다. 저는 의도적으로 그 책을 설교집의 형태로 출판했습니다. 사람들이 더 이상 설교를 좋아하지 않으니 이제는 그런 식으로 출판하지 말라고 충고해 준 이들이 많이 있었습니다. 설교의 시대는 지나갔다면서 수필이나 그 밖의 형태로 출판하라는 것이었습니다. 그러던 중에 유명한 영국의 평신도 한 분이 아주 흥미로운 말을 해 주었습니다.

"저는 목사님의 책 「산상설교집 Studies in the Sermon on the Mount」을 좋아합니다. 그 책은 저에게 말을 해 주거든요."

그는 연이어 말했습니다.

"학식 있는 설교자들과 교수들의 책도 많이 소개받았지만, 그런 책들은 늘 교수가 교수에게 쓴 글 같다는 느낌을 주더군요. 그 책들은 저한테 말해 주는 바가 없었어요. 그러나 목사님의 책은 저에게 말을 해 줍니다."

그는 중요한 지위에 있는 유능한 사람이었는데도 그렇게 말했습니다. 저는 그의 말에 상당한 진리가 들어 있다고 생각합니다. 그가 소개받은 많은 책들은 아주 유식하고 명민하며 학구적인 것들이었지만, 그의 표현대로 '교수가 교수에게 쓴 글 같다'는 느낌을 주었습니다. 저는 이것이야말로 우리가 설교집을 읽을 때 염두에 두어야 할 아주 중요한 요점이라고 믿습니다. 문학적인 문체를 너무 강조하는 태도의 위험성에 대해서는 이미 언급한 바 있습니다.

5, 6년 전에 한 문학잡지에서 읽은 글이 생각납니다. 그 필자는 자신의 분야에서 똑같은 점을 지적하고 있다는 점에서 깨우치는 바가 아주 많았습니다. 그는 오늘날 참된 문학을 추구하기보다 "평론가가 평론가를 위해 책을 쓰는" 경우가 훨씬 많기 때문에 문제가 일어난다고 주장했습니다. 그들은 서로의 책을 비평합니다. 그 결과, 어쨌든 책의 일차적인 대상이 되어야 할 일반 독자가 아닌 평론가를 염두에 두고 책을 쓰는 경우가 빈발하게 됩니다. 설교와 관련해서도 같은 상황이 벌어지기 쉽습니다. 그것이 설교를 망쳐 버

립니다. 설교는 언제나 설교자와 청중의 상호작용이 되어야 하며, 그 사이에서 무언가 역동적이고 생생한 일이 일어나야 합니다. 설교는 단순히 지식을 전달하는 일이 아닙니다. 설교에는 그보다 훨씬 큰 것이 관련되어 있습니다. 설교에는 설교자와 청중의 인격 전체가 맞물려 있습니다. 이 점을 깨닫지 못하는 설교자는 실패할 수밖에 없습니다.

철학과 관련하여 이 점을 아주 분명히 간파했던 이교도 철학자의 말을 인용함으로써 이 점을 더 확실히 짚어 보겠습니다. 어느 날 한 젊은 철학자가 에픽테토스Epictetus를 찾아와 조언을 구했습니다. 그때 에픽테토스가 한 말은 설교자들에게도 아주 유익한 조언이라 할 만합니다.

"철학자의 강의실은 진찰실이라네. 그곳에 다녀가는 사람은 즐거움이 아닌 고통을 느껴야 하지. 그곳을 찾아왔다는 것은 자신의 몸에 무언가 문제가 있다는 뜻이니까. 어깨가 빠진 사람도 있고 종기가 생긴 사람도 있고 두통을 앓는 사람도 있네. 그런데 그런 사람이 찾아왔을 때 칭찬이나 들을 요량으로 당장 듣기 좋은 말만 해 주고 보낸다면, 팔이 위골된 채로, 종기가 있는 채로, 두통이 있는 채로 그냥 보내 버린다면 과연 나를 의사라고 할 수 있겠나? '선생님의 멋있는 도덕적 결론에 찬사를 보냅니다'라는 말이나 하기 위해 젊은이들이 재산을 버리고 집과 부모와 친척을 떠나왔겠는가? 소크라테스Socrates나 제논Zenon이나 클레안테스Cleanthes가 한 일이 그런 것이었는가?"

이것은 설교자에게도 아주 중요한 말입니다. 철학자는 추상적인 문제와 의문들에 대해 토론하는 사람이 아니기 때문에 듣기 좋은 말만 해서는 안 된다고 에픽테토스는 말합니다. 심지어 철학자도 사람에게 관심을 가져야 하며 삶의 구체적인 문제와 정황에 관심을 가져야 한다는 것입니다. 에픽테토스는 사람들이 무언가 문제가 있기 때문에 철학자를 찾아온다고 말합니다. 비유하자면 한 사람은 어깨가 빠졌고 다른 한 사람은 종기가 났으며 또 다른 사람은 두통을 앓고 있기 때문에 찾아온다는 것입니다. 그것은 사실입니다. 회중 한 사람 한 사람도 마찬가지입니다. 그들은 단지 정신이나 지성만 가진 존재로 오는 것이 아닙니다. 삶의 한복판에 서 있는 전인으로서 삶에 수반되는 모든 상황과 문제와 어려움과 시련을 끌어안고 오는 것입니다. 설교자가 할 일은 그 사실을 기억할 뿐 아니라 그 사실에 근거하여 설교하는 것입니다. 설교자가 대하는 대상은 살아 있는 사람, 실제적인 어려움과 곤란에 처해 있는 사람입니다. 가끔은 본인들이 그 사실을 인식하지 못할 때도 있지만, 그럴 때에도 설교자는 그 사실을 일깨워 주어야 하며 그들의 문제를 처리해 주어야 합니다. 살아 있는 상호작용이란 그런 것입니다.

　이번에도 에픽테토스의 말을 살펴봅시다. 그가 철학자들에게 던진 도전은 설교자들에게도 똑같이 유익한 도전이 됩니다.

　"말해 보십시오. 여러분의 강의나 연설을 듣고 자기 자신에 대해 고민하거나 반성하게 된 사람이 있습니까?"

　이것이 시금석입니다. 만약 사람들이 우리의 말을 듣고서도 자신에 대해 고민하거나 반성하게 되지 않는다면 우리는 설교한 것이 아닙니다. 에픽테토스는 묻습니다.

"또는 강의실을 나가면서 '저 철학자가 내 잘못을 지적해 주었다. 앞으로 다시는 그렇게 행동하지 않겠다'라고 말하는 사람이 있습니까?"

이 말은 저의 설교관을 탁월하게 정리해 주고 있습니다. 바로 이것이 설교의 의도입니다. 우리는 설교를 통해 사람들을 심판대 앞으로 데려다 놓아야 합니다. 자신의 삶 전체가 연루되어 있다는 느낌을 갖게 해야 하며, 예배당을 나가면서 "이제는 더 이상 예전으로 돌아가서 그때처럼 살 수 없다. 이 설교가 내게 무언가 변화를 일으켰고 전과 달라지게 만들었다. 이 설교를 듣고 나서 나는 달라졌다"라고 말하게 만들어야 합니다. 에픽테토스는 우리가 그렇게 하지 않을 때 듣게 될 최고의 찬사는 기껏해야 "크세르크세스 왕에 대한 아름다운 인용구가 좋았다"라는 것이라고 덧붙입니다. 그러면 다른 사람은 "아니, 나는 테르모필레 전투에 대한 표현이 제일 좋던데"라고 말할 것입니다. 아시겠지만 사람들이 이런 말을 한다는 것은 사실상 그들에게 아무 일도 일어나지 않았다는 뜻입니다. 그저 초연한 자세로 자리에 앉아, 앞에서 말하는 사람을 평가하고 판단했을 뿐입니다. 한 사람은 인용문을 마음에 들어 하고, 다른 사람은 역사적인 언급을 마음에 들어 합니다. 그런 설교는 한낱 오락거리에 불과합니다. 사람들의 지성에 아주 흥미롭고 매력적이며 자극적인 오락을 제공하는 일에 지나지 않는 것입니다. 그런 설교가 실제로 끼치는 영향은 아무것도 없습니다. 사람들은 설교자의 공연에 이런저런 칭찬을 던지면서 자리를 떠납니다.

제가 볼 때 그것은 설교 본연의 의미가 아닙니다. 설교는 전인을 다루는 것입니다. 청중은 설교에 연루되며, 하나님이 설교자를 통해 자신을 다루시고 자신에게 말씀하신다는 사실을 깨닫습니다. 설교를 듣는 자와 그의 경험 속에 무슨 일인가가 일어나서, 이후 그의 삶 전체에 영향을 끼칩니다.

중요한 구분

이것이 설교에 대한 일반적인 정의입니다. 그렇다면 강단에서 설교자가 하는 일은 정확히 무엇입니까? 그것을 알아보는 것이 우리의 목적이요 목표입니다. 그가 하는 일은 정확하게 어떤 것입니까? 저는 여기에서 설교의 두 가지 요소를 구분해야 한다고 생각합니다. 첫째로, 설교에는 설교문 sermon 내지는 메시지, 즉 전달되는 내용이 있습니다. 그리고 둘째로, 흔히 설교 preaching라고 불리는 설교 행위, 즉 전달하는 행위가 있습니다. '설교 preaching'라는 말이 '메시지를 전달하는 행위'라는 이 두 번째 측면에 국한되어 사용되지 않는 것은 참으로 유감스러운 일입니다.

저는 메시지 자체와 메시지를 전달하는 행위 사이에 아주 실제적인 차이가 있다는 점을 강조하고 싶습니다. 어떤 차이가 있는지 설명해 보겠습니다. 저는 영국 번머스의 고故 존스 J. D. Jones 박사가 했던 말을 기억하고 있습니다. 그가 어떤 곳에서 설교를 했는데, 저녁예배 후 그 지역 목회자들과 만나는 자리가 마련되었습니다. 그중 한 사람이 나이 든 설교자에게 흔히 묻는 질문을 던졌습니다.

"목사님이 들어 보신 설교자들 중에 가장 뛰어난 사람은 누구입니까?"

그러자 그가 아주 분별력 있게 대답했습니다.

"제가 들어 본 설교자들 중에 누가 가장 뛰어난 사람인지는 모르겠지만, 한 가지는 확실히 말씀드릴 수 있습니다. 제가 들어 본 설교 중에 가장 뛰어난 설교는 존 허턴John A. Hutton의 설교였습니다."

이 말은 극히 중요한 차이점을 드러내 주고 있습니다. 아시다시피 그는 가장 뛰어난 설교자가 누구냐는 질문을 받았습니다. 그러나 그는 그것을 너무 포괄적인 질문이라고 생각했습니다. 그 질문에는 설교자의 됨됨이와 인격, 설교의 내용 등이 전부 포함되어 있었기 때문입니다. 그에 대해 분명하고 확실한 판정을 내려서 어느 한 사람이 다른 사람보다 뛰어나다고 말하기는 어렵다는 것을 존스 박사는 알았습니다. 그러나 그 자신이 말했듯이 설교 그 자체, 즉 메시지를 전달하는 행위와 관련해서는 의심의 여지없이 특정 인물을 지목할 수 있었습니다. 그가 지목한 사람은 한때 런던 웨스터민스터 채플의 목사로 있었던 존 허턴이었습니다.

이것이 제가 메시지 자체와 메시지를 전달하는 행위를 나누는 기준입니다. 또 다른 예를 들어봅시다. 18세기 말 웨일스의 한 위대한 설교자의 의견을 읽은 적이 있는데, 그는 그 당시 가장 뛰어났던 복음주의 설교자 두 사람을 구분하고 있었습니다. 그중 한 사람은 조지 윗필드였습니다. 그는 영국뿐 아니라 미국에서도 유명했던 인물로서, 모든 시대를 통틀어 가장 위대한 설교자라는 데 의심의 여지가 없습니다. 또 한 사람은 대니얼 롤런즈라는 웨일스의 설교자입니다. 그는 윗필드와 동시대 사람으로서, 윗필드보다 20년 더 오래 살았습니다. 여기 또 한 사람의 위대한 설교자이자 웅변가가 있습니다. 그는 제가 방금 전에 언급한 남 웨일스 랜건의 데이비드 존스입니다. 그는 설교자로서 윗필드와 대니얼 롤런즈를 평가해 달라는 요청을 받았습니다. 그에 대한 존스의 답변은 이것이었습니다.

"웅변력이나 전달력이나 설교 행위, 한껏 날아올라 청중을 하늘까지 끌어올리는 능력에 관해서는 두 사람 사이에 이렇다 할 차이를 발견할 수 없습니다. 두 사람 다 똑같이 훌륭하지요. 그러나 한 가지 큰 차이점이 있는데, 그것은 롤런즈에게서는 항상 훌륭한 설교문이 나올 것을 확신할 수 있지만 윗필드에게는 그런 확신을 가질 수 없다는 것입니다."

우리는 여기에서도 정확히 똑같은 차이점을 발견하게 됩니다. 설교 내용이 빈약해도 좋은 설교를 할 수 있습니다. 그것은 실제로 가능한 일입니다. 이 점에 대해서는 나중에 다른 부분과 관련해서 말씀드리도록 하겠습니다. 지금 제가 말하고 싶은 점은 설교자가 강단에서 하는 일의 두 가지 요소가 근본적으로 구분된다는 것입니다. 설교를 하려면 내용이 있어야 합니다. 설교자는 그 내용을 준비해야 합니다. 그리고 그 설교를 전달하는 '행위'를 해야 합니다.

다음과 같이 달리 설명할 수도 있습니다. 제가 알기에 이것은 필라델피아에서 실제로 있었던 일입니다. 한번은 어떤 사람이 조지 윗필드를 찾아와 그의 설교를 출판해도 되겠느냐고 물었습니다. 그러자 윗필드가 대답했습니다.

"글쎄요, 원하신다면 반대할 생각은 없습니다만, 종이 위에 천둥과 번개를 옮겨 놓을 수는 없을 텐데요."

이것이 차이점입니다. 설교문과 "천둥과 번개"는 다른 것입니다. 윗필드에게는 이것이 아주 중요했고, 다른 모든 설교자들도 이것을 중요하게 생각해야 합니다. 저는 바로 그 점을 보여 드리고 싶습니다. 설교문은 인쇄할 수 있지만 천둥과 번개는 인쇄할 수가 없습니다. 설교할 때 천둥과 번개가 임했더라도 차가운 활자로는 그것을 전달할 길이 없습니다. 아무리 표현력이 뛰어난 사람이라도 그런 것을 글로 묘사할 수는 없습니다.

메시지의 내용

이것이 근본적인 차이점입니다. 우선 설교문부터 살펴봅시다. 저는 설교문도 두 부분으로 나누려 합니다. 설교문에는 첫째로 내용 즉 메시지가 있고, 둘째로 내용 내지 메시지를 담는 형식이 있습니다. 이 또한 중요한 구분입니다.

내용부터 살펴봅시다. 메시지의 내용, 설교문의 내용을 결정짓는 것은 무엇입니까? 이 점에서 우리의 관심을 끄는 아주 적절한 본문으로 어느 날 오후 베드로와 요한이 성전에 들어가면서 했던 유명한 말을 제시하고자 합니다. 그들은 성전 미문 앞에 앉아 있는 앉은뱅이를 문득 보게 되었습니다. 그 앉은뱅이는 무엇을 얻을까 기대하며 두 사람을 쳐다보았습니다. 많은 사람들이 그에게 적선을 해 주었습니다. 이것이 세상이 해 줄 수 있는 일의 전부였습니다. 사람들은 그를 고쳐 줄 수 없었습니다. 그러나 생존을 이어가도록, 불행한 운명을 조금이나마 개선하도록 도와주거나 약간의 위안은 줄 수 있었습니다. 그래서 사도들에게서도 무엇을 얻을까 기대하며 쳐다보았던 것입니다. 그러나 그는 자신이 기대한 바를 얻지 못했습니다. 그 대신 베드로는 이렇게 말했습니다. "은과 금은 내게 없거니와 내게 있는 이것을 네게 주노니 나사렛 예수 그리스도의 이름으로 걸으라"(행 3:1-6).

메시지란 무엇입니까? 베드로의 말은 그 소극적인 측면을 보여 주고 있습니다. 우리에게는 우리가 할 일이 아닌 것, 우리가 채비를 갖추고 있지 않은 일이 있는 반면, 우리가 채비를 갖추고 있는 특별한 임무, 우리가 부름 받았을 뿐 아니라 감당할 능력도 있는 임무가 있습니다.

제가 이 예를 드는 것은 이 이야기가 극적으로 묘사되어 있어서 이 점을 상기시키는 데 도움이 된다고 생각하기 때문입니다. 그렇다면 우리가 따를 원리는 무엇입니까? 무엇보다 먼저, 설교는 단순한 시사평론으로 이루어지지 않는다는 것입니다. 다시 말해서 우리가 사람들에게 전해야 하는 것은 그 주에 일어난 사건이나 발생한 일, 신문 머릿기사나 정치 문제 등이 아닙니다. 신문에서 읽은 내용에 의지해서 주일 메시지를 준비하는 유형의 설교자가 있습니다. 그가 설교 시간에 하는 일이라고는 자신이 읽은 내용을 논평하는 것이 전부입니다. 그것이 이른바 시사적 설교라는 것입니다. 거의 전적으로 독서에 의존하는 듯한 사람들도 있습니다. 때로는 자신이 읽은 소설에 의존하기도 합니다. 그들은 최근에 읽은 소설에 대해, 그 줄거리와 메시지에 대해 이야기한 후, 결말 부분에서 도덕적인 적용 내지는 변주를 시도합니다. 이와 관련해서 생각나는 여성 언론인이 있습니다. 그는 잉글랜드의 주간 종교지에 글을 쓰던 사람으로서, 자신이 좋아한다는 설교자에 대해 쓴 적이 있습니다. 그는 그 글에서 자신이 그 설교자를 좋아하는 이유를 밝혔는데, 그 이유란 "그는 언제나 자신이 읽은 내용을 우리와 나눈다"라는 것이었습니다.

어떤 이들은 일정한 형태의 윤리적 행동을 촉구하고 호소하며 요청하는 일종의 윤리적 원칙에 대한 논문 내지 도덕적 수필을 설교문으로 생각하는 것 같습니다.

또 어떤 이들은 메시지를 일반적인 정신의 고양이나 심리치료의 일환으로 생각하기도 합니다. 그럴 경우에도 기독교 용어가 사용되지만, 그 참된 의미는 소거되어 있습니다. 그들은 심리적으로 사람들에게 영향을 끼치며 행복을 느끼게 해 주고 전보다 나아졌다고 느끼게 하기 위해, 그리고 인생의 문제들에 직면하는 방법을 가르쳐 주기 위해 그런 용어들을 사용합니다. 이를테면 '적극적인 사고방식' 같은 말이 그 예입니다. 그 말은 20세기에 대단한 선풍을 일으켰습니다.

이 소극적인 정의에 속한 항목 중에 좀 더 지적인 형태로는, 개념들을 잘 다듬어서 철학적으로 설명하는 사변적 사고를 들 수 있습니다. 사람들은 그것을 통해 현대인을 그들의 차원에서 만나고자 노력하며 '원자 시대를 살고 있는 사람들에게 어울리는' 메시지를 전달하고자 노력합니다.

저는 이 모든 것이 전적으로 잘못된 태도라고 생각합니다. 그것은 강단에 선 설교자가 할 일이 아닙니다. 왜 그렇습니까? 그런 일은 세상도 할 수 있기 때문입니다. 거기에는 특별할 것이 없습니다.

그것들은 "은과 금"의 범주 아래 있는 것들입니다. 그런 일은 세상도 하고 있으며, 세상도 할 수 있습니다. 그것은 우리에게 맡겨진 메시지가 아닙니다. 그렇다고 설교에 사람들을 행복하게 만드는 효과가 없다는 말은 아닙니다. 설교에도 그런 효과가 있습니다. 제가 강조했듯이 설교는 전인에 영향을 끼치기 때문입니다. 그러나 전인에 영향을 끼침으로써 생겨난 효과와 결과물들은 전부 부수적인 것들입니다. 메시지를 설교한 결과와 성과일 뿐, 우리가 전해야 할 메시지 자체는 아닌 것입니다.

이제 설교문의 실제 구성을 살펴볼 텐데, 제가 특별히 밝히고 싶은 점은 설교할 때에는 언제나 설교와 현실의 연관성을 보여 주어야 한다는 것입니다. 그러나 메시지와 현실의 연관성을 보여 주는 것과 시사적 설교를 하는 것 사이에는 하늘과 땅만큼의 차이가 있습니다. 시사적 적용은 부수적이고 결과적으로 따라와야지, 결코 주된 자리를 차지해서는 안 됩니다. 그런 종류의 적용은 윤리 단체나 철학 단체, 사회 단체, 정치 단체 등도 할 수 있습니다. 그것은 설교자의 소명이 아닙니다.

그렇다면 설교자의 소명은 무엇입니까? 이번에는 적극적인 측면에서 살펴보기로 합시다. 베드로와 요한이 성전 미문 앞에 있던 앉은뱅이에게 했던 말로 유추해 볼 때, 메시지란 무엇입니까? 그것은 "내게 있는 이것"입니다. 내게 없는 다른 것을 전하는 것이 아닙니다. 다른 것은 내 영역도 아니고 내 할 일도 아닙니다. 다른 것을 할 능력은 내게 없습니다. 그러나 "내게 있는 이것"이 있습니다. 내게는 무언가가 있습니다. 무언가 맡겨진 것이 있습니다. 내게는

"내게 있는 이것을 네게" 줄 사명이 있습니다.

사도 바울의 표현을 따르자면 "내가 받은 것을 먼저 너희에게 전"할 사명이 있는 것입니다(고전 15:3). 그것이 메시지, 곧 설교의 내용을 결정짓습니다. 설교자는 받은 것을 전합니다. 바울의 다른 표현인 "사신"은 그 점을 아주 선명하게 보여 줍니다. 사신은 자기 생각이나 견해나 관점이나 바람을 밝히는 사람이 아닙니다. 사신이라는 신분의 핵심은 남을 대변하기 위해 '보냄을 받았다'는 데 있습니다. 그는 정부나 대통령이나 왕이나 황제나 그 나라 통치 주체의 대변인입니다. 사색을 통해 자신의 관점과 사상을 밝히는 사람이 아니라 메시지를 전달하는 사람인 것입니다. 그는 이 일을 맡았으며, 이 일을 하도록 보냄을 받았습니다. 그러므로 이 일을 해야 합니다.

다시 말해서 설교의 내용은 신약성경이 말하는 바 '말씀'입니다. 신약성경은 말씀, 복음, 또는 하나님의 뜻을 다 전하라고 말합니다. 그것을 해석하면 곧 성경 메시지를 전하라는 뜻이 됩니다.

메시지란 무엇입니까? 그것은 "내게 있는 이것"입니다. 나는 오직 그것만 전해야 합니다. 내가 받은 것, 내가 가지고 있는 것, "내게 있는 이것"을 전해야 합니다. 메시지가 내게 주어졌으며 전달되었습니다. 나는 내 사상과 개념을 내세우지 않습니다. 단순히 내가 생각하거나 추측한 것을 말하지도 않습니다. 나는 내게 주어진 것만을 전달합니다. 나는 그것을 받아서 사람들에게 전해 줍니다. 나는 그 도구이자 통로이며 수단입니다. 나는 그 대리인입니다.

전도 설교

바로 그것이 내가 전해야 할 본질적인 메시지입니다. 그러나 그 메시지는 두 부분으로 분명히 나눌 필요가 있습니다. 성경 메시지의 이 두 부분을 인식하는 것은 아주 중요한 일입니다. 첫 번째 부분은 구원 메시지라고 할 수 있는 '케리그마 kerygma'로서 전도 설교의 내용을 이루는 것입니다. 두 번째 부분은 가르침의 측면을 가리키는 '디다케 didache'로서 믿는 신자를 양육하는 것, 즉 성도의 덕을 세우는 것입니다. 우리는 이 두 가지를 항상 명확히 구분해야 하며, 설교와 메시지를 준비할 때 중심적인 요소로 고려해야 합니다.

첫 번째 부분인 구원 메시지 또는 전도 설교는 무엇을 의미합니까? 데살로니가전서의 단 두 구절에 그 답이 완벽하게 요약되어 있습니다. 바울은 거기에서 자신이 실제로 데살로니가 사람들에게 처음 설교한 내용이 무엇이었는지 상기시키고 있습니다. 데살로니가 교회는 바로 그 설교 때문에 생겨났습니다. 그는 말합니다. "그들이 우리에 대하여 스스로 말하기를 우리가 어떻게 너희 가운데에 들어갔는지와 너희가 어떻게 우상을 버리고 하나님께로 돌아와서 살아 계시고 참되신 하나님을 섬기는지와 또 죽은 자들 가운데서 다시 살리신 그의 아들이 하늘로부터 강림하실 것을 너희가 어떻게 기다리는지를 말하니 이는 장래의 노하심에서 우리를 건지시는 예수시니라"(살전 1:9-10). 이것은 전도 설교에 대한 완벽한 요약입니다.

바울은 예루살렘으로 가는 길에 바닷가에서 에베소 장로들을 만나 작별 인사를 하는데, 그때 다시 한 번 전도 설교에 대해 요약해 주고 있습니다. 그 놀라운 이야기는 사도행전 20장에 나옵니다. 바울은 거기에서 자신의 설교가 어떤 성격의 것이었는지 상기시키고 있습니다. 그는 "공중 앞에서나 각 집에서나" 모든 눈물로 전하고 가르쳤습니다. 메시지란 무엇입니까? 바울은 "하나님께 대한 회개와 우리 주 예수 그리스도께 대한 믿음"이라고 말합니다(행 20:17-21). 그것은 사도 자신의 메시지를 요약하는 말이기도 합니다.

우리의 취지에 맞게 이렇게 표현할 수도 있습니다. 전도 설교란 무엇보다 하나님의 존재에 대한 선포입니다. "어떻게 우상을 버리고 하나님께로 돌아와서 살아 계시고 참되신 하나님을 섬기는지와." 하나님의 이름에 합당한 전도 설교를 하려면 하나님께로부터 출발하여 그의 존재와 능력과 영광을 선포해야 합니다. 여러분은 그 예를 신약성경 곳곳에서 발견할 수 있습니다. 바울도 아덴에서 전도 설교를 했습니다. "그것을[그를] 내가 너희에게 알게 하리라"(행 17:23). "그를" 알게 하리라! 전도 설교는 하나님에 대해 전하는 것이며, 하나님과 우상을 비교하여 우상의 공허함과 허무함과 쓸모없음을 폭로하는 것입니다.

그 다음으로는 율법을 전해야 합니다. 하나님의 성품을 알려면 하나님의 율법을 보아야 합니다. 율법은 하나님과 세상의 관계, 하나님과 사람의 관계를 전체적으로 보게 해 줍니다. 모든 율법은 죄를 깨닫고 회개하게 하기 위해 주어진 것입니다. 또한 전도 설교는 주 예수 그리스도를 유일한 구주로 믿는 자리까지 사람들을 이끌어 가야 합니다. 그것이 구원 메시지이며, 이른바 전도 설교입니다. 요한복음 3:16에는 그 완벽한 예가 나와 있습니다. "하나님이 세상을 이처럼 사랑하사 독생자를 주셨으니 이는 그를 믿는 자마다 멸망하지 않고 영생을 얻게 하려 하심이라."

양육 설교

또 다른 측면은 '성도를 세우는' 가르침입니다. 이 또한 두 부분으로 세분할 수 있습니다. 주로 실천을 다루는 가르침과 교육에 목적을 둔 가르침으로 나눌 수 있는 것입니다. 이에 대해서는 지금 설명하지 않고, 이 주제를 좀 더 실천적으로 다루는 부분에서 상세히 설명하도록 하겠습니다. 그러나 강단에 서는 사람이라면 기본적으로 이 두 가지, 즉 경험을 다루는 가르침과 교육에 목적을 둔 가르침이 있다는 사실은 염두에 두어야 한다고 생각합니다.

다시 말해서 모든 설교자는 적어도 세 가지 종류 내지 유형의 설교를 해야 합니다. 한 가지는 전도에 주안점을 둔 설교입니다. 설교자는 이런 설교를 최소한 일주일에 한 번은 할 필요가 있습니다. 그 다음으로는 교육적이면서도 주로 실천적인 측면을 다루는 설교를 해야 합니다. 저는 보통 주일 오전에 그런 설교를 했습니다. 그리고 주중의 저녁예배 때 좀 더 교육적인 내용을 다루는 설교를 했습니다.

이러한 구분을 너무 절대적인 의미로 생각하지는 말라는 점을 강조해야겠습니다. 그러나 메시지를 준비할 때 일반적인 지침으로 이 세 가지 유형, 즉 불신자들에게 전하는 설교와 신자들에게 실천적인 측면에서 전하는 설교, 좀 더 직접적인 교육에 목적을 둔 설교의 유형을 고려하는 일은 도움이 될 것입니다.

우리는 이것을 출발점으로 삼아 성경 메시지와 이러한 특정 유형들을 연결시키는 방법을 살펴보는 자리로 나갈 것입니다.

의 유형을 고려하는 일은 도움이 될 것입니다.

    우리는 이것을 출발점으로 삼아 성경 메시지 전체와 이러한 특정 유형들을 연결시키는 방법을 살펴보는 자리로 나아갈 것입니다.

4

설교문의 형식

우리는 앞에서 설교자가 준비해야 할 메시지의 세 가지 주된 유형을 살펴보았습니다.

제가 이러한 분류 내지 구분을 중시하기는 했지만, 그렇다고 이러한 구분이 절대적인 것은 아니라는 사실을 강조하고 싶습니다. 정말 중요한 것은 우리가 이러한 종류의 구분을 염두에 두는 것이 청중에게 유익하다는 점입니다. 항상 전도 설교만 하는 것은 분명 적절치 않은 일입니다. 전도 설교를 한 번도 하지 않는 것 또한 그만큼 적절치 않은 일입니다. 이런 점에서 볼 때 이러한 분류 내지 구분을 염두에 두는 것은 실제적인 도움이 됩니다. 그러나 다시 한 번 강조해야 할 사실은, 서로 다른 이 유형들이 항상 서로 연관되어 있으며 서로에게 의존하고 있다는 것입니다.

설교는 신학적이어야 한다

여기에서 아주 중요한 문제가 발생합니다. 이러한 세 가지 설교 유형 사이의 상호연관성을 과연 어떻게 유지할 수 있을까요? 제가 생각하는 답은 '신학과 설교의 관계를 인식하는 것이 중요하다'는 것입니다. 저는 '설교는 언제나 신학적이어야 하며 신학에 토대를 두어야 한다'는 것을 일반 명제로 제시하고자 합니다. 서로 관련이 없는 본문을 각기 따로 설교할 때에는 특히 더 조심해야 합니다. 설교자 스스로 모순에 빠질 수 있기 때문입니다. 우리는 한 본문에 근거해서 메시지를 전합니다. 그런데 그 메시지가 다른 본문이나 진리 전체와 연결되어 있지 않을 경우, 다른 본문을 설교하면서 이전 설교의 메시지와 모순되는 말을 할 수 있습니다. 이런 상황을 피하고 각 설교 유형들 사이의 상호연관성을 유지, 보존하기 위해서는 언제나 신학에 토대를 둔 설교를 해야 합니다. 이 세 가지 설교 유형 중에 신학과 상관없는 것은 하나도 없습니다.

전도 설교는 때로, 아니 사실은 매우 자주 비신학적인 설교로 치부되곤 합니다. 수년 전에 런던에서 전도집회가 열렸을 때, 자유주의 노선을 취하는 한 종교 주간지가 그 집회를 지지하며 했던 말이 생생히 기억납니다. 그들은 "집회가 열리는 동안에는 신학적인 논쟁을 중단하자"라고 말했습니다. 그리고 연이어 집회가 끝난 후에 모든 일을 검토하여 신학적으로 살펴보자고 했습니다. 거기에는 복음 전도는 비신학적인 일이며, 복음을 전하는 단계에 신학을 도입하는 것은 잘못이라는 생각이 깔려 있었습니다. 그들의 말대로라면 일단 "사람들을 그리스도께로 인도한 후에" 진리를 가르쳐야 합니다. 신학이 개입되는 것은 그 후의 일입니다.

제가 볼 때 그것은 아주 잘못된 생각일 뿐 아니라 참으로 괴상망측한 생각입니다. 저는 여러 가지 면에서 전도 설교야말로 다른 어떤 유형의 설교보다 덜 신학적이기는커녕 더 신학적이 되어야 한다는 점을 입증할 준비가 되어 있습니다. 여러분은 왜 사람들에게 회개하라고 말합니까? 왜 복음을 믿으라고 말합니까? 인간에 대한 교리, 타락과 죄에 대한 교리, 죄에 진노하시는 하나님에 대한 교리를 다루지 않고서는 회개를 제대로 이야기할 수 없습니다. 그리스도가 누구신지 알려 주지도 않고서 어떻게 그리스도께 나아와 헌신할 것을 요청할 수 있겠습니까? 무슨 근거로 그분 앞에 나아와 이런저런 일들을 하라고 초청할 수 있겠습니까? 다시 말해서 전도 설교는 지극히 신학적인 설교입니다. 신학이 없는 복음 전도는 진정한 의미의 복음 전도가 아닙니다. 결단을 촉구하고 종교를 가지도록 초청하며 더 나은 삶으로 초청하는 일, 심리적인 유익을 제공하는 일은 될 수 있을지 모르지만, 어떤 의미에서도 기독교 복음을 전하는 일은 될 수 없습니다. 이 위대한 신학적 원리들이 없다면 복음을 전해야 할 진정한 이유 또한 사라져 버리기 때문입니다. 그러므로 저는 전도 설교를 비롯한 모든 유형의 설교는 반드시 신학적이어야 한다고 주장하는 바입니다.

동시에 설교는 신학이나 신학의 한 측면에 대한 강의가 아니라는 사실을 인식하는 것이 매우 중요합니다. 이 문제는 나중에 다룰 생각입니다. 지금은 일반적인 정의만 살펴보겠습니다.

설교는 신학적이어야 하되 신학에 대한 강의가 되어서는 안 된다면, 설교와 신학은 대체 어떤 관계에 있는 것일까요? 이렇게 말해 봅시다. 설교자는 하나의 통일체를 이루고 있는 성경 전체의 메시지를 잘 파악하고 있어야 합니다. 다시 말해서 조직신학의 기초를 이루는 성경신학에 매우 정통해야 한다는 것입니다. 제가 볼 때 조직신학을 잘 이해하는 것보다 더 중요한 일은 없습니다. 설교자는 그것을 알아야 하며 그 토대를 잘 다져 두어야 합니다. 성경에서 끌어낸 진리의 총체인 조직신학이 언제나 설교의 배경을 이루면서 중심적인 영향력을 행사해야 합니다. 성경의 특정 본문이나 진술에서 나오는 메시지는 언제나 이 진리의 총체에 속해 있어야 하며 그 한 측면을 이루고 있어야 합니다. 각 메시지는 결코 그 총체와 고립되거나 동떨어지거나 분리되어서는 안 됩니다. 특정 본문의 교리는 좀 더 큰 전체, 즉 진리 내지 신앙의 한 부분임을 잊지 마십시오. 이것이 '성경을 성경으로 푼다'는 말의 의미입니다. 어떤 본문도 따로 떼어 내서 별도로 다루면 안 됩니다. 설교 준비는 언제나 조직신학이라는 배경의 통제를 받아야 합니다.

이 부분에서 경고할 점이 한 가지 있습니다. 그것은 자신의 신학체계를 특정 본문에 무리하게 갖다 붙이지 말라는 것입니다. 그러나 그 신학체계, 즉 성경에 기반을 둔 교리와 진리의 총체에 따라 특정 본문에 대한 자신의 해석을 검토하고 살펴볼 필요는 반드시 있습니다. 조직신학을 중시하는 어떤 이들은 그것을 너무나 엄격하게 고수한 나머지 자기 신학을 특정 본문에 잘못 갖다 붙임으로써 본문을 왜곡하는 경향이 있습니다. 다시 말해서 그들이 끌어내는 특정 교리는 그 본문에서 나온 것이 아닙니다. 물론 그가 말하는 교리 자체는 맞을 수 있습니다. 그러나 그 본문에서 나온 것은 아닙니다. 우리는 항상 본문에 충실해야 합니다. 그것이 자신의 신학체계를 특정 본문이나 진술에 '갖다 붙이지' 말라는 말의 의미입니다. 조직신학의 바른 사용법은, 본문에서 특정 교리를 찾아냈을 때 그것이 중요하고도 본질적인 성경 교리 전체에 부합하는지 확인함으로써 그 내용을 검토하고 조정하는 것입니다.

다시 말해서 우리의 주된 소명은 이 메시지 전체, "하나님의 뜻" 전체를 전달하는 것이며, 그 전체가 특정 부분이나 세부 사항보다 항상 더 중요하다는 것이 저의 주장입니다.

신약 시대와 초대교회 시대 사람들은 확실히 지금 우리에게 익숙한 방식으로 설교하지 않았다는 사실을 기억할 때 이 점은 더욱 분명해집니다. 그들은 신약성경의 한 본문을 택해서 분석하고 설명하며 적용하지 않았습니다. 그들에게는 신약성경 자체가 없었기 때문입니다. 그렇다면 그들은 무엇을 설교했을까요? 그들은 자신들에게 맡겨진 위대한 메시지, 이 진리의 커다란 총체인 구원의 교리 전체를 전했습니다. 저의 주장은 우리가 특정 본문을 개별적으로 설명할 때에도 언제나 그들처럼 해야 한다는 것입니다. 제가 볼 때 이것이 대략적으로 살펴본 신학과 설교의 관계입니다.

복음에 대해 설교하지 말고 복음을 설교하라

설교문의 내용에 관한 문제를 마무리하기 전에 강조하고 싶은 일반적인 요점이 한 가지 있습니다. 그것은 우리가 복음 그 자체를 전해야지, 복음에 대해 전해서는 안 된다는 것입니다. 말로 설명하기는 어렵지만 이 구분은 매우 중요합니다. 사실은 복음에 대해 말하면서 복음 자체를 전하고 있다고 착각하는 사람들이 있습니다. 제가 항상 느끼는 바는 이것이야말로 바르트주의자들의 특징이자 그들이 빠진 함정이라는 것입니다. 그들은 끊임없이 '말씀'에 대해 이야기하며 '말씀'과 관련된 것들에 대해 말합니다. 그러나 그것은 우리의 소명이 아닙니다. 우리의 소명은 말씀 자체를 전하는 것이며, 말씀 자체를 제시하는 것이고, 말씀 자체를 직접 사람들에게 주는 것입니다. 우리는 말씀에 관련된 것들에 대해 말하는 사람이 아니라 그 자체를 실제로 전달하는 사람입니다. 우리는 말씀을 전달하는 통로요 수단입니다.

달리 표현하자면 복음에 관한 일들을 이야기하는 것은 우리의 소명이 아닙니다. 50여 년 전에 '복음 찬양praising the Gospel'이라고 불리던 설교 유형이 등장한 적이 있습니다. 사람들은 그 설교자에 대해 논평하면서 "복음을 찬양하는 사람"이라고 말했습니다. 그는 복음과 관련된 놀라운 일들에 대해 이야기하거나 복음이 얼마나 놀라운 것인지를 보여 주었습니다. 그러나 저는 그것이 잘못된 접근이었다고 생각합니다. 복음은 놀라운 것이고 찬양 받을 만한 것이지만, 그렇다고 복음을 찬양하는 것이 설교자의 주된 임무는 아닙니다. 설교자는 복음을 '제시해야' 하며 선포해야 합니다.

다른 식으로도 설명해 봅시다. 설교자가 할 일은 복음을 학문적으로 제시하는 것이 아닙니다. 이런 일은 왕왕 일어나고 있습니다. 설교자는 복음을 분석하고 그 부분부분을 세세히 보여 줄 수 있으며 복음이 얼마나 탁월한 것인지도 보여 줄 수 있습니다. 그러나 그역시 복음에 대해 말하는 것입니다. 우리의 소명은 복음 자체를 설교하고 전달하며 우리 말을 듣고 있는 각 개인에게 전해 주는 것, 전인에게 직접 전해 주는 것입니다. 마치 복음이 우리와 동떨어진 것인 양 그에 대해 이야기하는 것은 우리의 일이 아니라는 사실을 분명히 합시다. 우리는 복음과 긴밀히 엮여 있습니다. 우리는 복음을 하나의 대상으로 바라보면서 그와 관련된 사항들을 말하는 사람들이 아닙니다. 복음 그 자체가 우리를 통해 회중에게 직접 제시되고 전달되어야 합니다.

총체적인 복음을 제시하라

여기에서 중요한 강조점은 우리가 총체적인 복음을 제시해야 한다는 데 있습니다. 총체적인 복음에는 개인적인 측면이 포함되어 있습니다. 우리는 그것을 다루어야 하며 거기에서부터 출발해야 합니다. 그러나 거기에 멈추어서는 안 됩니다. 복음에는 사회적인 측면도 있고 우주적인 측면도 있습니다. 우리는 성경이 계시하는 바대로 구원의 총체적인 계획을 전부 제시해야 합니다. 사도 바울이 에베소서 1:10에서 말하고 있는 것처럼 "하늘에 있는 것이나 땅에 있는 것이 다 그리스도 안에서 통일"될 것이라는 궁극적인 목표를 보여 주어야 합니다. 그것이 우리가 해야 할 일이며, 제가 설교와 말씀 사역을 세 가지로 나누어 생각해야 한다고 주장하는 이유입니다. 이 요소는 제가 좀 더 교육적이라고 말한 세 번째 유형의 설교에 두드러지게 나타납니다. 이 경우에 설교자는 복음을 전하거나 사람들의 문제를 다루지 않습니다. 설교자가 원하는 것은 청중 한 사람 한 사람이 더 큰 전체에 속한 존재임을 보여 주는 것입니다. 그는 구원이 단순히 주관적인 사건이나 기분 좋은 일, 마음의 평안 내지는 그들이 추구하던 어떤 것이 아니라는 사실을 강조합니다. 물론 그런 부분들도 중요하지만, 그것들은 전부 구원의 일부에 지나지 않습니다. 구원에는 그보다 훨씬 더 중요한 무언가가 있습니다. 즉, 우주 전체가 관련되어 있는 것입니다. 우리는 사람들에게 바로 이러한 개념, 모든 측면을 포괄하는 복음의 광대한 범위와 영역을 제시해 주어야 합니다.

다시 말해서 각 부분은 이 총체에 속해 있습니다. 항상 이러한 인상을 청중에게 전달하는 것이 중요합니다. 저는 이 특징이 사도 바울의 서신서 곳곳에 분명히 드러나 있는 것을 볼 때마다 감동을 받습니다. 그 예를 들어 봄으로써 제가 말하려는 요점을 납득시켜 보겠습니다. 아시다시피 그의 서신서들은 일반적으로 두 부분으로 나누어집니다. 서두에서 먼저 인사말을 하고, 그 다음으로 독자들이 어떤 위대한 교리들을 믿고 있는지 그 내용을 상기시킵니다. 그리고 중반쯤에 그 유명한 단어 "그러므로"가 등장합니다. 그때부터 사도는 교리를 적용하기 시작합니다. 요컨대 "여러분이 믿는다고 말하는 이 모든 내용에 비추어 볼 때, 마땅히 다음과 같은 일들이 뒤따라야 합니다"라고 말하는 것입니다. 그는 편지를 읽는 사람들이 과연 어떻게 살아야 하는지 논리적으로 따져 나갑니다. 대략적으로 말해서 서신 전반부에 교리가 나온다면, 후반부에는 실제적인 적용이 나오는 것입니다. 그러나 저를 늘 매혹시키고 감동시키며 가슴 떨리게 하는 것은 사도가 실천을 다루는 부분에서조차 교리를 거듭 언급한다는 사실입니다. 그렇다고 이런 일반적인 구분을 지나치게 강조해서 절대시할 필요는 없습니다. 바울의 서신서도 마찬가지입니다. 이 요소들은 서로 긴밀하게 연결되어 있기 때문에 항상 함께 보아야 합니다.

다시 말해서 설교에는 도덕적이고 윤리적인 원칙들을 심어 주는 데 주력하는 측면이 있는가 하면 그 원칙들을 삶에 적용하는 측면도 있는데, 그 원칙과 적용을 결코 분리시켜서는 안 됩니다. 예컨대 바울이 로마서 12장의 서두를 어떻게 시작하고 있는지 봅시다. "그러므로 형제들아, 내가 하나님의 모든 자비하심으로 너희를 권하노니 너희 몸을 하나님이 기뻐하시는 거룩한 산 제물로 드리라······.'' 이것은 호소입니다. 단순한 도덕률이 아닙니다. 바울은 우리가 이미 알고 있으며 믿고 있는 내용 '때문에' 이렇게 하라고 호소합니다. 설교자는 이러한 종류의 구분을 인식하되 너무 강조해서는 안 됩니다. 실제적인 목적을 위해서는 구분할 필요가 있지만 그렇다고 이런 요소들을 너무 분리시켜 생각해서는 안 된다는 것입니다. 설교자는 개별 문제를 특별히 강조해서 다룰 때에도 언제나 '전체'를 이야기해야 합니다.

실제로 이런 개념들을 염두에 두고 설교했는데도 원래 의도대로 되지 않을 때가 종종 있을 것입니다. 제 말의 뜻은 이런 것입니다. 전도 설교를 많이 들은 사람들은 아무 영향도 받지 않고 회심도 하지 않는데, 오히려 성도들을 양육하기 위한 설교를 했을 때 회심하는 일이 일어날 수 있습니다. 이런 일은 우리를 놀라게 만드는데, 사실은 이것이 얼마나 감사할 일인지 밝힐 기회가 오기를 바랍니다. 이것은 설교자가 누리는 크나큰 낭만 중에 하나입니다. 여러분은 '이건 전도예배야. 다음번에는 성도를 양육하고 믿음 안에 세우는 설교를 해야지'라고 생각하면서, 예배 유형을 미리 정해 놓습니다. 그런데 놀랍게도 사람들이 첫 번째 유형의 설교에 회심하는 것이 아니라 오히려 두 번째 유형의 설교에 회심하는 모습을 보게 됩니다. "바람이 임의로 불매······"(요 3:8). 이처럼 우리는 결과를 의도대로 통제하지 못합니다. 그럼에도 불구하고 이러한 체계를 염두에 두는 것은 적합하고도 유익한 일입니다.

설교가 아닌 것

지금까지 저는 일반적인 방식으로 설교문의 내용을 살펴보았습니다. 이제는 설교문의 형식을 다룰 차례입니다. 기꺼이 고백하건대, 이것은 우리가 다루어야 할 가장 어려운 주제임이 분명합니다. 제가 볼 때에는 그렇습니다. 저는 이것이 가장 어려운 문제인 동시에 가장 중요한 문제이기도 하다는 점을 강조하고 싶습니다.

우선 소극적인 정의부터 내려 봅시다. 설교문은 수필이 아닙니다. 우리는 이 점을 언급할 필요가 있습니다. 그것도 계속해서 언급할 필요가 있습니다. 왜냐하면 너무나도 많은 사람들이 설교문과 수필을 분명히 구분하지 못하고 있기 때문입니다. 저는 설교집을 출판하고 그것을 읽을 때 발생하는 위험을 지적하면서 이 점을 이미 언급한 적이 있습니다. 설교문은 수필이 아니라고 말하는 근거가 무엇입니까? 일단 문체 자체가 본질적으로 완전히 다릅니다. 수필은 읽기 위한 것이지만, 설교문은 일차적으로 말하고 듣기 위한 것입니다. 따라서 수필을 쓸 때에는 문학적인 아름다움과 특정한 형식을 추구해야 하지만, 설교문을 쓸 때에는 그런 것을 절실히 추구할 필요가 없습니다. 다른 점이 또 한 가지 있습니다. 수필에 반복이 거듭되는 것은 좋지 않은 일입니다. 그러나 설교문에서는 반복이 유용하게 사용된다는 점을 강조하고 싶습니다. 가르치고 설교할 때 반복은 필수 요소입니다. 반복은 요점을 명확히 하여 청중의 마음에 깊이 새기는 데 도움을 줍니다. 그러나 수필에서는 굳이 그럴 필요가 없기 때문에 반복이 좋지 않은 것입니다. 또한 수필은 일반적으로 특정한 발상이나 사고, 개념을 다루는 글입니다. 그런 발상이나 사고나 개념을 여러 가지 각도에서 가볍게 다루는 글인 것입니다. 따라서 수필과 설교문의 차이를 인식하지 못하는 설교자는 단순히 어떤 발상을 얻기 위해 본문에 접근하게 될 위험이 있습니다. 그래서 성경구절이나 문단을 읽다가 한 가지 발상이 떠오르면 본문과 문맥을 떠나 그 발상에 대해 수필을 써 나가는 것입니다. 그는 그렇게 쓴 수필을 들고 강단에 올라가 자신이 준비한 내용을 읽거나 낭독합니다. 그러나 그것은 설교가 아닙니다. 그런 글에는 도전적인 요소가 없기 때문에 사실상 설교와 거의 아무런 관계가 없다고 해야 합니다. 반대로 도전적인 요소가 들어간 수필은 좋은 글이 될 수 없습니다. 수필의 본질적인 특징은 여러 발상들을 다루되 전체적으로 가볍게 다루는 것이기 때문입니다. 수필에는 아름답고 우아한 요소가 있어야 합니다. 수필은 즐겁고 재미있게 읽을 수 있는 흥미로운 문학 형태입니다. 그러나 설교는 될 수 없습니다.

둘째로, 저는 설교와 강의를 혼동해서는 안 된다고 주장하는 바입니다. 이 두 가지 역시 몇 가지 이유에서 판이하게 다릅니다. 강의는 주제에서 출발합니다. 강의의 역할은 그 특정 주제에 대한 지식과 정보를 제공하는 것입니다. 강의는 주로 지성에 호소하며, 거의 지성에만 호소합니다. 강의의 목적은 사실을 전하고 교육하는 것입니다. 그것이 강의의 주된 목적이요 기능입니다. 그렇기 때문에 강의에도 역시 설교에 꼭 필요한 도전적 요소—청중에게 영향을 주려는 의도—가 없으며, 사실상 그런 것이 있어서도 안 됩니다. 그러나 무엇보다 말하고 싶은 큰 차이점은 설교문은 주제에서 출발하지 않는다는 점입니다. 설교문은 언제나 강해로 작성되어야 합니다. 설교문의 주제나 교리는 본문과 문맥에서 나오는 것이며, 본문과 문맥으로 예증되는 것입니다. 그렇기 때문에 주제 같은 것에서 출발해서는 안 되는 것입니다. 설교문을 쓸 때에는 교리나 논지가 들어 있는 성경에서 출발해야 합니다. 그리고 특정 배경을 고려하면서 그 본문을 다루어야 합니다.

그렇다면 설교란 무엇인가

그러므로 제가 제시하는 명제는 '설교문은 언제나 강해로 작성되어야 한다'는 것입니다. 그러나 연이어 이 문제 전반에 걸쳐 제가 가장 중요하다고 생각하는 점을 밝혀야겠습니다. 설교는 한 구절이나 단락이나 문단의 의미를 단순히 주해하거나 거기에 줄줄이 주석을 다는 것이 아닙니다. 제가 이 점을 강조하는 이유는, 오늘날 많은 이들이 스스로 강해 설교라고 여기는 것에 관심은 갖고 있지만 그 실제 의미는 모르고 있기 때문입니다. 그들은 어떤 구절이나 문단이나 진술을 연이어 해설하거나 거기에 줄줄이 주석을 다는 것을 곧 강해 설교로 생각합니다. 그래서 단락을 구절구절 나눈 다음 첫 구절을 해설하고, 그 다음 구절을 해설하고, 또 그 다음 구절을 해설합니다. 그들은 이런 식으로 모든 단락을 훑은 후에 설교를 다 했다고 생각합니다. 그러나 그들이 실제로 한 일은 한 단락을 주루룩 해설한 것입니다. 저는 그 설교자들이 설교를 했다기보다는 설교문을 작성하는 첫 단계를 거쳤다고 말하고 싶습니다!

이것은 설교문과 주해의 전반적인 관계에 대해 생각하게 해 줍니다. 설교문의 본질적인 특징은 그것이 분명한 형식을 가지고 있다는 것이며, 그 형식이 설교문을 설교문답게 만든다는 것이 저의 기본적인 주장입니다. 설교문은 주해에 토대를 두고 있습니다. 그러나 그 주해한 내용은 이 특징적인 형식을 가진 메시지로 전환 내지는 형성되어야 합니다. 우리는 이 점을 명확히 해 주는 문구를 구약 선지서에서 찾을 수 있습니다. 그것은 "여호와의 엄중한 말씀 the burden of the Lord"이라는 표현입니다. 메시지는 선지자에게 엄중한 부담으로, 전체의 무게로 다가오며, 그는 그것을 전달합니다. 제가 입증하려는 바는 그런 것을 수필이나 강의라고 할 수 없으며, 수많은 구절에 대한 해설이라고도 할 수 없다는 것입니다. 저는 교향곡에 형식이 있는 것처럼 설교문에도 형식이 있다고 주장하는 바입니다. 교향곡은 언제나 형식을 갖추고 있으며, 각 악장과 소절을 갖추고 있습니다. 여러분은 그 구분을 명확히 인지할 수 있고 묘사할 수 있습니다. 그럼에도 불구하고 교향곡은 하나의 전체를 이루고 있습니다. 여러분은 교향곡을 악장별로 나눌 수 있지만 그것들이 하나의 전체를 구성하고 있다는 사실을 알며, 그 전체가 각 악장의 단순한 집합체 이상이라는 사실도 압니다. 그처럼 우리는 설교문도 하나의 건축물로, 교향곡에 비견될 만한 작품으로 생각해야 합니다. 다시 말해서 설교문은 단순히 다수의 구절을 산만하게 설명해 놓은 글이 아니며, 훌륭하고 옳은 말들을 줄줄이 열거해 놓은 글도 아닙니다. 물론 설교문에도 그런 요소들이 들어가기는 하지만, 그런 요소들 자체가 곧 설교문을 이루는 것은 아닙니다. 설교문을 설교문답게 작성하려면, 설교문과 다른 글들을 구분짓는 특정한 '형식'을 갖추어야 합니다.

형식의 필요성

여기에서 한 가지 문제를 제기하기 위해 잠깐 곁길로 가야겠습니다. 솔직하게 고백하지만, 저는 이제부터 말하려는 것 때문에 크게 고민했던 적이 자주 있었습니다. 에드윈 해치는 1888년 「히버트 강연집 Hibbert Lectures」에서―이 강연집에 대해서는 이미 언급한 바 있습니다―초대교회 설교자들이 전적으로 예언적인 설교를 했다고 주장했습니다. 그는 그리스도인들이 전할 내용을 미리 생각하거나 준비해서 전한 것이 아니라 직접 성령께 받아서 전했다고 말했습니다. 그들이 전한 것은 설교의 형식에 매이지 않은 별개의 말들이었다는 것입니다. 즉, "사람들은 성령의 감동을 받아 말했으며", 메시지가 갑자기 임하면 그것을 입 밖에 내서 말했다는 것입니다. 그는 고린도전서 14장을 비롯한 성경 여러 곳에서 그 예를 찾을 수 있다고 했습니다. 그리고 한 걸음 더 나아가 그것이 원래 기독교의 설교이며, 현재 우리가 가지고 있는 설교의 개념, 특히 제가 개진하는 것과 같은 개념은 신약성경에 비추어 볼 때 생소한 것이라고까지 주장했습니다. 그가 볼 때 이런 개념이 교회와 설교에 도입된 것은 특별히 2세기에 그리스가 초대교회에 끼친 영향 때문입니다. 그리스 사람들은 인체와 건축물을 비롯한 모든 것의 형식에 관심이 있었기 때문에 연설이나 강연의 형식에도 관심을 가졌고, 거기에 큰 강조점을 두었습니다. 그들은 즉흥적으로 자리에서 일어나 말하는 경우가 없었습니다. 그들이 보기에 사람들에게 영향을 끼치려 할 때 가장 중요한 것은 자신이 다루려는 주제를 제시하는 방식이었습니다. 그래서 그들은 그 방법론과 형식을 발전시켰고, 설교도 사람들이 일반적으로 용인하는 바에 준하여 그 형식을 따르게 되었으며, 그것이 이후 교회 역사에 지속되어 왔다는 것입니다.

저는 이 문제를 아주 간단히 다루고자 합니다. 일단 해치의 말에 상당히 일리가 있다는 점부터 인정해야겠습니다. 신약성경에 이처럼 영적이고 예언적인 요소가 등장한다는 사실은 누구라도 알 수 있습니다. 그럼에도 저는 그의 최종적인 선언에 동의하지 않으며, 그의 주장이 신약성경의 증거와도 부합되지 않는다고 믿습니다. 형식을 재료보다 중시해서 내용보다 형식에 더 관심을 갖지 않도록 주의해야 한다는 말—이것이 해치가 가르치는 내용의 핵심입니다—에는 저도 동의합니다. 그것은 실제로 아주 위험한 일입니다. 문학에서든지 다른 영역에서든지 형식에 관심을 갖는 순간, 그 형식의 노예가 되어 자신이 말하려는 내용보다 말하는 방식에 더 치중할 위험이 있기 때문입니다. 이러한 해치의 문제의식에는 저도 기꺼이 동의하지만, 그가 내세우는 주장은 아무리 신약성경의 증거들에 비추어 본다 해도 너무 지나친 데가 있습니다. 사도행전 2장에 나오는 베드로의 오순절 설교는 뚜렷한 형식을 갖추고 있습니다. 베드로는 그냥 자리에서 일어나 서로 상관없는 별개의 말들을 전했던 것이 아닙니다. 그의 설교 내지 연설에는 뚜렷한 형식이 있었습니다. 스데반이 산헤드린 앞에서 자신을 변호했던 사도행전 7장의 기록을 보아도 거기에 아주 뚜렷한 형식, 제가 말한 바 설교문의 형식이 있다는 사실을 알 수 있습니다. 그는 뚜렷한 계획을 가지고 한 단계 한 단계 이야기를 진전시켜 나갔습니다. 말을 시작하기 전에 이미 어디까지 이야기할 것인지 정확하게 알고 있었으며, 바로 그 지점까지 이야기를 끌고 나갔습니다. 사도행전 7장을 읽는 사람이라면 누구나 그 유명한 연설의 형식과 구조, 구성에 감명을 받을 것입니다. 사도행전 13장으로 넘어가 바울이 비시디아 안디옥에서 했던 설교를 보아도 마찬가지입니다. 그는 계획을 가지고 이야기했습니다. 일종의 골격 내지 개요를 가지고 이야기했다고도 할 수 있습니다. 이처럼 그의 연설에는 분명히 형식이 있었습니다.

해치의 비판에 반하여 제가 생각하는 설교를 옹호하면서 몇 가지 언급을 했는데, 그럼에도 불구하고 우리가 이 문제들에 유연하게 대처해야 한다는 점만큼은 강조하고 싶습니다. 결코 경직된 태도를 가져서는 안 됩니다. 교회의 역사와 설교의 역사는 이런 일들을 극단적으로 처리할 때마다 반작용이 일어났다는 사실을 분명히 보여 주고 있습니다. 다른 많은 영역에서처럼 이 영역에서도 신약성경의 모범을 견지하지 못한 채 극단으로 치우치거나 거기에 과도하게 반발하는 일이 교회 역사에 계속되어 왔습니다.

구체적인 내용을 살피라

그렇다면 설교문을 특징짓는 형식은 무엇일까요? 저는 다음과 같이 제안하고 싶습니다. 설교문을 작성할 때 가장 먼저 자신이 택한 본문의 단락이나 구절을 주해하라는 것입니다. 이것은 가장 중요한 일이며 꼭 필요한 일입니다. 이미 말했듯이 모든 설교는 강해가 되어야 합니다. 아무리 바른 사상, 좋은 사상이 있다 해도 거기에서 출발하면 안 됩니다. 사상에서 출발하여 그 사상에 대한 이야기를 하지 마십시오. 그러면 매번 같은 이야기만 하게 되기 쉽습니다. 끝없이 같은 이야기만 되풀이하게 되는 것입니다. 다른 근거 없이 이 이유 하나만으로도 저는 충분히 강해 설교를 권할 수 있다고 봅니다. 강해 설교는 설교의 다양한 변화를 보장해 주며 지켜 줄 것입니다. 그리고 반복으로부터도 구해 줄 것입니다. 그것은 설교자인 여러분 자신뿐 아니라 청중에게도 좋은 일입니다!

이러한 이유에서 여러분은 강해를 해야 합니다. 여하튼 저의 전체 요지는 우리의 말이 성경에서 나왔다는 사실을 사람들에게 분명히 보여 주어야 한다는 것입니다. 우리는 성경과 성경 메시지를 전하는 사람들입니다. 그래서 저도 다른 사람들처럼 강단에 성경 두기를 좋아합니다. 강단에 항상 성경을 펼쳐 둠으로써 설교자가 성경을 설교한다는 사실을 강조할 필요가 있습니다. 제가 아는 어떤 이들은 본문을 읽을 때만 성경을 펼칩니다. 그리고 본문을 다 읽은 후에는 성경을 닫은 후 한쪽으로 치워 놓고 말을 합니다. 참된 설교의 관점에서 볼 때 그것은 잘못된 태도라고 생각합니다. 우리는 항상 성경에 근거하여 말한다는 인상을 주어야 합니다. 어쩌면 그것이 우리가 말하는 내용보다 더 중요할지도 모릅니다. 성경은 우리가 전하는 메시지의 근원이며 우리가 받는 메시지의 원천입니다.

따라서 여러분은 주해부터 해야 합니다. 준비할 때도 그래야 하지만, 듣는 사람들에게도 그 주해한 내용을 전해야 합니다. 여러분이 전할 내용, 메시지의 엄중한 부담은 주해로부터 나오게 됩니다. 한 구절이나 단락을 진정으로 이해할 때, 여러분은 성경 메시지 전체의 일부를 이루고 있는 교리, 특정한 한 교리에 도달하게 될 것입니다. 그 특정 교리를 부지런히 탐구하고 찾는 것이 여러분이 해야 할 일입니다. 여러분은 본문을 탐구하고 본문에 질문을 던지되 특별히 '이 본문이 말하는 바는 무엇인가? 이 본문에 나오는 특정한 교리, 특별한 메시지는 무엇인가?'라는 질문을 던져야 합니다. 설교를 준비할 때 이보다 더 중요한 일은 없습니다.

이렇게 교리를 분리하여 머리로 명확히 파악한 후에는 이 특정한 교리와 듣는 자들의 연관성을 살펴보아야 합니다. 이 연관성의 문제를 절대 잊지 마시기 바랍니다. 이미 말했듯이 여러분은 강의를 하는 것이 아니며 수필을 읽는 것도 아닙니다. 여러분은 듣는 자들과 그들의 삶 전체, 시각 전체에 영향을 끼치며, 특정하고 명확한 무언가를 해 주려 하는 것입니다. 그렇기 때문에 본문과 그들의 연관성을 확실히 보여 주어야 합니다. 여러분은 단순히 옛 것이 좋아서 고대사나 고대 문명 같은 주제에 대해 강연하려는 것이 아닙니다. 설교자는 오늘날 여러 문제에 부대끼며 인생을 살아가고 있는 자들에게 말하는 사람입니다. 그러므로 자신의 메시지가 글자 맞추기 퍼즐이나 그런 종류의 것들을 좋아하는 이들처럼 특정 취미를 가진 사람들이 좋아할 만한 학문적, 이론적인 것이 아님을 보여 주어야 합니다. 여러분은 자신의 메시지가 듣는 자들에게 결정적으로 중요한 것이며 삶에 진정으로 도움이 될 것이기에 전 존재를 다해 들어야 한다는 사실을 밝혀 주어야 합니다.

대지 나누기, 전개, 적용

그 다음으로 할 일은 그 자료를 명제나 대지, 또는 소제목—어떻게 불러도 좋습니다—으로 나누는 것입니다. 이렇게 대지를 나누는 목적은 이 중심 교리 내지는 명제를 명확히 하려는 데 있습니다. 그러나 여기에도 뚜렷한 형식이 있어야 합니다. 작곡가가 교향곡 도입부나 오페라 서곡에 앞으로 자신이 펼쳐 나갈 여러 가지 악상의 비밀을 대략 소개해 주는 것처럼, 설교자도 서론에서 중심 주제와 거기에서 파생될 여러 항목들을 간단히 보여 준 다음 순서대로 상세히 다루어 나가야 합니다. 그러려면 자료를 세분된 하위 명제들로 나눌 필요가 있습니다.

이렇게 명제나 제목을 배열하는 것은 아주 중요한 일입니다. 주제를 나누고 각 요소들을 살핀 후에 아무렇게나 되는 대로 배치해서는 안 됩니다. 여러분에게는 사람들과 논증하고 추론하며 전개시켜 나가고자 하는 교리, 주장, 논거가 있습니다. 그러므로 첫 번째 대지가 두 번째 대지를 이끌어 내고 두 번째 대지가 세 번째 대지를 이끌어 내도록 항목들을 배열해야 합니다. 각 대지는 다음 대지를 이끌어 내야 하며, 최종적으로 명확한 결론을 향해 나아가야 합니다. 설교자는 모든 항목을 이런 식으로 배열함으로써 특정 교리의 중심 사상을 드러내야 합니다.

저의 강조점은 생각이 진전되어야 한다는 데 있으며, 대지들은 각기 독립된 것이 아니라 어떤 의미에서 다른 것들과 동등한 가치를 갖는다는 데 있습니다. 대지들은 전체의 한 부분으로서, 설교자는 각각의 대지를 다룰 때마다 중심 주제를 발전시키고 심화시켜 나가야 합니다. 설교자는 단순히 똑같은 내용을 여러 번 말하는 것이 아니라 최종적인 결론을 목표 삼아 나아가는 것입니다. 이처럼 설교문의 형식에서 논의와 주장의 진전과 발전, 전개는 절대적으로 중요합니다. 설교자는 절정에서 설교를 마무리해야 합니다. 처음부터 말해 온 모든 내용을 통괄하는 위대한 진리를 부각시킴으로써 듣는 자들이 그 진리를 마음에 품고 돌아갈 수 있도록 모든 내용을 그 절정을 향해 끌어올려야 합니다.

이런 식으로 메시지를 제시할 때 중요한 것은 자신이 말해 온 내용을 적용하면서 설교를 진행시켜야 한다는 것입니다. 적용하는 방식에는 여러 가지가 있습니다. 여러분은 질문을 던지고 거기에 대답하는 등 다양한 방식으로 적용할 수 있습니다. 여하튼 여러분은 메시지를 적용하면서 설교를 진행시켜 나가야 합니다. 이렇게 함으로써 자신이 단순히 강의를 하거나 추상적이고 학문적이며 이론적인 문제를 다루는 것이 아니라는 사실, 사람들의 전 존재 및 삶과 관련된 생생하고도 실제적인 관심사를 다룬다는 사실을 다시 한 번 보여 줄 수 있습니다. 그렇기 때문에 여러분은 자신이 말한 내용을 계속해서 적용해야 합니다. 그리고 그 점을 아주 분명히 하기 위해, 추론과 논증을 마치고 절정에 도달한 후에 다시 한 번 그 모든 내용을 적용해야 합니다. 여러분은 권면의 형태로 그 일을 할 수 있습니다. 일련의 질문으로 던짐으로써 권면할 수도 있고, 간결하고 힘찬 몇 개의 문장으로 권면할 수도 있습니다. 항상 이러한 적용 내지 권면의 어조로 설교를 마무리하는 것은 지극히 중요한 일입니다.

설교문의 완결성

이것이 설교문에 대한 저의 생각이며, 제가 강조하는 바 '형식'이라는 개념에 담긴 의미입니다. 본문의 의미를 단순히 주해하거나 설명하는 데서 그치지 마십시오. 물론 그 일도 해야 하지만, 여러분이 정말 관심을 기울여야 할 일은 메시지를 전달하는 것입니다. 다시 말해서 설교문은 그 자체가 완결된 독립체이며 완전한 통일체입니다. 설교문은 언제나 그러해야 합니다. 언제나 이러한 형식, 이러한 완결성을 갖추어야 합니다. 이것은 연속 설교를 할 때 특히 더 중요합니다. 여러분은 같은 본문이나 특정 단락에 대해 연속 설교를 할 수 있습니다. 그런데 말하고 싶은 모든 내용을 한 편의 설교에 다 담을 수 없는 경우가 발생한다는 데 위험의 요소가 있습니다. 그럴 때 설교자는 "자, 여기까지입니다. 오늘은 여기까지 다루겠습니다" 하면서 갑작스럽게 설교를 끝내 버릴 수 있습니다.

제가 볼 때 그것은 나쁜 일입니다. 우리는 설교할 때마다 매번 완결성 있게 잘 마무리해야 하며 각 설교문이 총체성을 갖도록 유의해야 합니다. 그리고 같은 주제를 다음 설교에서 다룰 때에는 서두에서 이전 설교를 몇 문장으로 요약해 준 후에 계속 전개해 나가야 합니다. 그리고 그 설교 또한 그 자체로 완결된 독립체이자 통일체라는 사실을 명심해야 합니다.

제가 이 부분에 큰 관심을 갖는 이유가 몇 가지 있습니다. 그중 한 가지는 회중 가운데 그 다음 주에는 참석하지 못할 사람들, 따라서 설교자가 무슨 이야기를 이어갈 것인지 궁금해 하며 실망한 마음으로 돌아가는 사람들이 분명 있다는 것입니다. 그 전주에 참석하지 못한 사람들은 또 그 사람들대로 전주 설교를 듣지 못했기 때문에 이번 주 설교를 이해하기 힘들어할 것입니다. 모든 설교문이 항상 이러한 형식을 갖추고 각각 완결된 독립체를 이루는 일이 중요한 한 가지 이유가 여기 있습니다.

다시 말해서 한 편의 설교문에는 예술적인 요소가 들어 있다는 것이 저의 주장입니다. 설교문을 준비하면서 공을 들여야 할 지점이 바로 이 지점입니다. 내용은 형식에 담겨야 하며, 형태로 빚어져야 합니다. 아마 작곡가나 시인들도 똑같은 일을 할 것입니다. 시인에게 대략적인 생각이나 주제들이 떠오릅니다. 그러나 그것으로 시를 쓰려면 자신에게 떠오른 그 모든 생각들을 취해서 일정한 형태로 빚어 내야 하며 특정한 형식 속에 담아 내야 합니다. 그것은 상당한 노력과 수고를 요하는 일입니다. 설교문의 실제적인 준비를 다룰 때 이러한 노고의 여러 성격과 어려움에 대해, 때로는 예기치 못한 이상한 방법으로 그 어려움이 해결되는 경우들에 대해 자세히 다룰 수 있기를 바랍니다. 지금은 주제를 망치질해서 설교문이라는 형식 속에 담는 것이 곧 설교자가 할 일이라는 말만 하고 넘어가겠습니다.

왜 그렇게 해야 하느냐고 묻는 사람도 있을 수 있습니다. 그 대답은 설교를 듣는 자들 때문이라는 것입니다. 그것이 그리스 사람들이 발견한 바이며, 제가 당연히 믿는 바입니다. 그들은 진리를 이처럼 특정한 방식으로 제시할 때 사람들이 더 쉽게 동화되고 받아들이며 기억하고 이해하고 도움을 받는다는 사실을 발견했습니다. 이처럼 우리가 형식에 대해 고민하는 것은 단지 '예술을 위한 예술'을 신봉하기 때문이 아닙니다. 예술적인 요소는 사람들을 위해 필요합니다. 왜냐하면 그것이 진리를 알리고 복음을 높이는 데 도움이 되기 때문입니다. 저는 오랜 교회 역사가 지금까지 제가 한 말들을 아주 명확히 실증해 준다고 믿습니다. 하나님께서 모든 시대에 걸쳐 성령을 통해 높이기를 기뻐하셨던 설교는 위대한 설교문에 토대를 둔 설교였습니다. 위대한 설교자들은 모두 위대한 설교문을 준비했던 사람들이었습니다.

어떤 이는 몇몇 특정한 설교자들을 거론하면서 "설교문을 제대로 준비하지 못했던 이러이러한 사람들을 하나님의 크게 사용하신 경우는 어떻게 되는 것입니까?"라고 물을 것입니다. 그에 대한 저의 대답은 "바로 그것입니다!"라는 것입니다. 그것은 규칙의 존재를 입증하는 예외적인 사례입니다. 드물게 일어나는 경우를 기준으로 삼아 법을 제정하거나, 예외사항들을 기초로 이론을 세우지는 않습니다. 하나님은 어떤 사람도 사용하실 수 있고 어떤 방법도 사용하실 수 있습니다. 심지어 사람의 침묵도 사용하실 수 있습니다. 그러나 우리는 진리를 전달하도록 부름 받은 설교자들입니다. 만약 여러분이 과거의 위대한 설교나 설교문에 대해 읽어 본다면, 성령께서 이러한 설교문들을 크게 높이셨다는 사실과 하나님께서 그것들을 사용하여 성도들을 양육하고 세우셨음을 알게 되리라 믿습니다.

설교문 준비의 어려움

따라서 결론은 이것입니다. 설교문을 준비하는 일에는 땀과 수고가 요구됩니다. 성경에서 발견한 모든 재료를 이러한 특정 형식 속에 담아 내는 것이 지극히 어렵게 느껴질 때도 가끔은 있을 것입니다.

그것은 흙으로 도자기를 빚거나 대장장이가 말발굽을 만드는 것과 같은 작업입니다. 재료를 불 속에 넣었다가 모루 위에 올려 놓고 거듭거듭 망치질을 해야 합니다. 망치질을 할 때마다 조금씩 나아지기는 하지만 금방 모양이 바로잡히는 것은 아닙니다. 그러므로 자신이 만족할 때까지, 또는 더 이상 잘할 수 없을 때까지 자꾸자꾸 그 일로 되돌아가야 합니다. 그것이 설교문을 준비할 때 가장 힘겨운 부분인 동시에 가장 매력적이고 영광스러운 임무이기도 합니다. 그것은 때로 아주 어렵고 지치는 일이며 대단한 노력을 요구하는 일입니다. 그러나 확언하건대, 마침내 그 일에 성공했을 때에는 지상에서 사람이 맛볼 수 있는 가장 영광스러운 느낌을 경험할 것입니다. 아서 쾨슬러Arthur Koestler의 책 제목을 빌리자면 자신이 "창조의 행위"를 했다는 사실을 발견할 것이며, 하나님께서 그 창조하신 세상을 바라보며 "좋았더라"라고 말씀하신 의미를 어렴풋하게나마 이해하게 될 것입니다.

그렇습니다. 설교자는 언제나 설교문을 준비하는 일로부터 출발해야 합니다. 그것을 어떻게 준비하느냐에 대해서는 아직 다루지 않았는데, 곧 다룰 예정입니다. 설교문을 준비하는 방법에는 여러 가지가 있습니다. 어떤 방법으로든 설교자는 설교문을 준비해야 하며, 그 설교문은 진정한 독립체를 이루어야 합니다. 이것이 출발점입니다. 그러나 이것은 첫 전반부에 지나지 않으며 시작에 지나지 않는다는 사실을 상기시켜야겠습니다. 거기에는 또 다른 측면이 있습니다. 그것이 무엇일까요?

자, 그것은 설교자가 준비한 설교문을 가지고 실제로 설교하는 것입니다. 참으로 설교다운 설교를 하는 사람이라면, 자신이 거의 완벽하다고 생각하는 설교문을 가지고 강단에 올라갔다 하더라도 막상 설교를 시작했을 때 과연 어떤 일이 일어날지 예측할 수 없다는 사실을 잘 알 것입니다! 저는 바로 그 점을 여러분에게 보여 드릴 수 있기를 소망합니다.

5

설교 행위

이제 우리는 설교문의 '전달', 즉 설교문과 구별하여 설교 그 자체라고 부를 수 있는 일에 대해 살펴보려 합니다. 이것은 우리가 다루는 주제에서 두 번째로 큰 부분입니다.

지금 단계에서는 이 문제를 개괄적으로만 다루겠다는 점을 이번에도 분명히 하고 싶습니다. 우선 설교가 무엇인지 대략 그림을 그려 본 다음, 좀 더 자세한 사항들을 살펴볼 생각입니다. 개괄적인 그림을 분명히 파악한 후에 세부 논의로 들어가는 것이 유익하기 때문입니다.

전달의 문제, 종종 설교preaching라고 불리는 행위를 정의하는 것 역시 무척이나 어려운 일입니다. 분명한 점은 이것이 무슨 규칙이나 규정의 문제는 아니라는 것입니다. 저는 사람들이 설교를 무엇은 하고 무엇은 하지 말라는 지침이나 규칙 내지 규정의 문제로 간주하는 데서 많은 혼동이 생겨난다고 생각합니다. 그렇지 않습니다. 설교는 말로 정의하기 어려운 것입니다. 설교는 들어 보아야 알 수 있습니다. 따라서 우리가 할 수 있는 최선은 설교에 대해 몇 가지 이야기를 하는 것뿐입니다. 그 이상은 접근할 수 없습니다. 고린도전서 13장에서 사랑에 대해서 정의하려 했던 사도 바울도 같은 처지에 있었습니다. 사랑은 정의될 수 없습니다. 사람이 할 수 있는 일은 '이러이러한 것은 사랑이고 저러저러한 것은 사랑이 아니다'라는 식으로 사랑에 대해 몇 가지 이야기를 하는 것뿐입니다. 그럼에도 진정한 설교에 해당되는 특징, 진정한 설교라면 반드시 갖추어야 할 특징은 짚어 볼 수 있습니다.

설교자의 전인격

첫 번째 요소는 설교자의 전인격이 관련되어야 한다는 것입니다. 그 점은 설교에 대한 필립스 브룩스Phillips Brookes의 유명한 정의, "인격을 통과한 진리"라는 말에 잘 드러나 있습니다. 저는 그 말이 옳다고 생각합니다. 설교에는 한 사람의 모든 능력이 투입되어야 하며 전인이 깊이 관련되어야 합니다. 저는 더 나아가 몸까지 관련된다고 말하고 싶습니다. 이 이야기를 하다 보니 런던 웨스트민스터 채플의 전임자 중 한 사람이었던 존 허턴 박사의 말이 기억납니다. 그의 경우에는 설교문과 설교를 구분하는 일이 언제나 가능했습니다. 허턴 박사의 전임자로 웨스트민스터에 있었던 사람은 영국뿐 아니라 미국에까지 잘 알려졌던 설교자 존 헨리 조윗John Henry Jowett 박사였습니다. 그는 대체로 조용하고 예민한 사람이었는데, 웨스트민스터 채플에 있는 유별나게 큰 설교단을 몹시 거슬리게 생각했습니다. 그는 거기 올라서면 몸 전체가 이쪽저쪽의 청중들에게 전부 드러나서 마치 벌판에 벌거벗고 서 있는 듯한 느낌이 든다고 말했습니다. 그는 이것이 너무 신경 쓰이니 설교단 주위에 난간을 세우고 휘장을 드리워서 어떻게든 몸을 많이 가릴 수 있게 해 달라고 요청했습니다. 그런데 제가 말했듯이 존 허턴 박사가 후임자로 부임했습니다. 저는 그가 부임한 지 세 번째 되는 주일예배에 우연히 참석하게 되었습니다. 그런데 설교단 주변의 가리개가 전부 철거되어, 예전처럼 설교자의 몸이 전부 보인다는 사실을 알아챌 수 있었습니다. 허턴 박사는 무릇 설교자는 온몸으로 설교해야 하기 때문에 가리개를 치워 달라고 요청했노라고 설명했습니다. 그는 그 말 그대로 온몸으로 설교했습니다. 그는 자신이 머리뿐 아니라 다리로도 설교한다고 말했으며, 자신이 설교하는 것을 보면 그 말이 사실임을 알게 될 것이라고 말했는데 정말 그랬습니다! 그러나 그것이 언제나 설교에 도움이 되었는지는 잘 모르겠습니다. 그는 온갖 형태로 몸을 비틀었기 때문입니다. 발끝으로 서기도 했고 한쪽 다리를 다른 쪽 다리에 휘감기도 했습니다. 제가 말하고 싶은 점은 그의 말처럼 설교에는 전인이 관련되어야 한다는 것입니다. 그는 조각상처럼 서서 입만 움직이지 않았습니다. 몸짓과 움직임 등, 자신의 모든 것을 투입했습니다.

이 점을 지나치게 강조하고 싶지는 않습니다. 그러나 여러분은 데모스테네스Demosthenes가 웅변에서 가장 필수적인 것이 무엇이냐는 질문을 받았을 때 "동작"이라고 대답했던 일을 기억할 것입니다. "그러면 두 번째로 중요한 요건은 무엇입니까?"라는 질문에도 그는 "동작"이라고 대답했습니다. "그러면 세 번째로 중요한 점은 무엇입니까?"라고 사람들이 물었을 때에도 그는 여전히 "동작"이라고 대답했습니다. 그것은 의심할 여지 없는 사실입니다. 효과적인 연설에는 동작이 필요합니다. 설교에 한 사람 전체가 깊이 관련되어야 한다고 말하는 이유가 여기 있습니다.

권위에 대한 자각

제가 강조하고 싶은 두 번째 요소는 권위와 통제력을 가지고 회중과 예배 순서를 관장하려는 의식이 있어야 한다는 것입니다. 설교자는 결코 변명하는 듯한 태도를 보여서는 안 되며, 이를테면 회중의 허락을 받아서 말하는 듯한 인상을 주어서는 안 됩니다. 설교자는 어떤 제언이나 생각을 이야기할 때 망설이는 듯한 태도를 보여서는 안 됩니다. 결코 그래서는 안 됩니다. 그는 어떤 것들을 '선포하기' 위해 그 자리에 서 있는 사람입니다. 그는 위임받은 사람이며 권위 아래 있는 사람입니다. 그는 대사로서 자신이 어떤 권위를 부여받았는지 알아야 하며, 스스로 보냄을 받은 사신으로서 회중 앞에 서 있다는 사실을 늘 인식해야 합니다.

이것은 자신감과는 분명히 다른 것입니다. 설교자가 자신만만하다는 것은 통탄할 만한 일입니다. 우리는 사도 바울이 무슨 말을 했는지 알고 있습니다. 그는 자신이 고린도에 갔을 때 "약하고 두려워하고 심히 떨었노라"고 말했습니다(고전 2:3). 우리도 항상 그런 의식을 가지고 있어야 합니다. 이 말은 변명하는 듯한 태도를 가지라는 뜻이 아니라, 자신이 얼마나 엄숙하고 진지하며 중요한 일을 수행하고 있는지 인식하라는 뜻입니다. 여러분은 스스로 자신만만하게 나설 수 있는 사람이 아니라, 외부의 권위 아래 있는 사람이며 외부에서 권위를 부여받은 사람입니다. 그 점을 분명하고도 확실하게 알고 있어야 합니다. 저는 그 점을 중시하면서, 회중이 설교자를 통제하게 할 것이 아니라 설교자가 회중을 책임지고 통제해야 한다고 말하고 싶습니다. 이 중에 몇 가지 사항은 나중에 상세히 다루도록 하겠습니다.

설교자의 자유와 상호작용

설교자와 설교 '행위'를 개괄적으로 살펴볼 때, 그 다음으로 생각해야 할 요소는 자유입니다. 저는 이것을 아주 중요하게 생각합니다. 설교문은 앞서 말한 방식대로 주의 깊게 준비해야 하지만, 실제로 그 설교문을 전달할 때, 즉 설교 행위를 할 때에는 자유롭게 해야 합니다. 자신이 준비한 내용에 너무 얽매이면 안 됩니다. 이것은 결정적인 요소이자 설교 행위의 핵심이기도 합니다. 단순히 원고를 들고 강단에 설 때에만 이 점을 기억해서는 안 됩니다. 설교자는 원고가 없어도 그 준비한 내용에 얽매일 수 있기 때문입니다. 제가 자유로워야 한다고 말하는 것은 성령이 순간순간 주시는 영감에 마음을 열어 놓고 있어야 한다는 의미입니다. 저처럼 설교를 성령의 능력과 영향력 아래 있는 행위로 생각하는 사람이라면 누구나 이 점을 강조할 것입니다. 설교문을 준비했다고 해서 설교 준비가 다 끝난 것은 아닙니다. 미리 묵상한 적도 없고 설교문을 준비할 때조차 생각해 본 적이 없던 내용이 실제로 설교하다가 떠오르는 경우, 그런데 그것이 다른 어떤 것보다 좋은 내용인 경우가 종종 생기는 것은 설교자가 경험하는 가장 놀라운 일 중에 하나입니다.

 제가 중시하는 또 다른 요소는, 설교자도 설교하는 중에 회중에게서 무언가 얻는 바가 있어야 한다는 것입니다. 회중 사이에는 성령으로 충만한 영적인 사람들이 섞여 있게 마련입니다. 그들은 설교에서 중요한 한 몫을 감당합니다. 참된 설교에는 언제나 주고받는 요소가 있게 마련입니다. 이 또한 수필 및 강의와 설교 사이의 중대한 차이점입니다. 자신이 쓴 수필을 낭독하는 사람은 청중에게서 아무것도 얻지 못합니다. 그저 자신이 쓴 내용을 읽는 것이 전부일 뿐입니다. 새롭거나 창조적인 일은 하나도 일어나지 않으며, 서로 주고받는 현상도 일어나지 않습니다. 그러나 설교자는 주의 깊게 설교를 준비함에도 불구하고 영적인 자유라는 요소를 가지고 있기 때문에 회중에게서 무언가를 얻을 수 있으며, 실제로 무언가를 얻습니다. 이처럼 설교에 나타나는 상호교류와 작용 및 반응은 종종 극히 중대한 차이를 만들어 냅니다.

제대로 된 설교자라면 누구나 이런 경험에 대해 증언할 수 있을 것입니다. 아니, 정치나 그 밖의 세상 문제를 다루는 연사라 하더라도 제대로 된 연사라면 이런 부분에 대해 어느 정도 아는 바가 있을 것이며, 연설을 듣는 청중의 반응 덕분에 모임이 결성되는 경험 또한 종종 할 것입니다. 설교자에게는 이런 일이 더 자주 일어납니다. 불쌍한 설교자가 여러 가지 이유로 최악의 상황에 처해 있을 때—준비할 시간이 없거나 여러 가지 신체적인 요인 및 다른 사정 때문에 제대로 설교할 수 없을 때—회중의 반응이나 열성에 힘입어 기운을 차리고 생기를 되찾는 경우가 종종 있는 것은 참으로 감사한 일입니다. 설교자는 이런 일에 마음을 열고 있어야 합니다. 그렇지 않으면 설교자로서 맛볼 수 있는 가장 영광스러운 경험을 놓쳐 버릴 것입니다. 그렇기 때문에 자유의 요소가 아주 중요하다는 것입니다.

이것이 제가 지난 강의를 마무리하면서, 설교문을 아무리 세심하고 철저하게 준비한다 하더라도 막상 강단에 서서 설교를 시작한 후에 일어날 일을 예측할 수 없다고 말한 의미입니다. 여러분은 자기 앞에서 벌어지는 일에 놀랄 것입니다. 새로운 요소가 끼어드는 바람에 마무리가 제대로 되지 않을 수도 있고 불완전한 문장들이 튀어나올 수도 있습니다. 현학적인 사람들이 비판할 만한 부분이나 문학 비평가들이 수필을 읽을 때 당연히 혹평할 만한 부분들이 많이 생길 수도 있습니다. 그럼에도 자유는 설교의 핵심적인 본질입니다. 설교는 사람들에게 영향을 주기 위해 하는 행위이기 때문입니다. 여러분이 이 요소를 중심에 두고 다른 요소들에 과도한 의미를 부여하지 않는다면 성공하리라 믿습니다.

자유의 요소는 아주 중요합니다. 우리는 언제나 성령―그의 능력과 통제―의 다스림을 받아 설교해야 하기 때문에 언제 무슨 일이 일어날지 알 수 없습니다. 그러므로 언제나 자유로우십시오. 이 말이 "준비하라, 세심하게 준비하라"라는 말과 모순되게 들릴지도 모르지만, 그럼에도 불구하고 자유로우십시오. "두렵고 떨림으로 너희 구원을 이루라. 너희 안에서 행하시는 이는 하나님이시니 자기의 기쁘신 뜻을 위하여 너희에게 소원을 두고 행하게 하시나니"라는 바울의 말이 모순되지 않는 것처럼(빌 2:12-13), 준비하라는 말과 자유로우라는 말도 서로 모순되지 않습니다. 여러분은 설교문을 준비할 때 도와주신 성령께서 실제로 설교할 때에도 완전히 새로운 방식으로 도와주시며, 설교문을 준비할 때 미처 보지 못했던 부분까지 열어서 보여 주신다는 사실을 발견하게 될 것입니다.

진지함과 생동감

그 다음 요소는 진지함입니다. 설교자는 진지한 사람이어야 합니다. 설교가 가볍고 피상적이며 하찮은 것이라는 인상을 주어서는 안 됩니다. 이 부분은 나중에 충분히 다룰 계획이기 때문에 여기에서는 설교자가 세상에서 가장 진지한 문제를 다루고 있다는 인상을 줄 필요가 있다는 일반적인 언급만 하고 넘어가겠습니다.

설교할 때 무슨 일이 일어납니까? 설교자는 하나님 편에서 하나님에 대해 말하며, 회중의 상황과 그 영혼의 상태에 대해 말합니다. 설교자는 그들이 나면서부터 하나님의 진노 아래 있음을―"다른 이들과 같이 본질상 진노의 자녀이었더니"(엡 2:3)―말해 주어야 합니다. 그들이 하나님을 거스르는 삶을 살고 있고 하나님의 심판 아래 있음을 말해 주어야 하며, 영원히 계속될 두려운 일이 그들 앞에 놓여 있음을 경고해 주어야 합니다. 어떤 경우에든지 설교자는 이생의 삶은 잠깐뿐이라는 사실을 모든 사람에게 분명히 보여 주어야 합니다. 세상 사람들은 여러 가지 일이나 사건, 쾌락, 세상의 모든 헛된 것들에 깊이 빠진 나머지 인생은 잠깐뿐이라는 사실을 생각지 않습니다. 이 모든 것이 의미하는 바는, 설교자가 강단에 처음 올라설 때부터 그 자리에서 진지한 일이 일어나고 있다는 인상을 주어야 한다는 것입니다. 여러분은 리처드 백스터Richard Baxter의 유명한 말을 기억할 것입니다.

나는 다시 설교할 기회가 없는 듯이 설교했으며
죽어 가는 자가 죽어 가는 자에게 하듯이 설교했다.

저는 이보다 나은 표현을 생각해 낼 수가 없습니다. 여러분은 19세기에 스코틀랜드에 살았던 경건한 사람 로버트 머리 맥체인Robert Murray McCheyne에 대한 이야기도 알고 있을 것입니다. 그가 강단에 서면, 첫마디를 꺼내기 전부터 사람들이 조용히 울기 시작했다고 합니다. 왜 그랬을까요? 바로 이 진지함의 요소 때문입니다. 사람들은 그가 모습만 나타내도 하나님의 존전에서 왔다는 인상을 받았으며, 하나님께서 자신들에게 주시는 메시지를 전해 줄 것이라는 느낌을 받았습니다. 그는 입을 열기도 전에 사람들에게 이런 감화를 주었습니다. 이 요소를 놓쳐 버린 것은 설교자인 우리 자신에게 해로운 일일 뿐 아니라 듣는 자들 역시 희생시키는 일입니다.

제가 지금까지 말한 내용을 오해하지 않게 하기 위해, 또 이미 오해가 생겼다면 부분적으로 바로잡기 위해 언급할 내용이 있습니다. 그것은 '생동감'의 요소입니다. 이 말이 강조하는 바는, 진지함이 곧 엄숙함이나 슬픔, 병적인 정신을 의미하지 않는다는 것입니다. 이 구분은 아주 중요합니다. 설교자는 생동감이 넘치면서도 진지할 수 있습니다.

다른 말로 표현해 보겠습니다. 설교자는 결코 따분해서는 안 되며 지루해서도 안 됩니다. 이른바 '무거운' 사람이 되어서는 안 된다는 것입니다. 제가 이 점을 강조하는 이유는 종종 걱정스러운 이야기가 들려오는 탓입니다. 저는 개혁주의 전통에 속한 사람으로서, 지난 40년 남짓 개혁주의의 중요성을 재부각시키고자 미력이나마 애써 왔습니다. 그렇다 보니 젊은 개혁주의자들 중에 인품도 좋고 책도 많이 읽었으며 공부도 많이 했지만 따분하고 지루한 설교자들이 많다는 말을 교인들에게 종종 전해 들을 때마다 마음이 편치가 않습니다. 이런 말을 전해 준 이들도 개혁주의 입장을 가진 사람들이었습니다. 제가 볼 때 이것은 아주 심각한 문제입니다. 설교자가 따분하고 지루하다는 것은 무언가 근본적으로 잘못되어 있다는 뜻입니다. 이런 주제들을 다루면서 어떻게 따분할 수가 있습니까? 저는 '따분한 설교자'라는 것 자체가 모순된 표현이라고 말하고 싶습니다. 따분한 사람은 설교자가 아닙니다. 강단에 서서 말하는 사람일 수는 있지만, 설교자는 확실히 아닙니다. 성경의 장엄한 주제와 메시지를 따분하게 전하기란 불가능합니다. 성경의 주제는 세상에서 가장 재미있고 흥분되며 흥미진진한 주제입니다. 이런 주제에 대해 따분하게 말하는 사람들이 있다면, 저는 그들 스스로 믿는다고 주장하며 옹호하는 교리를 진정으로 이해하고 있는지 심각하게 의심할 것입니다. 사람은 태도나 말투를 통해 은연중에 본색을 드러낼 때가 많이 있기 때문입니다.

열심과 관심

좀 더 이야기해 봅시다. 그 다음으로 다룰 것은 열심과 관심입니다. 물론 이 요소들은 서로 긴밀하게 연관되어 있습니다. 열심이 있어야 한다는 것은 설교자가 언제나 자신이 말하는 내용에 사로잡혀 있다는 인상을 주어야 한다는 뜻입니다. 설교자 자신조차 사로잡히지 않는 내용으로는 다른 어떤 사람도 사로잡을 수 없습니다. 그렇기 때문에 열심은 절대적으로 필요한 요소입니다. 설교자는 스스로 자신의 설교에 붙잡혀 있고 몰입해 있음을 보여 줌으로써 듣는 자들에게 감동을 주어야 합니다. 설교자는 자신의 마음을 가득 채우고 있는 말씀을 전하는 일에 골몰하는 사람입니다. 그는 자기 자신이 말씀 앞에 깊이 감동하고 흥분했기 때문에 그 말씀을 모든 사람과 나누고 싶어 합니다. 그에게는 사람들을 염려하는 마음이 있습니다. 간절히 도와주고 싶은 마음, 하나님의 진리를 전해 주고 싶은 마음이 있습니다. 그래서 힘과 열심을 다해, 분명한 관심을 가지고 설교자의 일을 합니다. 다시 말해서 초연한 자세로 진리를 다루는 것처럼 보이는 설교자, 그 자체로서 훌륭하고 옳으며 탁월할 수도 있는 여러 가지 내용들만 전하는 데서 그치는 설교자는 설교자가 아니라는 것입니다.

    최근에 병상에서 일어나 요양하던 중에 우연히 제가 비판하는 바를 잘 드러내 주는 예를 보게 되었습니다. 저는 잉글랜드의 한 마을에 머물면서 숙소 건너편에 있는 지역 교회에 가게 되었습니다. 그날 밤 설교자는 예레미야 선지자에 대해 설교했습니다. 그는 예레미야에 대한 연속 설교를 시작하겠다고 말하면서, 예레미야가 하나님의 말씀이 불붙는 것처럼 골수에 사무쳐서 견딜 수 없노라고 말한 위대한 본문을 가지고 설교를 시작했습니다. 이것이 바로 그 설교자가 택한 본문이었습니다. 그런데 무슨 일이 일어났을까요? 저는 예배를 마치고 돌아오면서 아주 이상한 일을 목격했다는 생각을 했습니다. 그 예배에서 전혀 찾아볼 수 없었던 것 중에 하나가 바로 '불'이었기 때문입니다. 그 선량한 목사는 마치 빙산 위에 앉아 있는 듯한 태도로 불에 대해 이야기했습니다. 초연하고도 냉정한 자세로 불이라는 주제를 다룬 것입니다. 그의 태도 자체가 자신이 말하고 있는 바를 부인하는 산 증거 역할을 했습니다. 아니, 죽은 증거였다고 해야 옳을까요? 그의 설교문은 구성이나 준비의 면에서 훌륭한 것이었습니다. 그가 읽는 내용으로 볼 때, 이 주제를 상당히 주의 깊게 살펴보았으며 한 자 한 자 정성스럽게 써 내려간 것이 분명했습니다. 그런데 거기에 단 한 가지 빠진 것이 있었는데, 그것이 바로 불이었습니다. 그에게는 열심도 없었고 열정도 없었으며 회중을 이루고 있는 각 사람들에 대한 분명한 관심도 없었습니다. 그의 태도 전체가 냉담하고 학문적이며 형식적으로 비쳤습니다.

이렇게 설명해 봅시다. 수년 전에 스코틀랜드의 한 유명한 언론인이 자신이 참석한 모임에 대해 쓴 글이 생각납니다. 저는 그가 사용한 표현을 잊을 수가 없습니다. 그는 자기 글 여러 군데에서 저를 신랄하게 비판하고 비난했습니다. 그는 동일한 주제에 대해 두 연사가 한 말을 들었노라고 썼습니다. 그리고 연이어 두 사람 다 아주 유능하고 학식 있는 사람들이라고 말했습니다. 예의 그 통렬한 표현이 나오는 것은 그 다음입니다. "두 연사의 차이는 이것이었다. 첫 번째 연사는 변호사였고, 두 번째 연사는 증인이었다." 이 말은 저의 요점을 완벽하게 명시해 주고 있습니다. 설교자는 변호사가 아닙니다. 변호사나 대리인의 임무는 법정에서 다른 사람을 대신하는 것입니다. 그는 그 사람 자체에는 관심이 없습니다. 그에 대해 알지도 못하며 개인적인 관심도 가지고 있지 않습니다. 그 사람의 소송에 대한 짧은 기록을 전달받은 것이 전부일 뿐입니다. 그 기록은 변호사를 위해 작성된 것으로서 거기에는 특정 사건에 대한 모든 사실과 상세한 내용, 법률적인 요점과 두드러진 문제점들이 기록되어 있습니다. 변호사가 하는 일은 다만 그 기록을 받아서 그 기록에 근거하여 말하는 것입니다. 그는 개인적으로 그 일에 관여하지 않으며, 실제로도 아무 관심을 가지고 있지 않습니다. 그저 초연한 자세로 자신과 상관없는 문제를 취급할 뿐입니다.

그러나 설교자는 결코 그럴 수가 없습니다. 이 또한 설교자와 강사를 가르는 차이점입니다. 설교자는 처음부터 끝까지 깊이 관여하고 있으며, 그렇기 때문에 열심을 낼 수밖에 없습니다. 그는 단순히 어떤 사건을 '취급'하는 것이 아닙니다. 물론 그것은 많은 설교자들이 부닥치는 최대의 유혹 가운데 하나입니다. 천성적으로 논쟁하기 좋아하는 우리 같은 사람들에게는 특히 더 그렇습니다. 이미 살펴보았듯이 우리는 누구보다 하고 싶은 말들이 많은 사람들입니다. 우리는 조직신학을 배웠고 진리에 대한 지식을 가지고 있습니다. 우리 주장을 입증하고 예증하며 논쟁하고 설득하기에, 모든 반대 의견과 주장을 반박하기에 얼마나 좋은 여건을 갖추고 있는지 모릅니다. 그렇다고 설교자가 단지 한 가지 사례를 변호한다는 인상을 준다면, 그는 완전히 실패한 것입니다. 설교자는 증인입니다. 그것은 바로 주님 자신이 사용하신 단어이기도 합니다. "내 증인이 되리라"(행 1:8). 설교자는 항상 증인이 되어야 합니다. 설교자가 인격적으로 깊이 관여하고 있다는 인상을 주지 못하는 것보다 더 치명적인 일은 없습니다.

뜨거움

이것은 필연적으로 그 다음 요소인 뜨거움으로 연결됩니다. 오늘날 흔히 쓰는 표현을 빌리자면, 설교자는 결코 '의사처럼 냉정한' 태도를 가져서는 안 됩니다. 설교자는 자주 그렇게 될 수 있습니다. 설교자의 모든 말이 바르고 사실상 거의 완벽하지만, 냉정하고 활기가 없으며 차갑고 무감동할 수 있는 것입니다. 그것은 자신이 먼저 감동받지 못한 결과입니다. 설교자는 결코 그래서는 안 됩니다. 자신이 말하는 바를 진정으로 믿는다면 당연히 거기 감동을 받아야 합니다. 진정으로 믿는데도 감동받지 않기란 불가능합니다. 감동받은 설교자는 반드시 뜨거워지게 되어 있습니다. 사도 바울은 자신이 "눈물로" 설교했다고 말합니다. 그는 사도행전 20장에서 에베소 장로들에게 이 점을 일깨우고 있습니다. 또 빌립보서 3장에서도 어떤 거짓 설교자들에 대해 언급하면서 "눈물을 흘리며" 말한다고 이야기합니다.

사도 바울은 지적 거인이었으며 역사상 가장 뛰어난 지성인 중에 한 명이었습니다. 그런데도 그는 종종 설교하거나 말할 때 울었으며, 눈물을 흘리며 감동하곤 했습니다. 위대한 지성인은 감정을 내비쳐서는 안 된다는 생각은 대체 어디에서 비롯된 것입니까? 그야말로 우스꽝스럽고 어리석은 생각이 아닐 수 없습니다! 이런 진리에 감동받지 않는 사람은 그 진리를 진정으로 이해하지 못한 사람이라고 저는 주장하는 바입니다. 지성인이라고 해서 진공 상태에서 사는 것이 아닙니다. 사람은 통합적인 존재입니다. 머리뿐 아니라 가슴도 가지고 있습니다. 머리가 참으로 이해하면 가슴도 따라서 움직이게 되어 있습니다. 로마서 6:17에서 바울이 말한 바를 기억해 보십시오. "하나님께 감사하리로다. 너희가 본래 죄의 종이더니 너희에게 전하여 준 바 교훈의 본을 마음으로 순종하여." 마음이 움직이지 않는다면 머리로도 정말 이해한 것이 맞는지 묻지 않을 수 없습니다. 우리가 다루는 진리의 성격 때문에 그렇습니다. 모든 시대의 위대한 설교자들은 당연히 마음이 뜨거운 사람들이었습니다. 윗필드는 설교할 때마다 거의 매번 눈물을 흘렸던 것으로 보입니다. 저는 그 앞에서 우리 모두 비난과 책망을 면할 수 없다고 생각합니다. 그리고 저 자신부터 책망 받을 필요가 있음을 기꺼이 고백합니다. 과거의 위대한 설교를 특징지었던 그 열정은 다 어디로 갔습니까? 현대의 설교자들은 왜 과거의 위대한 설교자들처럼 자주 감동하며 흥분하지 않습니까? 진리는 변하지 않았습니다. 그것을 믿습니까? 그 진리에 사로잡혀 낮아지는 경험을 했습니까? "놀라운 사랑과 찬양으로 정신을 잃을 만큼" 높이 고양되는 경험을 했습니까?

설교자는 이런 이유들 때문에 회중을 만나는 사람이며, 이런 방식들로 회중과 만나는 사람입니다. 설교자와 회중은 서로 거리를 두는 관계가 아니라 **교감하는** 관계입니다. 이 점은 설교자의 목소리에서, 태도에서, 모든 접근방식에서 표출됩니다. 설교자와 관련된 모든 것이 그와 회중 사이에 친밀한 접촉이 있음을 보여 줍니다.

긴박감

따라서 그 다음으로 다룰 요점은 긴박감입니다. 이에 대해서는 어떤 의미에서 이미 말했다고도 할 수 있습니다. 그럼에도 긴박감은 별도로 강조하여 다룰 가치가 있습니다. 바울은 디모데에게 말하기를, 설교자는 "때를 얻든지 못 얻든지 항상" 긴박하게 힘써야 한다고 했습니다(딤후 4:2). 그 이유는 동일합니다. 우리가 살펴본 이 모든 상황 때문에 그런 것입니다. 그것이 설교를 이토록 놀라운 행위로 만들며, 무거운 책임이 걸려 있는 엄청난 문제로 만듭니다. 사도 바울이 설교자의 사역을 보면서 "누가 이 일을 감당하리요?"라고 말한 것은 놀랄 일이 아닙니다. 머리가 지식으로 가득 찼다고 해서 이 일을 감당할 수 있다고 생각하는 사람은 처음부터 다시 배워야 할 것입니다. "누가 이 일을 감당하리요?" 여러분이 하는 일이 무엇입니까? 단순한 정보의 전달이 아닙니다. 여러분은 영혼을 다루고 있으며, 영원을 향해 나아가고 있는 순례자들을 다루고 있습니다. 이생의 삶과 죽음의 문제뿐 아니라 영원한 운명을 다루고 있는 것입니다. 이보다 더 긴박한 일은 없습니다.

1840년경 스코틀랜드의 부흥 운동에 크게 쓰임받은 윌리엄 차머스 번즈William Chalmers Burns가 어느 날 오후, 제가 이야기했던 로버트 머리 맥체인의 교회에서 했던 말이 생각납니다. 그는 동료 목사의 어깨에 손을 얹고 말했습니다.

"형제여, 우리는 서둘러야 합니다."

이 긴박감을 모르는 사람은 참된 설교 또한 모르는 것입니다. 강의는 아무 때나 할 수 있습니다. 지금 당장 하든지 연중 어느 때 하든지 큰 상관이 없습니다. 다른 주제들도 다 마찬가지입니다. 그러나 복음 메시지는 결코 미룰 수가 없습니다. 여러분이나 듣는 자들이 일주일 안에 죽을지 하루 안에 죽을지 알 수가 없기 때문입니다. "생의 한가운데서 우리는 죽음과 마주하고 있나이다." 이 긴박감이 없는 설교자, 자신이 하나님과 사람 사이에 서 있으며 시간과 영원 사이에서 말하고 있다는 의식이 없는 설교자는 강단에 설 자격이 없습니다. 이런 문제들을 차분하고 냉정하며 과학적인 거리를 유지한 채 다룰 수는 없습니다. 철학자는 그렇게 해도 괜찮을지 모릅니다. 그러나 설교자는 자신이 관련되어 있는 모든 상황을 알고 있기 때문에 꿈에도 그런 태도를 보일 수가 없습니다.

설득력 있는 파토스와 능력

정확히 같은 이유로, 설교에는 언제나 설득력이 있어야 합니다. "그리스도를 대신하여 간청하노니 너희는 하나님과 화목하라"(고후 5:20). 설교의 전 목표는 분명 사람들을 설득하는 것입니다. 설교자는 '믿거나 말거나' 하는 식으로 말하지 않습니다. 그는 자신이 전하는 메시지의 진리로 사람들을 설득하기를 열망합니다. 그는 사람들이 그 진리를 깨닫기를 소원합니다. 그래서 그들에게 무언가 해 주기 위해, 영향을 끼치기 위해 노력합니다. 그는 본문에 대해 박식한 이론을 펼치지 않으며 자신의 지식을 과시하지 않습니다. 살아 있는 영혼들과 마주하여 그들을 감동시키며, 그들을 이끌고 진리로 나아가기를 원합니다. 이것이 설교자의 전 목적입니다. 이런 요소가 없다면 수필을 쓰거나 강의 같은 것은 할 수 있을지 몰라도 설교는 할 수 없습니다. 이 모든 것이 수필과 설교문의 차이점이며, 강의와 설교의 차이점입니다.

어떤 의미에서는 이미 다룬 문제임에도 불구하고 파토스pathos

에 대해 특별히 더 언급할 말이 있습니다. 제가 무엇보다 고백해야 할 죄가 있다면, 그것은 파토스가 제 사역에 많이 부족했다는 점일 것입니다. 파토스는 부분적으로는 사람에 대한 사랑에서 생겨납니다. 18세기 말부터 19세기 초에 성공회 설교자로 런던에서 활동했던 리처드 세실Richard Cecil이 우리 모두 생각해야 할 말을 한 적이 있습니다. "설교를 사랑하는 것과 설교 듣는 이들을 사랑하는 것은 완전히 별개의 일이다." 우리 중 어떤 이들의 문제는 설교는 사랑하되 설교 듣는 이들을 사랑하는지는 늘 주의하여 확인해 보지 않는다는 데 있습니다. 사람을 향한 연민이 없는 자에게는 참된 설교에 반드시 필요한 파토스 또한 없을 것입니다. 주님은 무리가 "목자 없는 양" 같음을 보시고 "불쌍히" 여기셨습니다(마 9:36). 만약 여러분이 파토스에 대해 아는 바가 없다면 강단에 서서는 안 됩니다. 이것은 설교에 분명히 나타나야 하는 요소이기 때문입니다. 우리는 순전히 지적이거나 논쟁적이기만 해서는 안 됩니다. 이 다른 요소도 반드시 가지고 있어야 합니다.

사람들을 향한 사랑만이 파토스를 만들어 내는 것은 아닙니다. 우리가 다루는 문제 자체도 파토스를 만들어 낼 수밖에 없습니다. 하나님이 그리스도 안에서 우리를 위해 하신 일을 깨닫는 것보다 더 감격적인 일이 있겠습니까? 그 일을 살펴보고 이해하려 할 때마다 우리는 깊이 감격할 수밖에 없습니다. 위대한 사도 자신에게 일어난 일을 보십시오. 그는 죄로 가득 차 멸망할 수밖에 없는 우리의 상태를 보여 주며 그리스도께 전적으로 의존해야 한다는 사실을 확신시키기 위해 논증을 시작합니다. 그런데 그 복되신 이름을 언급하는 순간, 갑자기 자신의 논지를 잊어버린 듯 위대한 웅변을 분수처럼 쏟아 냅니다. 그는 존재 깊은 곳까지 감격하여, 읽는 우리조차 눈물이 나도록 감동적이고 강렬한 표현들을 토해 냅니다. 그는 하나님이 그리스도 안에서 우리를 위해 하신 일과 그 일에 수반되었던 고통, 우리를 향한 위대한 사랑을 묵상합니다. "하나님이 세상을 **이처럼** 사랑하사……."

파토스의 요소는 모든 시대에 걸쳐 가장 탁월한 설교자 중 한 사람이었던 윗필드의 설교에 가장 특징적으로 나타납니다. 18세기의 위대한 배우 데이비드 개릭David Garrick은 '메소포타미아'라는 단어를 윗필드처럼 발음할 수만 있었으면 좋겠다고 했습니다! 또한 윗필드 같은 파토스를 가지고 "오!"라고 외칠 수만 있다면 100기니를 기꺼이 내놓겠다고 말하기도 했습니다. 세련된 현대인들은 이 말을 듣고 웃을지 모르지만, 이렇게 사람을 감동시키는 특질에 대해 알지 못하는 사람은 진정한 설교자가 될 수 없습니다. 물론 자신이 원하는 결과를 얻기 위해 일부러 감동을 연출해 내는 사람은 설교자가 아니라 배우일 것입니다. 그런 사람은 혐오스러운 사기꾼에 지나지 않습니다. 진정한 파토스는 윗필드처럼 한 사람의 마음속에 "하나님의 사랑이……부은 바" 될 때 반드시 나타나게 되어 있습니다(롬 5:5).

이 파토스의 요소, 감정의 요소는 제가 볼 때 지극히 중요한 것입니다. 그런데 20세기에는 심각할 정도로 찾아보기가 힘듭니다. 우리는 균형을 잃고 지적인 방향으로 치우친 나머지 느낌이나 감정의 요소는 거의 무시하는 경향이 있습니다. 스스로 많이 배워서 진리를 잘 파악하고 있다는 생각 때문에 느낌을 무시하려 드는 것입니다. 평범한 양 떼들은 감정적이고 감상적인 반면, 이해력이 없는 것이 문제라고 우리는 생각합니다!

그러나 이것은 위험한 일이 아닐까요? 하나님이 인간에게 주신 본질적인 부분을 무시하는 태도가 아닐까요? 우리는 사로잡힌다는 것이 무엇인지, 깊이 감격한다는 것이 무엇인지 더 이상 알지 못합니다. 매튜 아널드Matthew Arnold가 종교에 대해 한 말을 기억하십니까? 그는 "종교란 감정이 살짝 가미된 도덕"이라고 말했습니다. 얼마나 아널드다운 말이며 잘못된 말입니까! 무지한 말입니까! "감정이 살짝 가미된 도덕"이라니요! 살짝! 그가 볼 때 무엇이든 그 이상으로 넘어가는 것은 점잖치 못하며 무례한 것입니다. 이 '작은 신사'는 결코 감정을 내보이는 법이 없습니다. 매튜 아널드가 럭비의 유명한 사립학교 교장이었던 토머스 아널드의 아들임을 잊지 마십시오. 그는 자신의 느낌을 내보이지 않고 항상 통제하는 사람이야말로 참 신사라고 가르쳤습니다. 그러한 시각이 교회와 많은 그리스도인의 삶 속에도 스며든 것 같습니다. 그래서 감정은 거의 점잖치 못한 것으로 간주되고 있습니다. 그러나 이번에도 저의 답변은 간단합니다. 만약 설교자로서 자신에게 맡겨진 영광스러운 진리를 묵상하고도 감격을 느끼지 않는다면, 여러분의 영적 안목에는 분명 결함이 있는 것입니다.

이미 말했듯이 사도 바울은 이 진리들을 살펴볼 때마다 그 위대한 영혼 깊숙이 감격했습니다. 이것이 무슨 뜻인지 한 가지 예를 들어 보겠습니다. 로마서 9, 10, 11장에서 그가 어떻게 유대인의 특정 문제를 논하는지 기억할 것입니다. 그는 믿음으로 의롭다 함을 얻는다는 자신의 말에 비추어 볼 때 유대인의 위치는 어떤 것이며 그들이 다시 들어올 수 있는 자리는 어디인가 등을 다룹니다. 그는 이 주제를 붙잡고 논증하고 설명하여 마침내 위대한 결론에 도달합니다. 그러나 거기에서 멈추지 않고 갑자기 다음과 같은 말을 토해 냅니다.

> 깊도다, 하나님의 지혜와 지식의 풍성함이여! 그의 판단은 헤아리지 못할 것이며 그의 길은 찾지 못할 것이로다! 누가 주의 마음을 알았느냐? 누가 그의 모사가 되었느냐? 누가 주께 먼저 드려서 갚으심을 받겠느냐? 이는 만물이 주에게서 나오고 주로 말미암고 주에게로 돌아감이라. 그에게 영광이 세세에 있을지어다. 아멘(롬 11:33-36).

이것은 아주 웅장한 감정입니다. 제가 감정적 emotionalism이라고 말하지 않고 감정 emotion이라고 말한 데 유의하십시오. 저는 감정적인 태도를 거부합니다. 사람들의 피상적이고 얄팍한 감정을 의도적으로 이용하려는 사람보다 가증한 사람은 없습니다. 비난하기 위해서가 아니라면 그런 데 관심조차 가질 필요가 없습니다. 저의 논지는 이 진리를 믿는다고 주장하는 사람이 참으로 그 진리를 이해한다면 감격하지 않을 수 없다는 것입니다. 그런 감격을 모르는 사람은 이 위대한 사도가 포함되어 있는 무리에 속하지 못한 것입니다. 그러나 요즘은 감정을 꺼리는 것이 유행이 되어 버렸습니다.

수년 전, 런던에 커다란 전도집회가 있었을 때 한 교계 지도자가 저를 찾아와 "전도집회에 참석해 보셨습니까?"라고 물었던 일이 생각납니다. 저는 "아니요, 참석하지 못했습니다"라고 대답했습니다. 그러자 그가 말했습니다.

"아, 놀랍습니다. 정말 놀라워요. 사람들이 수백 명씩 앞으로 나오더군요. 아시겠지만 거기에 감정은 개입되지 않았습니다. 참 놀라운 일이지요."

그는 "감정은 개입되지 않았다"라는 말을 계속해서 되풀이했습니다. 그를 그토록 놀라게 만든 일은 전도자의 초청에 응해 앞으로 나온 사람들이 아무 감정도 보이지 않았다는 것이었습니다. 그가 볼 때 그것은 명예로운 일이었습니다. 감정을 보이지 않다니 정말 대단하지 않느냐는 것입니다! 놀랍지 않느냐는 것입니다!

그런 태도에 대해 무엇이라고 말할 수 있을까요? 저는 몇 가지 질문을 던지는 것으로 만족하려 합니다. 자신이 저주받은 죄인임을 깨달았는데도 아무 감정이 없을 수 있을까요? 지옥을 들여다보았는데도 아무 감정이 없을 수 있을까요? 율법의 천둥소리를 들었는데도 아무 느낌이 없을 수 있을까요? 거꾸로, 그리스도 안에 나타난 하나님의 사랑을 참으로 묵상했는데도 아무 감정이 없을 수 있을까요? 그것은 참으로 우습기 짝이 없는 생각입니다.

오늘날 많은 이들이 극단적이고 감정적인 태도에 대한 반동으로 사실상 진리를 부인하는 자리까지 나아가고 있는 것은 아닌지 두렵습니다. 예수 그리스도의 복음은 전인을 사로잡습니다. 복음이라고 하면서도 전인을 사로잡지 못한다면 그것은 복음이 아닙니다. 복음은 전인을 사로잡게 되어 있으며, 실제로 전인을 사로잡습니다. 복음은 사람을 거듭나게 하기 때문에 전인이 관련되지 않을 수가 없습니다. 그렇기 때문에 설교에는 항상 파토스와 감정의 요소, 감격의 요소가 아주 두드러지게 나타나는 것입니다.

마지막으로 소개할 말은 '능력'입니다. 이 말은 아주 중요하기 때문에 여기에서는 길게 다루지 않겠습니다. 그렇다고 바로 다음에 다룰 것은 아니고, 좀 더 나중에 한 장 전체를 할애해서 다루도록 하겠습니다. 능력이 없는 것은 설교가 아닙니다. 참된 설교는 결국 하나님의 행하심으로 이루어집니다. 사람이 말하는 것이 아닙니다. 하나님이 말씀하시는 것입니다. 하나님이 사람을 사용해서 말씀하시는 것입니다. 그 사람은 성령의 영향을 받습니다. 바울이 고린도전서 2장에서 말하고 있듯이 참된 설교는 "성령의 나타나심과 능력으로" 이루어집니다. 또한 데살로니가전서 1:5은 이렇게 말하고 있습니다. "우리 복음이 말로만 너희에게 이른 것이 아니라 또한 능력과 성령과 큰 확신으로 된 것임이라……." 그렇습니다. 이것이 참된 설교의 본질적인 요소입니다.

설교문과 설교 행위의 차이

요컨대 참된 설교란 설교문과 설교 행위라는 두 요소가 바른 비율로 결합된 것입니다. 설교문에 설교라는 '행위'가 더해집니다. 그것이 참된 설교입니다. 두 요소 다 강조되어야 합니다. 두 요소 간의 차이에 대해서는 이미 암시를 드린 바가 있지만, 몇 마디 더 해 보겠습니다. 그러면 설교문과 설교 행위의 차이를 몰랐던 분들도 곧 그 차이를 알게 될 것입니다. 그 차이를 가장 쉽게 알아볼 수 있는 방법이 있는데, 저 자신도 같은 방법으로 그 차이를 여러 차례 확인했습니다. 그 방법이란 이것입니다.

여러분이 목회하는 교회에서 주일을 맞이하여 설교를 합니다. 미리 준비한 원고로 설교하는데, 무슨 이유에서인지 쉽고도 원활하게, 어느 정도 능력 있게 전달되는 것 같습니다. 여러분 자신도 거기에 감동을 받습니다. 이른바 '훌륭한 예배'를 드린 것입니다. 여러분 자신뿐 아니라 다른 이들도 그 사실을 인식합니다. 좋습니다. 다음 주일이든 주중의 저녁이든 다른 교회에서 설교할 기회가 왔을 때 여러분은 생각합니다. '지난주 설교 원고로 설교해야지. 그 원고로 훌륭한 예배를 드렸으니까.' 그래서 그 설교문을 가지고 다른 교회에 가서 설교하기 시작합니다. 그런데 갑자기 자신에게 아무 능력도 없다는 사실이 느껴집니다. 마치 모든 것이 수중에서 빠져나가 버린 것만 같습니다. 이런 일을 어떻게 설명할 수 있을까요?

한 가지 답은 이것입니다. 지난주 여러분이 섬기는 교회에서 설교했을 때에는 성령께서 여러분 위에, 또는 회중 위에 임하셔서―전에도 설명했듯이 성령께서 주로 회중에게 임하시고 여러분은 그들에게서 힘을 얻는 일이 있을 수 있습니다―여러분의 보잘것없는 설교문을 취하여 비상한 방법으로 권위를 주시며 특별히 기름을 부어 예외적으로 훌륭한 예배를 드렸습니다. 그러나 다른 상황에서 다른 회중을 만났을 때에는 느낌이 달라질 수 있습니다. 그러면 설교문에만 의지해서 설교해야 하는데, 그럴 때 문득 자신의 설교문에 별 대단한 내용이 없었다는 사실을 발견하게 됩니다.

이런 일은 설교문과 설교 행위의 차이를 예증하는 데 도움이 됩니다. 이것은 커다란 신비입니다. 이 문제는 후에 다시 다룰 생각입니다. 지금은 설교문과 설교 행위가 서로 다르다는 사실과, 참된 설교는 이 두 가지가 결합된 것이라는 사실만 강조하고 넘어가겠습니다. 둘 중 하나만 의지해서는 안 됩니다. 설교문만 의지해서도 안 되고 설교 행위만 의지해서도 안 됩니다. 참된 설교에는 두 가지 요소가 다 필요합니다.

한 가지 일화를 예로 들어 다시 설명해 보겠습니다. 웨일스에 제가 잘 알고 지내던 노설교자가 있었습니다. 그는 아주 능력 있는 노인이었으며 훌륭한 신학자였습니다. 그런데 말하기 죄송하지만, 좀 냉소적인 경향이 있었습니다. 그는 아주 신랄한 비평가였습니다. 한번은 그가 참석한 총회의 마지막 순서로 두 사람이 설교하게 되었습니다. 두 사람 다 신학교 교수였습니다. 첫 사람의 설교가 끝나자 이 노설교자이자 비평가가 옆 사람에게 말했습니다.

"열 없는 빛이로군."

그리고 두 번째 교수가 설교했는데, 그는 앞사람보다 나이도 좀 있었고 다소 정서적이기도 했습니다. 그가 설교를 마쳤을 때 이 나이 든 냉소주의자가 다시 옆 사람에게 말했습니다.

"빛 없는 열이로군."

두 가지 다 적절한 비판이었습니다. 중요한 점은 두 설교자 모두에게 결함이 있었다는 것입니다. 여러분에게는 빛과 열 두 가지가 다 있어야 하며 설교문에 더하여 설교 행위도 있어야 합니다. 열 없는 빛은 아무에게도 영향을 주지 못하며, 빛 없는 열은 영구적인 가치가 없습니다. 일시적인 영향은 줄 수 있을지 몰라도 진정으로 사람들을 돕고 세우며 그들의 문제를 다룰 힘은 없습니다.

설교의 본질과 목적

설교란 무엇입니까? 불붙은 논리입니다! 마음을 움직이는 이성입니다! 두 가지가 서로 모순되는 것 같습니까? 결코 그렇지 않습니다. 바울을 비롯한 여러 사람들에게서 볼 수 있듯이 이 진리와 관련된 이성은 사람의 마음을 강하게 움직입니다. 설교는 불붙은 신학입니다. 불붙이지 못하는 신학은 결함이 있는 신학이라는 것이 저의 주장입니다. 아니면, 적어도 신학에 대한 설교자의 이해에 결함이 있다고 해야 할 것입니다. 설교는 불붙은 인간에게서 나오는 신학입니다. 진리를 참으로 이해하고 경험한 사람은 반드시 불붙게 되어 있습니다. 이런 일들에 대해 아무 감정 없이 말할 수 있는 사람은 강단에 설 자격이 전혀 없는 것이므로 강단에 서도록 허락해서는 안 됩니다.

설교의 주된 목적은 무엇입니까? 저는 다음과 같이 생각하기를 좋아합니다. 설교의 주된 목적은 사람들에게 하나님과 그분의 임재를 느끼게 해 주는 것입니다. 전에도 말했지만, 몸이 아팠던 지난해에 저 자신이 설교하지 않고 남의 설교를 들을 수 있는 기회와 특권을 얻었습니다. 신체적으로 약해진 상태에서 설교를 통해 제가 얻고자 고대하며 기다렸던 것은 하나님과 그분의 임재였습니다. 설교자가 하나님을 느끼게만 해 준다면, 내 영혼을 위해 무언가를 해 주기만 한다면, 자질은 좀 부족하더라도 지극히 위대하고 영광스러운 내용을 다루고 있다는 느낌을 주기만 한다면, 하나님의 영광과 위엄, 나의 구주 되신 그리스도의 사랑, 복음의 장엄함을 희미하게라도 보여 주기만 한다면, 저는 설교문이 형편없는 것뿐 아니라 그 어떤 잘못이라도 기꺼이 용서할 수 있습니다.

두 가지 글만 인용하고 말을 맺겠습니다. 불과 100여 년 전, 미국에 제임스 헨리 손웰James Henry Thornwell이라는 아주 위대한 설교자가 있었습니다. 어쩌면 그는 남 장로교가 배출한 가장 위대한 신학자였을지도 모릅니다. 또한 그는 위대한 설교자이자 대단한 웅변가이기도 했습니다. 혹자는 새뮤얼 데이비스Samuel Davies에 이어 북미 대륙이 배출한 가장 설득력 있는 설교자로 꼽기도 합니다. 다음의 인용문은 손웰의 전기를 쓴 작가가 그의 설교를 보고 들은 인상을 전달하기 위해 기록한 부분입니다. '참된 설교에는 전인이 관련되므로 설교란 들을 뿐 아니라 보는 것'이라는 저의 정의를 이 글이 어떻게 예증하며 확인시켜 주는지 보시기 바랍니다. 그 전기 작가는 이렇게 썼습니다.

어떤 상징을 동원한다 한들 저 반짝이는 눈과 떨리면서도 다양하게 변화하는 어조, 인상적인 자세, 앞날을 내다보는 듯한 특유의 몸짓, 세련된 작가가 작품을 완성하고자 그 속에서 마지막 손질을 하고 있는 듯 흔들리는 저 온몸의 떨림을 전달할 수 있을까! 번개의 섬광과 하늘을 수놓는 양털 구름, 대양의 파도가 만들어 내는 하얀 물마루는 화가의 솜씨로 담아 낼 수 없는 법이다. 그것은 말로 표현할 수 없는 것들이다.

이것이 손웰의 설교에 대한 작가의 인상이었습니다.

　이번에는 손웰 자신이 설교에 대해, 그리고 설교자인 자신에 대해 한 말을 살펴봅시다.

　　설교자가 된다는 것이 무엇인지, 어떻게 설교해야 하는지 이해하는 것은 중요한 일입니다. 효과적인 설교는 연구와 자기 훈련 및 기도, 특히 성령의 기름 부음이 만들어 내는 결과물입니다. 설교에는 다른 모든 종류의 강연 원고들에 특징적으로 나타나는 미덕들이 결합되어 있어야 하며, 그것을 선포할 때에는 신앙의 열정뿐 아니라 거부할 수 없는 하늘의 사랑으로 선포해야 합니다. 또한 그 설교가 설교자의 마음으로부터 나오고 있다는 사실, 그리스도를 향한 사랑과 영혼들을 향한 사랑으로 가득 찬 마음으로부터 나오고 있다는 사실이 드러나야 합니다. 이 점에서 세상에는 설교다운 설교가 거의 없다고 해야 할 것입니다. 자칭 하나님의 뜻을 설교한다는 많은 목회자들의 자질을 볼 때, 그 뜻이 세상에서 실패하지 않고 이루어지고 있다는 것 자체가 신비한 은혜요 하늘의 능력이 아닐 수 없습니다. 이런 관점에서 저 자신의 설교를 바라보면 그저 혐오스러울 따름입니다. 저는 평생 제대로 설교하지 못했을 뿐 아니라 설교문 한 편 제대로 작성하지 못했습니다. 이제는 과연 그 일을 할 수 있을까 절망감까지 들기 시작합니다. 주께서 부디 여러분에게 더 많은 지식과 은혜와 단일한 목표를 주시기를 바랍니다.

　저는 여기에 한 마디도 더 덧붙일 말이 없습니다. 설교한다는 것이 무엇인지 조금이라도 아는 사람이라면, 손웰처럼 한 번도 제대로 설교하지 못했다는 느낌을 가질 수밖에 없습니다. 그럼에도 그는 하나님의 은혜로 언젠가 참으로 설교할 수 있게 되기를 소망하면서 계속하여 정진할 것입니다.

6

설교자

이 시점에서 우리가 어떤 방식으로 이 주제에 접근하고 있는지 다시 한 번 상기시키고 싶습니다. 우리는 지금 교회에 모여 예배드리는 입장에서 강단에서 말하는 한 사람을 살펴보고 있는 중입니다. 우리는 설교가 무엇보다 중요한 일이며 교회의 주된 임무이자 할 일임을 밝힌 후, 계속해서 설교의 두 가지 측면-설교문과 실제로 설교하는 행위-을 살펴보았습니다. 적어도 제가 이해하는 바대로는 이 두 가지 측면이 지극히 중요하다는 사실을 분명히 밝혔다고 믿습니다. 둘 중에 하나만 취해서는 안 됩니다. 둘 다 꼭 필요합니다. 참된 설교에는 이 두 가지가 적절히 조화되어 있습니다.

동일한 접근방식을 가지고 설교를 전체적으로 살펴볼 때, 그 다음으로 던져야 할 논리적인 질문은 '누가 이 일을 해야 하는가? 누가 설교해야 하는가?'라는 것입니다. 우리가 정의한 대로, 또한 우리가 제시한 방식대로 이 메시지를 전달해야 한다면, 성경의 표현처럼 과연 "누가 이 일을 감당"하겠습니까? 이것은 아주 중요한 질문입니다. 교회라는 곳은 전혀 필요 없다고 주장하면서 '비종교적인 기독교'에 대해 이야기하는 오늘날에는 특히 더 그렇습니다. 그러나 여전히 교회의 존재를 믿는 사람들이라고 해도 이 질문은 던져 볼 필요가 있습니다. 대체 누가 이런 설교를 해야 합니까?

그리스도인이 곧 설교자는 아니다

제가 제시하고자 하는 첫 번째 원리는, 모든 그리스도인이 이 일을 해야 하는 것은 분명 아니라는 점입니다. 여자는 물론이요 남자도 그렇습니다! 다시 말해서 우리는 이른바 '평신도 설교'에 대해 고찰해 볼 필요가 있습니다. 평신도 설교는 지난 100여 년에 걸쳐 아주 보편적인 일이 되었습니다. 그 전에는 비교적 드물었지만, 점차 흔히 볼 수 있는 일이 된 것입니다. 그 역사를 살펴보는 것도 흥미로운 일일 것입니다. 그러나 지금 그렇게 하기에는 시간이 부족합니다. 재미있는 점은 이러한 변화의 주된 원인 역시 신학적인 데 있다는 것입니다. 19세기에 개혁적 칼뱅주의로부터 본질상 아르미니우스주의로 신학적 입장이 변화하면서 평신도 설교가 늘어났습니다. 이러한 인과관계가 나타난 것은 아르미니우스주의가 궁극적으로 비신학적이기 때문입니다. 따라서 오늘날 대부분의 교파들도 대개는 비신학적이 되었습니다. 사정이 이렇기 때문에 그리스도인이라면 거의 누구든지 설교할 수 있으며 나중에는 여자도 설교할 수 있다는 견해가 인기를 끌게 된 것도 그리 놀랄 일은 아닙니다.

저는 이것이 비성경적인 설교관이라고 주장하는 바입니다. 물론 평신도 설교가 필요한 예외적인 상황은 있습니다. 그러나 그 경우에도 그것을 '평신도 설교'라고 불러야 할지는 의문입니다. 제가 예외적인 상황이라고 말하는 것은 교회의 사정이나 형편상—재정이 부족하다든지 그 밖의 이유로—전임 사역자, 특히 전임 설교자를 지원할 수 없는 경우를 가리킵니다. 이 점에서 정의定義가 중요한 것입니다. 평신도 설교에 대한 현대적인 관점은 주로 감리교와 형제단의 가르침에서 나온 것으로서, 그들은 평신도 설교가 예외적인 일이 아니라 평상적인 일이며, 설교자도 자기 사업이나 직업을 가지고 생활비를 벌면서 이를테면 여가 시간에 설교하는 사람이라고 말합니다.

그러나 제가 파악하는 예외적인 상황이란, 목회에 소명을 느낀 사람이 전 시간을 바쳐 일하고 싶어 함에도 불구하고 앞서 말한 것과 같은 사정 때문에 그렇게 하지 못하는 경우를 가리킵니다. 그는 교회가 재정적으로나 그 밖의 측면에서 자신을 지원해 줄 수 있을 만큼 튼튼해져서 모든 시간을 이 일에 바칠 수 있기를 간절히 소망합니다. 그러므로 저는 엄밀한 의미에서 그런 사람을 평신도 설교자라고 부를 마음이 없습니다. 그는 설교를 하기 위해 일시적으로만 다른 일로 생활비를 버는 것일 뿐입니다.

저는 지금 그런 경우를 살펴보려는 것이 아니라, 그리스도인이라면 누구나 설교할 수 있으며 누구나 설교해야 한다는 견해를 검토하려는 것입니다. 이런 견해를 아예 정식으로 가르치는 교회들도 있습니다. 그들은 '새신자에게 할 일을 주라. 설교하고 간증하도록 파송하라'는 식의 표어를 내세웁니다. 이처럼 사람들을 설교하는 자리로 떠미는 경향이 계속 이어져 왔는데, 그 원인의 상당 부분은 새신자들에게 할 일을 주어야 한다는 생각에 골몰했던 무디D. L. Moody와 찰스 피니Charles G. Finney의 영향력에서 찾아볼 수 있습니다.

우리가 이런 태도를 비판하는 근거는 무엇입니까? 저는 모든 그리스도인이 "너희 속에 있는 소망에 관한 이유를 묻는 자에게는 대답"할 것을 예비해야 한다는 베드로전서 3:15 말씀과 모든 그리스도인이 복음을 설교해야 한다는 말의 차이를 이해하지 못한 데서 이런 태도가 비롯되었다고 생각합니다. 이 두 가지는 확실히 다릅니다. 모든 그리스도인은 자신이 왜 그리스도인이 되었는지 설명할 수 있어야 합니다. 그렇다고 해서 모든 그리스도인이 설교해야 하는 것은 아닙니다.

사도행전 8:4-5은 이 두 가지를 아주 흥미로운 방식으로 구분해 주고 있습니다. 우리는 8:1에서 예루살렘 교회에 큰 핍박이 일어나 사도들을 제외한 모든 교인들이 사방으로 흩어지는 모습을 볼 수 있습니다. 그리고 4절과 5절은 "그 흩어진 사람들이 두루 다니며 복음의 말씀을 전할새 빌립이 사마리아 성에 내려가 그리스도를 백성에게 전파하니"라고 말하고 있습니다. 흠정역에는 4절의 "전할새"와 5절의 "전파하니"가 전부 'preached'라는 단어로 번역되어 있지만, 원어 성경에는 각기 다른 단어가 쓰이고 있습니다. 이 차이는 중요합니다. "흩어진 사람들"이 두루 다니며 한 일은 다른 사람들과 대화하는 가운데 말씀을 이야기한 것으로서, 혹자는 그 말을 '소문내다'라는 말로 번역할 것을 제안했습니다. 그러나 빌립이 한 일은 그런 것이 아니었습니다. 그는 복음을 '선포'했습니다. 엄밀하게 말해서 제가 설교라고 말하는 것은 후자입니다. 사도행전이 이 두 단어를 구분해서 사용하고 있는 것은 결코 우연이 아닙니다.

그렇다면 결론은 이것입니다. 모든 그리스도인은 4절에 나오는 일을 할 수 있어야 합니다. 그러나 5절에 나오는 일을 하도록 부름 받는 사람은 일부에 불과합니다. 신약성경은 이 두 가지를 아주 분명히 구분하고 있습니다. 공식적으로 교회를 대표해서 메시지를 전하도록 따로 세워진 사람들, 부름 받은 사람들은 일부였습니다. 그 일은 장로들 중에서도 몇몇 사람들—가르치는 장로, 가르치는 은사를 받은 장로, 목사와 교사들—만이 감당했습니다. 신약성경에서 설교는 사도와 선지자와 전도자들을 비롯한 이런 사람들에게 한정되었던 일임이 분명합니다.

제가 이 점이 중요하다고 말하는 이유가 무엇일까요? 이른바 '평신도 설교'를 궁극적으로 비판하는 이유가 무엇일까요? 그에 대한 답변은, 거기에 '소명'이라는 개념 자체가 완전히 빠져 있는 것처럼 보이기 때문이라는 것입니다. 이런 생각을 받아들이지 못하게 만드는 이유는 또 있습니다. 제가 주로 말하고 싶은 바는 설교자와 설교자가 하는 일에 대해 우리가 이미 이야기했던 내용에 비추어 볼 때, 설교는 부름 받은 사람이 하는 일일 뿐 아니라 예외적인 경우를 제외하고는 모든 시간을 바쳐서 해야 할 일이라는 것입니다. 설교는 이를테면 부업으로 할 수 있는 일이 아닙니다. 설교를 그런 식으로 바라보는 것은 잘못된 접근방식이며 잘못된 태도입니다.

소명의 인식

먼저 '소명'이라는 관점에서 살펴봅시다. 설교자는 어떤 사람입니까? 자, 설교자도 다른 그리스도인들과 똑같은 그리스도인이라는 것은 분명합니다. 그것은 기본적인 자격인 동시에 절대적으로 필요한 자격입니다. 그러나 설교자는 거기에서 한 걸음 더 나아가야 합니다. 설교자에게는 그 이상의 것이 필요합니다. 바로 이 지점에 소명이라는 문제가 개입됩니다. 설교자는 스스로 설교하겠다고 결심한 그리스도인이 아닙니다. 설교자 자신이 그 일을 하기로 결심한 것도 아니고 그런 직업을 갖기로 결심한 것도 아니라는 말입니다. 그런데 우리는 그렇게 하는 사람들을 종종 봅니다. 그들은 본인 스스로 목사가 되면 좋겠다고 생각합니다. 책 읽을 기회ㅡ철학 서적이나 신학 서적이나 그 밖에 읽고 싶은 책들을 읽을 기회ㅡ를 넉넉히 확보할 만큼 여가 시간이 많은 이상적인 삶의 형태라고 생각하기 때문입니다. 혹 그가 시인이라면 시 쓸 시간을 넉넉히 얻을 수 있을 것입니다. 수필가나 소설가도 마찬가지입니다. 이처럼 목사의 삶은 젊은이들에게 종종 매력적인 것으로 비칠 수 있으며, 그런 이유에서 목회의 길로 들어서는 사람들도 적지 않습니다.

그러나 성경을 보거나 역사상 위대한 설교자들의 삶을 볼 때, 그것은 전적으로 잘못된 생각이며 사실과 동떨어진 생각임이 틀림없습니다. 이처럼 잘못된 관점에 대한 답변은, 설교란 결코 사람이 결심해서 하는 일이 아니라는 것입니다. 설교는 '소명'이 있어야 할 수 있는 일입니다. 소명을 확인하는 것은 결코 쉬운 문제가 아닙니다. 그러나 우리에게는 지극히 중요한 문제이기 때문에 모든 목회자들이 그 문제를 붙들고 씨름해 왔습니다.

나는 설교자로 부름 받았습니까? 어떻게 그것을 알 수 있습니까? 저는 몇 가지 검증방법이 있다고 생각합니다. 일반적으로 소명은 정신에서 의식되는 형태로 나타나기 시작합니다. 정신을 짓누르는 일종의 부담감이 느껴지고 마음이 동요되는 것입니다. 그러면서 생각의 방향이 설교를 향하게 됩니다. 일부러 설교에 대해 생각하는 것이 아닙니다. 자리에 앉아서 냉정하게 가능성을 살펴보고 이러저러한 점들을 고려한 후에 설교하기로 결심하는 것이 아닙니다. 결코 그런 것이 아닙니다. 이 일은 여러분의 의도와 상관없이 일어납니다. 하나님이 직접 여러분을 다루시며 그의 성령으로 역사하십니다. 여러분은 아무것도 하지 않습니다. 여러분이 하는 일은 그저 자신과 상관없이 일어난 일을 의식하는 것뿐입니다. 이런 느낌은 여러분의 의사와 상관없이 밀려들어 오며, 외부에서 주어지고, 지속적으로 거의 강요되다시피 합니다.

이렇게 정신의 영역에서 먼저 일어난 일은 다른 이들의 말이나 질문을 통해 확인되거나 강화됩니다. 설교자로 부름 받는 사람들은 종종 이런 일을 경험하곤 합니다. 이에 관한 이야기는 여러 인물의 전기에서도 찾아볼 수 있습니다. 설교에 대해 생각조차 해 본 적이 없는 젊은이에게 어떤 장로나 영적으로 충만한 교인이 다가가 질문을 던집니다.

"혹시 복음 설교자로 부름 받았다는 생각이 들지 않습니까?"

그러면서 자신이 이렇게 말하는 이유를 이야기해 줍니다. 그를 주시하고 관찰하면서 이 말을 꼭 해야겠다는 생각이 들었다고 말하는 것입니다. 설교자는 그런 사람을 통해 첫걸음을 떼게 될 수 있습니다. 제 경험으로 볼 때, 이 두 가지 일은 대체로 함께 일어납니다.

그리고 이것은 다른 이들에 대한 관심으로 발전됩니다. 이 점은 우리 주위에 너무나 팽배해 있는 생각, 즉 목회를 직업 내지는 '천직'으로 여기는 태도와 대조를 이룹니다. 진정한 소명에는 언제나 다른 이들에 대한 관심이 포함되게 마련입니다. 멸망할 수밖에 없는 사람들의 상태를 깨닫고, '그들에게 무언가를 해 주고 싶다, 메시지를 전해 주고 싶다, 구원의 길을 보여 주고 싶다'는 열망을 느끼게 되는 것입니다. 이것은 소명의 본질적인 요소로서, 특히 자기 자신을 점검해 볼 수 있는 수단이라는 점에서 중요합니다.

재능 있는 젊은이들이 위대한 설교자의 설교를 듣고, 그 설교자와 그가 하는 일에 매료되는 경우가 종종 있습니다. 그들은 설교자의 인격이나 웅변에 매료되고 감동받아, 자신도 모르게 그 사람처럼 설교자가 되어서 그가 하는 일을 하고 싶다는 소원을 품게 됩니다. 그것은 바른 일일 수도 있고 잘못된 일일 수도 있습니다. 그들은 단순히 설교의 매력에 반하거나 청중에게 연설로써 영향을 끼친다는 생각에 혹할 수도 있습니다. 온갖 종류의 잘못된 동기가 스며들 가능성이 있는 것입니다. 그러한 위험에 대비하여 스스로 점검하는 방법은 스스로 이렇게 물어보는 것입니다. '나는 왜 이 일을 하고 싶어 할까? 나는 왜 이 일에 관심을 갖는 걸까?' 그러고서 자신을 살펴보았는데 다른 사람들과 그들의 상태 및 형편에 대한 진정한 관심과 그들을 돕고자 하는 열망을 찾아볼 수 없다면, 마땅히 자신의 동기를 의심해 보아야 합니다.

좀 더 깊이 들어가 봅시다. 우리는 일종의 압박감을 느껴야 합니다. 이것은 확실히 가장 결정적인 검증방법입니다. 압박감이란 설교 외에 다른 일은 전혀 할 수 없을 것 같은 느낌입니다. 스펄전 Charles Haddon Spurgeon은 젊은이들에게 이렇게 말하곤 했습니다. "만약 다른 일도 할 수 있다면 그 일을 하십시오. 목회를 하지 않아도 그럭저럭 지낼 만하다면 하지 마십시오." 저 역시 조금도 주저치 않고 그렇게 말하겠습니다. 설교로 부름 받은 사람은 다른 어떤 일도 할 수 없으며 다른 어떤 일에서도 만족을 얻지 못합니다. 설교의 소명이 얼마나 그를 압박하고 짓누르는지 "난 다른 일은 못한다. 설교만 해야 한다"라고 말하게 됩니다.

이런 식으로 달리 표현할 수도 있습니다. 이것은 저의 개인적인 경험이기도 한데, 여러분은 소명을 억누르거나 거역할 수 없을 때 부름 받았음을 확신할 수 있습니다. 여러분은 그 생각을 떨쳐 보려고 애를 씁니다. "아니, 나는 지금 하고 있는 이 일을 계속해야 한다. 난 이 일을 할 능력이 있다. 그리고 이 일은 좋은 일이다"라고 말합니다. 여러 가지 방식으로 찾아오는 마음의 혼란을 떨쳐 내고 밀어 내고자 애를 씁니다. 그러다가 더 이상 버틸 수 없는 시점에 도달합니다. 거의 강박관념처럼 강력하게 압도해 오는 힘을 이기지 못하고 "다른 일은 도저히 못하겠다. 이젠 더 이상 못 버티겠다"라고 승복하기에 이르는 것입니다.

자신의 부족함에 대한 자각

제가 이해하기에는 이런 것이 설교로 부름 받았다는 말의 의미입니다. 그러나 한 걸음 더 나아가, 똑같이 중요한 다른 사항을 통해서도 점검해 볼 수 있습니다. 이미 암시했듯이, 그것은 여러분 속에 주저하는 느낌, 이 일을 하기에는 자신이 너무나 자격 없고 부족하다는 느낌이 있느냐 하는 것입니다. 바울은 고린도전서 2장에서 이런 느낌을 가장 완벽하게 묘사해 놓았습니다. "약하고 두려워하고 심히 떨었노라." 그는 고린도후서 2:16에서도 "누가 이 일을 감당하리요?"라고 물음으로써 똑같은 생각을 거듭 전달하고 있습니다. 이 특별한 일로 부르시는 하나님의 소명에 대해 바울이 가르친 내용으로 볼 때, 또 우리가 지금까지 상세히 설명해 온 내용으로 볼 때, 우리 또한 같은 질문을 던지지 않을 수가 없습니다. 바울은 이 점에 대해 다음과 같이 말하고 있습니다.

> 항상 우리를 그리스도 안에서 이기게 하시고 우리로 말미암아 각처에서 그리스도를 아는 냄새를 나타내시는 하나님께 감사하노라. 우리는 구원받는 자들에게나 망하는 자들에게나 하나님 앞에서 그리스도의 향기니 이 사람에게는 사망으로부터 사망에 이르는 냄새요 저 사람에게는 생명으로부터 생명에 이르는 냄새라. 누가 이 일을 감당하리요?(고후 2:14-16)

설교가 무엇과 연관된 일인지 아는 사람이라면 스스로 자격이 없고 부족하다는 느낌을 갖지 않을 수가 없습니다. 그래서 주저할 뿐만 아니라 자신의 느낌을 의심하고 거기에 질문을 던지면서 아주 조심스럽게 점검해 봅니다. 그리고 그 느낌을 떨쳐 내고자 있는 힘껏 애를 씁니다.

제가 이 모든 것을 강조하는 이유는, 우리 세대가 몇 가지 이상한 이유로 인해 이런 측면에 대해 거의 언급하지 않기 때문입니다. 또한 이것은 평신도 설교라는 개념에 반대하는 저의 최종적인 근거이기도 합니다. 스스로 설교자를 자처하며 주저 없이 강단으로 달려가 설교하는 사람, 여가 시간에 부업으로 설교할 수 있다고 주장하는 사람이 있다고 합시다. 그런 사람이 "약하고 두려워하고 심히 떨었노라"라는 느낌에 대해 무엇을 알겠습니까? 오히려 자신만만하게 정식으로 위임받은 설교자들을 비난하며 경멸하기까지 하는 사람들이 많이 있는데, 그런 사람들을 기다리는 것은 비참한 실패뿐입니다. 그런데도 부업으로 설교할 수 있다고 말하는 것입니다! 그것은 위대한 사도들이나 역사상 가장 위대했던 모든 설교자들의 태도와 완전히 반대되는 태도입니다. 실제로 위대한 설교자일수록 대개는 설교하기를 더욱 주저했던 것으로 보입니다. 그런 이들은 장로들이나 그 밖의 사람들이 열심히 설득한 후에야 강단에 서는 경우가 많았습니다. 그만큼 그들은 이 두려운 책임 앞에 움츠러들었습니다. 강단을 빛낸 가장 위대한 설교자요 뛰어난 웅변가 중 한 사람이었던 조지 윗필드도 그러했습니다. 다른 많은 이들도 마찬가지였습니다. 그러므로 자신의 능력을 믿고 이 일을 쉽게 할 수 있다고 생각해서 두렵거나 떨리거나 주저하는 마음 없이 곧장 설교로 달려든다는 것 자체가 설교자로 '부름 받지' 않았다는 증거라고 저는 주장하는 바입니다. 하나님께 부름 받은 사람은 자신이 무슨 일에 부름 받았는지 알며 그것이 얼마나 두려운 임무인지 알기 때문에 움츠러듭니다. 이처럼 하나님의 소명에 따르는 압도감과 압박감이 없는 사람은 설교하지 말아야 합니다.

소명의 확인

이것이 사람을 강단에 세우는 첫 번째 요소입니다. 그러나 이렇게 부름 받은 사람이라도 반드시 그것을 점검하고 확인할 필요가 있다는 말을 서둘러 덧붙여야겠습니다. 그 일은 교회가 해야 합니다. 사도 바울은 로마서 10장에서 그 첫 번째 측면에 대해 말해 주고 있습니다. "누구든지 주의 이름을 부르는 자는 구원을 받으리라. 그런즉 그들이 믿지 아니하는 이를 어찌 부르리요? 듣지도 못한 이를 어찌 믿으리요? 전파하는 자가 없이 어찌 들으리요? 보내심을 받지 아니하였으면 어찌 전파하리요?"(롬 10:13-15) 설교자는 "보내심"을 받은 자입니다. 그렇다면 여기에서 말하는 것과 같은 의미에서 우리가 보내심을 받았다는 사실, 우리 스스로 나서서 설교하는 것이 아니라는 사실을 어떻게 확신할 수 있을까요?

바로 이 지점에 교회가 개입해야 합니다. 그것이 설교나 가르치는 일을 비롯한 교회의 여러 직분에 대한 신약성경의 가르침입니다. 사도행전 6장을 보면, 그때 이미 집사의 일정 자격이 제시되었음을 알 수 있습니다. 교회는 그 주어진 원칙에 따라 사람들을 선출했으며, 가르침을 받은 대로 자질을 살펴보았습니다. 장로와 집사의 자격에 대해 가르치고 있는 목회서신에도 같은 내용이 나오고 있습니다. 이처럼 교회가 개인이 받은 소명을 확인해 주며 인증해 주기 전까지는 설교자로 부름 받았다고 완전히 확신할 수 없습니다.

그러나 교회 역시 때로는 실수를 범할 수 있다는 사실이 교회 역사나 설교자들의 역사에 분명히 나타난다는 점을 밝힘으로써 그 한계를 지적해야겠습니다. 교회는 여러 번 그런 실수를 범함으로써 설교자로 일해 온 이력으로 볼 때 하나님께 부름 받은 것이 분명한 사람들을 배척했습니다. 영국 감리교회가 캠벨 모건Campbell Morgan 박사를 배척한 것도 그 한 예입니다. 그러나 그런 것은 원칙이 있다는 것을 입증해 주는 예외적인 사례에 불과합니다. 예외적이거나 희귀한 사례에 근거해서 법칙을 정하지는 않습니다. 그리고 지금 저는 일반적인 이야기를 하는 중입니다. 특출하게 뛰어난 인물이 있을 때, 사람들과 상관없이 하나님께서 무슨 방법으로든지 직접 그를 널리 알리실 것입니다. 그러나 그런 일은 그리 자주 일어나지 않습니다.

그보다 더 흔한 일은, 본인은 부름 받았다고 느끼는데 실제로는 부름 받지 않은 경우입니다. 그럴 때 교회는 그 일을 살펴서 상황을 바로 처리할 책임이 있습니다. 그 예는 얼마든지 많습니다. 누군가 저를 찾아와 설교자로 부름 받았다고 말할 때 제가 주로 하는 일은, 있을 수 있는 모든 장애물을 그 앞에 제시해 보는 것입니다. 그리고 제 판단력을 동원하여 그의 성품이나 지성이나 언변을 평가하는 것입니다.

개인의 생각과 교회의 생각이 일치되는 것은 아주 중요한 일입니다. 스펄전과 관련된 유명한 일화는 그 점을 아주 잘 보여 주고 있습니다. 주일 저녁예배가 끝났을 때 한 남자가 그를 찾아와 말했습니다.

"스펄전 목사님, 성령께서 제게 다음 주 목요일 저녁에 이 교회에서 설교하라고 말씀하셨습니다."

그러자 스펄전이 대답했습니다.

"글쎄요, 그것 참 이상한 일이로군요. 제게는 그런 말씀을 하시지 않았으니 말입니다."

물론 그 사람은 목요일 저녁에 설교하지 못했습니다! 그것은 아주 온당한 논리였습니다. 만약 성령께서 그 사람에게 설교하라고 말씀하셨다면 스펄전에게도 마땅히 그렇게 말씀하셨어야 합니다. 성령은 질서 있게 일하시기 때문입니다.

이것은 아주 미묘한 문제입니다. 한 사람의 천성이나 야망, 특정 직무나 임무에 대한 선호도가 설교자가 되려는 욕망을 창출할 수 있습니다. 그리고 그것을 성령의 인도로 생각하도록 자기 자신을 설득할 수 있습니다. 제가 알기에도 이런 일은 많이 일어나고 있습니다. 그런 식으로 부름을 받았다고 생각해서 찾아오는 사람들을 말리는 것은 목사가 해야 할 가장 고통스러운 일 중에 하나입니다. 그런 사람을 대체 무슨 근거로 말려야 할까요? 그럴 때 목회자가 사용할 수 있는 몇 가지 검증방법이 있는데, 교회 역시 그런 방법을 사용할 수 있습니다. 설교자로 부름 받았다고 말하는 사람이 있을 때 교회가 살펴보아야 할 것이 무엇입니까? 교회는 분명히 그에게서 무언가 특별한 것을 찾아내야 합니다. 물론 그는 그리스도인이어야 합니다. 그러나 그것만으로는 안 됩니다. 그 이상의 것이 있어야 합니다.

인격의 중요성

그것이 무엇입니까? 자, 사도행전 6장에서 단순히 과부들을 공궤하는 구제 사역과 재정 문제를 감당할 집사들을 임명할 때조차 반드시 성령 충만한 사람이어야 한다고 고집했던 일을 기억할 것입니다. 이것이 가장 중요한 첫 번째 자격입니다. 여러분은 그에게 보통 이상의 영성이 있는지 살펴볼 권리가 있습니다. 직무의 성격상 이 점이 가장 우선되어야 합니다.

그뿐 아니라 진리에 대한 지식 및 진리와 맺고 있는 관계라는 측면에서 어느 정도 확신을 가지고 있는지도 살펴볼 권리가 있습니다. 만약 그가 풀리지 않는 문제나 어려운 일, 혼란스러운 일과 씨름하면서 진리를 찾고자 애쓰는 중이라면, 또는 최신서적에 영향을 받으면서 새로운 신학 풍조가 유행할 때마다, 이를테면 "새로운 교리의 바람이 불 때마다" 흔들리는 사람이라면, 그 사실 자체가 목회로 부름 받지 않았다는 확실한 증거입니다. 자기 자신의 문제로 혼란에 빠져 있는 사람은 설교자로 적합지 않은 것이 분명합니다. 왜냐하면 설교자는 각자 문제를 안고 있는 사람들에게 설교하는 자로서, 그들이 자기 문제를 처리할 수 있도록 도와주는 것이 그 주된 역할이기 때문입니다. "맹인이 맹인을 인도할 수 있느냐?"라는 주님의 질문은 바로 이런 상황에 해당되는 것입니다(눅 6:39). 이처럼 설교자는 보통 수준 이상의 영성이 있는 사람이어야 하며, 진리를 확고히 알고 이해하는 단계에 이른 사람이어야 하고, '그 진리를 다른 사람들에게 전할 수 있다'라고 느끼는 사람이어야 합니다.

그 밖에 또 무엇이 필요할까요? 이제 살펴볼 것은 우리가 일반적으로 인격이라고 부르는 부분입니다. 저는 성령 충만이 곧 인격이라고 생각지 않습니다. 인격이 높다는 것은 그가 경건한 삶을 산다는 뜻입니다. 이 또한 성경에 명백하게 나와 있는 사실입니다. 예컨대 바울이 디도에게 보낸 편지를 보십시오. "너는 이와 같이 젊은 남자들을 신중하도록 권면하되 범사에 네 자신이 선한 일의 본을 보이며 교훈에 부패하지 아니함과 단정함과 책망할 것이 없는 바른 말을 하게 하라. 이는 대적하는 자로 하여금 부끄러워 우리를 악하다 할 것이 없게 하려 함이라"(딛 2:6-8). 설교자는 반드시 경건한 사람이어야 하며 동시에 지혜로운 사람이어야 합니다. 또한 인내하며 견딜 줄도 알아야 합니다. 설교자에게는 이것이 아주 중요합니다. 사도 바울은 이 점에 대해 다음과 같이 말하고 있습니다. "주의 종은 마땅히 다투지 아니하고 모든 사람에 대하여 온유하며 가르치기를 잘하며 참으며"(딤후 2:24).

이상이 기본 자격입니다. 설교자는 좋은 그리스도인이어야 할 뿐 아니라 제가 말한 다른 많은 자질들도 갖추고 있어야 합니다. 이러한 자질들이 없는 사람은 설교자가 되어서는 안 됩니다. 더 나아가 그는 인간과 인간의 본성을 이해하고 있어야 합니다. 이러한 것들이 우리가 살펴보고 주장해야 할 설교자의 일반적인 자질이요 특징입니다.

가르치는 능력

이러한 자질들을 강조한 후에 능력의 문제를 고려할 수 있습니다. 제가 볼 때 능력을 첫자리에 두는 것이야말로 현대 교회의 비극 중에 하나입니다. 능력은 맨 처음에 고려할 사항이 아니라 지금 이 단계 정도에 고려할 사항입니다. 물론 이 단계에서는 놓치지 말고 살펴보아야 합니다. 수년 전, 한 젊은이가 저를 찾아와 자신이 목회에 부름 받은 것이 확실하다고 말한 적이 있습니다. 그런데 그는 그 말만 한 것이 아니라 그보다 더 걱정스러운 말도 했습니다. 그 전주에 제가 교회를 비울 일이 있어서 다른 목사님이 대신 설교를 했습니다. 그런데 이 젊은이가 설교자를 찾아가 자신이 목회에 부름 받은 것 같다고 말했고, 이 젊은이에 대해 전혀 아는 바가 없었던 목사님은 칭찬하며 격려해 주었습니다. 그러나 이 가련한 젊은이는 현실적으로 설교자가 되는 데 필요한 지적인 능력을 갖추고 있지 못했습니다. 그것은 아주 명백한 사실이었습니다. 그는 예비시험조차 통과할 능력이 없었고, 어찌어찌해서 통과한다 하더라도 앞서 말한 일들을 감당할 만한 지적인 능력이 없었습니다.

이처럼 우리는 타고난 능력과 지력 역시 강조할 필요가 있습니다. 만약 사람이 "진리의 말씀을 옳게 분별"해야 한다면(딤후 2:15), 그 일을 감당할 능력을 갖추고 있어야만 합니다. 사도 바울은 설교자가 "가르치기를 잘" 해야 한다고 말했습니다(딤전 3:2). 설교는 우리가 설명한 것과 같은 방식으로 하나님의 메시지를 전달하는 것이며 특정 본문의 정확한 의미와 조직신학의 관계를 살피는 것이기에, 일정 정도의 지력과 능력은 확실히 갖추고 있어야 합니다. 이 부분에서 기본적으로 필요한 최소한의 능력이 없는 사람은 설교자로 부름 받지 않은 것이 분명합니다.

저는 여기에 '언변'도 추가하고 싶습니다. 이 또한 오늘날 잊기 쉬운 항목입니다. 제가 설교 행위, 즉 실제적으로 말하는 부분을 그토록 강조한 이유가 여기 있습니다. 설교자는 무엇을 하는 사람입니까? 가장 분명한 것은 그가 말하는 사람이라는 것입니다. 기본적으로 그는 책을 쓰는 사람도 아니고 수필가도 아니며 문학가도 아닙니다. 기본적으로 그는 말하는 사람입니다. 따라서 언변이 없는 사람은 설사 다른 재능이 있다 하더라도 설교자가 되어서는 안 됩니다. 위대한 신학자는 될 수 있고 개인적인 권면이나 상담에 탁월한 사람은 될 수 있으며 그 밖의 일들도 많이 할 수 있지만, 그 기본적인 정의상 설교자는 될 수 없습니다.

이에 대한 예도 들어 보겠습니다. 제가 기억하고 있는 한 젊은이는 매우 훌륭한 과학자로서, 자기 분야에서 일을 아주 잘하고 있었습니다. 그런데 어느 날 저를 찾아와 설교자로 부름 받았다는 확신이 든다고 말했습니다. 그러나 저는 즉각 그 생각이 틀렸다는 것을 알아챘습니다. 어떻게 알아챘을까요? 저에게 무슨 특별한 통찰력이 있었기 때문이 아닙니다. 그가 대중 앞에서 하는 말은 고사하고 사적인 대화에서조차 자기 의사를 제대로 표현하지 못했기 때문입니다. 그는 아주 유능한 사람이었지만 의사소통의 재능은 없는 것이 분명했습니다. 그는 자유롭게 말하지 못했습니다. 말하는 내내 주저하고 머뭇거리며 자신 없이 얼버무리는 태도를 보였습니다. 그래서 저는 그가 설교자로 훈련받는 일을 막고자 애를 썼습니다. 그러나 그는 자신의 소명을 너무나도 확신한 나머지 제 말을 듣지 않고 신학생이 되었습니다. 그리고 옥스퍼드에서 우수한 성적으로 공부한 후에 목사 안수를 받았습니다. 저는 제 판단이 옳았다고 생각합니다. 그는 그 후 7년 동안 교회를 세 군데나 전전하면서 자신이 설교자로 부름 받지 않았다는 사실을 아주 분명히 알게 되었기 때문입니다. 결국 그는 과학 분야로 복귀했고, 지금 그 분야에서 일을 잘하고 있습니다. 설교자에게 꼭 필요한 언변이 없었다는 점에서, 그는 강단이 아닌 그 분야에 있어야 할 사람이었습니다.

내적 확인과 외적 확인

이러한 각 항목들은 매우 중요합니다. 지금 저는 40년간 이 문제를 자주 다룬 사람으로서 말하고 있는 것입니다. 저의 말을 예증해 줄 또 한 가지 이야기를 들려 드리겠습니다. 소명과 관련된 이러한 실수는 당사자보다는 목사나 장로가 저지르는 경우가 더 많습니다. 그들은 어떤 이에게 설교자가 되라고 말할 때, 사실상 재촉하거나 압력까지 가합니다. 어느 주일 밤 일어났던 일이 생생하게 기억납니다. 설교를 마치고 목회실로 돌아왔는데, 한 젊은이가 저를 찾아왔습니다. 그 모습이 몹시 불안정해 보이기에 "무슨 일입니까? 뭘 도와드릴까요?"라고 물었습니다. 그러자 그는 내 시간을 많이 빼앗고 싶지는 않다면서 한 가지만 알고 싶다고 말했습니다. 그 한 가지란 제가 아는 그리스도인들 중에 정신과 의사가 있느냐 하는 것이었습니다.

"왜 정신과 의사를 만나려 하지요?"

"저는 큰 고민에 빠졌습니다. 너무 혼란스러워요."

저는 그 이유를 물었습니다. 말이 나온 김에 덧붙이자면, 여러분은 정신과 의사의 도움이 필요하다는 확신이 들지 않는 한, 함부로 그쪽으로 사람을 보내서는 안 됩니다. 제 경험상 그리스도인 정신과 의사를 찾는 이들 중 대부분은 정신과 치료보다 영적인 도움이 더 필요한 사람들이었습니다. 여하튼 저는 그 젊은이에게 물었습니다.

"왜 정신과 의사를 만나려 하지요?"

그러자 그는 다시 "너무 혼란스러워서요"라고 대답했습니다. 제가 "왜 혼란스러운데요?"라고 묻자 마침내 사연을 이야기하기 시작했습니다.

그는 전도자들을 훈련하기 위해 최근에 세워진 대학에 지난 두 주 동안 다녔습니다. 그 전까지는 영국 서부에서 빵 만드는 일을 하고 있었습니다. 그는 타고난 좋은 음성으로 지역 교회를 섬겼습니다. 그런데 그 작은 마을에 전도집회가 열려서 매일 밤 독창을 하게 되었습니다. 집회가 끝나자, 그 마을을 방문한 전도자가 젊은이를 한쪽으로 끌고 가더니 "목회를 해야 한다고 생각지 않습니까?"라고 물었습니다. 그리고 오래도록 이야기한 끝에 결국 목회를 하겠다는 대답을 받아 냈습니다. 물론 약간의 훈련이 필요하다는 점에는 두 사람 다 동의했고, 그 전도자는 다행히도 당장 입학할 수 있는 학교가 있다면서 젊은이를 그 신설 학교로 보냈습니다. 그리고 그는 두 주 동안 그 학교에 다녔습니다. 그러나 그는 곧 큰 고민에 빠지고 말았습니다.

"무슨 일이 있었습니까?"

"도무지 수업을 따라갈 수가 없었어요. 다른 학생들은 필기를 하는데, 저는 어떻게 필기해야 할지조차 알 수가 없었습니다."

지금까지 책도 많이 읽지 못했고 강의도 들어 본 적이 없었던 그 젊은이는 극심한 혼란에 빠지고 말았습니다. 전도자는 그가 목회에 부름 받았다고 말했고, 그는 전도자의 판단에 의문을 제기할 처지가 못 되었습니다. 그러나 이런 식으로 계속 학교에 다닐 수는 없다는 생각이 들었습니다. 그는 너무나도 비참하고 혼란스러운 마음으로 학장을 찾아갔습니다. 그런데 학장이 그의 이야기를 듣고 맨 처음 한 말은 "정신과 의사를 만나봐야 할 것 같군요"라는 것이었습니다. 요즘은 혼동에 빠진 그리스도인들에게 이런 충고를 하는 것이 다반사가 되어 버린 것 같습니다. 그래서 이 젊은이가 예수 믿는 정신과 의사를 찾게 된 것입니다. 저는 그에게 이렇게 말해 주었습니다.

"제 생각에는 정신과 의사를 만날 필요가 전혀 없습니다. 당신이 어찌할 바를 모르고 혼란에 빠져서 이 길을 계속 갈 수 없다고 느꼈다는 것 자체가 '제정신이 돌아왔다'는 뜻이고, 이제는 건강해졌으며 건전한 생각을 하고 있다는 뜻이거든요."

저는 계속해서 말했습니다.

"오히려 그 전도자의 말을 듣고 대학에 갔을 때야말로 정신과 의사를 만났어야 할 때입니다. 지금은 현실을 제대로 보고 있는 것입니다. 이제 고향으로 돌아가 다시 빵을 만들면서 하나님이 노래하도록 주신 좋은 음성을 사용하십시오. 목회에 부름 받지 않았다는 사실을 인정하고, 당신이 할 수 있는 일을 하십시오."

그 사람은 말 그대로 지적인 채비가 되어 있지 않았습니다. 본인도 그것을 알았고 분명히 깨달았습니다. 그는 즉시 안도하면서 기쁜 마음으로 돌아갔습니다. 그리고 제 충고에 따라 마을 교회에서 하나님께 영광을 돌리는 행복하고 값진 봉사를 다시 하게 되었습니다.

교회는 이상과 같은 방법으로 부름 받았다고 말하는 사람들을 검증해 줄 수 있습니다. 저의 논지는 하나님께서 본인 자신과 교회의 소리 양쪽을 통해 역사하신다는 것입니다. 동일한 성령께서 양쪽에 다 역사하시므로, 본인과 교회가 서로 동의하며 일치될 때 비로소 하나님께 부름 받았다고 확신하는 것이 옳습니다. 혼자 결정하면 안 됩니다. 단순히 교회의 압력을 받아 목회에 뛰어들어서도 안 됩니다. 양쪽이 같이 움직여야 합니다. 사람들은 이 양쪽의 중요성을 무시하고 있습니다. 제가 아는 사람들 중에도 소명을 받았다고 착각하는 이들이 많이 있습니다. 또 본인은 원하지 않는데도 교회의 잘못된 가르침 때문에 목회로 떠밀려 간 이들도 많이 있습니다. 반드시 양쪽이 같이 움직여야 한다는 것을 기억하시기 바랍니다.

훈련과 준비

이상과 같이 소명을 확인하고 나면 이제 설교자가 되는 본격적인 과정이 시작됩니다. 여기 복음을 전하도록 부름 받은 사람이 한 명 있다고 합시다. 이제 우리는 그의 훈련과 준비에 관련된 전반적인 문제를 살펴보아야 합니다. 저는 이 문제를 깊이 파고들거나 신학교에 대해 어떤 판단을 내릴 생각이 없습니다. 그러나 말이 나온 김에 일반적인 이야기는 몇 가지 하고 넘어가야겠습니다. 저는 우리가 목회 훈련 상황을 전반적으로 긴급히 살펴본 후, 과감하고도 철저하게 변화시킬 필요가 있다고 봅니다. 앞서 말한 이 사람은 어떤 훈련을 받아야 합니까? 그는 무엇보다 먼저 삶에 대한 일반적인 지식과 경험을 어느 정도 갖추어야 합니다. 그는 그리스도인입니다.

회심의 경험을 했습니다. 그러나 그것만으로 설교자가 될 수는 없습니다. 설교자로 부름 받지 않은 이들도 회심의 경험은 가지고 있습니다. 설교자가 되려면 거기에서 더 나아가 삶에 대한 일반적인 지식과 경험을 어느 정도는 갖추어야 합니다.

제가 이 점을 강조하는 이유가 무엇일까요? 이런 지식이나 경험이 없으면 설교가 지나치게 이론적이고 지적인 방향으로 흐를 가능성이 있기 때문입니다. 그는 회중석에 앉아 자기 말을 듣고 있는 사람들의 문제보다 자기 자신의 문제를 다루려 할 것입니다. 그러나 설교자가 강단에 서는 목적은 듣는 이들을 돕기 위해서이지 자기 자신의 개인적인 문제나 혼동을 해결하기 위해서가 아닙니다. 이런 일을 방지하려면 삶에 대한 일반적인 지식과 경험을 어느 정도는 갖추고 있어야 하며, 그런 지식과 경험을 많이 갖추면 갖출수록 더 좋습니다. 누구든지 목회를 시작하기 전에 사업을 하든 직장생활을 하든 세상에서 예비적인 인생 경험을 하는 것이 좋다고 말하는 이들이 있습니다. 저도 거기에 동의하는 편입니다. 그런 이들은 '바깥세상을 전혀 경험하지 못한 채 고등학교를 졸업하자마자 대학에 갔다가 곧장 신학교를 거쳐 목회에 뛰어드는 사람이 과연 무슨 지식체계를 갖출 수 있을까'라는 의문을 품습니다. 그럴 경우에는 지나치게 이론적이고 지적으로 접근하게 될 위험이 있습니다. 그 결과 회중석에 앉아 있는 사람들의 삶과 강단에 선 사람 사이에 실제적인 괴리 현상이 발생할 수 있는 것입니다. 이렇게 볼 때 일반적인 지식과 경험은 말할 수 없이 귀중한 것입니다.

일반적인 지적 훈련의 중요성 또한 크게 강조하고 싶습니다. 우리는 모두 지성을 훈련할 필요가 있습니다. 머리가 좋은 사람도 훈련을 받아야 합니다. 따라서 예술이나 과학 분야에서 일반적인 훈련을 잘 받는 것은 좋은 일입니다. 체계적이고 논리적으로 사고하며 추론하는 법을 배우게 되기 때문입니다. 제가 이 점을 강조하는 이유는, 앞서 살펴본 대로 설교문에는 논리적인 요소가 있어야 하고 사고의 진전이 나타나야 하기 때문입니다. 그 목표를 달성하려면 어느 정도의 훈련이 반드시 필요합니다. 여러 가지 생각들을 질서 있게 배열하지 않고 아무렇게나 나열하면 회중에게 도움을 줄 수가 없습니다. 그런 점에서 설교자가 일반적인 의미의 지적 훈련을 받을 필요가 있는 것입니다. 지적 훈련이 되기만 한다면 그 훈련을 어떤 형태로 받느냐는 큰 상관이 없습니다. 그렇게 훈련된 지성으로 어떤 형태의 훈련이든 설교자의 사역에 적용할 수 있을 것이기 때문입니다.

마찬가지로 일반적인 지식과 정보도 설교자나 그가 하는 설교에 아주 가치 있게 사용될 수 있습니다. 그것은 설교자의 메시지에 옷을 입히고 실례를 제공함으로써 청중이 좀 더 쉽게 메시지의 내용을 따라가며 소화할 수 있도록 도와줄 것입니다.

성경과 신학, 교회사 연구의 필요성

일반적인 훈련 다음으로 좀 더 특별한 훈련에 대해서도 살펴봅시다. 특별한 훈련에 필요한 것은 무엇입니까? 대략적인 개요만 제시해 보겠습니다. 무엇보다 중요한 것은 성경과 성경 메시지에 대한 지식입니다. 이 부분이 부족한 사람은 진정한 설교자가 될 수 없습니다. 저는 "하나님의 뜻을 다" 전하는 일의 중요성을 이미 강조한 바 있습니다. 저는 구원 계획 전체와 '조직신학'의 중요성을 강조했습니다. 성경에 대한 충분한 지식, 성경과 그 메시지에 대한 지식이 없이는 하나님의 뜻을 다 알 수가 없습니다. 그렇기 때문에 이것은 설교자의 훈련에 결정적으로 중요한 요소입니다.

원어에 대한 지식은 어떨까요? 정확성을 기하는 데에는 큰 도움이 되겠지만, 그 이상의 가치는 없습니다. 원어 지식이 있다고 해서 언제나 정확한 것도 아니고 더 정확한 것도 아닙니다. 그런 지식은 설교의 기술에 해당하는 일부 요소일 뿐, 그렇게 중대하거나 결정적으로 중요한 사항은 아닙니다. 물론 설교자는 정확해야 합니다. 회중 가운데 학식 있는 사람들이 지적할 만한 잘못된 말을 하거나 틀린 해석에 근거한 말을 해서는 안 됩니다. 그런 점에서는 원어 지식이 중요합니다. 그러나 신학 훈련의 궁극적인 목표는 설교할 수 있게 하려는 것이며, 사람들에게 성경 메시지를 전하게 하려는 것임을 잊지 맙시다. 회중 가운데 언어나 철학 분야의 전문가는 별로 없을 것입니다. 설교자의 임무는 사람들에게 메시지를 전해서 '이해시키는' 것입니다. 훈련의 목표는 학생을 대단한 원어 전문가로 만들기보다는 정확한 사람으로 만들려는 데 있습니다.

제가 이렇게 말하는 이유는, 요즘 많은 훈련이 부정적인 의미의 메마른 비평학에 치중되는 바람에 메시지 자체보다 비평학에 더 관심을 쏟는 결과를 낳고 있기 때문입니다. 그들은 "나무를 보느라 숲을 보지 못하는" 잘못을 저지르며, 자신들이 회중석에 앉아 있는 사람들에게 메시지를 전해야 할 설교자라는 사실을 망각해 버립니다. 이처럼 비평학의 문제―고등비평 같은 것들과 그에 대해 옹호하고 답변하는 내용들―를 다루는 데 골몰하여 거기에 모든 시간을 써 버리는 사람, 그것을 전부로 생각하는 사람은 설교가 무엇인지 모르는 것입니다. "굶주린 양 떼는 쳐다보나 배를 채우지 못하도다." 이 모든 것은 제가 앞으로 '비계'라고 부르게 될 것의 일부에 지나지 않습니다. 여러분은 비계만 세우는 데서 그치면 안 됩니다. 그것은 건물을 짓는 기초 단계일 뿐입니다. '골격'이라는 측면에서 생각해도 좋습니다. 골격은 꼭 있어야 하지만, 아무것도 없이 골격만 있다면 보기에 기괴할 것입니다. 골격에는 반드시 살이 입혀져야 합니다.

이제 신학 연구로 넘어가 봅시다. 우리가 이미 다룬 내용으로 볼 때 신학 연구도 분명히 필요합니다. 성경만 아는 것으로는 충분치 않습니다. 성경신학의 핵심을 끌어내고 그것을 체계적으로 파악할 수 있어야 합니다. 설교자는 그것을 잘 알아야 하며, 그것으로 설교 전체를 통제해야 합니다.

그 다음으로는 교회사 연구가 있습니다. 여기에서 제가 특별히 강조하고 싶은 점은 이단의 위험성에 대해 배우는 일이 중요하다는 것입니다. 경험이 많고 훌륭한 그리스도인은 자신에게 더 이상 필요한 부분이 없는 것처럼 생각할 수 있습니다. 그는 자신에게 성경도 있고 성령도 계시기 때문에, 또 자신이 밖에 나가서 선한 일들도 하기 때문에 스스로 안전하며 모든 일이 잘되고 있는 것처럼 생각하기 쉽습니다. 그런데 얼마 후 이단으로 비난받고 있는 자신의 모습을 발견하고 깜짝 놀라게 될 수 있습니다. 그런 일을 겪지 않으려면 이단에 대해 어느 정도 배워 둘 필요가 있습니다. 일반적으로 아주 선량하며 양심적인 사람들에게서 이단이 생겨나는 과정을 과거사를 통해 배워야 하는 것입니다. 역사는 이 모든 일이 얼마나 미묘하게 발생하는지 보여 주며, 전체 메시지를 이루고 있는 다양한 측면들의 상호관계, 즉 신앙의 조화를 유지하지 못한 채 균형을 잃은 많은 이들이 어떻게 사탄의 충동질을 받아 한 가지 특정 측면을 지나치게 강조함으로써 결국 진리 자체를 반대하는 자리까지 나아가 이단이 되어 버리는지 보여 줍니다. 이런 점에서 볼 때 교회사는 설교자에게 말할 수 없이 귀중한 것입니다. 교회사는 학문의 영역에 국한된 것이 아닙니다. 사태를 정확히 인식하지 못하는 사이에 이단이나 오류에 미끄러져 들어가는 무서운 위험을 보여 준다는 이 한 가지 사실만으로도 저는 교회사야말로 설교자가 연구해야 할 가장 핵심적인 분야 중 하나라고 말하고 싶습니다.

또한 교회사는 교회 역사에 등장한 위대한 부흥에 대해서도 알려 줄 것입니다. 제 경험상 이보다 더 신나고 유익한 이야기, 이보다 더 자주 활력을 주는 이야기는 없습니다. 우리가 살고 있는 이 시대를 보십시오. 얼마나 낙심이 됩니까? 늘 성경을 믿고 읽는 사람, 성령이 그 속에 내주하고 계시는 사람조차 낙심이 되어 절망의 구렁텅이로 떨어질 정도입니다. 이럴 때 교회사를 보면서 이 시대와 유사한 지난 시대를 하나님이 어떻게 다루셨는지 알아보는 것보다 더 효과적인 활력소는 없습니다. 다음 강의에서도 다루겠지만, 설교자는 여러 측면에서 공격을 받게 마련입니다. 아마도 그의 최대 위험은 낙심하고 침체한 나머지 더 이상 앞으로 나아가지 못하겠다고 느끼는 일일 것입니다. 교회사, 특히 부흥의 역사를 읽는 것은 그런 위험을 방지하는 최고의 해결책입니다.

프랑스 소설가 아나톨 프랑스Anatole France의 말을 어디선가 읽은 기억이 납니다. 그는 피곤이 느껴지며 침체와 우울함으로 녹초가 될 때마다 "기분을 전환하고 휴식을 취하기 위해 시골로 가는 대신 18세기로 돌아가곤" 했습니다. 저도 똑같은 말을 자주 하곤 합니다. 물론 그 의미는 다르지만 말입니다. 저도 낙심이 되고 피곤하며 지칠 때마다 변함없이 18세기로 돌아가곤 합니다. 조지 윗필드는 한 번도 저를 실망시키지 않았습니다. 18세기로 돌아가 보십시오! 성령의 위대한 시절과 그 역사에 대한 이야기를 읽어 보십시오. 그것은 더없이 신나는 경험이며 최고로 훌륭한 활력소입니다. 설교자에게 이보다 더 귀중한 것은 없습니다. 어떤 것도 여기에 비할 수가 없습니다. 이런 식으로 교회사에 대해 알아 가면 알아 갈수록 더 좋은 설교자가 될 수 있습니다.

이 훈련 과정을 따라가다 보면 과거의 위대한 인물들, 위대한 성도와 설교자들의 이야기에도 친숙해질 것입니다. 그 이야기들은 침체의 시기를 이겨 내는 훌륭한 활력소로 작용할 뿐 아니라 교만해지거나 기분이 들뜰 때 겸손하게 가라앉히는 역할도 해 줍니다. 이 또한 꼭 필요한 일입니다. 처음 설교의 길에 들어선 사람은 고작 한두 번 설교하고 나서 설교자가 다 된 양 착각하기 쉽습니다! 그런 사람들에 대한 최선의 조치는 윗필드나 조나단 에드워즈, 스펄전처럼 능력 있는 하나님의 사람들에 대해 읽어 보게 하는 것입니다. 그러면 즉시 현실로 돌아올 것입니다.

설교를 오도하는 매춘 행위

마지막으로, 그야말로 마지막으로 꼽을 것은 설교학입니다. 설교학은 제게 거의 혐오의 대상입니다. 「설교 구성법」이라든지 「예화 사용법」 같은 제목이 붙은 책들이 있습니다. 제가 볼 때 그런 것은 매춘 행위와 같습니다. 설교학은 마지막 자리에 두어야지, 결코 앞에 두어서는 안 됩니다.

설교가 지금까지 말한 바와 같은 것이라면, 이제 할 수 있는 말은 무엇일까요? 단 한 가지뿐입니다. 설교는 가르쳐서 될 일이 아니라는 것입니다. 설교는 결코 가르칠 수 없습니다. 설교자는 태어나는 것이지 만들어지는 것이 아닙니다. 이것은 절대적인 사실입니다. 설교자로 태어나지 않은 사람을 가르쳐서 설교자로 만들 수는 없습니다. 「설교의 ABC」나 「손쉽게 설교하는 법」 같은 책들은 되도록 빨리 불에 던져 태워 버리십시오. 그러나 설교자로 태어난 사람이라면 설교학에서도 약간의 도움은 받을 수 있습니다. 물론 많이는 아닙니다. 그저 여기저기 약간 개선시킬 수 있다는 것입니다.

어떻게 개선시킬 수 있을까요? 어쩌면 제 말이 논쟁을 불러일으킬지도 모르겠습니다. 저는 학생 한 명이 설교한 후에 연이어 그 내용과 태도에 대해 비평하는 설교학 강의실에서는 이 일이 이루어질 수 없다고 봅니다. 사실 그런 수업은 폐지되어야 합니다. 왜 그렇습니까? 그런 상황에서는 설교하는 사람도 잘못된 목표를 갖게 되며, 듣는 사람들도 잘못된 태도로 임하게 되기 때문입니다. 성경 메시지는 그런 식으로 들으면 안 됩니다. 설교는 하나님의 말씀이기 때문에, 어떤 경우에든지 메시지를 받겠다는 경건한 기대감과 경외감으로 들어야 합니다.

    비디오로 녹화해 놓고 자신의 몸짓이나 그 밖의 요소들을 살펴보는 식의 현대적인 개선책도 저는 아주 싫어합니다. 이른바 '강단 처신법'이나 '텔레비전 처신법' 교육도 마찬가지입니다. 이 모든 일에 대해 할 말은 한 가지뿐입니다. 그것은 순전히 매춘 행위에 불과하다는 것입니다. 그것은 매춘 기술에 대한 교육에 불과합니다. 설교자는 언제나 자연스러워야 하며 자기를 의식하지 말아야 합니다. 훈련 과정에서 손은 어떻게 하고 머리는 어떻게 해야 할지 의식하게 만드는 것은 오히려 해로운 일입니다. 그래서는 안 됩니다. 그런 일은 막아야 합니다! 그런 식으로 가르쳐서 설교자를 만들어 낼 수는 없습니다. 그렇게 설교자를 만들어 내려는 것은 하나님의 말씀을 부당하게 대하는 태도라고 저는 생각합니다.

    그렇다면 젊은 설교자는 무엇을 해야 할까요? 다른 설교자들, 경험 많은 최고의 설교자들이 하는 설교를 들어야 합니다. 그러면 부정적인 면에서든 긍정적인 면에서든 많은 것을 배울 수 있습니다. 하지 말아야 할 일도 배울 것이며 해야 할 일은 더 많이 배울 것입니다. 설교자들의 설교를 들으십시오! 또 설교집도 읽되, 1900년 이전에 출판된 설교집을 읽으십시오. 스펄전, 윗필드, 에드워즈를 비롯한 거장들의 설교집을 읽으십시오. 그들 또한 청교도들의 책에서 큰 도움을 받았습니다. 그들은 청교도들을 삶의 자양분으로 삼았던 것으로 보입니다. 이번에는 젊은 설교자들이 그들을 삶의 자양분으로 삼아야 하며, 그들의 인도를 받아 청교도에게까지 거슬러 올라가야 합니다. 나중에 좀 더 자세히 다루겠지만, 저는 지금 설교를 청교도들의 설교와 18세기 설교자들의 설교로 크게 구분지어 말하고 있습니다. 저 자신은 17세기보다 18세기에 더 가깝습니다. 그러나 18세기 설교자들이 17세기 설교자들을 활용했듯이 저도 17세기 설교자들을 활용할 수 있다고 생각합니다.

가장 중요한 핵심은 무엇입니까? 아주 최소한의 것들을 제외한 나머지 기술들은 중요치 않습니다. 그렇다면 정말 중요한 것은 무엇일까요? 하나님을 향한 사랑, 영혼을 향한 사랑, 진리에 대한 지식, 여러분 안에 계신 성령입니다. 이것이 설교자를 만들어 냅니다. 마음속에 하나님에게서 오는 사랑이 있고 하나님을 향한 사랑이 있다면, 또한 사람들의 영혼을 향한 사랑과 관심이 있다면, 성경의 진리를 알고 있다면, 성령이 그 안에 내주하고 계시다면, 그 사람은 설교해도 됩니다. 중요한 것은 바로 이것입니다. 물론 다른 것들을 통해서도 도움은 받을 수 있습니다. 그러나 각각 바른 위치에 두어야 하며, 결코 다른 자리를 침해하도록 허용해서는 안 됩니다.

다음에는 설교를 듣는 이들에 대해 살펴보면서, 설교자의 훈련과 관련된 더 자세한 문제들을 알아보기로 하겠습니다.

7

회중

우리는 강단에 서서 많은 이들에게 설교하는 한 사람을 일반적인 측면에서 계속 살펴보고 있는 중입니다. 설교자와 그의 소명, 그가 해야 할 일에 대해서는 대략 살펴보았습니다. 제가 볼 때에는 그의 말을 듣는 사람들, 회중석에 앉아 있는 사람들을 살펴보는 일도 똑같이 중요합니다. 어쨌든 지금 그는 설교하고 있습니다. 그는 자신의 생각이나 견해를 밝히기 위해 강단에 서 있는 것이 아니며, 성경의 가르침에 대한 이론적이거나 학문적인 논문을 발표하려고 강단에 서 있는 것도 아닙니다. 일차적으로 자신의 말을 듣기 위해, 자신이 해야만 하는 말을 듣기 위해 모인 사람들에게 말하려고 강단에 서 있는 것입니다.

여기에서 회중석과 강단, 듣는 자들과 설교하는 자의 관계라는 문제가 제기됩니다. 이것은 현재 새롭게 떠오르고 있는 아주 민감한 사안입니다. 이 관계를 바라보는 예전의 전통적인 개념은 이제 사라지고 있는 것 같습니다. 여하튼 사람들은 이 부분에 아주 심각한 질문과 의문을 던지고 있는데, 이것은 우리가 지난번에 다룬 주제, 즉 설교자의 훈련과 확실히 관련이 있습니다. 회중석과 강단의 관계는 설교자의 훈련에 영향을 끼치는 것이 분명하며, 그 점은 현대로 올수록 점점 더 명백해지고 있습니다.

오늘날 회중석을 크게 강조하는 경향은 이 영역에 등장한 새로운 변화의 요인임이 분명합니다. 과거에는 강단을 너무 강조한 나머지 청중석과 거의 분리시켜 버렸음을 인정합시다. 회중석에 앉은 이들이 설교자를 너무 존경하여 거의 우상시하는 경우도 종종 있었습니다. 에든버러의 유명한 교회에서 저명하고 박식한 어느 교수의 설교를 들은 불쌍한 여인의 이야기를 기억할 것입니다. 예배당에서 나오는 그 여인에게 누군가 예배를 잘 드렸느냐고 물었습니다. 여인이 그렇다고 대답하자 연이어 "설교자의 말을 이해할 수 있던가요?"라는 질문이 주어졌습니다. 그러자 여인은 "그렇게 위대한 분의 말씀을 감히 이해하다니요!"라고 대답했습니다. 이것은 예전에 흔히 볼 수 있었던 태도입니다. 그러나 그런 시대는 지나갔고, 이제 그 여인 같은 사람은 찾아볼 수 없습니다. 지금 우리는 회중석이 자신의 권리를 주장할 뿐 아니라 어느 정도 강단에 지시까지 하려 드는 새로운 상황에 직면해 있습니다.

회중석의 문제

이러한 경향은 여러 가지 방식으로 나타나고 있는데, 이것을 다양한 각도에서 표현하고 있는 말들을 살펴봅시다. 예컨대 "세상이 간절히 원하는 것은 좋은 설교가 아니라 좋은 경청의 태도다"라고 쓴 사람이 있습니다. 이것은 회중을 비판하면서 한 말입니다. 그가 느끼기에 오늘날 심각한 문제는 설교를 잘해야 하는 데 있는 것이 아니라 사람들이 잘 들어야 하는 데 있습니다. 그러나 이런 비평이 어떤 형태를 취하든지 간에, 그 주된 강조점은 현대인에게 맞추어져 있으며 우리가 직면하고 있는 현대적인 상황에 맞추어져 있습니다.

유럽에서 갈수록 인기를 얻고 있는 암스테르담 자유대학의 네덜란드 신학자 쿠이테르트Harry M. Kuitert는 이렇게 말했습니다. "더 나아가 그것은 오늘 이 자리에서 하나님의 세상을 애써 헤치며 나아가고 있는 그리스도인들에게 아무 도움도 되지 않는다." 이것은 전통 신학과 전통적인 유형의 설교를 비판하면서 나온 말입니다. 그는 또 말합니다. "수많은 그리스도인들이 신앙과 행위가 분리될 수 없음을 확신하면서도, 그 일치된 힘을 이 시대의 현안에 집중시키는 방법은 찾지 못하고 있다." 이것이 강조점입니다. 그는 계속해서 말합니다. "우리는 우리가 사는 시간과 공간에서 문제가 되는 현안들을 알아야 한다. 진리를 행할 곳은 다른 곳이 아닌 바로 이곳이다." "지금 여기", "오늘날의 상황", "오늘을 살고 있는 사람"이 계속 강조되고 있는 데 주의하십시오.

불트만Rudolf Karl Bultmann도 똑같은 것을 강조했습니다. 복음을 비신화화해야 한다는 주장의 기본적인 논거는, 과학적인 배경과 시각을 가진 현대인들이 도저히 수용할 수 없는 기적적인 요소들을 붙들고 있는 한, 그 현대인들이 복음―불트만 자신이 간절히 전하고 싶다고 말한 그 메시지―을 믿기를 기대할 수는 없다는 것입니다. 다시 말해서 현대인들이 '수용'할 수 있느냐가 관건이라는 것입니다. '성년이 된 인간'이나 그 밖에 현대인들이 내세우는 판에 박힌 말들도 다 같은 내용을 강조하고 있습니다.

우리는 이런 태도가 표현되는 방식들을 살펴볼 필요가 있습니다. 이른바 '보통 사람들'에게 접근하는 방식도 이런 태도에서 나온 것입니다. "보통 사람들은 논리적인 진술을 생각해 내거나 이해할 수 없다. 신문이나 텔레비전, 영화가 제공하는 시각과 정신에 너무 익숙해져 있으므로 논리적이고 논증적인 진술은 이해할 수 없다"라는 것이 오늘날의 견해입니다. 그러니까 그런 사람들에게는 영화나 슬라이드를 보여 주고, 영화배우의 이야기나 가수의 노래, '짧은 강연'이나 간증을 들려주면서, 복음은 그저 한마디만 끼워 넣어야 한다는 것입니다. 이런 접근법에서는 '분위기 조성'이 아주 중요합니다. 분위기를 조성하고 나서 마지막에 복음을 아주 짧게 끼워 넣는 것입니다.

이러한 태도의 또 다른 형태는, 보통 사람들은 성경적인 용어를 이해하지 못하기 때문에 칭의나 성화나 영화에 대해 말해 보았자 아무 의미가 없다고 주장하는 것입니다. 우리가 '후기 기독교' 시대에 살고 있다는 사실, 그것이 오늘날 설교의 최대 장애물이라는 사실, 사람들은 우리 말을 이해하지 못한다는 사실을 알아야 한다는 것입니다. 그들은 성경의 용어들이 사람들에게 고루하게 들리며 현대적이지 않은 구태의연한 말로 들린다고 말합니다. 그 결과 익숙하고 일상적인 구어체로 성경을 새롭게 번역하는 일에 열광하게 되었고, 하나님을 가리킬 때에도 'Thee'나 'Thou' 대신 'You'를 사용하는 일이 유행하게 되었습니다. 사람들은 이런 시도가 아주 중요하다고 말하면서, 현대인에게 'Thee'나 'Thou' 같은 말을 쓰면 복음을 믿기는커녕 듣지도 못한다고 주장합니다. 그러니까 우리가 쓰는 말들을 바꾸되, 성경 번역과 기도뿐 아니라 설교 스타일 전반과 종교 활동에 이르기까지 전부 바꾸어야 한다는 것입니다. 이것이 회중석이 강단을 통제해야 한다고 생각하는 현대인들의 태도가 '보통 사람들'이라는 말로 표현되는 방식입니다.

현대인은 세련되어 설교를 못 듣는다는 주장

또한 지성인은 이제 과학적인 시각을 가지고 있으며, 3차원적인 세계에 머물지 않는 완전히 과학적인 시각과 진화론을 수용하고 있으므로, 성경은 오직 구원 문제와 종교적인 경험 및 삶만을 다룬다는 점을 분명히 밝혀야 한다고 말합니다. 만약 성경과 자연(과학자들이 설명하는 자연)이 상호보완적이며 동등한 권위를 가진 계시의 형태임을 보여 주지 못한다면 현대 지성인들의 감정이 상할 것이고, 그러면 아예 복음을 들으려고도 하지 않으리라는 것입니다. 따라서 우리는 세상과 인류의 기원이나 타락, 기적, 역사에 개입하는 초자연적인 역사에 대해 이전처럼 말해서는 안 되고, 오직 종교적인 메시지에만 국한해서 설교해야 한다는 것입니다. 물론 이것은 전혀 새로운 견해가 아닙니다. 리츨Albrecht Ritschl이 100년 전에 이미 다 말한 내용인데 지금 새로운 형태로 되살아났을 뿐입니다.

갈수록 강조되고 있는 또 다른 주장은, 이처럼 지적인 유형의 현대인은 현대 문학이나 현대 예술, 현대 의상, 소설을 통해 사고하는 세련된 사람들이기 때문에 그들에게 익숙한 관용구를 쓰지 않으면 어떤 영향도 끼칠 수 없음을 알아야 한다는 것입니다. 바로 이런 것들이 그들의 사고를 지배하고 있음을 이해해야 한다고 그들은 말합니다. 이러한 태도를 보여 주는 아주 좋은 예를 최근 영국의 종교 잡지에 실린 서평에서 찾아볼 수 있습니다. 그 서평을 쓴 사람은 모든 설교자가 자신이 소개하는 책을 읽는다면 설교에 새로운 희망이 생기리라 믿는다는 말로 글을 마쳤습니다. 그런데 그 이유인즉슨, 그 책이 '토요명화극장'을 시청하면서 토요일 밤 시간을 아주 유용하게 보낼 수 있다는 점을 설교자들에게 일깨워 주기 때문이라는 것입니다. 설교자들은 '토요명화극장'을 보면서 현대인의 심리상태나 시각, 은어들을 알고 이해함으로써, 주일 설교 준비를 더 잘할 수 있다고 합니다! 이것이 설교자가 주일을 준비하는 방법입니다. 즉, 예전처럼 기도하고 묵상하는 대신 '토요명화극장'을 보면서 '현대인의 심리상태'를 이해하는 것입니다.

이러한 사고의 또 다른 형태는, 세련된 현대인은 교리적인 주장을 특별히 싫어해서 강단에서 구닥다리 교리를 선포할 때 참지 못한다는 점을 강조하는 것입니다. 그도 배운 사람이기 때문에 '얕잡아보고 말하면' 안 됩니다. 강단에 선 사람이나 회중석에 앉아서 듣는 사람들이나 아무 차이가 없습니다. 아니, 어쩌면 듣는 사람들이 더 나을지도 모릅니다. 현대인은 사물을 합리적이고 과학적으로, 여러 가지 다양한 각도에서 주의 깊게 살펴보아야 한다는 믿음을 가진 사람들입니다. 실제로 저는 "지금 강단이 해야 할 일은 성경 일부를 읽되 특히 새 번역으로 읽고 약간의 해설을 한 후 질문을 받아 토론을 하는 것"이라고 주장하는 글을 한 복음주의 학생 단체가 발행하는 잡지에서 최근에 읽은 적이 있습니다. 이를테면 한 사람이 서서 독단적인 태도로 '모든 것'을 말하는 대신 '지적인 예배'를 드리라는 것입니다. 그런 예배에는 회중의 참여가 필수적입니다. 강단에 선 사람이 할 일은 지적인 태도로 여러 가지 번역본의 성경을 천천히 읽어 주는 것입니다. 그리고 나서 토론하는 것입니다. 서로 의견을 교환하고 비교하며 대화를 나누는 것이 예배 순서의 전부입니다!

그 다음으로, 목회자의 훈련과 관련된 실제적인 측면에서 새롭게 등장한 태도는 다음과 같은 것입니다. 상당 기간 동안 직접 공장에서 일한 경험이 없는 사람은 공단 지역에서 설교하기에 적합지 않다고 말하는 이들이 있습니다. 그래서 모든 설교자는 신학 훈련을 마친 후에 공장에 가서 6개월 정도 일하게 하자는 제안이 심각하게 제기되기도 했습니다. 설교자는 그들의 언어를 이해해야 하며, 그들이 자기 생각과 감정을 어떻게 표현하는지 이해해야 합니다. 따라서 직접 경험하지 않고 그들에게 설교하기란 거의 불가능하다는 것이 이런 주장을 하는 사람들의 입장입니다.

문제도 같고 메시지도 같다

지금까지 사람들의 일반적인 입장, 가장 흔히 표출되는 입장에 대해 말씀드렸습니다. 이에 대해 우리는 무슨 말을 해야 할까요? 회중석이 강단을 통제하는 수위는 어디까지여야 합니까? 저는 이런 문제들에 대한 새로운 사고방식이 다음과 같은 이유에서 전적으로 잘못되었다고 주장하는 바입니다. 저의 답변을 일반적인 범주와 좀 더 특별한 범주로 나누어서 말씀드리겠습니다. 우선, 이 새로운 사고방식은 일반적인 범주에서 잘못되었습니다. 사실을 잘못 파악하고 있고, 경험의 영역도 잘못 파악하고 있으며, 상황도 전반적으로 잘못 이해하고 있습니다.

좀 더 자세히 살펴봅시다. 제가 결코 잊지 못하는 일이 있는데—제가 이 이야기를 하는 것은 제 요점을 분명히 밝히는 데 도움이 된다고 생각하기 때문입니다—그것은 27년 전 어느 주일 아침 옥스퍼드 대학의 한 채플에서 설교했을 때의 일입니다. 저는 다른 데서 설교하던 때와 똑같이 설교했습니다. 그런데 예배를 마치고 강단에서 채 내려서기도 전에 학장 부인이 달려와 말했습니다.

"정말이지 이건 이 예배당 역사상 최고로 놀라운 일이에요."

제가 "무슨 말씀입니까?"라고 물었더니 부인이 대답했습니다.

"지금까지 우리를 죄인 취급하며 설교하신 분은 말 그대로 목사님이 처음이시거든요."

부인은 또 덧붙였습니다.

"이 교회가 옥스퍼드 안에 있다 보니, 여기 오시는 설교자들마다 우리를 대단한 지성인으로 생각해서 특별히 지적이고 학문적인 설교를 준비하느라 수고한 티가 역력했어요. 안타깝게도 그분들은 처음부터 그다지 지적이지 못한 모습을 보일 때가 많았지요. 그런데도 자신의 학식과 교양을 마지막 한 방울까지 다 짜 내려고 했기 때문에 우리는 그 설교에서 아무것도 얻지 못했을 뿐 아니라 아무 감동도 받지 못했어요. 그런 수필 같은 설교만 들으면서 우리의 영혼은 다 메말라 버렸지요. 그분들은 옥스퍼드 안에 살고 있는 우리 역시 죄인임을 모르셨던 것 같습니다."

이것이 대학 학장의 아내이자 아주 지적인 부인이 한 말이었습니다.

저는 노동자 교회에서 훌륭하게 사역했던 설교자 한 사람을 알고 있습니다. 그 후에 그는 다른 도시 교외에 있는 교회에 청빙을 받아서 갔습니다. 제 기억에—그때 저는 그 사람과 같은 노회에 속해 있었습니다—그는 바로 얼마 후부터 지치고 긴장하기 시작했던 것 같습니다. 그래서 그에게 그러한 제 느낌을 이야기했습니다. 그는 어느 날 저와 함께 이야기를 나누면서 자신이 심한 긴장감과 피로감을 느끼고 있음을 인정했습니다.

"무슨 일입니까? 목사님은 경험도 있고, 다른 교회에서 수년 동안 아주 성공적으로 사역하지 않았습니까?"

"아, 그랬지요. 그런데 지금 제 교인들은 아주 다릅니다. 지금 제가 설교할 대상은 도시 교외 지역에 사는 이들이지요."

그들 중에는 전문직 종사자들도 있었고, 사업에 성공해서 직장에서 먹고 자는 생활을 청산하고 교외로 이사 온 이들도 있었습니다. 이 불쌍한 목사는 교인들을 이런 식으로 평가한 후, 그에 걸맞은 지적인 설교를 준비하고자 애를 썼습니다. 그런데 제가 알기에 교인들은 그의 설교가 무미건조하다고 불평하고 있었습니다. 그들은 그런 설교를 원치 않았습니다. 그 불쌍한 목사는 설교에 대한 잘못된 태도 때문에 결국 자신을 죽이고 말았다고 서슴없이 말할 수 있습니다. 그는 건강을 잃고 비교적 젊은 나이에 죽었습니다. 그것은 교인들이 원하던 바도 아니었고, 그들이 필요로 하거나 기대하던 바도 아니었습니다.

원칙을 버리지 않아도 듣는다

이번에는 요즘 사람들은 일반적으로 설교를 듣지 못한다는 말, 특히 긴 설교를 듣지 못한다는 말에 대해 생각해 봅시다. 저는 1년 전에 병 때문에 쉬는 동안 많은 편지를 받았습니다. 그런데 그중에 제가 가장 소중하게 간직하고 있는 편지가 있습니다. 현대적인 기준에 따르면 저의 설교관은 완전히 틀렸다고 해야 할 것입니다. 저는 길게—45분 정도—설교하는 편이고, 확실히 그 시간을 전부 예화로 채우지도 않기 때문입니다! 제가 소중하게 여기는 편지는 열두 살짜리 소녀가 부모에게는 알리지 않은 채 자신과 동생의 이름으로 보낸 것입니다. 두 아이는 제가 빨리 나아서 강단으로 돌아오기를 기도하고 있다고 썼습니다. 그런데 그 이유가 저를 몹시도 기쁘게 했습니다. "저희는 목사님 말씀만 알아들을 수 있거든요."

현대적인 개념과 이론에 따르자면 저는 결코 듣기 편한 설교자가 아닙니다. 그들이 볼 때 저는 너무 가르치려 드는 설교자이고, 제 설교는 전제와 주장이 넘쳐나는 설교입니다. 그래서 갓 회심한 친구에게는 제 설교를 들려주지 않는다거나 죄책감에 빠져 있는 사람에게는 제 설교를 듣지 말라고 권한다는 말도 들은 적이 있습니다. 제 설교는 그런 사람들이 듣기에 너무 강할 뿐 아니라 이해하기도 힘들다는 것입니다. 그러니까 나중에 들으면 몰라도 그 단계에서는 듣지 말라고 권한다는 것입니다. 그런데 이 어린 소녀는 말합니다. "저희는 목사님 말씀만 알아들을 수 있거든요." 저는 이 소녀의 말이 옳다고 확신합니다!

이 점을 좀 더 강조해 보겠습니다. 저는 회심한 후 교회에서 성장한 사람들의 경험에 대해 종종 듣곤 합니다. 그들은 시간이 흐른 뒤에 저를 찾아와 자신들의 경험을 이야기해 주는데, 그때 자주 하는 이야기가 "처음에 교회에 왔을 때에는 사실 목사님이 무슨 말씀을 하시는지 잘 몰랐습니다"라는 것입니다. 그런데도 왜 계속 왔느냐고 물었을 때 제가 들었던 대답은 이런 것입니다.

"그 분위기 자체에 어딘지 모르게 끌리는 데가 있었어요. 계속 오는 것이 옳다는 느낌도 있었고요. 그래서 계속 나왔는데 저도 모르는 사이에 점점 진리를 받아들이게 되더군요. 시간이 갈수록 그 진리가 의미 있게 다가왔습니다."

그들은 설교를 들으면서 다른 이들처럼 많은 것을 얻지는 못했지만 그래도 무언가를 얻었습니다. 그리고 그 무언가는 아주 가치 있는 것이었습니다. 그들은 계속 성장해 나가는 가운데 점점 더 잘 이해할 수 있게 되었고, 결국 예배와 메시지 전부를 충분히 누리기에 이르렀습니다. 이것은 아주 흔한 경험입니다. 어떤 수준에 있는 사람이든 간에 성령의 영향을 받으면 자신에게 필요한 내용과 유익한 내용을 끌어낼 수 있는 것 같습니다. 지성이나 이해력이나 지식이나 문화가 각기 다른 사람들이 뒤섞여 있는 회중에게 동시에 설교할 수 있는 이유, 그들 모두가 한 설교에서 유익을 얻을 수 있는 이유가 여기 있습니다.

더욱이 이 현대적인 생각은 수세기에 걸친 전통과도 완전히 배치되는 것입니다. 우리는 이 세상에 살았던 유일한 사람들도 아니고 최초의 사람들도 아닙니다. 그런데도 마치 우리가 특별한 종족인 양 말하는 경향이 있는데, 사실은 그렇지 않습니다. 세상에는 늘 다양한 유형의 사람들이 있었습니다. 이 문제에 대해 루터는 다음과 같이 말합니다. "설교자는 배우지 못한 사람들을 쉽고도 솔직하며 분명하게 가르치는 기술을 배워야 합니다. 권면보다 가르침이 더 중요하기 때문입니다." 또한 그는 이렇게 덧붙이고 있습니다. "저는 설교할 때 40명이 넘는 박사들이나 판사들을 고려하지 않습니다. 오히려 하녀들과 아이들에게 시선을 집중시킵니다. 그래서 제 설교가 학식 있는 사람들의 마음에 차지 않는다면, 좋습니다, 얼마든지 나가도 좋습니다." 이것이 확실히 바른 태도입니다. 그 몇몇 "박사들이나 판사들"은 강단에 선 설교자가 자신들에게 충분한 관심을 쏟지 않는다고 생각할 수 있습니다. 그래도 지혜로운 설교자는 하녀들과 아이들에게 시선을 집중시킵니다. 학식 있는 대단한 사람이 그 설교에서 아무것도 얻지 못한다면, 그는 스스로 자신의 죄를 드러내는 것이며 자신에게 영적인 정신이 없는 탓에 영적인 진리를 받지 못한다는 사실을 드러내는 것입니다. 그의 머리는 지식으로 너무 '부풀어 오른' 나머지 자신에게 마음과 영혼이 있다는 사실을 망각하고 있습니다. 그가 이처럼 자신의 죄를 드러내며 교회 밖으로 뛰쳐나간다면, 그렇습니다, 그는 버림받은 자일 것입니다. 물론 설교자가 참으로 하나님의 말씀을 설교한다는 전제가 있어야 하지만 말입니다!

이상하게 들릴 수도 있겠지만, 이번에도 옥스퍼드 대학에서 경험한 사건을 이야기함으로써 이 점을 강조하고자 합니다. 1941년, 한 대학 선교 단체가 저에게 설교해 달라고 요청해 왔습니다. 저는 주일 저녁에 드릴 첫 번째 예배 때, 존 헨리 뉴먼John Henry Newman—후에 뉴먼 추기경으로 알려진 인물—이 영국 성공회에 있는 동안 설교했던 성 메어리 교회의 유명한 강단에 서게 되었습니다. 물론 회중은 주로 학생들이었습니다. 저는 다른 곳에서 설교할 때와 똑같이 설교했습니다. 예배 후에 교회 뒤편에 있는 건물에서 저에게 질문하는 자리를 갖겠다는 광고가 나갔습니다. 담당 목회자와 저는 소수만 참석했으리라 생각하며 그곳으로 갔습니다. 그러나 예상과는 달리 사람들로 꽉 차 있었습니다. 담당 목회자가 자리에 앉으면서 질문을 하라고 하자, 그 즉시 앞줄에 앉아 있던 똑똑한 청년이 일어났습니다. 저는 그 청년이 법학도로서, 그 유명한 '옥스퍼드 유니언'—장차 정치가와 판사와 변호사와 주교가 될 사람들이 대중 연설과 토론 기술을 배우는 곳—의 주요 임원임을 나중에 알게 되었습니다. 그러나 그 청년의 옷차림과 거동만 보아도 그가 어떤 사람인지 대충 짐작할 수 있었습니다. 그는 자리에서 일어나 질문이 있다고 말했고, 말하는 내내 '옥스퍼드 유니언'의 토론자다운 세련되고 정중한 태도를 잃지 않았습니다. 그는 먼저 감사를 표하면서 설교를 잘 들었다고 말했습니다. 그러나 설교를 듣고 나서 마음에 큰 어려움과 혼동을 느끼게 되었다고 했습니다. 자기가 생각하기에는 자기처럼 많이 배운 사람이 즐겁게 들을 수 있는 설교, 구성도 좋고 전달도 좋다고 인정하는 설교가 농장 노동자들이나 그 밖의 사람들에게도 똑같이 전달되리라고 보기는 어렵다는 것입니다. 그가 말을 끝내고 자리에 앉자 모인 사람들이 전부 폭소를 터뜨렸고 회장은 대답을 듣기 위해 나를 쳐다보았습니다. 저는 일어나 그런 자세에 대해 반드시 해 주어야 할 답변을 했습니다. 저는 그의 질문이 아주 흥미롭기는 하지만, 그가 무엇을 어렵게 생각하는지는 잘 모르겠다고 했습니다. 그러면서 설사 이단자 취급을 받더라도 솔직히 고백하자면, 저는 옥스퍼드 대학 재학생이든 졸업생이든 다른 모든 사람들과 똑같이 흙으로 만들어진 평범한 인간이자 비참한 죄인이라고 생각하며, 그들의 필요 또한 농사짓는 사람들이나 그 밖의 사람들과 똑같다는 관점을 견지한다고 했습니다. 그렇기 때문에 일부러 지금까지 설교해 온 대로 설교했다고 말이지요! 그러자 또다시 폭소가 터지면서 갈채가 쏟아졌습니다. 중요한 것은 사람들이 저의 말을 고맙게 여겼고, 그때부터 주의 깊게 경청했다는 점입니다.

지난번에 그 유명한 조드 박사와 토론하도록 초대받았다고 말한 적이 있는데, 사실은 이 일 때문에 초대받은 것입니다. 특별한 부류의 사람들을 위해 또 하나의 복음이 필요하다고 생각하는 것만큼 잘못된 생각은 없습니다. 그것은 성경의 명백한 가르침에 전적으로 위배되는 것이며, 윗필드나 스펄전 같은 위대한 설교자의 전기나 무디 같은 전도자의 이야기에 나오는 내용에도 완전히 위배되는 것입니다. 그들은 이처럼 잘못된 차별을 하지 않았으며, 그들의 사역은 모든 부류의 사람들—지식적으로나 사회적으로 온갖 부류에 속한 사람들—에게 축복이 되었습니다.

번역의 문제인가

셋째로, 이러한 현대적인 견해는 사실상 잘못된 사고에 기초한 것입니다. 제가 볼 때에는 이 점이 중요합니다. 사람들은 현대인이 어려움과 불편함을 느끼며 복음을 믿지 못하는 것이 거의 전적으로 언어와 용어의 문제라고, 즉 오늘날 과대포장 되어 있는 '의사소통의 문제'라고 가정합니다! 바로 이런 가정 때문에 상당한 오류가 발생하게 된 것입니다.

저 또한 가능한 한 최상의 번역 성경이 나와야 한다는 데에는 전적으로 동의한다는 사실을 밝혀야겠습니다. 이런 문제에 대해 폐

쇄적인 태도를 가져서는 안 됩니다. 번역자들이 최상의 번역을 할 수 있게 합시다. 그러나 복음을 가지고 현대인과 '소통'하려면 하나님을 'Thee'나 'Thou'로 부르는 대신 'You'로 불러야 한다는 견해의 배후에 깔려 있는 진짜 요점은 그것이 아닙니다. 이러한 사고의 배후에 근본적으로 깔려 있는 가정은 '현대인들이 하나님을 믿지 않으며 하나님께 기도하지 않고 복음을 받아들이지 않는 것은 바로 흠정역의 고색창연한 언어 때문이며, 따라서 그 부분만 바로잡으면 모든 상황이 바뀌어서 이런 것들을 믿게 된다'라는 것입니다. 우리는 이런 견해에 대해 "어느 시대 사람들이든 성경의 언어를 낯설게 느꼈다"라고 간단히 답변할 수 있습니다. 후기 기독교 시대에 사는 사람들은 칭의나 성화나 영화 같은 용어를 이해하지 못한다는 주장에 대응하기 위해서는 그저 다음과 같이 물어보기만 하면 됩니다. 언제는 사람들이 이런 용어를 이해한 적이 있었습니까? 불신자들이 이런 용어를 이해한 적이 있었습니까? 그 대답은 한 번도 없었다는 것입니다! 이런 것들은 복음에만 나오는 독특하고도 특별한 용어입니다. 이처럼 우리의 복음은 본질적으로 다르다는 사실, 우리가 다루는 것은 평범한 문제가 아니라는 사실을 밝히는 것이야말로 우리 설교자들이 해야 할 일입니다. 우리는 우리가 다루는 내용이 독특하고 특별한 것이라는 사실을 강조해야 하며, 사람들이 그 독특하고도 특별한 것을 기대하도록 만들어야 합니다. 그렇기 때문에 오히려 이런 용어들을 강력히 내세워야 하는 것입니다. 우리의 임무는 사람들에게 이런 용어들의 의미를 가르치는 것입니다. 무엇을 어떻게 설교할 것인지 결정하고 확정짓는 주체는 그들이 아닙니다. 계시, 즉 메시지를 가지고 있는 쪽은 우리입니다. 우리가 이것을 알아듣도록 이해시켜야 합니다.

종교개혁자들은 이 큰 원칙에 따라 일했습니다. 성경을 새롭게 번역한 것도 이런 의도 때문이었습니다. 그들은 자신들의 표현대로 메시지를 "이해시키기를" 원했습니다. 라틴어를 읽을 줄 모르는 것과 칭의처럼 구원에 관련된 용어들을 모르는 것은 하늘과 땅만큼 다른 일입니다. 사람은 누구나 자기 나라 말로 성경을 읽고 설교를 들어야 합니다. 그러나 그런 경우에도 구원에 대한 특정 용어들의 문제는 여전히 해결되지 않습니다. 그 문제를 해결하는 것이 설교자의 특별한 임무입니다. 사람들이 저절로 이런 용어들을 이해할 것을 기대해서는 안 됩니다. 설교의 핵심은 설교자가 이런 용어들을 이해시켜야 한다는 데 있습니다. "육에 속한 사람은 하나님의 성령의 일을 받지 아니하나니 저희에게는 미련하게 보임이요 또 깨닫지도 못하나니 이런 일은 영적으로라야 분변함이니라"(고전 2:14). 아우구스티누스 Aurelius Augustinus의 철학, 특별히 그가 쓴 「하나님의 도성 City of God」에 관한 강좌에서 벌리 J. H. S. Burleigh 교수가 했던 말에 유의하는 것이 좋겠습니다. 그는 다음과 같은 아우구스티누스의 말을 인용합니다.

"만약 모세가 살아 있다면 나는 그를 붙잡고 이 일들에 대해 설명해 달라고 애원할 것이다. 그의 입에서 나오는 소리를 듣기 위해 육신의 귀를 기울일 것이다. 그러나 그가 히브리어로 말한다면 귀의 기관들은 영향을 받을지 몰라도 실제적인 효용성은 전혀 없을 것이다.

그 말들은 내 마음에 와 닿지 않을 것이다. 라틴어로 말한다 한들 내가 이해할 수 있겠는가?"

벌리 교수는 연이어 말합니다.

> 아우구스티누스는 「교사론 *De Magistro*」에서 진리가 한 사람의 정신에서 다른 사람의 정신으로 전달되는 복잡한 과정을 분석해 놓았습니다. 거기에는 말하고 듣는 물리적인 과정 외에 영적인 과정이 작용하는 것이 분명합니다. 말로 하든 글로 쓰든 단어는 이해를 돕는 데 없어서는 안 될 물리적인 수단이지만, 그것이 있다고 해서 곧바로 이해가 되는 것은 아닙니다. 단어는 진리를 가리키는 기호입니다. 마음에는 진리이신 그리스도와 동등한 내적 교사가 계시는데, 그분이 마음의 귀에 말씀해 주셔야 진리를 파악할 수 있습니다.

많은 이들이 이론적으로는 그의 말에 동의한다고 주장하지만, 현실에서는 완전히 잊고 있는 것 같습니다.

회중을 나누지 말라

또 다른 잘못된 주장을 살펴봅시다. 그것은 사람들의 정확한 사정을 알아야 진정으로 설교할 수 있기 때문에, 공장 노동자들에게 효과적으로 설교하려면 6개월 동안 공장에 가서 직접 일해 보아야 한다는 주장입니다. 제가 볼 때 이보다 더 괴상하고 어리석은 주장은 없습니다. 그 말이 옳다고 할 때 필연적으로 따라오는 결론은 한도 끝도 없이 훈련을 받아야 한다는 것입니다. 술주정뱅이에게 설교하려면 술집이나 요정에 가서 6개월을 보내야 할 것이고, 그렇게 6개월씩 여러 직업과 일터를 돌아다녀야만 설교할 준비가 될 것입니다. 이것은 아주 우스운 생각입니다. 이런 주장과 가정을 따른다면 여러 종류의 사람들이 섞여 있는 대부분의 회중에게는 설교할 수 없을 것이기 때문입니다. 지적이지 못한 사람들을 위해 따로 예배를 드리고, 지성인들을 위해 또 따로 특별 예배를 드려야 합니다. 그 사이에 끼인 사람들을 위해서도 예배를 드려야 할지 모릅니다. 연령별 예배도 마련해야 하고, 공장 노동자들을 위한 예배도 마련해야 하며, 전문직 종사자를 위한 예배도 마련해야 하고, 이런 식으로 한도 끝도 없이 많은 예배를 마련해야 합니다. 그 결과 회중은 조각조각 분열되고 말 것입니다. 결코 한 예배를 드리면서 한 설교를 들을 수 없게 되는 것입니다. 설교자 자신도 이런 식으로 분열된 채 끝도 없이 일해야 합니다. 어떤 경우든지 그것은 '우리는 모두 하나'라는 신약의 기초적인 대 원칙을 완전히 무너뜨릴 것입니다. "거기에는 헬라인이나 유대인이나 할례파나 무할례파나 야만인이나 스구디아인이나 종이나 자유인이 차별이 있을 수 없나니"(골 3:11). 저는 여기에 지성인과 비지성인, 공장 노동자와 전문직 종사자 항목도 덧붙이고 싶습니다. 우리는 죄를 지었다는 점에서 하나이고, 실패한 사람들이라는 점에서도 하나이며, 소망이 없다는 점에서도 하나이고, 주 예수 그리스도와 그의 위대한 구원이 필요하다는 점에서도 하나입니다.

또 이렇게 말할 수도 있습니다. 저는 내과의사로 성년의 삶 전반부를 보냈기 때문에, 가끔 의사의 일과 설교자의 일 사이에 어떤 차이가 있는지 관심을 갖고 살펴보곤 합니다. 물론 비슷한 점도 많이 있지만, 다음과 같은 본질적인 차이점도 있습니다. 의사는 환자를 어떻게 대합니까? 자, 그가 첫 번째로 하는 일은 환자에게 그의 증상과 문제가 무엇인지 묻는 것입니다. 어디가 아픈지, 언제부터 아팠는지, 어떻게 통증이 시작되었으며 변화되었는지 등을 물어 봅니다. 의사는 이 모든 것을 아주 자세히 알아보아야 합니다. 그래서 그 증상의 내력도 조심스럽게 살펴보고 어린 시절 이후의 병력도 조사합니다. 그러고 나서 가족 병력을 살펴봅니다. 그것이 이 특정한 질병을 파악하는 데 상당한 도움이 되기 때문입니다. 질병 중에는 가족에게 유전되는 것도 있고 가족의 체질상 걸리기 쉬운 것도 있으므로 가족 병력을 살펴보는 것은 매우 중요한 일입니다. 이러한 사실들을 확인한 후, 의사는 환자의 몸을 검사하기 시작합니다.

이처럼 환자에 대해 상세하고도 자세하며 특별한 개인적 지식을 가지고 있지 못할 때, 의사는 제대로 일할 수가 없습니다. 바로 이 점에서 의사의 일과 설교자의 일이 갈라지는 것입니다. 설교자는 회중의 개인적인 사연을 일일이 알 필요가 없습니다. 말이 나온 김에 덧붙이자면, 전도집회에서 간증하는 경우처럼 설교 외의 다른 영역에서도 같은 문제가 제기될 수 있습니다. 어떤 이들은 이 점을 아주 중시해서, 누군가 자기와 똑같은 죄를 짓고 자기와 똑같은 약점을 지닌 사람이 '그리스도를 영접해서' 구원받은 이야기를 들을 때 도움이 된다고 말합니다. 그러나 거기에도 같은 논리를 적용할 수 있습니다. 차이점은 이것입니다. 설교자는 그런 사정을 세세히 알 필요가 없습니다. 왜 그렇습니까? 자기 앞에 있는 모든 사람이 각기 다 죄라는 동일한 질병을 앓고 있음을 알기 때문입니다. 물론 개인별로 엄청나게 다양한 증상이 있을 것입니다. 그러나 설교자가 할 일은 각 증상에 처방을 내리는 것이 아니라 병 자체를 고치는 것입니다. 그러므로 설교자는 죄의 특별한 형태에 과도한 관심을 가질 필요가 없습니다.

설교자가 예배를 마치고 목회실에서 사람을 만날 때에도 같은 문제가 제기되는데, 그때에도 이 점을 기억하는 것이 중요합니다. 몇몇 사람들이 여러분을 찾아와 이야기하려 들 것이고, 거의 어김없이 자신의 특정한 죄에 대해 말하고 싶어 할 것입니다. 그들 중 어떤 이들은 그 한 가지 문제만 해결되면 만사가 잘될 것처럼 생각할 수도 있습니다. 설교자가 책임지고 바로잡아 주어야 할 부분이 바로 이 부분입니다. 그 특정한 죄를 해결한다 해도 그의 큰 필요에는 조금도 변화가 없다는 사실을 알려 주어야 하며, 구원이란 그 특정한 문제들이 해결되는 것이 아니라 본인과 하나님의 관계가 바로 회복되는 것임을 알려 주어야 합니다.

이처럼 설교자는 사람들이 공통적으로 가지고 있는 보편적인 필요를 알고 있기 때문에 사람들의 사정을 시시콜콜하게 알 필요가 없습니다. 모든 청중을 공통분모로 파악하는 것이 설교에서는 극히 중요합니다. 설교자는 자기만족에 빠진 바리새인에게 그의 필요가 엄청나게 크다는 것, 세리만큼, 아니 세리보다 더 클 수도 있다는 것을 보여 주어야 합니다. 자기 지식과 명철을 자랑하는 대단한 지성인들에게 지적인 교만이야말로 죄 중에서 가장 큰 죄이자 육체로

짓는 수많은 죄보다 나쁜 죄임을 보여 주어야 합니다. 자기 자신을 믿으며 자기 학식과 지식을 믿고 있는 그 교만을 폭로해야 합니다. 죄인이라기보다는 검사관이나 재판관의 자세로 설교를 들으러 온 사람들을 메시지로 겸손하게 만들어야 하며, 자기 죄와 자기의 엄청난 필요를 깨닫게 해야 합니다.

그러므로 설교자는 사회의 다양한 분야와 계층으로 직접 들어갈 필요가 없습니다. 그는 공장 노동자의 문제도 알고 있고 전문직 종사자의 문제도 알고 있습니다. 그들의 문제는 궁극적으로 똑같기 때문입니다. 이를테면 맥주에 취한 사람이나 포도주에 취한 사람이나 취했다는 점에서는 마찬가지인 것과 같습니다. 누더기를 입고 죄를 지었든 야회복을 입고 죄를 지었든 죄를 지었다는 점에서는 전혀 다를 바가 없습니다. "모든 사람이 죄를 범하였으매 하나님의 영광에 이르지 못하더니"(롬 3:23). "의인은 없나니 하나도 없으며"(롬 3:10). "온 세상으로 하나님의 심판 아래에 있게 하려 함이니라"(롬 3:19).

이러한 현대적인 접근은 전적으로 잘못된 사고에 기초하고 있습니다. 그리고 그것은 결국 나쁜 신학에서 비롯된 것입니다. 죄의 진정한 본질과 문제점은 겉으로 드러난 죄의 행동들에 있는 것이 아니라 죄 그 자체에 있다는 사실, 그 죄가 특정하게 표출된 형태만 따로 떼어내서 생각하는 것은 적절치 못한 일일 뿐 아니라 크게 말해서 시간 낭비에 불과하다는 사실을 모르기 때문에 그 같은 접근을 하는 것입니다. 수세기에 걸친 교회와 설교의 역사는 이 점을 잘 입증해 주고 있습니다. 복음을 전체적으로 설교하면 성령께서 각 사람의 경우에 맞게 적용시켜 주십니다. 같은 성령께서 같은 방식으로 남자든 여자든 사람이면 누구나 가지고 있는 근본적인 필요를 보게 하시며 회심시키시고 거듭나게 하시는 것입니다. 그리하여 다양한 사람들이 한 교회에 섞이게 됩니다. 같이 섞일 수 없다고 생각해서 거부하는 사람은 중생하지 않은 사람입니다. 그것은 피할 수 없는 결론입니다. '나처럼 대단한 지성을 갖춘 사람에게 교회에 섞이라고 말하는 것은 곧 나를 무시하는 처사'라고 생각한다는 것 자체가 그 사람 속에 기본적으로 겸손이 없다는 사실을 드러내 줍니다. 그런 자들은 마땅히 낮아져야 할 만큼 낮아지지 못한 것입니다. 교회의 영광은 이처럼 우리가 생각할 수 있는 온갖 유형, 온갖 부류의 다양한 사람들이 오직 한 생명을 공유하고 있다는 이유 때문에 한데 섞여서 같은 설교를 듣고 즐거워하는 데 있습니다.

시대에 맞추어야 할 부분

지금까지 말한 것은 일반적인 경우입니다. 여기에서 한 가지 질문이 나올 수 있습니다. "그렇다면 고린도전서 9:19-23 말씀은 어떻게 되는 것입니까?" 바울은 그 본문에서 자신의 사역을 다음과 같이 설명하고 있습니다.

> 내가 모든 사람에게서 자유로우나 스스로 모든 사람에게 종이 된 것은 더 많은 사람을 얻고자 함이라. 유대인들에게 내가 유대인과 같이 된 것은 유대인들을 얻고자 함이요 율법 아래에 있는 자들에게는 내가 율법 아래에 있지 아니하나 율법 아래에 있는 자같이 된 것은

율법 아래에 있는 자들을 얻고자 함이요. 율법 없는 자에게는 내가 하나님께는 율법 없는 자가 아니요 도리어 그리스도의 율법 아래에 있는 자이나 율법 없는 자와 같이 된 것은 율법 없는 자들을 얻고자 함이라. 약한 자들에게 내가 약한 자와 같이 된 것은 약한 자들을 얻고자 함이요. 내가 여러 사람에게 여러 모양이 된 것은 아무쪼록 몇 사람이라도 구원하고자 함이니 내가 복음을 위하여 모든 것을 행함은 복음에 참여하고자 함이라.

이것은 우리의 논의와 상관성이 높은 구절입니다. 피상적으로만 보면 회중석이 강단을 통제해야 한다는 현대인의 주장을 상당 부분 정당화하는 구절처럼 보일 수도 있습니다.

그렇다면 우리는 어떻게 이 구절을 바라보아야 할까요? 사도는 여기에서 실제 설교보다는 일반적인 행동 및 처신의 문제를 주로 다루고 있는 것이 분명합니다. 동시에 진리를 제시하는 방법 내지 수단을 다루고 있다고 생각합니다. 그렇다면 도달하게 되는 결론은 확실합니다. 사도 중의 사도인 바울은—물론 다른 사도들도 마찬가지지만—사람에 따라 메시지의 내용이 달라져야 한다는 뜻에서 이 말을 한 것이 아닙니다. 그가 여기에서 관심을 보이는 것은 메시지를 제시하는 형태입니다. 메시지를 제시하는 문제에 대해 사도가 가르치는 바가 무엇입니까?

여기에서 분명하게 가르치고 있는 바—지금 우리의 관심사가 바로 이것인데—는 설교자가 유연성을 가져야 한다는 것입니다. 이 문제에서 우리는 전통주의자가 되어서도 안 되고 율법주의자가 되어서도 안 됩니다. 이것은 우리 중 많은 이들이 빠지기 쉬운 심각하고도 실제적인 위험입니다. 예스러운 문구를 선호하는 듯한 사람들이 있습니다. 그런 문구를 사용하지 않으면 복음을 설교하는 것이 아닌 양 의심하기도 합니다. 그들은 문구의 종입니다. 예를 들어 청교도에 새롭게 관심을 갖게 된 젊은이들이 마치 17세기 사람들처럼 말하거나 쓰는 경우를 종종 보는데, 그것은 우스꽝스러운 일입니다. 그들은 그 당시 통용되던 문구를 사용할 뿐 아니라 심지어 청교도의 특징으로 생각되는 모습이나 자세까지 흉내 내려 듭니다. 청교도의 특징이 곧 오늘날 그리스도인의 특징은 될 수 없는데도 말입니다. 그들은 타성에 빠져 있습니다. 그것은 전적으로 잘못된 태도입니다.

부수적인 요소들, 잠시 지나가는 종교적 측면들에 관심을 가지면 안 됩니다. 영구적인 것들과 원리에 관심을 가져야 합니다. 사도가 말하는 바가 바로 이것입니다. 그는 이 문제 전반을 놓고 큰 싸움을 싸워야 했습니다. 그는 앞장인 고린도전서 8장에서 우상에게 바친 고기를 먹는 문제를 다룹니다. 그리고 로마서 14장에서도 같은 문제를 다루고 있습니다. 그 당시 사람들은 회심 전에 따랐던 전통에 매여 심각하게 고민하고 있었습니다. 이방 출신 그리스도인들처럼 유대 출신 그리스도인들도 우상에게 바쳤던 고기 문제와 그 밖의 여러 문제로 고민하고 있었습니다. 사도가 그들에게 거듭 말하는 바는 본질적인 부분은 고수하되 본질적이지 않은 문제들은 유연하게 다루라는 것입니다. 그는 "약한 자들"에 대한 관심으로 이 문제를 융통성 있게 처리합니다. 우리는 약한 형제의 연약한 양심을 짓밟지 말고 그를 돕기 위해 노력해야 합니다. 율법에 합당한 일이라도 다른 형제에게 걸림이 된다면 하지 말아야 합니다. "그러므로 만일 음식이 내 형제를 실족하게 한다면 나는 영원히 고기를 먹지 아니하여 내 형제를 실족하지 않게 하리라"(고전 8:13). "내가 말한 양심은 너희의 것이 아니요 남의 것이니"(고전 10:29).

사도가 분명하고도 명백하게 말하는 바는 여러분이 전하는 메시지와 사람들 사이에 편견이 끼어들게 하지 말라는 것입니다. 자신의 개인적인 성향에 따라 행동해서는 안 됩니다. 설교를 듣는 자들이 진리를 아는 지식에 이르도록 최선을 다해서 도와야 합니다. 그러므로 이방인들에게 설교할 때에는 몇몇 유대 출신 그리스도인들이 강요했던 일들을 강요해서는 안 됩니다. 그들이 이방인들에게 강요한 일들은 잘못된 것이었습니다. 이 문제와 관련하여 바울이 안디옥에서 베드로를 "면책" 했던 일을 여러분도 기억할 것입니다. 베드로가 이 문제에 혼동을 보이자 바울이 여러 사람 앞에서 바로잡아 주었습니다. 그 이야기가 갈라디아서 2장에 나오고 있습니다. 그때 바울이 제시한 원리는 지금 여기에서 말하는 본질적인 원리와 똑같은 것입니다.

현대적인 용어를 써서 요약해 봅시다. 우리는 언제나 시대에 맞출 필요가 있습니다. 우리의 목적은 우리 앞에 앉아서 우리 말을 듣고 있는 살아 있는 사람들을 다루는 것입니다. 자기 마음속에 있는 이상적인 설교자상, 이를테면 300년 전의 청교도상이나 100년 전의 설교자상을 가지고 강단에 올라가 아직도 그 시대에 살고 있는 사람인 양 행동해서는 안 됩니다. 그것은 해로운 일입니다. 현대의 회중에게 걸림돌이 되어 더 듣기 힘들게 만들 것입니다. 여하튼 그것은 메시지의 본질에 해당하는 부분이 아닙니다. 물론 과거의 설교자들에게 배울 수도 있고, 마땅히 배우기도 해야 합니다. 그러나 맹목적으로 흉내를 내서는 안 됩니다. 그들이 어떻게 진리를 이해하고 설명했는지 보고 도움을 받을 수는 있지만, 설교의 부수적인 요소들—그 시대에 잠깐 유행했던 습관이나 풍조—에 집착해서는 안 되며, 그것이 마치 진리 그 자체인 양 거의 본질적인 요소로 격상시켜서도 안 됩니다. 그것은 '진리를 붙잡는 일'이 아닙니다. 전통주의일 뿐입니다. 이 점은 설교하는 태도뿐 아니라 예배 형태나 옷차림을 비롯한 다른 많은 문제에도 그대로 적용됩니다.

융통성의 제한선

바울의 주장은 실제로 메시지를 전달하는 양식에서는 융통성을 발휘하라는 것임이 확실합니다. 그러나 이러한 원칙에도 제한선이 있음을 명백히 합시다. 우리는 옛 것에 집착하거나 율법적이 되어서는 안 되지만, 여기에도 제한선은 있습니다. 그중 한 가지는 '목적이 수단을 정당화하지 못한다'라는 것입니다. 목적만 좋으면 수단이야 아무래도 좋다는 주장을 오늘날 흔히 듣게 됩니다. 사람들은 "어쨌든 이 방법으로 사람들이 회심했다"라는 말을 자주 합니다. 그러나 우리는 그러한 예수회의 주장을 받아들여서는 안 되며, 그래서는 안 될 합당한 이유들도 이미 알고 있습니다.

둘째로, 우리는 언제든지 메시지에 배치되지 않는 방법, 메시지와 일치되며 조화를 이루는 방법을 써야 합니다. 이 또한 지금 우리 시대에 아주 중요하게 생각해야 할 점입니다. 지극히 진지하고 성실하며 정직한 이들, 분명히 선한 의도로 사람들을 구원하고자 하는 이들이 있습니다. 그러나 그런 이들조차 사람들과 접촉해서 쉽게 메시지를 믿게 하려는 욕심이 지나친 나머지 제가 메시지에 배치된다고 말하는 일들을 합니다. 그러나 어떤 방법이든 메시지에 어긋나는 순간, 해로운 것이 되고 맙니다. 앞서 말했듯이 융통성을 발휘합시다. 그러나 메시지와 배치되는 지점까지 나아가지는 맙시다.

이것은 성경적인 원리로 보아도 합당한 일이지만, 현실적으로도 합당한 일임이 입증되고 있습니다. 현대적인 방법론에 지나친 관심을 쏟는 이들이 사실은 불쌍할 정도로 심리학에 무지한 것을 보면서 저는 늘 놀라곤 합니다. 그들은 인간의 본성을 잘 모르는 것 같습니다. 실제로 세상은 우리가 자신들과 다르기를 바랍니다. 결국 우리나 그들이나 비슷하며 거의 다를 바가 없다는 점, 달라 보았자 아주 사소한 차이에 불과하다는 점을 부각시킴으로써 그들의 마음을 얻으려 하는 것은 신학적으로 잘못된 생각일 뿐 아니라 심리학적으로도 근본부터 잘못된 생각입니다.

잘 알려진 예를 들어 제 말뜻을 설명해 보겠습니다. 제1차 세계대전 말기에 '우드바인 윌리 Woodbine Willie'로 널리 알려졌던 영국의 성직자가 있습니다. 그에게 왜 이런 별명이 붙었을까요? 그는 군목으로 큰 성공을 거둔 사람이었습니다. 그런데 그는 그 성공의 이유를 참호 속의 병사들과 친밀하게 어울린 데서 찾았고, 다른 많은 이들도 그 말에 동의했습니다. 그는 병사들과 함께 담배를 피우며 어울렸는데, 특히 사람들이 '우드바인'이라고 부르던 값싼 '와일드 우드바인' 담배를 피웠습니다. 1914년 이전에는 1페니만 주어도 우드바인 다섯 개비를 살 수 있었습니다. 그런 값싼 담배를 피우는 사람들은 장교들이 아닌 일반 사병들이었습니다. 그래서 본명이 스투더트 케네디였던 이 군목은 사람들의 마음을 편하게 해 주고 군목 사역을 원활히 하기 위해 우드바인 담배를 피웠고, 결국 '우드바인 윌리'라는 별명까지 얻게 된 것입니다. 그뿐 아니라 그는 대부분의 군인들이 욕을 입에 달고 사는 모습을 보고 자신도 그대로 따라했습니다. 자신은 욕할 생각이 없지만 그들의 마음을 얻으려면 그들이 쓰는 말을 써야 하며 모든 면에서 그들과 똑같이 되어야 한다는 생각 때문이었습니다. 확실히 그는 그 점 때문에 유명한 인물이 되었습니다. 제2차 세계대전이 끝난 후, 그는 전국을 돌아다니면서 자신의 생각을 가르쳤고 다른 설교자들도 자기처럼 할 것을 촉구했습니다. 그 결과 많은 이들이 같은 일을 시도하기에 이르렀습니다. 그러나 역사는 그것이 완전한 실패였으며 일시적인 '묘기' 내지는 '속임수'에 불과했다는 판결을 내렸습니다. 잠시 동안은 명성을 누렸지만, 얼마 지나지 않아 교회의 뇌리에서 완전히 잊혀지고 만 것입니다. 물론 한동안은 대단한 선풍을 일으켰지만 말입니다.

신약성경의 관점에서 볼 때 그것은 완전한 오류에 근거한 접근법입니다. 죄인들이 주님께 관심을 보인 것은 그분이 남달랐기 때문입니다. 그분께 어딘가 남다른 데가 있었기 때문에 다가갔던 것입니다. 누가복음 7장에 나오는 가련하고 죄 많은 여자는 바리새인들에게 다가가 눈물로 그 발을 씻기고 머리털로 닦지 않았습니다. 그렇습니다. 그 여자는 주님에게서 무언가 다른 것—순결함과 거룩함과 사랑—을 감지했고, 그래서 그분께 다가갔습니다. 그 여자를 잡아끈 것은 다른 사람들과는 근본적으로 다른 주님의 모습이었습니다. 세상은 언제나 우리가 자신들과 다르기를 기대합니다. 세상 사람들과 놀랄 만큼 닮았다는 것을 보여 줌으로써 기독교 신앙으로 이끌겠다는 생각은 신학적으로나 심리학적으로나 크나큰 실수가 아닐 수 없습니다.

같은 원리를 현대에 더 깊이 적용할 수 있습니다. 가톨릭교도나 개신교도나 실제로는 다르지 않다는 점을 보여 줌으로써 가톨릭교도를 개종시키려는 어리석은 사람들이 있습니다. 그러나 회심한 가톨릭교도들에게 물어보면 오히려 자신들과 다른 점에 끌렸다고 말할 것입니다. "작용과 반작용은 대등하면서도 반대되는 것이다." 현대인의 생각은 신학적으로 틀렸을 뿐 아니라 심리학적으로도 틀렸습니다.

우리가 이런 방법을 쓸 수 없는 것은 우리가 다루는 주제부터 판이하게 다르기 때문입니다. 이 영역에서 우리가 다루는 주제는 하나님과 하나님에 대한 지식이며 하나님과 우리의 관계입니다. 그러므로 우리는 모든 것을 "하나님 아래" 두어야 하며 "경건함과 두려움으로" 다루어야 합니다. 이 일을 하는 주체는 우리가 아닙니다. 책임지고 통제하는 주체도 우리가 아닙니다. 이것은 오직 하나님이 하시는 일입니다. 그런데 그 하나님은 "소멸하는 불"이시므로 "경건함과 두려움으로" 나아가야 합니다(히 12:28-29).

더욱이 모든 이들의 영혼이 나면서부터 어떤 상태에 놓이게 되는지 그 심각성을 안다면, 그들이 전부 길을 잃어 영원히 멸망당할 처지에 놓여 있으며 구원이 필요하다는 사실을 안다면, 결코 가벼운 오락을 동원하거나 손쉬운 친숙함을 도모하지 못할 것이며 익살도 떨지 못할 것입니다. 그뿐 아니라 그런 방법으로는 진리를 부각시킬 수도 없습니다. 우리의 임무는 진리를 설교하는 것입니다. 물론 그런 방법들로도 심리적인 영향이나 그 밖의 영향은 끼칠 수 있으며 이른바 '결단'으로 이끌 수도 있습니다. 그러나 우리의 목표는 단순히 결단으로 이끄는 것이 아니라 진리를 아는 지식으로 이끄는 것입니다.

더 나아가 우리는 사람들의 필요가 그저 생각이나 사고나 행동을 약간 바로잡는 일이라는 인상을 주어서는 안 됩니다. 그것은 메시지에 방해가 됩니다. 우리가 전하는 메시지는 모든 사람이 '거듭나야 한다'는 것이며, 거듭나지 않는 한 아무리 대단한 일을 경험해도 하나님과의 관계라는 점에서는 아무 가치가 없다는 것입니다. 신약성경은 불신자가 총체적으로 잘못되어 있다고 가르칩니다. 이를테면 예술관이나 연극관만 잘못된 것이 아니라는 것입니다. 모든 부분이 잘못되었다는 것입니다. 개별 관점들이 잘못된 것은 전체 관점이 잘못된 탓이고, 전체 관점이 잘못된 것은 그 사람 자체가 잘못된 탓입니다. 기준은 이것입니다. "너희는 먼저 그의 나라와 그의 의를 구하라. 그리하면 이 모든 〔다른〕 것을 너희에게 더하시리라"(마 6:33). 여러분이 "그의 나라와 그의 의" 대신 "다른 것"을 강조하면 실패할 수밖에 없습니다. 그것은 여러분에게 맡겨진 메시지를 무시하는 태도입니다.

'설득당해서' 하나님 나라에 들어간 사람은 아무도 없습니다.

그것은 불가능한 일입니다. 그런 일은 과거에도 없었고 앞으로도 없을 것입니다. 우리는 죄를 지었다는 점에서 다 똑같은 사람들입니다. "온 세상으로 하나님의 심판 아래에 있게 하려 함이니라." 우리는 영적으로 똑같은 상황에 처해 있습니다. 따라서 저는 고린도전서 9:15-27 말씀이 가르치는 바는 '우리가 전하는 말을 사람들에게 분명하고도 명백하게 이해시키기 위해 최선을 다해야 한다'는 것이라고 주장하는 바입니다. 메시지에 부수적으로 따르는 요소들이나 우리 자신의 편견 내지 성향이 메시지를 방해하게 해서는 안 됩니다. 그런 의미에서, 오직 그런 의미에서만 우리는 "여러 사람에게" "여러 모습"이 되어야 하는 것입니다.

변함없는 설교의 힘

마지막으로 하고 싶은 말은, 성령과 그의 능력을 잊고 있는 것이야말로 현대적 시각의 진정한 문제라는 것입니다. 우리는 심리 이해의 전문가들이 다 된 나머지 사람들을 여러 부류—심리적, 문화적, 국가적 부류—로 나누어 놓고 한 부류에게 옳은 것이 다른 부류에게는 옳지 않다는 결론을 내림으로써 결과적으로는 복음을 부인하는 죄를 짓고 있습니다. "거기는 헬라인이나 유대인이나 할례파나 무할례파나 야만인이나 스구디아인이나 종이나 자유인이 차별이 있을 수 없나니." 이것은 한 복음이며, 유일한 복음입니다. 복음은 온 세상 모든 인류를 위한 것입니다. 인류는 하나입니다. 그런데 우리는 현대 심리학 이론을 채택하는 심각한 잘못을 저지름으로써, 때로는 메시지로부터 자신을 보호하기 위해, 더 자주는 우리에게 전달할 특권이 있는 메시지에 일치되거나 조화되지 않는 방법을 정당화하기 위해 진리를 기피하는 자리로 나아가 버렸습니다.

8

메시지의 성격

회중석과 강단의 관계, 청중과 설교자의 관계는 가장 중요한 문제입니다. 고린도전서 9장에서 이 문제에 관한 사도의 가르침을 살펴보았으니, 이제 몇 가지 결론을 끌어내 봅시다.

회중석은 결코 강단에 지시를 내리거나 강단을 통제해서는 안 된다는 것을 저는 분명한 원리로 제시하고자 합니다. 현대에는 특히 이 점을 크게 강조할 필요가 있습니다.

회중석을 주의깊게 살펴보라

그러고 나서 똑같이 크게 강조할 점은, 그럼에도 불구하고 설교자는 회중석에 앉아 있는 사람들의 상태를 평가하여 설교를 준비할 때나 전달할 때 참작해야 한다는 것입니다. 제가 어떤 식으로 말하고 있는지 잘 보십시오. 청중이 설교자를 통제하는 것이 아니라 설교자가 청중의 상태와 입장을 평가하는 것입니다. 제가 이렇게 주장하는 성경적인 근거를 제시해 보겠습니다. 여러 가지가 있지만, 그중에서도 좀 더 명백한 근거 몇 가지를 골라서 말씀드리려 합니다. 고린도전서 3장 서두에 나오는 바울의 말을 예로 들어 봅시다. "형제들아, 내가 신령한 자들을 대함과 같이 너희에게 말할 수 없어서 육신에 속한 자 곧 그리스도 안에서 어린아이들을 대함과 같이 하노라. 내가 너희를 젖으로 먹이고 밥으로 아니하였노니 이는 너희가 감당하지 못하였음이거니와 지금도 못하리라. 너희가 아직도 육신에 속한 자로다……." 바울은 분명히 자신이 고린도 사람들의 상태에 영향을 받았다고 말하고 있습니다. 그들이 바울에게 지시한 것이 아닙니다. 오히려 그가 그들을 평가한 후에 그것을 일부 참고하여 어떻게 설교해야 할지 결정한 것입니다.

두 번째 예를 들어봅시다. 히브리서 5:11부터 나오는 말씀입니다. 히브리서 기자는 주님을 "멜기세덱의 반차를 따른 대제사장"으로 부릅니다. 그리고 연이어 다음과 같이 말합니다.

> 멜기세덱에 관하여는 우리가 할 말이 많으나 너희가 듣는 것이 둔하므로 설명하기 어려우니라. 때가 오래되었으므로 너희가 마땅히 선생이 되었을 터인데 너희가 다시 하나님의 말씀의 초보에 대하여 누구에게서 가르침을 받아야 할 처지이니 단단한 음식은 못 먹고 젖이나 먹어야 할 자가 되었도다. 이는 젖을 먹는 자마다 어린아이니 의의 말씀을 경험하지 못한 자요. 단단한 음식은 장성한 자의 것이니 그들은 지각을 사용하므로 연단을 받아 선악을 분별하는 자들이니라.

이번에도 똑같은 원리가 나오고 있습니다. 히브리서 기자는 위대한 대제사장이신 주님에 대한 교리를 가르치고 싶지만 그렇게 할 수 없다고 생각합니다. 왜냐하면 그 교리를 받아들일 만한 능력이 듣는 자들에게 아직 없다고 판단했기 때문입니다.

이것은 사람을 가르칠 때 기초적으로 필요한 절차입니다. 어떤 영역에서든 교사가 가장 먼저 해야 할 일은 청중이나 제자나 학생들의 능력을 평가하는 것입니다. 설교자는 이 기본적인 법칙을 항상 염두에 두고 거듭 상기할 필요가 있습니다. 젊을 때는 특히 더 그렇습니다. 젊은 설교자는 청중을 있는 그대로 보기보다 자신이 원하는 수준으로 보고 설교하는 잘못을 흔히 저지릅니다. 그것은 어느 정도 피할 수 없는 일이기도 합니다. 그는 위대한 설교자들의 전기를 읽었고, 어쩌면 청교도들의 책을 읽었을 수도 있습니다. 그 결과 설교에 대해 이상적인 그림을 그리고 있습니다. 그래서 청교도들—그들은 때로 세 시간씩 설교했습니다—의 설교를 들었던 청중은 거의 한 세기에 걸쳐 여러 모로 훈련된 사람들이었다는 사실을 잊은 채, 자신도 그들처럼 길게 설교하려 듭니다.

곁길로 갈 생각은 없습니다만, 사람들은 우리가 쉽게 접할 수 있는 청교도의 주요 저작들이 약 100여 년에 걸쳐 청교도 신앙이 확립되었던 17세기 중반에 쓰였다는 사실을 가끔 잊어버리는 것 같습니다. 그 설교를 들었던 청중은 교육받고 훈련받은 준비된 사람들이었기에 그토록 긴 설교의 상세한 설명과 논증을 따라갈 수 있었던 것입니다. 이 점을 이해하지 못한 젊은 설교자가 오늘날에도 청교도들처럼 몇 시간 동안 설교한다면, 얼마 가지 않아 단 한 사람의 청중도 남지 않을 것입니다. 이처럼 설교자가 설교 들을 사람들에 대해 평가하는 것은 지극히 중요한 일입니다.

우습게 들릴지 모르지만, 최근에 일어난 일을 예로 들어 보겠습니다. 런던의 한 교회와 연계되어 매주 모이는 여성들이 있었습니다. 그것은 교회 여성도들을 위한 모임이 아니라 지역 내 가난한 여성들을 위한 모임이었습니다. 그 모임의 성격은 주로 전도를 위한 것으로서, 수년 동안 그 역할을 잘 감당해 왔습니다. 그들은 매주 다양한 강사들을 초빙해서 강연을 들었습니다. 청중 대부분은 가난하고 나이 든 여성들이었습니다. 젊은 여성들은 집안일로 바빴고 여러 가지 형태로 일하러 나가는 경우도 많았기에 모임의 평균 연령은 점차 높아지고 있는 추세였습니다. 그래도 매주 40명에서 50명 가량의 여성들이 모였습니다. 강사를 찾는 문제가 점점 어려워졌지만, 어쨌든 기꺼이 와서 도우려는 이들은 많았습니다. 어느 주에 그 교회 교인인 젊은 전문직 남자가 그들에게 강연을 하게 되었습니다. 그는 그 나이 든 부인들 앞에서 삼위일체에 대해 이야기했습니다! 제가 이 이야기를 하는 것은 그런 일이 얼마나 우스꽝스러운지 보여 드리기 위해서입니다. 이 사람은 지적인 훈련을 받은 전문직 종사자로서 자신이 강연할 대상에 대해 어느 정도 생각했음직한 사람입니다. 그런데도 그는 그 부분을 고려조차 하지 않았던 것이 분명합니다. 아마 그 즈음에 삼위일체에 대한 책이나 글을 읽었을지도 모르겠습니다. 그의 강연은 당연히 무용지물이 되었습니다. "어린아이"에게는 "단단한 음식"이 아닌 젖을 주어야 합니다. 이것이 사도 바울과 히브리서 기자가 공히 가르치고 있는 원리입니다.

정확한 평가의 필요성

몇 가지 부언할 내용이 있습니다. 회중을 평가하는 것은 설교자의 의무이자 본분입니다. 그러나 충실하고 정확한 평가를 내리도록 주의해야 합니다. 이것은 강조할 필요조차 없이 분명한 일입니다. 위험은 강단과 회중석, 어느 쪽에서도 발생할 수 있습니다. 강단도 회중석에 대해 잘못된 평가를 내릴 수 있고, 회중석도 자신들에 대해 잘못된 평가를 내릴 수 있습니다. 저는 분명히 양쪽 모두의 잘못이 크며, 그것이 현재의 상태를 몰고 온 주된 이유이자 원인이라고 생각합니다.

이 문제에서 강단이 주로 부닥치게 되는 위험은, 현재 교회에 다니면서 스스로 그리스도인이라고 생각할 뿐 아니라 그렇게 주장하는 사람들을 전부 그리스도인으로 가정해 버리는 것입니다. 제가 볼 때 이것이야말로 가장 치명적인 실수요 흔한 실수인 것이 확실합니다. 이런 가정이 위험하고 잘못된 이유는, 그럴 경우 무슨 예배를 드리든 그리스도인 신자들에게 맞추어 설교하게 된다는 데 있습니다. 설교자는 항상 교육적인 메시지만 전할 것이며, 전도적인 요소나 관심은 거의 전적으로 무시하게 될 것입니다.

이것은 아주 크고도 심각한 오류입니다. 이렇게 말하는 이유를 말씀드리겠습니다. 우선 저 자신의 경험부터 이야기해 보겠습니다. 수년 동안 저는 그리스도인이 아니면서도 그리스도인이라고 생각하고 있다가 나중에서야 그렇지 않음을 깨닫고 그리스도인이 되었습니다. 물론 그 전에도 교인으로서 교회에 출석했고 정기적으로 예배도 드렸습니다. 그래서 대부분의 설교자들처럼 다른 사람들도 제가 그리스도인일 것이라고 가정했지만, 그 가정은 틀렸습니다. 그들은 저의 상태를 정확하게 평가하지 못했습니다. 그 당시 저에게 필요했던 것은 죄를 깨우치고 저의 필요를 보여 줌으로써 진정으로 회개케 하는 설교, 중생에 대해 말해 주는 설교였습니다. 그러나 저는 그런 설교를 한 번도 들은 적이 없었습니다. 우리가 전부 그리스도인일 것이라는 가정, 그렇지 않다면 회중석에 앉아 있지 않으리라는 가정에 근거한 설교만 늘 들었습니다. 제가 생각할 때 이것이야말로 특별히 20세기 교회가 저지른 가장 중대한 잘못 가운데 한 가지입니다.

설교자와 목회자로서 저는 이런 생각을 강화시켜 주는 경험을 여러 번 했습니다. 정식 교인이 되는 문제에 대해 의논하려고 목회실로 찾아오는 교인들과 대화할 때 가장 흔하게 경험한 것이 바로 이런 것이었다고 정확히 말씀드릴 수 있습니다. 저는 그들이 왜 정식 교인이 되기를 원하는지, 무슨 일을 경험했는지 등을 물었습니다. 그때 가장 공통적으로 들었던 대답, 특히 런던에서 30년이 넘도록 들었던 대답은 다음과 같은 것이었습니다.

그들—그 가운데에는 대학에 다니고 있거나 갓 졸업한 젊은이들이 아주 많았습니다—이 런던에 있는 대학에 진학하기 위해 고향에서 다니던 모 교회를 떠나올 무렵에는 스스로 그리스도인임을 확신했고 거기에 아무 의심도 품지 않았습니다. 개중에는 런던으로 출발하기 전 주일에 모 교회에 물어서 우리 교회로 찾아온 사람도 있었고, 모 교회 쪽에서 우리 교회에 맡긴 사람도 있었습니다. 그런데 그런 식으로 우리 교회에 와서 설교를 들었을 때, 특히 주일 저녁예배 설교—이미 말했듯이 주일 저녁에는 항상 전도 설교를 했습니다—를 들었을 때 가장 먼저 깨달은 사실은 자신들이 그리스도인이 아니었다는 것, 그동안 잘못된 가정에 따라 살고 있었다는 것이었습니다. 처음에는 그 때문에 괴로웠다고 정직하게 고백한 이들도 있었습니다. 싫고 불쾌했지만 그것은 사실이었습니다. 아무리 싫어도 그것이 진실임을 깨달은 그들은 계속 교회에 나왔습니다. 그런 상태는 몇 달씩 계속되었습니다. 그들은 영혼의 큰 고통 가운데 회개의 기간을 거쳐야 했습니다. 과거에도 스스로 그리스도인이라고 착각했던 경험이 있었기 때문에 또 같은 실수를 할까 봐 두려워서 그 어느 것도 신뢰할 수가 없었습니다. 그러나 결국에는 진리를 분명히 깨닫고 그 능력을 경험하게 되었으며, 진정한 의미의 그리스도인이 되었습니다. 이것은 제가 목회하면서 가장 흔하게 경험했던 일입니다. 이런 일을 보면 예배에 정기적으로 참석한다고 해서 그리스도인일 것이라고 가정하는 것이 얼마나 위험한 잘못이며 완벽한 잘못인지 알 수 있습니다.

또 다른 이야기, 좀 더 놀라운 이야기를 해 드리겠습니다. 이 이야기를 하는 것은 이 점이 얼마나 중요한지 알리고 싶어서입니다. 1932년 캐나다 토론토에서 9주 동안 설교했던 것은 제게 큰 기쁨이자 특권이었습니다. 첫 주일 아침에 그 교회 목사님이 환영해 주신 일이 지금도 생생하게 기억납니다. 그는 휴가 중이었지만, 아직 시내에 있었습니다. 그는 저를 회중에게 소개했고, 저는 환영에 답하는 말을 하면서 제가 설교하는 방식을 간단히 알리는 편이 현명하겠다고 생각했습니다. 그래서 주일 오전에는 대체로 신자들을 대상으로 양육 설교를 하겠지만, 저녁에는 회중 가운데 많은 비중을 차지하고 있을 비그리스도인들을 대상으로 설교하겠다고 말했습니다. 어떻게 보면 지나치듯이 가볍게 한 말이었습니다.

그날 오전예배를 마쳤을 때 목사님이 자신과 함께 문가에 서서 나가는 사람들과 악수를 나누겠느냐고 물었습니다. 그래서 그러기로 하고 많은 이들과 악수를 나누는데, 갑자기 목사님이 이렇게 속삭였습니다.

"저기 천천히 나오고 있는 노부인을 보세요. 이 교회에서 제일 중요한 분이지요. 아주 부자일 뿐 아니라 제 목회의 가장 큰 후원자이기도 합니다."

그것은 다시 말해서 그 부인에게 최대한 호의를 표시해 달라는 뜻이었습니다. 더 설명하지 않아도 어떤 상황인지 짐작이 될 것입니다! 그 노부인은 우리 쪽으로 걸어 나왔고, 우리는 말을 걸었습니다. 그때 일어난 일을 저는 결코 잊지 못할 것입니다. 그때 배운 교훈이 아직도 제 마음에 깊이 새겨져 있습니다. 그 부인은 말했습니다.

"저녁에는 믿지 않는 사람들을 대상으로 설교하고 오전에는 믿는 자들을 대상으로 설교하겠다고 하셨지요?"

"그렇습니다."

"오전에 목사님 말씀을 듣고 나서 저녁예배 때도 오기로 했습니다."

그 부인은 저녁예배에는 한 번도 나오지 않고 오전예배만 나오던 사람이었습니다. 그런데 저녁에도 오겠다고 말한 것입니다. 그때의 당혹스러운 상황을 어떻게 설명해야 할지 모르겠습니다. 제 옆에 서 있던 목사님이 '저 사람이 내 목회를 망치고 있구나'라고 생각하면서 저를 자기 강단에 세운 일을 뼈저리게 후회하고 있는 것이 느껴졌습니다.

물론 그 부인은 그날 저녁에도 나왔을 뿐 아니라 제가 그곳에 머무는 내내 저녁예배에 참석했습니다. 개인적으로 부인의 집에 찾아가서 대화를 나누어 보니 자신의 영적인 상태에 대해 아주 불만스러워하고 있었고, 자기가 어떤 위치에 있는지도 잘 모르고 있었습니다. 그는 섬세하고 관대한 성격의 소유자로서 모범적인 삶을 살고 있었기 때문에 목사님뿐 아니라 모든 사람이 그를 특별히 훌륭한 그리스도인으로 생각하고 있었습니다. 그러나 그는 그리스도인이 아니었습니다.

이처럼 교인으로서 정기적으로 예배에 참석한다고 해서 그리스도인일 것이라고 가정하는 것은 가장 치명적인 잘못 중 하나입니다. 저는 오늘날 교회가 이런 상태에 빠지게 된 주된 이유가 여기 있다고 생각합니다. 우리는 이 부분에서 매우 조심할 필요가 있습니다.

속지 말라

청중도 마찬가지입니다. 청중도 똑같이 잘못된 가정을 하기 쉽습니다. 그들은 스스로 그리스도인이라고 생각하기 때문에 그렇지 않다는 가정하에 전하는 설교를 싫어하는 경향이 있습니다. 그들에게 무엇보다 필요한 것이 바로 그런 설교인데도 말입니다. 이번에도 예를 들어 보겠습니다. 제가 아는 한 여성은 새로 오신 목사님의 설교를 1년 동안 들어 본 후 교회를 떠나 버렸습니다. 그가 교회를 떠난 이유는 이것이었습니다.

"그 목사님은 우리를 죄인 취급하면서 설교한다니까요."

그것은 끔찍한 일이었습니다! 마음도 불편했고, 진정으로 자기를 점검하고 살펴보아야 할 것 같은 압박감도 느껴졌습니다. 그는 그것이 싫었습니다. 그래서 30년 동안 교회에 다녔으면서도 막상 진리가 직접적이고 인격적인 방식으로 다가오자 적대감을 드러냈습니다. 그가 좋아하는 설교는 성경을 일반적으로 해석해 주는 설교, 신자들을 대상으로 한 설교였습니다. 그런 설교는 마음을 상하게 하지도 않았고 혼란스럽게 만들지도 않았으며 사람의 속을 살피지도 않았고 정죄하지도 않았습니다. 그는 그런 설교는 아주 좋아했지만, 인격적이고 직접적인 설교는 싫어했습니다.

이것은 흔하디흔한 태도로서, 회중을 평가할 때 바로 이 점에 주의할 필요가 있습니다. 잘 알려진 런던 복음주의 단체의 뛰어난 지도자 한 사람에게서 편지를 받은 적이 있습니다. 이름은 익히 알고 있었지만 직접 만난 적은 없는 사람이었습니다. 저는 편지를 뜯으면서 그의 이름을 알아볼 수 있었습니다. 그는 그 전주 주일 저녁에 우리 교회 예배에 참석했다가 아주 이상한 사실을 발견했다고 말했습니다. 자기 같은 나이와 신분을 가진 신자가, 불신자를 위한 전도예배를 통해서도 유익을 얻을 수 있다는 사실 말입니다. 자신은 평생토록 이런 일이 가능하리라고 생각지 않았다고, 자기 같은 신자가 전도예배에서 할 수 있는 일이라고는 그저 불신자들을 위해 기도하는 것이 전부인 줄 알았다고, 자신은 이미 그 단계를 지나왔으므로 전도예배에서 무슨 유익을 기대하지 않았다고 말했습니다. 그런데 놀랍게도 그날 저녁예배가 자신을 감동시키고 사로잡는 경험, 자신에게 무슨 일인가를 해 주고 무언가를 제공해 주는 경험을 한 것입니다. 지금까지는 그런 일이 가능하다고 생각지 않았습니다. 생애 처음으로 그런 일을 경험했기에 저에게 편지로 알려야겠다고 느낀 것입니다.

　이것은 아주 심각한 문제임이 분명합니다. 이런 생각은 설교자와 그가 하는 일에 영향을 끼치기 때문입니다. 사람들은 왜 이처럼 잘못된 가정을 하는 것일까요? 제가 보기에는, 스스로 그리스도인이라고 생각하는 많은 이들이 지적으로는 성경을 받아들였어도 말씀의 능력에 사로잡히는 경험은 한 번도 하지 못했기 때문인 것 같습니다. 그들은 말씀의 능력을 맛본 적이 없습니다. 순전히 지적인 가르침만 받아들였을 뿐입니다. 이처럼 실제로 말씀의 능력에 사로잡힌 적이 한 번도 없기 때문에 참으로 회개한 적 또한 한 번도 없습니다. 물론 죄를 슬퍼했을 수는 있습니다. 그러나 그것은 회개가 아닙니다. 바로 이런 이유 때문에 말로는 신자라고 하지만 사실은 신자가 아닌 사람들이 많이 생기는 것입니다.

　참된 신자는 언제나 말씀의 능력을 느끼며, 그 능력으로 자기 죄를 깨닫습니다. 어떤 의미에서 믿음은 단번에 얻는 것이지만, 또 다른 의미에서는 단번에 얻는 것이 아닙니다. 그리스도인을 자처하는 사람이 참된 전도 설교를 듣고서도 다시금 죄를 깨달으며 자신의 무가치함을 절감하지 않는다면, 복음의 해결책이 제시되는 것을 듣고서도 기뻐하지 않는다면, 그는 본질적으로 무언가 잘못되어 있는 것입니다. 제게 편지를 보낸 사람이 경험한 일이 바로 그것이었습니다. 그가 알고 있던 가르침이나 그의 머리보다 마음이 훨씬 더 건전한 반응을 보였습니다.

　전도 설교를 듣고서도 아무 감흥과 감동이 없다면 자신이 정말 그리스도인이 맞는지 확인해 볼 필요가 있습니다. 참된 신자가 죄의 심히 죄됨을 드러내며 복음의 영광을 나타내는 설교를 듣고서도 다음과 같은 두 가지 반응을 보이지 않는다는 것을 저는 상상할 수가 없습니다. 그 한 가지는, 자기 마음의 무서운 병을 생각하면서 '내가 정말 그리스도인이 맞을까'라는 느낌에 잠시 사로잡히는 것입니다. 그리고 또 한 가지는 자신을 구원해 준 영광스러운 복음의 치료책 앞에 기뻐하는 것입니다. 저는 예배 후에 그런 이야기를 수없이 들었습니다. 남자 교인이나 여자 교인이 저를 찾아와 "목사님, 만약 전에 제가 회심하지 않았다면 오늘 밤 틀림없이 회심했을 겁니다"라고 말하곤 했습니다. 이것은 언제 들어도 기분 좋은 말입니다. 사람들이 복음의 능력을 다시 한 번 느끼고 그 모든 진리를 다시 한 번 깨달아, 이를테면 회심의 경험을 거의 또 한 번 했다는 뜻이기 때문입니다. 제가 주장하고 싶은 바는, 그리스도인을 자처하면서도 어떤 형태로든 이 영광스러운 복음이 제시되는 순간마다 그 능력에 사로잡히지 않는 사람은 틀림없이 근본적으로 잘못된 데가 있다는 것입니다.

다시 말해서 설교자는 '이 사람들은 그리스도인이니까……' 하면서 사람들을 너무 확실하게 분류해 버리는 죄를 지어서는 안 됩니다. 여러분은 그들이 정말 그리스도인인지 아닌지 분명히 확인해 볼 필요가 있습니다. 많은 이들이 "그럼요, 우리는 전도집회에서 결단하고 그리스도인이 되었습니다. 그러니까 우리에게 필요한 것은 오직 가르침과 양육뿐입니다"라고 말하는 경향이 있기 때문입니다. 저는 그런 생각에 아주 강력히 반대하면서, 모든 교회가 매주 한 번씩은 전도예배를 드릴 것을 촉구합니다. 저는 이것을 절대적인 법칙으로 내세우기에 조금도 주저함이 없습니다. 이미 말했듯이 이 부분의 혼란이야말로 오늘날 모든 나라의 교회들이 안고 있는 주된 문제라고 믿기 때문입니다.

수년 전 한 노인이 했던 말이 잊혀지지 않습니다. 우리는 특별히 웨일스 교회들의 영적 상태와 영성이 안타깝게도 쇠락하고 있는 문제에 대해 논의하던 중이었습니다. 우리가 무엇보다 염려한 것은 18세기 복음주의 각성 운동의 결과로 시작된 장로교회―칼뱅주의를 표방하는 감리교회―의 상황이었습니다. 그 위대하고 영광스러웠던 시대의 역사를 읽었던 저는 그에게 물었습니다.

"첫 100년 동안의 장로교 초기 역사에 기록된 상황이 오늘날 우리가 알고 있는 이런 상황으로 변화된 시점이 언제일까요?"

"1859년 부흥 직후가 확실하지."

"어쩌다가 그렇게 되었을까요?"

"그 부흥은 너무 강력해서 거의 모든 사람을 교회로 쓸어 담았다고 할 정도였네. 부흥이 일어나기 전에는 '교회'와 '세상'이 확실히 구분되었지. 정식 교인으로 받아들이기 전에 심사도 엄격히 했고. 그 결과 1859년 전까지는 일반 교인이나 청중으로 공예배에 참석해서 설교를 들으면서도 정식 교인이 되지 못한 사람들이 많이 있었다네."

이것은 아주 흥미로우면서도 중요한 점입니다. 오늘날 교회에서 이런 경우를 찾아보기가 얼마나 힘든지 모릅니다. 그러나 약 19세기 중반까지도 대부분의 비감독교회들에는 정식 교인 외에 일반 교인과 청중이 있었습니다. 그런데 부흥의 시기에 위대한 성령의 역사가 일어난 후 일부 변화가 생겼고, 정식 교인의 자녀로서 유아세례를 받은 아이들을 그리스도인으로 간주하는 사례가 늘어났습니다. 설교자들이 모든 청중을 그리스도인으로 간주하여 전도 설교를 중단해 버렸고, 전도예배를 아예 드리지 않는 경우도 종종 발생했습니다. 이처럼 모든 사람을 그리스도인으로 여겨서 양육에만 집중한 결과, 복음의 능력을 한 번도 경험한 적이 없으며 죄를 깨우치는 설교 또한 한 번도 들어보지 못한 세대가 자라나게 되었습니다.

이미 말했듯이 저도 개인적으로 그런 세대에 속한 사람입니다. 1859년 부흥 이후 제2세대 교인으로서, 나중에서야 제가 진정으로 죄를 깨우치는 설교를 한 번도 듣지 못했다는 사실을 알게 되었습니다. 저는 여러 가지 정해진 질문에 바른 대답을 할 수 있었기 때문에 정식 교인이 되었습니다. 그러나 경험적인 의미에서는 어떤 질문이나 검토도 받은 적이 없었습니다. 교회에 출석하니까 당연히 그리스도인이고, 부모가 믿으니까 당연히 그리스도인이라고 생각하는 이런 경향은 아무리 비판해도 지나치지 않습니다. 다른 측면에서 말하자면, 모두가 그리스도인으로 여겼던 사람이 갑자기 회심해서 참된 그리스도인이 되는 모습을 보는 것이야말로 설교자 평생에 가장 흥분되는 경험 중 하나라고 할 수 있습니다. 그런 일이 집단적으로 일어나는 것보다 더 교회의 생명력에 강력한 영향을 끼치는 일은 없습니다.

한 번의 예배로는 부족하다

저는 예배에 참석하는 모든 사람이 복음의 능력에 사로잡힐 필요가 있다고 주장하는 바입니다. 복음은 단지 지적인 사람들만을 위한 것이 아닙니다. 항상 양육하고 가르치기 위한 강해 설교만 할 경우, 교인들은 마음이 단단하고 차가워질 뿐 아니라 때로는 거칠어지고 자만에 빠질 것입니다. 바리새적인 회중을 만들기에 그보다 더 쉬운 방법은 없습니다. 이 잘못된 태도가 빚어내는 또 하나의 결과는, 사람들이 일주일에 한 번만 예배에 참석하게 된다는 것입니다. 그들은 한 번이면 충분하다고 생각합니다. 그 이상은 필요치 않습니다! 사람들은 대개 주일 오전예배만 참석하는, 이른바 '주 1회용' 교인이 됩니다.

이것은 참으로 개탄할 만한 일입니다. 제가 지적하려는 첫 번째 요점은, 강단과 회중석 양쪽에서 사람들을 잘못 평가했기 때문에 이런 결과가 초래되었다는 것입니다. 양쪽이 똑같이 모든 사람을 그리스도인으로 진단하는 바람에 진짜 그리스도인이 맞는지 확인시켜 줄 설교를 듣지 못하게 된 것입니다. 이 문제를 바로잡으려면, 성경적인 의미에서 분명히 전도예배라고 할 만한 예배를 일주일에 한 번씩은 반드시 드려야 합니다.

물론 설교자는 이 모든 상황을 청중에게 확실히 설명해 줄 필요가 있습니다. 그것도 설교의 한 부분입니다. 많은 이들이 이처럼 잘못된 가정하에 자신들에게는 전도예배가 필요치 않으며 거기에서 얻을 것이 하나도 없다는 생각으로 전도예배에 나오지 않기 때문입니다.

제가 볼 때 이것이야말로 오늘날 교회가 안고 있는 문제 전반의 핵심입니다. 그런 사람들에게는 무슨 말을 해 주어야 할까요? 교회의 모든 예배에 참석하는 일의 중요성을 확신시켜 주어야 합니다.

모든 예배에 참석하라고 말해야 하는 것입니다! 왜 그렇습니까? 첫 번째 대답—저는 종종 이것을 근거로 제시했고, 사람들도 제 말이 옳음을 확인했습니다—은, 모든 예배에 참석치 않는 사람은 자신이 빠진 그날 정말 놀라운 일이 일어나는 것을 경험하게 된다는 사실입니다.

이것은 다시금 '설교란 무엇인가?'라는 전반적인 질문을 던지게 만듭니다. 제가 설교의 본질이라고 말한 성령의 능력에 대해 다시 언급해야겠습니다. 이 주제는 나중에 좀 더 발전시켜 다룰 예정입니다. 이것은 교회 예배와 관련하여 우리가 다시금 붙잡아야 할 가장 중요한 요소입니다. 우리는 예배 때 무슨 일이 일어날지 예측할 수 없습니다. 예배 때 일어날 일을 항상 정확하게 예측하는 사람은 강단에 서지 말아야 한다고 저는 생각합니다. 목회의 영광은 예배 중에 무슨 일이 일어날지 모른다는 데 있습니다. 강의할 때에는 상황을 예측할 수도 있고 통제할 수도 있습니다. 그러나 설교할 때에는 그렇지 않습니다. 갑자기 예기치 못한 요소가 끼어듭니다. 즉, 하나님의 성령의 능력에 접하게 되는 것입니다. 이것은 개인이나 집단이 맛볼 수 있는 가장 영광스러운 경험입니다. 그러므로 '주 1회용' 신자들에게 말합니다. 모든 예배에 참석치 않는다면, 여러분이 빠진 바로 그 주일 저녁예배나 오전예배 때 놀라운 일이 일어났으며 자신은 그것을 놓치고 말았다는 사실을 남의 말을 통해 듣게 될 날이 올 것입니다. 다시 말해서 우리는 이런 기대감을 사람들에게 심어 주어야 합니다. "새롭게 되는 날이 주 앞으로부터" 임하는 놀라운 때를 놓칠 수도 있다는 점을 미리 경고해 놓아야 하는 것입니다(행 3:19).

이것은 그 다음 질문으로 이어집니다. 왜 사람들은 그리스도인이라고 하면서도 자신이 받아 누릴 수 있는 많은 특권들을 사모하지 않을까요? 이것은 확실히 자연스럽지 못한 일이며 성경적이지도 않은 일임이 분명합니다. 시편 84편의 시인이 다른 사람들과 함께 주의 집으로 올라가지 못하는 슬픔과 비참함을 어떻게 표현하고 있는지 살펴봅시다. "만군의 여호와여, 주의 장막이 어찌 그리 사랑스러운지요! 내 영혼이 여호와의 궁정을 사모하여 쇠약함이여, 내 마음과 육체가 살아 계시는 하나님께 부르짖나이다." 시인은 이렇게 말한 후에 그 특권을 누리는 자들에 대해 생각합니다. "주의 집에 사는 자들은 복이 있나니 그들이 항상 주를 찬송하리이다." 그들과 함께할 수 없는 시인은 그들을 부러워합니다. 세상 어느 것도 하나님의 집에 거하는 복과는 비교할 수가 없습니다. "주의 궁정에서의 한 날이 다른 곳에서의 천 날보다 나은즉……." 진정한 그리스도인이라면 당연히 이런 갈망을 본능적으로 느껴야 합니다. 그리스도인이라고 하면서도 교회의 사역을 통해 얻을 수 있는 그 모든 특권을 갈망하지 않는다면 영적으로 심각하게 잘못되어 있는 것입니다.

들을 마음이 없는 사람들

같은 주제를 다른 측면에서 살펴봅시다. 저는 여러 나라의 여러 출처를 통해, 회중이 설교의 길이를 조정하려는 경향이 점점 심해진다는 소식을 전해 듣고 있습니다. 젊은 설교자들의 말에 따르면, 설교하려고 다른 교회에 갔을 때 "11시 예배의 초청, 12시 축도" 하는 식으로 모든 절차의 상세한 내용과 시간을 적어 놓은 '예배 순서'를 건네준다고 합니다. 그리고 성경 한두 곳 읽기, 몇 차례 기도하기, 찬송 서너 곡 부르기, 아이들에게 말씀 전하기, 성가대 찬양이나 독창, 광고 시간 주기, 헌금 받기, 설교는 반드시 아주 짧게 하기 등을 요구한다는 것입니다.

왜 이런 일이 일어날까요? 무언가 심각하게 잘못된 것이 아닙니까? 연극이나 텔레비전 프로그램을 보는 사람들은 오히려 너무 빨리 끝나는 것을 문제 삼습니다. 축구 경기나 야구 경기나 재미있는 프로그램들이 너무 빨리 끝난다고 아쉬워하는 것입니다. 왜 이런 차이가 나타날까요? 이것은 아주 심각한 질문입니다. 다른 영역에서는 자기가 즐기고 좋아하는 것을 길게 한다고 반대하는 법이 없을 뿐 아니라 오히려 더 길게 해 주기를 바랍니다. 그런데 그리스도인들은 왜 그렇지 않을까요? 여기에서 저는 예배만 참석한다고 다 그리스도인이라고 할 수 있느냐 하는 문제를 다시금 제기하게 됩니다. 설교 시간에 제한을 두는 사람은 스스로 그리스도인이 아니라는 사실과 자신에게 영적인 생명이 없다는 사실을 어느 정도 자백하는 것입니다. 그리스도인들이 설교를 듣는 일에 그렇게 자주 무관심해지는 이유가 무엇입니까? 그들은 설교를 짧게 한다는 조건하에 자신들의 허락을 받아 설교해야 한다는 인상을 설교자에게 줄 때가 많습니다. 심지어 말 그대로 물리적인 의미에서 참고 들어 주는 사람들도 있습니다.

이와 관련하여, 전에 말씀드린 적이 있는 웨스터민스터 채플의 전임자 존 허턴 박사가 해 주었던 아주 재미있는 이야기를 해 드리겠습니다. 그는 제가 주장하는 이 견해를 지지하는 사람으로서 회중석과 청중의 성격을 참으로 결정짓는 것은 강단이라고 생각했습니다. 좋은 설교가 좋은 청중을 만들어 낸다고 생각한 것입니다. 그가 해 준 이야기는 다음과 같습니다. 한번은 그가 어떤 교회에 가서 설교하게 되었는데, 본문을 알려 주기가 무섭게 교회 뒤쪽 구석에 앉아 있던 한 사람이 자리를 잡고 앞 의자에 발을 올리는 모습이 보였습니다. 잠잘 준비를 하는 것이 분명했습니다. 그것을 묵과할 수 없었던 허턴은 그에게 직접 말을 걸었습니다.

"선생님, 저는 선생님이 누구인지 모릅니다. 그러나 선생님이 누구든지 간에 이건 그리 공정한 처사가 아닌 것 같군요."

그는 계속해서 말했습니다.

"만약 선생님이 설교 막바지에 잠이 들었다면 그것은 제 책임입니다. 그러나 아시다시피 선생님은 제게 기회조차 주지 않았습니다. 본문을 알려 주기가 무섭게 잠잘 준비를 했지요. 이건 공정치가 않습니다."

회중 가운데 많은 이들이 그런 마음자세와 태도를 가지고 온다는 것은 의심할 바 없는 사실입니다. 실제로 저는 지난해에 요양하는 동안, 예배실 뒤쪽에 앉는 많은 이들이 집에 가려고 예배에 참석하는 것 같다는 결론에 도달했습니다! 그들의 관심은 오로지 빨리 예배를 마치고 집에 가려는 데 있는 것처럼 보였습니다. 그렇다면 대체 뭐하러 교회에 왔을까요? 저는 이 질문을 반드시 던져 볼 필요가 있다고 생각합니다. 교회에는 나오면서도 간절히 예배드리고 싶어 하는 마음, 특히 설교를 듣고 싶어 하는 마음이 없는 이유가 무엇입니까? 우리가 끌어낼 수 있는 결론은 하나뿐입니다. 즉, 그들은 교만이 꺾일 필요가 있다는 것입니다. 그들에게는 영성이 없습니다. 영적인 정신이나 시각도, 지각도 없습니다.

이것은 단순한 견해 차이가 아닙니다. 저는 사도행전 2장에 나오는 초대교회 그리스도인들에 대한 기록을 근거로 이렇게 말하는 것입니다. 그것은 우리 모두가 따라야 할 규범인 것이 분명합니다. 거기에는 이렇게 기록되어 있습니다. "그들이 사도의 가르침을 받아 서로 교제하고 떡을 떼며 오로지 기도하기를 힘쓰니라"(행 2:42). "날마다—날마다!—마음을 같이하여 성전에 모이기를 힘쓰고 집에서 떡을 떼며 기쁨과 순전한 마음으로 음식을 먹고 하나님을 찬미하며 또 온 백성에게 칭송을 받으니 주께서 구원받는 사람을 날마다 더하게 하시니라"(행 2:46-47).

이 그리스도인들은 날마다 모여서 설교를 듣고 가르침과 교훈을 받았습니다. 주일에 한 번만 모인 것도 아니고, 되도록 빨리 집에 돌아가려는 마음으로 모인 것도 아니며, 예배가 짧았으면 하면서 모인 것도 아니고, 예배가 길어질 경우 설교자에게 화를 내면서 모인 것도 아닙니다. "날마다!" "힘쓰니라." 그들은 진심으로 모이고 싶어 했고, 무엇보다 모이기를 즐거워했습니다. 진정한 그리스도인이라면 당연히 그러해야 합니다. 베드로 사도는 말합니다. "갓난아기들같이 순전하고 신령한 젖을 사모하라. 이는 그로 말미암아 너희로 구원에 이르도록 자라게 하려 함이라"(벧전 2:2). 그리스도 안에 있는 갓난아기는 말씀의 순수한 젖을 사모하게 되어 있습니다. 사모하지 않는 사람은 병든 것이고 쇠약한 것이며 상태가 나쁜 것이므로 의사에게 가 보아야 합니다. 사람의 몸은 원래 적합한 영양분을 요구하게 되어 있습니다. 설교자와 본인이 모두 그리스도인으로 생각하는 사람이 있다 하더라도 그가 설교를 듣고 싶어 하지도 않고 즐거워하지도 않으며 기뻐하지도 않고 되도록 피하려 든다면, 정말 그리스도인이 맞는지 확인해 보아야 한다고 생각합니다. 그런 사람은 신약성경이 말하는 그리스도인의 모습에 부합되지 않습니다. 신약성경에 나오는 그리스도인들은 모두 하나님의 말씀을 즐거워하며 자랑하는 자들이었고 찬송하는 자들이었습니다. 그들은 예배에 기계적으로 참석하거나 의무적으로 참석하지 않았으며 사람들의 기대 때문에 참석하지도 않았습니다. 그들은 '그래, 예배에 다녀왔으니 내 의무를 다한 거야. 이제야 가족들에게 편지도 쓰고 책도 읽고 내가 좋아하는 일들을 하면서 남은 시간을 보낼 수 있겠군'이라고 생각지 않았습니다. 절대 그러지 않았습니다. 그들은 그런 태도에 만족할 수 없었습니다.

 신약의 설교자들이었던 사도들은 집집마다 심방하면서 예배에 참석하라고 호소할 필요가 없었습니다. 사람들을 불러 모으기보다 돌려보내기가 더 힘들었습니다! 그들은 하루 종일 예배 처소에 머물고 싶어 했고, 말씀을 들으면 들을수록 더 듣고 싶어 했습니다. 날마다! 힘쓰니라! 그런 사람들을 억지로 돌려보내기란 힘든 일입니다. 개혁과 부흥의 시기에도 예외 없이 같은 특징이 나타났습니다. 장 칼뱅은 제네바에서 매일 설교했습니다. 매일! 사람들은 그를 비롯한 설교자들의 설교를 간절히 듣고 싶어 했습니다. 마르틴 루터도 마찬가지였습니다. 어느 시대든지 교회가 참으로 제 역할을 다

할 때에는 언제나 이런 일이 일어났습니다. 제가 말하고 싶은 요지는, 청중에 대한 잘못된 평가 때문에 잘못된 설교 유형을 선택하게 되고 그 결과 사람들이 예배드리러 오지 않는다는 것입니다. 설교자 쪽에서 잘못 평가할 때도 있고, 청중 쪽에서 잘못 평가할 때도 있습니다. 그러나 더 흔한 경우는 양쪽 모두 잘못 평가하는 것입니다.

하나님은 인원수도 사용하신다

저는 이런 청중에게 최소한도의 권면을 하고자 합니다. 교회의 모든 예배에 참석해야 할 이유를 찾을 수 없다면, 인원수를 채우는 것만으로도 큰 가치가 있다는 사실을 고려하라고 말합니다. 이렇게 생각해 봅시다. 믿지 않는 어떤 사람이 갑자기 큰 문제에 빠지게 되었습니다. 너무 어려운 문제인데 도움을 청할 만한 사람이 아무도 없습니다. 그래서 정처 없이 길을 걷다가 우연히 예배드리고 있는 교회를 발견하고, 혹시 도움을 얻을 수 있을까 싶어 한번 들어가 봅니다. 그런데 거기 모인 사람이 소수에 불과하다면, 그나마 그 사람들도 불행해 보이는 데다가 설교가 시작되었는데도 시계만 자꾸 쳐다보고 있다면, 그 안으로 들어가 보았자 아무 소용이 없겠다는 결론을 내리지 않겠습니까? 아마도 그 소수의 사람들이 모인 것은 어렸을 때부터 습관이 되었기 때문일 것이며 그 일을 그만 둘 만큼 충분히 생각해 보지 못한 탓이라는 결론을 내리게 될 것입니다. 그는 예배가 그들에게 별 의미가 없는 것이 분명하다고 생각할 것입니다. 평소 습관이나 전통에 따라, 또는 의무감 때문에 마지못해 예배를 드리고 있다고 생각하는 것입니다. 그리하여 그 불쌍한 사람은 발길을 돌리게 될 것이고, 결국 아무 도움도 얻지 못할 것입니다. 그러나 반대로, 교회가 사람들로 꽉 차 있을 뿐 아니라 그들 가운데 기대감이 넘치는 것을 느낀다면, 무언가 간절히 갈망하는 모습을 본다면, '여기에는 정말 무언가가 있나 보다. 이 많은 사람들을 한 자리로 끌어모은 힘이 과연 무엇일까?'라고 묻게 될 것입니다. 그 즉시 흥미를 느끼면서 모든 것을 유심히 살펴보기 시작할 것입니다. 이처럼 성령 하나님께서 다수가 모였다는 사실 자체를 사용하여 사람들의 죄를 깨우치시며 회심케 하시는 경우가 종종 있습니다. 저는 실제로 이런 일이 일어난 사례들을 많이 알고 있습니다.

그런데 문제는 이런 점에 대해 더 이상 생각지 않는 이들이 많다는 것입니다. 그들은 단지 의무감으로 예배에 참석하고, 그 의무를 마치면 안도감을 느낍니다. 그런 태도로 예배에 참석하는 사람들은 당연히 표시가 나게 마련이며, 그것을 알아챈 방문객들은 '늘 참석하는 교인들의 태도가 이런 것으로 볼 때 여기에는 큰 가치가 없다'라는 결론을 내리게 될 것입니다. 반대로, 사람들이 참으로 하나님과 만난다는 생각으로 모여 있는 장소에 들어선 방문객들은 쉽게 이해할 수 없는 신기한 방식으로 그 분위기를 전달받을 것입니다. 그들은 무슨 일이 실제로 벌어지고 있다는 느낌을 받게 되는데, 하나님은 그 느낌을 사용해서 진리를 아는 지식으로 인도하실 수 있습니다.

권위의 회복

이 모든 것의 결론은 강단에 권위가 있어야 한다는 것, 그것도 큰 권위가 있어야 한다는 것입니다. 회중석은 강단에 지시를 내리는 자리가 아니며 메시지의 내용이나 방법을 결정짓는 자리도 아닙니다. 저는 이것을 절대적인 법칙으로 제시하고자 합니다. 오히려 강단이 청중을 평가하되, 권위를 가지고 평가해야 합니다. 오늘날 교회에 가장 필요한 일은 이러한 강단의 권위를 되찾는 것입니다.

그렇다면 어떻게 이 일을 할 수 있을까요? 어떻게 권위를 되찾을 수 있을까요? 우리는 이 부분에서 아주 주의할 필요가 있습니다. 왜냐하면 전에도 이 부분에서 문제에 부닥치거나 잘못된 방향으로 나아간 적이 있었기 때문입니다. 키블John Keble, 뉴먼 추기경, 퓨지E. B. Pusey, 매닝 추기경 Henry Edward Manning을 비롯한 여러 사람들이 관여한 19세기 옥스퍼드 운동이 그 예입니다. 그들은 권위의 문제에 관심을 가졌습니다. 강단, 즉 교회가 권위를 상실했다는 것을 알고 그것을 되찾을 방법을 모색했습니다. 그러나 그들이 취한 조처는 개신교의 입장에서 볼 때 완전히 잘못된 것이었습니다. 설교자나 목회자를 사람들에게서 멀리 떨어뜨려 놓음으로써 권위를 되찾고자 한 것입니다. 그 구체적인 방법은 설교자의 역할 중에 제사장적이고 신비스러운 부분을 강조하기 위해 다양한 등급의 예복을 입히는 것이었습니다. 다시 말해서 눈에 보이는 외부적인 방법으로 설교자의 권위를 세우고자 노력했던 것입니다. 그들은 설교자를 제사장이라고 불렀고, 그들이 성례 등을 관장하는 특별한 권위를 가지고 있다고 주장했습니다. 그들의 동기는 좋았을 수도 있습니다. 그러나 결국에는 설교의 가치를 떨어뜨리고, 성례를 잘못 강조하며, 많은 부분에서 예배의 심미적인 요소를 잘못 강조하는 그릇된 길로 가고 말았습니다.

　19세기의 비감독교회들 역시 잘못된 방향으로 나아갔던 것으로 보입니다. 그들은 강단의 권위를 세우는 열쇠가 학식에 있다고 믿었습니다. 물론 학식은 아주 중요하고 가치 있는 것입니다. 그러나 학식이 있다고 해서 설교자에게 권위가 생기는 것은 아닙니다. 물론 학식이 있으면 다른 학자들과 어깨를 겨루며 그들의 관심을 끌 수 있을 것입니다. 그러나 그것이 강단의 주된 필요는 아닙니다. 강단의 가장 크고 주된 필요는 영적인 권위입니다. 저도 재능이 있을수록 더 좋은 설교자가 된다는 말을 앞서 한 적이 있습니다. 지식과 문화는 말할 수 없이 귀중한 것입니다. 그러나 도구로 사용될 때에만 그렇습니다. 그 자체가 무슨 권위를 부여하는 것이 아닙니다. 설교자가 권위를 얻을 수 있는 유일한 방법은 성령으로 충만해지는 것뿐입니다. 수세기에 걸친 교회 역사와 특히 지난 100년 동안의 역사는 제 말을 충분히 입증해 주고도 남음이 있습니다.

　이 부분에서 어떤 이들을 놀라게 만들 수도 있는 말, 지금까지 제가 주장한 내용에 비추어 보면 자칫 우습게 들릴 수도 있는 말을 덧붙이고자 합니다. 저는 설교자가 강단에 설 때 가운을 입는 것이 타당하고 좋다고 생각합니다. 제가 방금 영적 권위에 대해 한 말과 이 말이 어떻게 서로 조화를 이룰 수 있을까요? 저에게 가운이란 부름을 받았다는 표시이며 이 일을 위해 '따로 세워졌다'는 표시입니다. 그 이상의 의미는 없지만 그만큼의 의미는 있습니다. 이처럼 강단에 설 때 가운은 입어야 한다고 생각합니다만, 그렇다고 후드까지 착용하라는 말은 아니라는 것을 얼른 밝혀야겠습니다! 후드

착용은 강단에 선 사람과 그의 능력에 관심을 집중시키는 일이지, 소명에 관심을 집중시키는 일이 아니기 때문입니다. 후드는 직무의 표시가 아니라 학문적인 성취의 표시입니다. 그래서 어떤 사람은 학사 가운을 입고 어떤 사람은 신학 박사 가운을 입기도 하는데, 그것은 사람들에게 혼동만 줄 뿐입니다. 그리고 무엇보다 설교자의 영적인 권위에 관심을 갖지 못하게 합니다. 가운은 입되 후드는 걸치지 마십시오!

이러한 여러 가지 면을 고려하면서, 강단의 권위를 부정하며 설교자가 단순히 성경만 읽고 몇 마디 설명한 후에 토론하기를 원하는 다수의 현대 지성인들에게 할 말이 있습니다. 설교자가 강단에 선 것은 남들보다 재능이 뛰어나서가 아니라 하나님께서 다른 사람들에게는 주지 않은 특별한 은사를 주셨기 때문입니다. 설교자 자신에게 이러한 '소명'이 있기 때문이며 교회가 그 소명을 확인해 주었기 때문입니다. 자신들과 설교자가 서로 경쟁 관계에 있는 것처럼 생각할 필요가 없습니다. 자신들도 설교자만큼 지식을 가지고 있고 그가 읽는 책을 똑같이 읽을 수 있는데, 왜 그만 권위를 가지고 이야기할 권리를 갖느냐고 의문을 제기할 필요가 없습니다. 물론 현대인들의 주장이 전부 맞을 수도 있습니다. 그들이 더 유능할 수도 있고 더 많은 지식을 갖추었을 수도 있습니다. 그럼에도 설교자는 따로 세워진 사람입니다. 왜 그렇습니까? 천부적인 재능 때문만이 아니라, 특별히 하나님께서 그에게 행하신 일 때문입니다. 그것이 다른 사람들에게는 없는 권위를 그에게 부여해 준 것입니다. 아무리 능력이 출중하고 많이 배워서 지식을 갖춘 그리스도인이라

해도 하나님께서 이 일을 위해 따로 부르시고 지명하시며 보내신 사람의 말을 기쁨과 예민한 기대감으로 들을 마음이 없다면, 과연 그가 그리스도인이 맞는지 확인해 보아야 한다고 생각합니다. 이것은 영적인 권위의 문제이지 지적인 권위나 문화적인 권위의 문제가 아닙니다. 모든 사람은 이 권위를 인정하고 기꺼이 설교자의 말을 들어야 합니다.

건물의 중요성

이제 설교가 무엇인지에 대한 일반적인 고찰, 즉 설교 '행위'에 대한 일반적인 고찰을 마칠 때가 되었습니다. 마무리를 위해, 지금까지 제가 말한 내용과 비교하면 아주 영적이지 못하게 들릴 수도 있는 말을 덧붙여야겠습니다. 그러나 현실적으로는 중요한 요소로서, 바로 건물의 문제입니다. 어찌 되었든지 간에 회중은 어떤 건물 안에 앉아 설교자의 말을 듣는다는 점에서 건물은 중요합니다. 건물은 회중이 모인 목적을 성취하도록 도와주기도 하고 방해하기도 합니다. 이처럼 건물은 중요하지만 그렇다고 과도하게 중시해서는 안 됩니다. 가톨릭이나 그들을 여러 형태로 계승하며 모방하는 이들은 이 점에서 좀 과도한 경향이 있습니다. 물론 좋게 생각하면 훌륭한 동기로 그렇게 한다고 말할 수도 있습니다. 그들이 세운 크고 웅장하며 화려한 건물들―대성당 등―은 그들이 "거룩함의 아름다움"으로 예배하기를 소원했던 하나님의 영광과 위대함을 표현하려는 시도였습니다. 그러나 그것이 너무 과도해진 나머지 설교하기에는 거의 불가능한 장소로 만들어 버림으로써 가장 중요한 부분을 소홀히 하는 잘못을 범하고 말았습니다. 교회 건물을 보면 그 건물을 지은 사람들에 대해 상당히 많은 것을 알 수 있습니다.

19세기 중반 영국과 미국에는 아주 흥미로운 변화가 일어났습니다. 그때까지만 해도 교회 건물은 대체로 아주 단순한 편이었습니다. 사람들은 그 건물들을 '만남의 집'이라고 불렀는데, 왜냐하면 함께 만나 하나님께 예배드리며 복음 설교를 듣기 위해 지은 건물이었기 때문입니다. 그들에게 필요했던 것은 바로 그러한 목적에 부합하며 어울리는 장소였습니다. 그런데 19세기 중반 무렵에 변화가 일어났습니다. 고딕 양식을 흉내 낸 크고 화려한 건물들이 등장하기 시작한 것입니다. 사람들은 엄청난 돈을 들여 높고 둥근 지붕과 익랑翼廊을 갖춘 십자형 건물들을 지었습니다. 그 건물들의 강조점은 아름다움과 장엄함에 있었습니다. 슬픈 일이지만 그들이 정말 원하는 바가 무엇인지 드러나 버렸습니다. 그들은 "우리 비국교도들과 자유교회 교인들도 이제 존경받을 때가 되었다. 우리는 더 많이 교육받은 교양인들이 되어 사회 지배 계층에 속하게 되었다"라고 말하기 시작했습니다. 그래서 성공회와 가톨릭 건물들을 흉내 내기 시작했고, 커다란 돔이나 기둥을 비롯한 여러 가지 장식물들을 끌어들여 소리가 전달되기 힘든 건물들을 만들어 버렸습니다. 그들의 의도는 복음주의가 무식함과 조잡함에서 벗어나 발전했음을 과시하려는 것이었지만, 실제로 그 건물들이 보여 준 것은 비참할 정도로 쇠락해 버린 영성의 상태였습니다. 이처럼 우리는 건물을 볼 때 그곳에 모여 즐기는 사람들에 대해 많은 사실을 알 수 있으며, 그 건물을 세운 사람들에 대해서는 더 많은 사실을 알 수 있습니다.

그렇다면 바람직한 건물이란 어떤 것일까요? 건물에 절대적으로 필요한 첫 번째 요소는 소리가 잘 전달되어야 한다는 것입니다. 이 점은 아무리 강조해도 지나치지 않습니다. 이것은 수년 동안 여러 나라 교회에서 설교해 본 저 자신의 적잖은 경험에서 나온 말입니다. 그런데 제 기억에 제2차 세계대전 이후 영국에서 새로 지어진 교회 건물들―폭격 때문에 많은 건물을 새로 지어야 했습니다―중에 방송 시설을 갖추지 않은 교회는 한 군데도 없습니다. 믿기지 않겠지만 분명한 사실입니다. 그 이유가 무엇일까요? 건물이 커서가 아니라―몇몇 교회는 상당히 작았습니다―소리를 전달할 수가 없었기 때문입니다. 왜 이런 상황이 벌어지고 있을까요? 일반적으로 말하자면 건축가들이 소리에 대해 잘 모르는 탓입니다. 그들의 관심은 아름다운 겉모습, 직선미나 곡선미 같은 것에 있습니다. 소리에 대해서는 아는 바가 없으며 설교에 대해서도 아는 바가 없습니다. 그러나 교회 건물이 첫 번째로 갖추어야 할 필수사항은 소리가 잘 들려야 한다는 것입니다. 어떻게 그것을 확보할 수 있을까요?

한 가지 중요한 규칙은 천장을 평평하게 만드는 것입니다. 조금만 변형을 주어도 문제가 생깁니다. 천장을 둥글리거나 각을 주어서 울퉁불퉁하게 만드는 것은 금물입니다. 반드시 평평하게 만들어야 합니다. 조상들은 이것을 알았습니다. 그래서 천장이 평평하고 네모난 건물을 지었기 때문에 아무리 건물이 커도 거의 완벽하게 소리를 전달할 수 있었습니다. 소리에서 문제가 되는 것은 건물 크기가 아닙니다. 소리의 전달을 결정짓는 것은 주로 천장입니다. 천장을 우묵하게 만들면 소리가 들리지 않습니다. 건물을 너무 높게 만들어도 그렇습니다. 가톨릭이나 성공회를 흉내 내려는 추세는 이 부분에서 설교에 큰 해를 끼쳤습니다. 많은 강단 위에 공명판이 설치되어 있다는 사실은 제 말을 웅변적으로 증명해 주고 있습니다. 웅변적으로? 그보다는 '반향적으로'라고 말하는 편이 좋겠군요. 설교자는 자유로워야 합니다. 소리를 내는 데 집중하다 보면 설교의 효율성은 떨어지게 마련입니다. 설교자는 자유로워야 하며, 건물의 특성은 이 부분에서 중요한 역할을 감당합니다.

또 강단은 어떻습니까? 강단은 중앙에 있어야 합니다. 한쪽으로 밀려나서는 안 됩니다. 설교는 교회나 교회의 역할과 관련하여 가장 중요한 행위이자 무엇보다 필요한 행위입니다. 그러니 강단을 중앙에 두십시오. 강단의 높이는 어느 정도가 좋을까요? 회중과의 관계에서 강단 높이를 제대로 조정하는 것은 중요한 일입니다. 오늘날에는 강단의 높이를 낮추려는 경향이 있습니다. 설계자들이 설교를 모르는 탓입니다! 오해는 하지 마시기 바랍니다. 그러나 건축학적으로나 구조적으로 설교자가 항상 회중을 내려다보면서 설교할 수 있어야 하기 때문에 강단은 언제나 적절한 높이에 설치되어야 합니다. 만약 예배실에 중2층이 있다면 중2층 앞줄에 앉은 사람들과 강단에 서 있는 설교자의 시선이 거의 동일한 높이에 있어야 합니다. 만약 회중이 더 높이 있다면 설교자는 그들을 쳐다보기 위해 머리를 뒤로 제쳐야 할 것이고, 그러면 항상 편안해야 할 목에 무리가 가게 됩니다. 성경을 펼쳐 놓고 보는 보면대의 실제적인 높이도 중요합니다. 최근에 어떤 교회에 가서 설교하다가 아주 어려움을 겪었는데, 그것은 보면대가 거의 제 가슴 윗부분에 있었기 때문입니다. 설교하는 내내 마치 수영할 때 가슴을 물 위로 내놓으려고 애쓰는 듯한 느낌이었습니다. 설교의 관점에서 볼 때 그러한 상황은 아주 우스운 것입니다. 그 건물은 새 것이었는데도 그랬습니다. 설교자가 상자 속에 갇힌 기분으로 설교할 수는 없는 노릇입니다. 설교자는 감방에 갇힌 죄수가 아닙니다. 설교자는 자유로워야 하며, 그 자유를 주장해야 합니다.

이 부분에 대한 실례를 한 가지 이야기해 드리면서 강의를 마치고자 합니다. 약 40년 전, 북 웨일스에 있는 아주 큰 교회당에서 설교한 적이 있습니다. 그 교회 목사님은 이른바 '대중 설교자'로 널리 알려진 분이었습니다. 저는 그가 예배 전에 목회실에서 보여 준 행동을 잊을 수가 없습니다. 그는 아주 정중하게, 예의 그 위풍당당한 태도로 저를 맞이하더니 위부터 아래까지 죽 훑어보았습니다. 내 옷차림이 거슬리는가, 아니면 내가 알지 못하는 무슨 심각한 잘못을 저질렀는가 하는 생각이 들었습니다. 그는 다 훑어본 후에 제 오른쪽으로 오더니 제 상복부도 만져 보았습니다. 저는 대체 무슨 일이 벌어지고 있는 것인지 궁금해지기 시작했습니다. 마침내 그는 함께 있던 몇몇 집사들과 저를 향해 이렇게 말했습니다.

"발판 두 개면 되겠군요."

제가 비로소 파악하게 된 그 이상스러운 절차의 진상은 이렇습니다. 그 교회당은 1,400명이 앉을 수 있는 큰 건물이었습니다. 그는 그 건물이 가득 채워질 것을 알았기에, 저처럼 키 작은 설교자가 그 많은 청중을 압도할 수 있도록 모든 면에서 도와주고자 신경을 썼던 것입니다. 그는 말했습니다.

"목사님도 아시다시피 강대상이 명치보다 높으면 설교할 수가 없지요."

그래서 그는 초청받은 설교자를 배려하여 강단에 세 개의 발판을 설치하게 했습니다. 키가 아주 큰 사람은 발판이 필요 없을 것입니다. 또 어떤 사람은 두 개가, 어떤 사람은 세 개가 필요할 것입니다. 이처럼 그는 어떤 설교자가 강단에 서든 같은 위치에서 회중을 바라보도록 조처했습니다. 우습게 보일 수도 있지만, 많은 강단에서 고생해 본 사람이 볼 때에는 이런 조처가 참으로 중요하다는 것을 확실히 말씀드리고 싶습니다. 올리버 크롬웰Oliver Cromwell이 말한 원칙 그대로입니다. "하나님을 신뢰하라. 그리고 만약의 경우에 대비하라."

9
설교자의 준비

이제 설교 또는 설교와 설교자의 새로운 측면을 살펴볼 차례가 되었습니다. 지금까지는 한 사람이 예배 시간에 강단에 서서 설교할 때 무슨 일이 일어나는지에 대해 알아보았습니다. 우리는 강단에서부터 출발할 필요가 있었기에 거기에서 일어나는 일의 진상을 살펴보았습니다. 일반적으로 볼 때 설교란 무엇인지, 설교자가 준비할 것은 무엇인지 알아보았습니다.

어떻게 준비할 것인가

이번에는 다른 측면을 살펴보고자 합니다. 지금까지는 일반적인 측면에서 접근했지만, 이제는 '설교자가 실제로 매주 설교를 어떻게 준비해야 하는가?'라는 세부사항을 다룰 차례입니다. 제가 이 주제를 어떻게 크게 나누고 있는지 분명히 아셨으리라 믿습니다. 이것은 아주 중요한 문제이기 때문에 세부사항으로 들어가기 전에 전체적인 부분부터 명백하고 바르게 이해할 필요가 있었습니다. 이제 그 목적을 달성했으니, 자신의 소명을 깨닫고 설교 사역을 실제로 수행하기 위해 준비하는 사람에 대해 구체적으로 살펴보기로 합시다.

　설교자는 어떻게 설교를 해야 하며, 어떤 준비 과정을 거쳐야 합니까? 제가 첫 번째로 제시하고자 하는 원리는, 설교자는 말 그대로 항상 준비해야 한다는 것입니다. 물론 책상 앞에 계속 붙어 있으라는 말은 아닙니다. 그러나 항상 준비하고 있어야 합니다. 영적인 영역에는 휴일이 없다는 말이 진리이듯이, 저는 동일한 의미에서 설교자에게도 휴일이 없다는 생각을 늘 합니다. 물론 일상적인 업무에서 벗어날 때도 있고 휴가를 떠날 때도 있습니다만, 자신이 받은 소명의 본질과 성격상 사역에서 아주 자유로울 수는 없습니다. 그는 자신이 하는 모든 일, 자신에게 일어나는 모든 일이 이 위대한 사역과 상관이 있으며, 따라서 그 준비 과정에 포함된다는 사실을 발견합니다.

그러나 세부적인 문제로 들어가서, 설교자에게 가장 중요한 첫 번째 임무는 설교문을 준비하기 전에 자기 자신을 먼저 준비하는 것입니다. 사역의 경험이 어느 정도 있는 사람이라면 누구나 제 말에 전적으로 동의할 것입니다. 이것은 경험으로 배우는 것입니다. 처음에는 설교문 준비야말로 큰일이라고 생각하기 쉽습니다. 지금까지 말했듯이 설교문은 아주 세심하게 준비할 필요가 있기 때문입니다. 그러나 그보다 훨씬 더 중요한 일이 있는데, 그것은 설교자 자신이 준비되는 것입니다.

어떤 의미에서 설교자는 한 가지 일만 아는 사람입니다. 과거의 인물들 중에는 존 웨슬리처럼 자신들이 "한 책만 아는 사람"이 되었다고 말한 이들이 있습니다. 일반적으로 말하자면 그것도 맞는 말이지만, 설교자가 한 가지 일만 아는 사람이라는 말은 그보다 더 맞는 말입니다. 그는 그 한 가지 일에 부름 받은 사람으로서, 평생에 걸쳐 엄청난 열정을 그 일에 바치게 됩니다.

자기 훈련

그렇다면 설교자가 자신을 준비하기 위해 해야 할 것은 무엇일까요? 첫 번째 중요한 법칙은, 삶의 전체적인 질서가 유지되도록 세심한 주의를 기울여야 한다는 것입니다. 목회자의 삶에는 여러 가지 위험이 따르게 마련입니다. 목사는 직장인이나 사업가와 달리 근무 시간이나 회의나 외부적으로 결정되는 조건에 매이지 않습니다. 일반인에 비해 자기 자신이 주인 노릇을 할 수 있는 것입니다. 물론 인간적인 측면에서 그렇다는 것이지, 하나님과의 관계에서까지 그렇다는 것은 아닙니다. 여하튼 목회자의 삶과 대다수 사람들의 삶에는 이처럼 명백한 차이가 있어서 목회자 스스로 제반 사항들을 결정할 수 있으므로, 심각한 위험과 유혹에 아주 특별한 방식으로 부딪칠 수 있다는 사실을 유념해야 합니다. 그중에 한 가지는 쓸데없는 일에 시간을 허비할 가능성, 특히 오전 시간을 허비할 가능성이 있다는 것입니다. 신문 읽기부터 시작해서 자신도 모르게 많은 시간을 허비하기 쉽습니다. 주간지나 월간지, 갑자기 걸려오는 전화 등도 시간을 빼앗습니다. 집에서 일하든 교회 사무실에서 일하든 오전 시간이 금방 가 버립니다. 그러나 해를 거듭할수록 느끼는 점은, 오전 시간을 확보하는 것이야말로 설교자가 지켜야 할 중요한 규칙이라는 것입니다. 이것을 절대적인 법칙으로 정해 놓으십시오. 오전 시간에는 전화를 받지 않는 구조를 만들어 놓으십시오. 아내나 다른 이들에게 부탁해서 전화를 바꾸어 주지 말고 메시지만 받아 달라고 하십시오. 이런 의미에서 목회자는 자기 삶을 지키기 위해 말 그대로 분투할 필요가 있습니다!

2년 후의 설교 약속처럼 긴급하지도 않은 전화 때문에 오전 연구 시간이 방해받을 때가 얼마나 많은지요! 이런 일들이 실제로 일어납니다. 여러분은 둘 중에 한 가지 방식으로 이 문제를 해결할 수 있습니다. 첫 번째는 그 문제를 주의 깊게 고려할 수 있도록 편지로 내용을 써 보내 달라고 부탁하는 것입니다. 좀 더 효율적인 두 번째 방법은 오전에는 어떤 전화든지 다른 사람이 받아서 "어떠어떠한 때-점심시간이나 오전 일이 끝난 이후 적당한 때-다시 전화해 주시겠습니까?"라고 말하게 하는 것입니다. 그런 식으로 설교자가 방해받는 것은 정말 좋지 않습니다. 사람들이 설교자에게 해 줄 수 있는 단 한 가지 좋은 일은 그의 성화聖化를 돕는 것입니다! 설사 교회 일이라 해도 이 시간을 방해하지 못하게 하십시오. 오전 시간을 확보하십시오! 강단 사역을 준비하는 이 위대한 임무를 수행하는 것이 무엇보다 우선되어야 합니다.

　모든 사람이 받아들이지는 않겠지만 제가 보기에는 중요한 이야기를 덧붙여야겠습니다. 저는 모든 사람에게 해당되는 보편적인 규칙을 정하는 데 반대하는 사람입니다. 자기 자신을 잘 파악하는 것보다 더 중요한 일은 없습니다. 저는 설교자가 자신의 기질이나 그 밖의 측면들을 알아야 하는 것처럼 자신의 몸에 대해서도 알아야 한다고 생각합니다. 제가 이런 말을 하는 것은 설교자와 목회자를 위한 계획표를 일괄적으로 처방해 주려 드는 사람들이 있기 때문입니다. 그들은 아침에는 몇 시에 일어나고 식사 전에는 무슨 일을 하며 식사 후에는 또 무슨 일을 하라는 식으로 정해 줍니다. 서슴없이 계획과 순서를 정해 놓고 그것을 내세우며, 거기에 따르지 않는 사람은 거의 죄인이나 실패자 취급을 합니다. 제가 그러한 발상에 반대하는 이유는, 제각각 조건이 다른 사람들에게 일괄적으로 해당되는 프로그램을 제시할 수는 없기 때문입니다.

무슨 뜻인지 예를 들어 보겠습니다. 우리는 몸을 가지고 삽니다. 그리고 몸은 사람마다 각기 다릅니다. 또 기질과 성격도 각기 다르기 때문에 보편적인 규칙이란 있을 수가 없습니다. 식생활의 예를 들어 봅시다. 이것은 항상 많은 논쟁을 일으켜 온 주제였습니다. 우리는 무엇을 먹어야 합니까? 어떤 식이요법을 따라야 합니까? 보편적인 식이요법을 정해 놓고 기꺼이 그것을 주창하는 일에 나서는 사람들이 늘 있게 마련입니다. 그들은 누구든지 그 식이요법을 따라야 하며, 그대로만 하면 아무 문제도 생기지 않을 것이라고 말합니다. 그러나 그런 말을 다시는 못하게 할 답변이 있습니다.

식이요법의 첫 번째 규칙은 "잭 스프렛은 지방을 먹을 수 없고, 그의 아내는 살코기를 먹을 수 없다"라는 식의 간단한 것입니다. 이것은 있는 그대로의 사실입니다. 잭 스프렛은 지방을 소화할 수 없는 체질입니다. 자신이 지방을 먹지 않겠다고 결정한 것이 아니라 원래 그런 체질로 태어난 것입니다. 그것은 사람이 결정할 수 없는 신체 신진대사의 문제입니다. 그런데 그의 아내는 완전히 다릅니다. 지방은 얼마든지 소화할 수 있지만 살코기는 소화할 수가 없습니다. 그런데 잭 스프렛과 그 아내가 공통적으로 따라야 할 식이요법을 처방해 준다는 것은 분명히 말도 안 되는 일입니다.

저는 같은 원리가 좀 더 높은 차원에도 적용된다고 주장하는 바입니다. 우리 중에는 아침에 유난히 미적거리는 사람들이 있습니다. 반대로 아침에 더 생기가 넘치고 힘이 넘쳐서 마치 끈 매인 개처럼 빨리 일하러 나가고 싶어 안달하는 사람도 있습니다. 우리는 이런 것을 결정할 수 없습니다. 이것은 체질의 문제입니다. 여기에는 여러 가지 요인들이 관련되어 있는데, 부분적으로는 혈압과도 관련이 있고 신경조직이나 내분비선의 균형 등과도 관련이 있습니다. 이 모든 요소들이 개입되어 그런 차이를 만들어 내는 것입니다. 그러므로 우리가 우선적으로 해야 할 일은 자기 자신을 파악하는 것이며, 자신의 특정한 체질을 감안해서 일할 방법을 찾아내는 것입니다. 몸 상태가 가장 좋은 때가 언제인지, 자기 몸을 어떻게 조절하는 편이 유익한지 살펴보십시오. 그리고 그 누구도 여러분에게 기계적인 규칙을 부과하거나 어떻게 하루를 나누어 쓰며 일할 것인지 명령하지 못하게 하십시오. 계획은 여러분 스스로 세우는 것입니다. 언제 일을 가장 잘할 수 있는지 아는 사람은 바로 여러분 자신이기 때문입니다. 그렇게 하지 않으면 몇 시간 동안 책상 앞에 앉아서 책장을 넘겨도―남이 제시한 규칙이나 규정에 따라―실질적인 소득은 하나도 없을 것입니다. 오전에는 두 시간이나 걸리는 일이 늦은 밤에는 30분 안에 끝날 수도 있습니다. 저는 이 점을 말하고 싶습니다.

    이것은 훈련이 각자의 몫이라는 뜻이기도 합니다. 아무도 여러분에게 무엇을 하라고 일러 줄 수 없습니다. '내가 마땅히 되어야 할 사람이 되고자 한다면, 즉 진정한 설교자가 되고자 한다면, 하나님의 영광과 영혼의 구원 및 양육을 위한 사역에 골몰하는 영적인 정신을 갖고자 한다면, 반드시 이 일을 해야 한다'라는 기준으로 매사를 결정지어야 합니다. 바른 동기와 목적을 가진 사람, 참으로 하나님께 부름 받은 사람은 자신이 해야 할 모든 일을 가장 효율적으로 수행하기 위해 자기 자신과 하루의 시간을 계획하고 조정할 최선의 길을 찾고자 노력할 것입니다. 제가 아는 사람들 중에는 자신에게 적합지 않은, 남이 부과해 준 시간표로 인해 어려움을 겪는 이들이 많이 있습니다.

기도

그 다음으로 다룰 것은 제가 감히 다룰 자격이 없는 문제, 그래서 자신 없이 자꾸 주저하게 되는 문제입니다. 저는 우리가 다른 어떤 부분보다 이 부분에서 실패한다고 생각하는데, 그것은 바로 기도입니다. 기도는 설교자의 삶에서 지극히 중요한 부분을 차지합니다. 여러 시대에 흩어져 살았던 가장 위대한 설교자들의 전기나 자서전을 읽어 보면, 언제나 기도가 삶의 가장 큰 특징을 이루고 있었음을 알게 됩니다. 그들은 예외 없이 위대한 기도의 사람들로서 상당한 시간을 기도에 바쳤습니다. 많은 예를 들 수 있지만, 그 수가 너무 많기도 하거니와 잘 알려져 있기도 한 만큼 생략하도록 하겠습니다. 그들은 기도가 절대적으로 필요하다는 사실과 기도하면 할수록 더 많이 기도하게 된다는 사실을 발견했습니다.

이것은 언제나 선뜻 다루기 힘든 주제입니다. 그래서 설교 본문에 기도에 관한 구절이 나올 때라면 몰라도, 기도에 관한 책은 물론이요 소책자조차 따로 쓸 생각은 해 본 적이 없습니다. 어떤 이들은 아주 기계적으로 기도의 여러 측면을 훑어 주고 분류해 주는 책을 쓰기도 하는데, 그러면 기도가 아주 단순해 보입니다. 그러나 기도는 결코 단순하지 않습니다. 기도에는 당연히 훈련의 요소가 포함되지만, 그 본질상 훈련의 측면에서만 다룰 수는 없는 것이 분명합니다. 이번에도 저의 개인적인 경험으로 말하고 싶은 바는, 기도의 영역에서도 자기 자신을 아는 일이 아주 중요하다는 것입니다. 제 영성이 깊지 못하다는 표시인지는 모르겠습니다만—물론 저는 그렇게 생각지 않습니다—아침에는 종종 기도를 시작하기가 힘들다는 것을 기꺼이 고백하는 바입니다.

제가 개인 기도에 대해 배운 점이 몇 가지 있습니다. 무조건 명령한다고 해서 기도하게 되는 것은 아닙니다. 물론 무릎은 꿇게 할 수는 있지만 말입니다. 그렇다면 어떻게 해야 기도할 수 있을까요? 제가 알게 된 바는, 스스로 기도할 수 있는 구조와 조건을 마련하는 방법을 배우는 것보다 더 중요한 일이 없다는 것입니다. 스스로 기도를 시작할 방법을 배워야 합니다. 그렇기 때문에 자기 자신을 아는 지식이 중요하다는 것입니다. 저는 일반적으로 경건한 글이라고 할 만한 것을 읽는 방법이 아주 좋다는 사실을 발견했습니다. 여기에서 경건한 글이란 감상적인 글이 아니라 참된 예배의 요소가 들어 있는 글을 가리킵니다. 제가 항상 성경부터 읽은 후에 기도하라고 하지 않았다는 데 유의하십시오. 왜냐하면 성경을 읽는 것도 기도하는 것만큼 어려울 수 있기 때문입니다. 여러분의 영혼을 뜨겁게 해 줄 만한 글을 먼저 읽으십시오. 영혼 속에 생겨났을 수도 있는 냉랭함부터 제거하십시오. 영혼에 불을 붙여 뜨겁게 데움으로써 기도하기 시작하는 법을 배워야 합니다. 이것은 추운 날 자동차에 시동을 거는 일과 비슷합니다. 여러분은 영적인 초크(자동차 엔진의 공기 흡입장치)를 활용하는 법을 배워야 합니다. 저는 그런 노력이 무익하지 않으며 큰 효과를 낸다는 사실을 알게 되었습니다. 자신이 기도하기 어려운 상태에 있는 것 같을 때, 잠시 기도해 보려고 애쓰는 대신 마음에 뜨거움과 자극이 될 만한 글을 읽으십시오. 그러면 좀 더 기꺼이 기도할 마음이 생길 것입니다.

서재에서 일을 시작하기 전, 아침에만 기도하라고 말할 생각은 전혀 없습니다. 오히려 그 반대입니다. 기도는 하루 종일 계속해야 합니다. 꼭 길 필요는 없습니다. 짧게 해도 됩니다. 때로는 외마디 절규가 참된 기도가 될 수도 있습니다. 그것이 바로 사도 바울이 데살로니가전서 5:17에서 "쉬지 말고 기도하라"라고 권면한 말의 의미입니다. 즉, 하루 종일 무릎을 꿇고 있으라는 뜻이 아니라 항상 기도하는 상태에 있으라는 뜻인 것입니다. 우리는 길을 가면서도, 서재에서 일하는 동안에도, 수시로 기도로써 하나님께 나아갈 수 있습니다.

무엇보다—저는 이것이 가장 중요하다고 보는데—기도하고 싶다는 충동이 들 때마다 빠짐없이 반응해야 합니다. 책을 읽을 때든 본문과 씨름할 때든 기도하고 싶은 충동이 들 수 있습니다. 저의 절대 법칙은 그런 충동에 항상 복종하는 것입니다. 기도의 충동은 어디에서 올까요? 성령의 역사에서 옵니다. 이것이 "두렵고 떨림으로 너희 구원을 이루라. 너희 안에서 행하시는 이는 하나님이시니 자기의 기쁘신 뜻을 위하여 너희에게 소원을 두고 행하게 하시나니"라는 말씀에 담긴 한 가지 의미입니다(빌 2:12-13). 그렇게 할 때, 목회자의 삶에서 경험할 수 있는 가장 놀라운 일들을 종종 경험하게 됩니다. 그러므로 그 충동을 거역하거나, 그 충동에 순종하기를 미루거나, 바쁘다는 이유로 밀쳐내지 마십시오. 그 충동에 온전히 자신을 바치고 맡기십시오. 그러면 그 기도한 시간 때문에 자신이 하던 일에 손해가 발생한 것이 아니라 오히려 크고 실제적인 유익이 생겼음을 알게 될 것입니다. 읽던 책을 이해하는 일이나 생각하는 일, 설교문을 작성하는 일, 글 쓰는 일을 비롯한 모든 과정이 오히려 쉽고 편해졌음을 알게 된다는 것입니다. 이것은 아주 놀라운 경험입니다. 기도하라는 부르심을 주의를 분산시키는 일로 여기지 말고, 항상 즉각적으로 반응하십시오. 그리고 그런 충동이 자주 찾아올수록 하나님께 감사드리십시오.

어떤 관점에서 보든지 목회자, 즉 설교자는 기도의 사람이 되어야 합니다. 이것은 목회서신을 비롯한 성경 곳곳에서 계속 강조되는 바이며, 제가 말했듯이 오랜 교회 역사, 특히 뛰어난 설교자들의 삶에서 충분히 확인되는 바입니다. 존 웨슬리는 매일 네 시간씩 기도하지 않는 사람은 그리 대단하게 여기지 않는다고 말하곤 했습니다. 또한 데이비드 브레이너드David Brainerd나 조나단 에드워즈, 로버트 머리 맥체인을 비롯한 수많은 성도들의 삶에서 기도보다 분명히 나타나는 특징은 없습니다. 그런 사람들의 이야기를 읽을 때마다 겸손해지는 이유가 여기 있습니다.

성경 읽기

설교자의 삶에 꼭 필요한 또 다른 요소, 성경 읽기에 대해 살펴봅시다. 이것은 설교자가 매일 규칙적으로 해야 할 일임이 분명합니다. 이 부분에서 제가 일차적으로 드리는 충고는 이것입니다. 성경을 체계적으로 읽으십시오. 아무 데나 읽는 것은 위험합니다. 그러면 자신이 좋아하는 본문만 읽기 쉽습니다. 다시 말해서 성경 전체를 읽지 못하는 것입니다. 성경 전체를 읽는 일의 중요성은 아무리 강조해도 지나치지 않습니다. 저는 모든 설교자가 1년에 최소한 한 번씩은 성경 전체를 읽어야 한다고 생각합니다. 그 일을 위해 자신만의 방법을 고안해 낼 수도 있고, 다른 사람들이 고안한 방법을 활용할 수도 있습니다. 목회 초기에 저 자신과 교인들을 위해 한 가지 방안을 마련했다가, 로버트 머리 맥체인이 던디에 있던 자기 교회 교인들을 위해 작성한 성경읽기표를 우연히 발견했던 일이 기억납니다. 그 성경읽기표는 앤드루 보나Andrew Bonar가 쓴 맥체인 전기에 나와 있습니다. 그 성경읽기표에 따르면 날마다 성경 네 장을 읽음으로써 구약은 1년에 한 번, 신약과 시편은 두 번 읽게 되어 있습니다. 그에 비해 다른 성경읽기표들은 여기서 조금, 저기서 조금 몇몇 구절이나 문단을 뽑아서 읽게 되어 있기 때문에 성경 전체를 읽는 데 수년이 걸릴 뿐 아니라 어떤 부분은 통째로 건너뛰게 됩니다. 맥체인의 성경읽기표가 지향하는 목적은 성경 전체를 한 군데도 건너뛰지 않고 해마다 읽는 것입니다. '일 년 일독'은 설교자가 성경을 읽을 때 지켜야 할 최소한의 기준입니다.

제가 발견한 바에 따르면 이것이야말로 무엇보다 중요한 일 중에 하나입니다. 일단 통독이 이루어지면, 자신이 선택한 주석이나 다른 보조수단을 사용하여 성경 한 책을 연구하기로 결심할 수 있습니다. 지금까지 이야기한 일반적인 통독의 단계에서 나아가 성경의 특정 부분, 원한다면 자신이 읽은 성경 중에 한 장을 택한 다음, 자신이 동원할 수 있는 모든 보조수단이나 원어 지식, 그 밖의 방법들을 활용하여 좀 더 주의 깊게, 자세히 살펴볼 수 있는 것입니다.

저는 이 부분을 좀 더 강조하고자 합니다. 설교자가 빠질 수 있는 가장 치명적인 습관은 단지 설교 본문을 찾기 위해 성경을 읽는 것입니다. 이것은 실제적인 위험입니다. 그 위험을 인식하고 있는 힘을 다해 싸워 물리쳐야만 합니다. 설교 본문을 찾기 위해 성경을 읽지 마십시오. 그것이 자신의 영혼을 위해 주신 양식임을 알기 때문에, 하나님 그분의 말씀임을 알기 때문에, 그분을 알 수 있는 수단임을 알기 때문에, 생명의 떡임을 알기 때문에, 영혼을 살찌우고 건강하게 하기 위해 주신 만나임을 알기 때문에 읽으십시오.

다시 말하지만 설교자는 단지 본문을 찾기 위해 성경을 읽어서는 안 됩니다. 제가 말한 방식으로, 모든 그리스도인이 마땅히 따라야 할 방식으로 성경을 읽어 나가다 보면 특별히 눈에 띄는 말씀, 이를테면 자신에게 부딪치는 말씀, 자신에게 말을 걸어오는 말씀, 그 즉시 설교거리를 제시해 주는 말씀을 발견하게 될 것입니다.

여러 면에서 볼 때 제가 설교자로 살면서 발견한 가장 중요한 점이라고 생각되는 것을 말씀드리고 싶습니다. 저는 스스로 이것을 발견하고 다른 사람들에게 알려 주곤 했는데, 그때마다 사람들이 무척 고마워했습니다. 제가 말한 방식으로 성경을 읽는 가운데─조금 읽든 많이 읽든 상관 없습니다─어떤 구절이 눈에 띄고 마음에 부딪치며 여러분을 사로잡는다면, 계속 읽어 나가지 말고 즉시 멈추어 귀를 기울이십시오. 그 구절이 여러분에게 하는 말을 듣고, 여러분도 그 본문에 말을 거십시오. 계속 읽어 나가지 말고 자신에게 와 닿은 그 구절을 연구하십시오. 그 구절이 여러분에게 말을 걸었고 메시지를 제시한 것이니 설교의 골격이 세워질 때까지 연구하십시오. 그럴 때 '오, 그래, 훌륭해. 잘 기억해 두자'라고 생각한 후 계속 읽어 나갈 위험이 있음을 저는 발견했습니다. 그러면 주말이 되었을 때 주일에 설교할 내용을 준비하기는커녕 본문조차 정하지 못한 채 "저번에 뭘 읽었더라? 오, 그래, 그 장에 있는 구절을 읽었지"라고 말하게 됩니다. 그러나 절망스럽게도 다시 찾아본 그 구절에서는 아무것도 얻을 수가 없습니다. 그때 받았던 메시지를 되찾을 수가 없는 것입니다. 어떤 구절이든 마음에 부딪치는 즉시 멈추어서 마음속에 설교의 골격을 세워 놓으라고 말하는 이유가 여기 있습니다. 아니, 마음속에만 골격을 세워 놓아서도 안 됩니다. 종이 위에 기록해 놓아야 합니다.

오래전부터 저는 책상 위나 주머니 속에 메모지를 챙겨 놓고 성경을 읽습니다. 그러다가 어떤 말씀이 마음에 와 닿거나 저를 사로잡으면 그 즉시 종이를 집어 듭니다. 설교자는 다람쥐처럼 장차 닥칠 겨울에 대비하여 양식을 모아 놓는 법을 배워야 합니다. 마음속에만 설교의 골격을 세워 놓을 것이 아니라 종이 위에 기록해 놓으십시오. 그렇게 하지 않으면 기억할 수가 없습니다. 그 당시에는 기억할 것 같지만 곧 그렇지 않음을 알게 됩니다. 시험 볼 때의 원리와 똑같습니다. 강의를 들을 때 어떤 일이 일어나는지 우리는 알고 있습니다. 들을 때에는 '그래, 좋아, 알겠어'라고 생각합니다. 그런데 막상 시험장에 들어가 그 내용을 묻는 문제에 답을 쓰려 들면 기억나는 바가 거의 없습니다. 자신은 안다고 생각했지만 사실은 모르고 있었던 것입니다. 그러므로 무엇이든 마음에 와 닿는 것이 있으면 기록해 두기로 아예 규칙을 정해 놓아야 합니다. 그러면 얼마 지나지 않아 설교의 골격이 적힌 종이가 한 뭉치 쌓일 것입니다. 그야말로 부자가 되는 것입니다.

저는 주일 설교 본문도 정하지 못하고 내용도 준비하지 못한 채, 토요일이 되어서야 허둥지둥 서두르며 필사적으로 무언가를 붙잡으려 드는 목회자들을 알고 있습니다. 제가 주장하는 바를 실천하지 않은 탓입니다. 설교자의 삶에서 가장 중요한 것 한 가지를 꼽으라면, 이것이야말로 실제적인 차원에서 가장 중요한 일이라고 말하겠습니다. 한번은 여름휴가를 떠나기 직전에 이런 식으로 쌓인 설교의 골격들을 살펴보다가, 같은 주제를 다룬 기록이 열 가지나 된다는 사실을 우연히 발견했습니다. 저는 곧 그것들을 차례대로 정리했고, 휴가에서 돌아오는 즉시 열 편의 연속 설교를 하기로 했습니다. 어떤 의미에서는 더 이상 휴가가 필요치 않았습니다!

영혼을 위한 독서

순서상 그 다음으로 말하고 싶은 것은 '경건한 독서'—사실은 너무 남용되는 말이라 여러 가지 점에서 좋아하지 않는 말이지만 더 좋은 표현이 생각나지 않는군요—입니다. 이것은 이른바 경건한 주석을 읽으라는 뜻이 아닙니다. 저는 '경건한' 주석들을 혐오합니다. 저는 남들이 저 대신 경건해 주기를 원치 않습니다. 그런데 지금은 더 나은 말이 생각나지 않아서 이 말을 쓰는 것입니다. 제가 말하려는 바는 일반적으로 성경을 이해하고 즐기도록 도와주는 책, 설교 준비를 도와주는 책을 읽으라는 것입니다. 설교자는 성경 다음으로 이런 유형의 책들을 읽을 필요가 있습니다. 그중에 무엇이 있을까요? 제가 주저 없이 포함시키는 것은 청교도들의 책입니다. 청교도들은 바로 이 점에서 우리에게 아주 도움이 되는 사람들입니다. 그들은 설교자였습니다. 그것도 실제적이고 경험적인 설교자로서, 목회에 큰 관심을 가지고 사람들을 돌보아 주었습니다. 그렇기 때문에 그들의 책을 읽으면 지식과 정보만 얻는 것이 아니라 실제적인 도움도 받을 수 있습니다. 다시금 강조하는데 설교자가 일반적인 의미에서 자기 자신을 파악하는 일, 더 나아가 자신의 특별한 기분이나 상태나 형편을 파악하는 일은 지극히 중요합니다. 설교자는 기분에 좌우되어서는 안 됩니다. 물론 설교자도 여러 가지 기분을 느낄 수는 있습니다. 내일 기분이 어떨지 아는 사람은 아무도 없습니다. 그것은 통제할 수 없는 부분입니다. 우리가 할 일은 이러한 기분의 변화에 잘 대처해서 그 희생자가 되지 않도록 조심하는 것입니다. 똑같은 날은 하루도 없습니다. 여러분은 상태의 변화에 따라 자신을 다룰 줄 알아야 합니다. 그리고 이처럼 상태가 바뀔 때 무슨 책을 읽는 것이 가장 좋은지 알아보아야 합니다.

일반적으로 청교도들의 책은 거의 모든 경우에 도움이 될 것입니다. 이 문제를 깊이 다룰 생각은 없지만, 청교도들도 천차만별입니다! 존 오웬 John Owen의 책은 전반적으로 읽기가 어렵습니다. 그는 아주 지적인 사람이었습니다. 반면에, 좀 더 뜨겁고 직설적이며 경험적인 저자들도 있습니다. 저는 그중에 한 사람인 리처드 십스Richard Sibbes에게 항상 감사하고 있는데, 그는 제가 과로하거나 심하게 지쳐서 마귀의 공격에 특별히 노출될 때마다 영혼의 양약이 되어 주었습니다. 그럴 때에는 신학 서적을 읽어 봐야 도움이 되지도 않을 뿐더러, 사실상 그런 책을 읽는다는 것 자체가 거의 불가능합니다. 그럴 때 필요한 것은 영혼의 부드러운 치료입니다. 저는 17세기 초 런던에서 "하늘의 의사 십스"로 알려졌던 리처드 십스의 책이 그 확실한 치료책임을 알게 되었습니다. 그의 책 「내가 어찌 너를 버리겠느냐 The Bruised Reed」와 「영혼의 투쟁 The Soul's Conflict」은 저를 진정시키고 달래 주며 위로해 주고 격려하고 치료해 주었습니다. 영적인 여정을 가다 보면 반드시 통과하게 되는 여러 가지 상황이 있는데, 그때 자신에게 적용할 적절한 치료책을 찾지 못한 설교자들을 보면 안타깝기 그지없습니다.

어떤 이들에게는 이것이 이상한 말로 들릴 수도 있고, 더 나아가 틀린 말로 들릴 수도 있습니다. 여러분은 여기에 대해 이론적으로만 생각하고 있을지도 모릅니다. 아직 목회를 해 보지 않아서 구체적인 문제나 걱정이나 시험에 대해 아는 바가 없기 때문입니다. 사도 바울은 "밖으로는 다툼이요 안으로는 두려움"인 상황이 무엇인지 겪어서 알고 있었습니다(고후 7:5). "낙심한" 것이 무엇인지(고후 7:6), "힘쓰는 것"이 무엇인지(골 2:1), 큰 싸움 가운데 처하는 것이 무엇인지 알고 있었습니다. 제대로 된 목회자라면 당연히 이것을 알아야 합니다. 또 다른 곳에서 사도는 "모든 교회를 위하여 염려하는 것"에 대해 말하고 있습니다(고후 11:28). 이 모든 다양한 요인들—사람들과의 문제, 자기 자신과의 문제, 신체적 상태와 형편—은 설교자의 영적인 경험에 다양한 변화를 일으킵니다. 이것은 모든 시대의 성도들이 증언하는 바이기도 합니다. 저는 이런 변화를 겪은 적이 없다고 말하는 그리스도인을 신뢰하지 않습니다. '이제 나는 온종일 행복하네'라고 노래하는 합창곡이 있는데 그것도 믿지 않습니다. 그것은 사실이 아닙니다. 그리스도인이라도 행복하지 않을 때가 있습니다. 영혼은 여러 가지 다양한 상태와 형편에 처할 수 있습니다. 그러한 각 상태에 대처해서 조절하는 법을 빨리 배우는 것이 설교하는 여러분에게나 설교를 듣는 청중에게나 유익합니다.

같은 항목 안에 설교집을 읽는 일도 포함시키고자 합니다. 이 부분에서는 약간 조심할 필요가 있습니다. 이미 지적했듯이 설교마다 천차만별이며, 설교가 출판된 시대 역시 어느 정도 중요하기 때문입니다. 저 자신의 경험으로 말하자면, 사역 초기에 조나단 에드워즈의 설교집에서 한없는 도움을 받았습니다. 설교집뿐 아니라 대각성 운동—18세기 미국에서 일어난 위대한 신앙 부흥 운동—에 대한 기록 및 「신앙과 정서 *The Religious Affections*」라는 위대한 저작에서도 큰 도움을 받았습니다. 이 모든 글들이 다 귀중한 것은 에드워즈가 영혼의 상태와 형편을 다루는 일에 전문가였기 때문입니다. 그는 영적 경험의 여러 단계를 통과하면서 겪게 되는 목회 사역의 문제들을 아주 실제적으로 다루었습니다. 이런 내용은 설교자에게 아주 귀중한 것입니다.

이처럼 설교자는 읽을거리를 현명하게 골라야 합니다. 자기 자신의 영혼을 위해서뿐 아니라 다른 사람들을 돕기 위해, 직접 도울 뿐 아니라 독서의 영역에서도 돕기 위해 현명하게 선택해야 합니다. 잘못된 유형의 책을 권하여 큰 해를 끼치는—개선시키기는커녕 악화시키는—경우가 종종 있습니다. 그렇지 않아도 우울한 성향이 있어서 내성적이 되거나 병적인 정신상태에 빠지기 쉬운 사람한테 죄를 깨우치고 각성시키며 경고하려는 의도로 쓰인 책을 권하는 것은 그 사람을 미치게 만드는 짓이나 다름없습니다. 그에게 필요한 것은 그런 책이 아닙니다. 그에게 필요한 것은 격려이며, 그의 약한 부분을 적극적으로 다루어 주는 가르침입니다. 그 역도 마찬가지입니다. 그러므로 여러분은 자기 자신뿐 아니라 남들을 위해서도 무슨 책을 읽어야 할지 알아야 합니다. 이 문제는 여기까지만 다루겠습니다. 자료는 충분히 있습니다. 사실상 설교자의 어려움은 자료를 찾는 데 있는 것이 아니라 책 읽을 충분한 시간을 확보하는 데 있습니다. 설교자는 그 시간을 얻기 위해 계속 싸워야 하며 책 읽을 시간을 반드시 확보해야 합니다.

지성을 위한 독서

이번에는 좀 더 지적인 유형의 책들로 넘어가 봅시다. 첫 번째는 신학 서적입니다. 신학교를 졸업하면서 신학 공부를 끝냈다고 생각하는 것보다 더 큰 잘못은 없습니다. 설교자는 살아 있는 한 계속해서 신학 서적을 읽어야 합니다. 많이 읽으면 읽을수록 좋습니다. 저자도 많고 연구할 학설도 다양합니다. 저는 졸업과 함께 책 읽기도 그만두어 버린 채 인생의 다른 행로를 걷거나 목회를 하고 있는 사람들을 알고 있습니다. 그들은 필요한 모든 것을 이미 얻었다고 생각하며 강의 노트가 있으니 더 이상 필요한 것이 없다고 생각합니다. 그 결과 하릴없이 단조롭게 살면서 별 쓸모없는 사람으로 전락하고 맙니다. 계속 책을 읽으십시오. 중요한 저작들을 읽으십시오. 이렇게 말하는 데에는 많은 이유가 있습니다. 여기에 대해서는 다음에 다시 이야기하겠습니다.

이제 설교자의 훈련에 대해 살펴보면서 강조했던 내용으로 되돌아갑시다. 그것은 교회사의 중요성입니다. 교회사를 시험 과목으로만 치부해서는 안 됩니다. 교회사를 읽는 일은 신학생보다 설교자에게 훨씬 더 중요합니다. 설교자는 계속해서 위대한 사실들을 되새김질할 필요가 있습니다. 마찬가지로 하나님의 사람들이 쓴 일기나 그들에 대한 전기도 계속 읽되, 특히 윗필드나 웨슬리 형제들처럼 설교자로 크게 쓰임받은 이들에 대해 읽어야 합니다. 이런 책들을 계속 읽으십시오. 여기에는 끝이 있을 수 없습니다. 이런 계열의 책들을 읽으면 읽을수록 설교자로서 더 훌륭하게 무장될 것입니다. 이 모든 일들이 여러분이 준비해야 할 항목에 속한다는 사실을 기억하십시오.

그 다음으로 변증하기 위한 독서도 하시기 바랍니다. 제가 말하고 싶은 점은, 신학과 철학에도 유행이 있어서 나타났다 사라졌다 한다는 것입니다. 설교자는 그 모든 변화를 숙지해야 하므로 그런 분야의 책들도 좀 읽을 필요가 있습니다. 물론 모든 책을 다 읽을 수는 없습니다. 그 수가 너무 많기 때문입니다. 그러나 어느 정도는 읽어야 합니다. 또 신앙이나 성경의 가르침과 과학이 서로 상충되는 것처럼 보이기 때문에 과학과 관련해서도 질문이 제기될 수 있습니다. 설교자는 이 모든 문제를 살펴볼 필요가 있습니다. 물론 심리학도 알아야 합니다. 심리학은 특히 미묘하게 신앙을 공격하는 학문입니다.

물론 이 모든 분야에 정통할 수 있는 사람은 아무도 없습니다. 그러나 흐름에 뒤처지지 않도록 할 수 있는 한 최선을 다해야 합니다. 그러려면 이런 문제들을 다루는 책들을 읽어서 지금 무슨 일이 일어나고 있는지 알아 두어야 합니다. 지금까지는 주로 책에 대해 생각해 보았는데, 책 외에 잡지와 정기간행물도 있습니다. 자기 교단의 잡지뿐 아니라 사역과 관련된 다른 교단의 잡지도 읽어야 합니다. 오늘날처럼 초교파적인 연합을 말하는 시대에는 특히 더 그렇습니다. 청중을 평가하는 일에 도움을 받으려면 이 모든 것들을 읽을 필요가 있습니다. 설교자는 청중의 배경과 시각, 그들이 생각하고 있는 바, 읽고 있는 책, 영향을 받고 있는 인물들에 대해 어느 정도는 알고 있어야 합니다. 순진하고 무지한 사람들은 그럴듯하게 말하는 자들에게 항상 귀 기울일 준비를 하고 있으며, 신문이나 대중잡지에 나오는 말이라면 무엇이든 믿을 준비를 하고 있습니다. 그런 사람들을 도와주고 보호하는 것이 우리의 할 일입니다. 우리는 목자요 목회자로서 우리에게 맡겨진 사람들을 살피고 돌보아야 합니다. 이 중대한 임무를 감당할 수 있도록 준비를 갖추는 것이 우리의 임무입니다.

균형 있게 읽으라

다른 유형의 독서에 대해 말하기 전에 책을 읽을 때에는 균형을 잃지 않는 것이 매우 중요하다는 점을 크게 강조해야겠습니다. 이것은 아무리 강조해도 지나치지 않습니다. 우리는 각기 다른 성향을 가지고 있기 때문에 그 나름대로 선입관도 있고 선호하는 것들도 있습니다. 그래서 어떤 사람은 시간 나는 대로 신학 서적만 읽는가 하면 어떤 사람은 철학 서적만 읽고, 또 다른 사람은 심리학 서적만 읽습니다. 실제로 그들은 다른 분야의 책들은 읽지 않는 경향이 있습니다. 이것은 위험천만한 일입니다. 이런 위험을 방지하려면 스스로 균형 잡힌 독서를 할 수 있도록 조처해 놓아야 합니다. 제 말 뜻은 이런 것입니다. 제가 말한 대로 신학 서적을 읽으십시오. 그러나 항상 균형을 유지하십시오. 교회사 책도 읽고 전기도 읽고 경건 서적에 가까운 책들도 읽으십시오.

이것이 중요한 이유를 설명해 보겠습니다. 여러분 자신이 먼저 준비되어야 한다는 점을 기억하시기 바랍니다. 지적인 유형의 사람이 신학 서적이나 철학 서적만 읽을 경우 교만해질 위험이 있습니다. 그런 사람은 스스로 자신의 학문체계가 완벽하다고 믿으며, 거기에 어떤 문제나 어려움도 없다고 생각합니다. 그러나 불과 얼마 지나지 않아 문제와 어려움이 나타나게 되어 있습니다. 이처럼 모든 것을 안다는 생각이 들고 마음이 높아져서 지적인 자부심에 빠지려 할 때 파선하지 않을 수 있는 최선의 방책은 조지 윗필드의 일기 같은 책을 꺼내서 보는 것입니다. 그러면 하나님께서 어떻게 그를 잉글랜드와 웨일스와 스코틀랜드와 미국에서 사용하셨는지 읽게 될 것이며, 그가 경험한 그리스도의 사랑이 어떤 것이었는지도 읽게 될 것입니다. 그런 것을 읽고서도 자신이 벌레 같다는 느낌이 금방 들지 않는다면, 그는 거듭나지 않은 사람일 것이라고 저는 생각합니다.

우리는 계속해서 낮아질 필요가 있습니다. 균형 잡힌 독서가 절대적으로 중요한 이유가 여기 있습니다. 이런 문제들에 대해 머리가 움직이는 만큼 마음이 움직이지 않는다면, 여러분의 신학에는 결함이 있는—신학 외의 것들과 동떨어져 있는—것입니다. 그럴 때 지나치게 이론적이 되거나 학문적이 되거나 객관적이 되거나 지적이 될 위험이 있습니다. 그것은 여러분 자신이 지금 영적으로 위험한 상태에 있다는 뜻일 뿐 아니라 앞으로도 그만큼 형편없는 설교자요 목회자가 되리라는 뜻입니다. 여러분은 사람들을 돕지 못할 것이며 부름 받은 임무를 감당치 못할 것입니다.

이런 위험에 빠지지 않도록 자신을 보호하려면 균형 잡힌 독서 생활을 해야 합니다. 이 점을 절대 놓치지 마십시오. 저는 이처럼 다양한 분야의 책들을 매일 읽어야 한다고 주장하는 바입니다. 저는 다른 점들은 물론이요 신체적인 관점에서도 건전하고 유익하다고 생각되는 일종의 습관을 개발했습니다. 비교적 딱딱하고 어려운 책이나 좀 더 신학적인 책들은 오전에 읽고 밤에는 다른 유형의 책을 읽는 것이 그것입니다. 불면증을 피하고 싶다면 잠자리에 들기 전에 머리를 너무 많이 쓰거나 자극하지 않는 편이 좋습니다. 젊을 때에는 별 상관이 없지만—하고 싶은 대로 다 해도 잘 잘 수 있습니다—나이가 들수록 잠들기가 그리 쉽지 않습니다. 신경이 약하거나 신경쇠약 증세 직전에 있는 사람들에게 저는 이 말을 해 주곤 합니다. 그런 사람들의 이야기를 들으면서 분명히 알게 된 사실은, 그들이 잠자리에 들기 직전까지 자신의 정신적 능력을 전부 쏟아 부어야 할 정도로 어려운 책들을 읽는 습관이 있다는 것입니다. 그러고서 자신의 정신이 더 이상 움직이지 않는다는 데 놀라며 편안히 쉴 수도 없고 잠들 수도 없다는 데 놀라는 것입니다. 이것은 단순한 상식이면서도 매우 중요한 사실입니다. 그러니 이 모든 이유 때문에라도 책을 균형 있게 읽기 바랍니다.

가장 좋은 자극

이런 책들을 읽는 목적이 무엇입니까? 설교의 아이디어를 얻으려는 것이 아니라는 말을 다시 해야겠습니다. 그것은 또 하나의 무서운 위험입니다. 사람들은 설교 본문을 찾으려고 성경을 읽듯이 설교 자료를 얻으려고 책을 읽는 경향이 있습니다. 이것은 거의 직업병인 것 같습니다. 1930년에 어느 목사님이 했던 말이 생각납니다. 그는 좀 더 깊은 영적 체험을 위해 마련된 가정 파티랄까 수련회 같은 데 참석했다고 합니다. 그는 거기에서 큰 유익을 얻었다고 말했습니다. 그래서 그가 무슨 일을 경험했는지, 영적으로 무슨 의미 있는 일이 있었는지 기대하는 마음으로 귀를 기울였습니다. 그러나 그가 한 말은 제가 기대했던 바와 달랐습니다.

"저는 거기에서 굉장한 설교 자료를 얻었어요!"

설교 자료! 설교거리! 그는 영적인 유익을 얻기 위해 수련회에 간 것이 아니라 단순히 설교 자료―예증거리, 남들의 체험담 등―을 얻기 위해 갔던 것입니다. 그는 매사에 이런 식으로 접근했기 때문에 사실상 어떠한 영적인 영향도 받지 못했습니다. 그는 직업적인 목사가 되어 버렸습니다. 그런 사람은 아마 성경도 본문을 찾기 위해 읽을 것이며, 책도 아이디어 등을 얻기 위해 읽을 것입니다.

이런 식으로 접근할 때 아주 우스운 상황이 벌어질 수도 있습니다. 그런 우스운 상황 덕분에 누가 설교거리를 얻기 위해 책을 읽는지 대체로 드러난다는 점에서는 다행일지도 모르겠습니다! 저는 남 웨일스에 있을 때 그 점을 생생히 느꼈습니다. 어떤 도시에 유명한 종교서점이 있었습니다. 그 근방의 설교자들은 시장에 가면서 일주일에 한 번 이상 그 서점에 들르곤 했습니다. 그들 모두 한 서점에서 이런저런 책들을 샀습니다. 자연히 같은 책을 사는 경우가 많았고, 그 결과 많은 설교자들이 같은 설교를 하게 되었습니다! 그런데 불행히도 교인들끼리는 잘 알고 지냈기 때문에 서로 만나서 자기 교회와 목사 이야기를 하곤 했습니다. 이를테면 한 사람이 지난주에 놀라운 설교를 들었다고 말합니다. 그러면 다른 사람이 "본문이 어디였는데요?" 하고 묻습니다. 그도 거의 같은 설교를 들었기 때문에 회심의 미소를 지으며 이렇게 묻는 것입니다. 물론 사소한 차이는 있지만 본질적으로는 같은 설교입니다! 그 가련한 설교자들은 이처럼 아이디어를 얻기 위해 책에 의존했습니다.

또 한 사람의 목회자가 생각납니다. 그는 훌륭한 설교자였는데, 우연히 기차 같은 칸에 타게 되었습니다. 그는 로버트 브리지스 Robert Bridges의 「미의 유언 *The Testament of Beauty*」이라는 책을 읽고 있었는데, "이 친구들에게서" 다른 누구에게서보다 많은 것을

"얻는다"라고 말했습니다. 그것은 책에서 많은 아이디어와 설교 자료들을 얻는다는 뜻이었습니다. 이처럼 책이나 잡지, 온갖 이상한 출처에서 아이디어를 얻는 사람들이 있습니다.

그러나 이것은 독서의 주된 목적이 아니라는 것이 저의 주장입니다. 그렇다면 독서의 주된 목적과 역할은 무엇일까요? 정보를 제공하는 것입니다. 그리고 그보다 더 중요한 목적과 역할은 일반적으로 가장 좋은 자극을 주는 것입니다. 설교자에게는 언제나 자극이 필요합니다.

어떤 의미에서 우리는 아이디어를 얻기 위해 책을 읽어서는 안 됩니다. 책의 임무는 우리를 생각하게 만드는 것입니다. 우리는 레코드처럼 읽은 내용을 그대로 되풀이해서는 안 됩니다. 독창적으로 소화해 내야 하며 자신이 생각해 낸 결과물을 가지고 설교해야 합니다. 단순히 책의 사상만 전달해서는 안 됩니다. 물을 흘려보내는 수로에 머물러서는 안 된다는 것입니다. 설교자는 수로보다는 샘에 더 가까운 사람들입니다. 독서의 역할은 일반적으로 우리를 자극하는 것입니다. 생각하도록 자극하는 것, 스스로 생각하도록 자극하는 것입니다. 여러분이 읽는 모든 내용을 철저하게 소화하십시오. 읽은 그대로 되풀이하지 마십시오. 여러분에게 소화된 내용을 여러분의 방식대로, 여러분의 특징이 나타나도록 전달하십시오. 학문의 주된 역할에 대한 일반적인 원리를 강조하는 이유가 여기 있습니다. 레코드나 녹음기처럼 같은 내용을 끊임없이 반복하는 것은 비극입니다. 그런 사람은 얼마 못 가 고갈될 것이며 난관에 봉착할 것입니다. 그리고 본인보다 교인들이 훨씬 먼저 그 사실을 알아챌 것입니다.

두루 읽으라

독서에 대해 좀 더 이야기할 것이 있습니다. 그것은 일반적인 독서도 중요하다는 것입니다. 왜 그럴까요? 다른 이유 없이 정신적인 휴식만을 위해서도 필요한 일이기 때문입니다. 정신은 휴식할 필요가 있습니다. 너무 긴장하거나 머리를 혹사시키는 사람에게는 곧 문제가 생기게 마련입니다. 정신에도 위안과 휴식이 필요합니다. 그렇다고 책을 꼭 멀리 해야만 정신이 쉴 수 있는 것은 아닙니다. 그럴 때에는 다른 종류의 책을 읽으십시오. 종류가 아주 다른 책을 읽으면 정신이 좀 쉴 수가 있습니다. 읽는 책의 종류에 변화를 주는 것은 아무것도 하지 않고 쉬는 것만큼이나 효과가 있습니다. 그러면서도 유익한 일반 정보를 많이 쌓을 수 있는데, 그것은 설교의 훌륭한 배경지식이 되어 줍니다. 이런 의미에서 역사서를 읽기를 권합니다. 세상의 역사나 전기, 정치가들의 생애, 원한다면 전쟁사도 읽으십시오. 여러분은 취미로 그런 주제에 특별한 흥미를 느낄 수 있습니다. 좋습니다. 그 흥미를 활용하고 발전시키십시오. 그러나 다시 한 번 엄숙하게 경고하는데 거기 너무 많은 시간을 쓰지는 마십시오! 우리는 그렇게 될 위험이 있습니다. 이 부분에서 여러분은 언제나 싸워야 합니다. 사람은 항상 극단으로 치우치기 쉽습니다. 특별한 흥미를 느끼는 영역이 있다면 적절하게 개발하십시오. 그러면 정신에 도움이 될 것입니다. 신선한 원기를 회복하는 힘도 유지될 것입니다. 저는 항상 그렇게 되도록 노력해 왔고, 일반적인 사건이나 문학적인 문제들을 다루는 간행물들을 읽고자 했습니다. 그런 간행물에는 좋은 논문들도 실려 있고 읽을 책을 소개해 주는 유익한 서평들도 실려 있습니다. 저는 스스로 생각하게 하는 대신 '일목요연한 조견표' 식의 정신을 조장하는 백과사전이나 다이제스트는 신뢰하지 않습니다.

목회자는 자기 자신을 위해 균형 잡힌 독서 계획을 세워서 책을 읽어야 합니다. 수년 동안 저는 여름휴가를 떠날 때마다 큰 책을 한 권씩 가져가는 것을 습관으로 삼았습니다. 그 당시에 가져갔던 책은 주로 최신판 「뱀프턴 강연집 Bampton Lectures」이었습니다. 그 강연을 한 이들은 대체로 복음적이지는 않아도 진리의 특정한 측면을 폭 넓게 살펴볼 줄 아는 사람들이었습니다. 저는 「뱀프턴 강연집」과 「히버트 강연집」에 큰 가치가 있음을 발견했습니다. 바쁜 설교자는 그런 전집을 연이어 읽을 시간을 내기가 거의 힘들기 때문에 휴가를 이용했던 것입니다. 제 아내는 항상 저의 계획을 도와줄 채비가 되어 있었고 아이들도 나중에는 그렇게 해 주었습니다. 가족들은 제가 계획대로 책을 읽도록 오전 시간을 내주었고, 저는 책을 읽은 후에 기꺼이 가족들이 하고 싶어 하는 일을 했습니다. 돌이켜 보면 그렇게 할 판단력과 지혜가 있었다는 것이 기쁠 따름입니다.

음악의 활용

음악에 대해서도 한마디 해야겠습니다. 음악이 모든 사람에게 도움이 되는 것은 아니지만 어떤 사람에게는 큰 도움이 됩니다. 다행히도 저는 후자에 속합니다. 어떤 이가 최근에 저에게 말하기를, 칼 바르트Karl Barth의 사망 기사에서 그가 모차르트의 음악을 들으며 하루 일과를 시작했다는 사실을 알고 놀랐다고 말했습니다. 그러면서 이해가 안 된다는 것입니다. 그래서 제가 "왜 이해가 안 된다는 겁니까?"라고 물었더니 이렇게 대답했습니다.

"칼 바르트 같은 사상가가 모차르트 음악을 들었다는 게 놀라워서요. 제 생각에는 베토벤이나 바그너, 아니면 바흐의 음악을 들었어야 할 것 같은데."

그는 그 점을 놀라워했습니다. 그러나 제가 받은 느낌은 그 사람이 음악의 참된 가치를 모르거나 음악을 활용하는 법을 모른다는 것이었습니다. 저는 말했습니다.

"칼 바르트가 왜 모차르트를 즐겨 들었는지 말씀드리지요. 그는 사상이나 개념을 얻으려고 모차르트를 들은 것이 아니라, 그의 음악이 일반적인 의미에서 자신에게 도움이 되었기 때문에 들은 것입니다. 모차르트의 음악이 자신의 기분을 좋게 해 주고 영혼의 행복을 느끼게 해 주었기 때문에, 자신을 해방시켜 주고 자유롭게 풀어 줌으로써 독자적인 생각을 할 수 있게 해 주었기 때문에 들은 것이지요."

이런 식의 일반적인 자극은 좀 더 특별한 지적 자극보다 훨씬 더 도움이 됩니다. 인간은 지성만으로 채워질 수 없는 존재입니다. 이것이 그 옛날 선지자들이 수금 같은 악기로 음악을 연주했던 이유가 아닐까요? 이 점에 대해서는 나중에 다시 이야기하겠습니다. 여러분에게 유익한 것, 기분이나 상태를 개선시켜 주고 기쁨을 주며 긴장을 풀어 주고 편안하게 해 주는 것이라면 무엇이든 귀중합니다. 어떤 이들에게는 음악이 그 역할을 훌륭하게 해 줍니다. 우리는 지금 설교자가 자기 자신을 다스리고 조절하며 준비시키는 방법에 대해 살펴보고 있음을 기억하십시오. 음악을 듣든 무엇을 하든 자신에게 도움이 될 만한 일을 하십시오.

처음처럼 마지막도 "너 자신을 알라"라는 말로 장식하고 싶습니다. 여러분은 삶의 여러 가지 변화를 겪을 것이며 다양한 단계와 경험을 거칠 것입니다. 그런 과정을 통해 자신이 어떤 사람인지 알아보십시오. 자신의 정신이 어떤 놀라운 이유로 인해 최상으로 작동되는 기간이나 몇 날, 몇 주가 있음을 알게 될 것입니다. 그 기간에는 어디에서든 설교의 아이디어를 발견할 수 있는 풍성한 상태 — "나무에는 입이 있고, 흐르는 시냇물에는 책이 있으며, 돌덩이 속에는 설교가 있고, 만물에는 좋은 것이 있는" 상태 — 가 됩니다. 그럴 때 두 손을 내밀어 잡을 수 있는 모든 것을 잡으십시오. 기록할 수 있는 모든 것을 기록해서 메마르고 황폐하며 무미건조한 기간에 의지할 수 있도록 준비해 놓으십시오. "너 자신을 알라"라는 것은 옛 그리스 철학자들의 충고입니다. 오늘날의 설교자들에게도 그보다 더 중요한 권고는 없습니다.

10
설교문의 준비

지금껏 우리는 부족하나마 설교자 자신의 준비에 대해 살펴보았습니다. 이런 주제를 충분히 다룰 수 있는 사람은 아무도 없지만, 그럼에도 다룰 필요가 있다는 사실만큼은 깊이 인식해야 하며 남은 평생 이 주제와 씨름해야 합니다. 설교자의 준비에 대해 살펴보았으니, 이제는 설교문의 준비를 다루어 봅시다.

이 강의는 설교에 대한 것임을 다시 강조해야겠습니다. 어떤 분이 "심방은 왜 다루지 않습니까?"라고 물었는데, 저는 목회 사역의 모든 측면이 아닌 설교만을 다루고 있습니다. 설교야말로 가장 우선적인 일이자 중요한 일이라고 믿기 때문입니다. 심방이나 다른 활동을 통해 설교의 부족함을 메울 수는 없습니다. 실제로 저는 설교를 제대로 하지 못하고 설교로 미리 길을 닦아 놓지 않는 한, 심방에는 그리 큰 의미가 없다고 생각합니다. 그저 차 한 잔 마시면서 유쾌한 담소를 나누는 사교적인 방문은 될 수 있을지 몰라도 목회적인 차원의 심방은 될 수 없습니다. 설교는 목회자가 다른 모든 활동을 할 수 있도록 길을 닦아 놓는 일입니다. 이미 밝혔듯이, 설교는 개인 사역을 위한 길을 닦는 일인 동시에 심방을 위한 길을 닦는 일입니다.

저는 심방 문제는 다루지 않을 것입니다. 실제로 여러분은 제가 강단 기도나 공중 기도 문제도 다루지 않았음을 눈치챘을 것입니다. 그런 문제가 중요하지 않다고 생각해서 다루지 않은 것은 분명 아닙니다. 그저 시간이나 그 밖의 여건들이 설교만 다룰 수밖에 없도록 한정되어 있기 때문에 이렇게 하는 것일 뿐입니다. 강단 기도는 아주 중요합니다. 예배의 전반적인 진행도 아주 중요합니다. 그러나 다시 한 번 말하고 싶은 점은, 그 모든 것들 또한 설교와 그 접근방식에 따라 크게 좌우된다는 사실입니다. 물론 예배 전례가 정해져 있는 교회라면 상관이 없으리라 생각되지만, 그럴 경우에도 목회자가 기도서를 읽는 방식은 설교문을 어떻게 준비하느냐에 따라 크게 달라질 것입니다. 그러나 그 여러 가지 문제들을 전부 다룰 생각은 없습니다. 제가 강조하고 싶은 것은 제가 무엇보다 중요하다고 여기는 일, 즉 설교입니다. 설교는 아무리 강조해도 지나치지 않습니다. 설교가 모든 일을 통제하며, 모든 일의 성격을 결정짓습니다.

설교문의 준비로 넘어가는 즉시, 우리는 전체적인 서론에서 이미 언급했던 중요한 결정의 문제로 되돌아가게 됩니다. 여러분은 어떤 유형의 설교를 하겠습니까? 전도 설교입니까? 신자들을 양육하고 위로하며 세워 주는 설교입니까? 성경 메시지를 좀 더 일반적으로 가르치는 설교입니까? 이것은 확실히 중요한 결정사항으로서, 제가 이미 했던 이야기를 여기에서 반복하는 이유는 설교문을 준비하는 시점에 이 문제가 다시 제기되기 때문입니다.

어떤 유형의 설교를 할 것인지 결정하고 나면, 실제적인 준비라는 아주 실천적인 영역으로 넘어가게 됩니다. 어떤 이들은 여기에 절대적인 법칙이 있다고 생각하는 것 같습니다. 그러나 저는 그렇게 생각지 않습니다. 따라서 제가 이런 문제들에 대해 이해하고 경험한 바에 기초하여 그저 몇 가지 시험적인 제안을 드리고자 합니다.

성경 본문으로 설교하라

전체적으로 말하고 싶은 것은 주제 설교를 하지 말라는 것입니다. 제 말뜻은 이런 것입니다. 어느 미국 군목이 제2차 세계대전 중에 영국에 머무르는 동안 경험한 일을 이야기해 준 적이 있습니다. 지방의 한 지역에 주둔하고 있던 그는 자신이 참석하던 교회에서 설교해 달라는 요청을 받았습니다. 그는 그 교회의 영적 상태에 대해 어떤 결론을 내리고 있었던 터라 "제가 관찰한 바에 따라 '믿음으로 얻는 칭의'에 대해 설교하기로 했지요"라고 말했습니다. 그 말을 들은 저는 몇 가지 질문을 던진 끝에 그 사람이 유명한 신학교에서 훈련을 마친 직후 여러 가지 신학적이고 교리적인 주제들을 다루는 연속 설교를 미리 준비해 놓았다는 사실을 알게 되었습니다. 그는 칭의에 대한 설교, 성화에 대한 설교, 섭리에 대한 설교, 종말에 대한 설교 등을 준비해 놓았습니다. 다시 말해서 주제를 먼저 정해 놓은 후에 그 주제에 맞는 본문을 찾았던 것입니다. 그가 실제로 한 일은 '믿음으로 얻는 칭의'에 대해 강의한 것입니다. 제가 주제 설교를 하지 말라는 것은 이런 의미입니다.

비판을 무릅쓰고 한 걸음 더 나아가 말한다면, 저는 교리 설교도 대체로 믿지 않는 편입니다. 제가 몹시 존경하는 분들 중에도 정기적으로 교리 설교를 하는 이들이 있습니다. 그럼에도 제가 이것을 현명한 처사라고 생각지 않는 주된 이유는, 교리 설교가 진리를 이론적인 태도로 대하거나 지나치게 지적인 태도로 대하게 만드는 경향이 있기 때문입니다. 그렇다고 사람들에게 교리를 가르치지 말라는 말은 아닙니다. 저도 교리를 가르쳐야 한다고 생각합니다. 그러나 교리 교육은 다른 시간에 다른 방법으로 해야 한다는 것이 저의 입장입니다. 저는 교리 교육을 가르침의 항목에 두고, 연속 강의를 통해 시행하곤 했습니다. 그러나 제가 볼 때에는, 사람들 스스로 교리서를 읽고 연구하며 소모임에서 토론하고 고찰하게 하는 것이 더 좋은 듯합니다.

이미 말했듯이 제가 이 모든 이야기를 하는 이유는, 설교 메시지는 언제나 성경에서 직접 나와야지 아무리 훌륭한 인간이라도 인간이 만든 공식에서 나오면 안 되기 때문입니다. 결국 교리는 인간이 특정한 역사적 상황 속에서 다른 가르침이나 사고방식에 대항하여 일정한 내용을 강조하기 위해 만든 것이기 때문에 아무리 잘 만들었다 해도 불완전하기 쉽고, 특정 부분을 강조하느라 다른 부분들은 간과했을 가능성이 큽니다. 그러나 교리 설교를 반대하는 최종적인 근거는, 제가 말한 방식으로 성경을 토대 삼아 설교해도 교리 설교를 할 때와 동일한 목적을 달성할 수 있다는 데 있습니다. 교리는 결국 성경에서 나오기 때문입니다. 제가 생각하는 교리의 궁극적인 역할은 설교 자료를 제공하는 것이 아니라, 설교의 정확성을 지켜 주고 성경을 읽을 때 잘못 해석하지 않도록 보호해 주는 것입니다. 그것이 신조나 교리서의 주된 역할입니다. 따라서 항상 자기 앞에 펼쳐져 있는 성경을 가지고 직접 설교함으로써 인간이 이해한 내용이 아닌 성경 그 자체에 사람들의 주의를 집중시키지 않고, 교리만 해마다 계속해서 전하는 것은 분명한 잘못입니다. 물론 성경을 직접 전할 때에도 자신이 이해한 성경의 가르침과 의미를 전하기는 하지만, 그럼에도 이것은 특정 교파의 교리가 아닌 성경 메시지를 전한다는 입장을 견지하는 방법이며 그 사실을 분명히 강조하는 방법입니다.

본문을 골라서 설교하는 문제

주제 설교나 교리 설교에 전반적으로 이런 문제가 있다면, 이제 여러분이 봉착하게 되는 중대한 의문은 이것입니다. "그렇다면 정확히 내가 해야 할 일은 무엇인가? 본문 여기저기를 골라서 설교해야 하는가?" 본문을 골라서 설교한다는 것은, 본문을 연속적으로 다루지 않고 여기에서 한 구절 저기에서 한 구절 뽑아 쓰기 때문에 매 주일의 설교 사이에 연속성도 없고 연관성도 없다는 뜻입니다. 우리는 본문을 골라서 설교해야 합니까, 아니면 연속적으로 설교해야 합니까?

때로 설교자들은 이 문제에 강경한 입장을 취하곤 합니다. 이것은 매우 흥미로운 문제일 뿐 아니라 중요한 문제이기도 합니다. 19세기가 배출한 가장 위대한 설교자 중 한 사람이며 어쩌면 최고의 설교자일지도 모르는 찰스 헤든 스펄전은 이 문제에 강경한 노선을 고수했습니다. 그는 연속 설교를 신뢰하지 않았고, 실제로도 그런 설교를 아주 강하게 반대했습니다. 그는 인간이 연속 설교를 하겠다고 결정하는 것은 어떤 의미에서 주제넘은 짓이라고 말했습니다. 그러면서 본문은 설교자에게 주어지는 것으로서, 설교자는 이 부분에서 주님을 찾으며 그 인도를 구해야 한다고 주장했습니다. 설교자 자신이 본문을 결정할 것이 아니라 성령의 지도와 인도를 위해 기도한 다음 그 인도에 따라야 한다고 말한 것입니다. 설교자는 이런 식으로 특정한 본문이나 진술로 인도되어 그것을 설교의 형태로 설명하게 된다는 것이 그의 생각이었습니다. 스펄전뿐 아니라 다른 사람들 중에도 이런 견해를 취한 이들이 많았습니다. 그리고 저 자신도 이런 견해를 고수하는 전통에서 자랐습니다. 그래서 성경 한 책 전체나 일부, 또는 한 가지 주제를 연속해서 다루는 설교는 한 번도 듣지 못했습니다.

그러나 이와 반대로 청교도들은 분명 연속 설교를 크게 신뢰하는 입장에 있었다는 사실을 여러분도 알 것입니다. 스펄전이 청교도들의 책을 그토록 많이 읽고 그들을 높이 평가했음에도 불구하고 이 점에서만큼은 완전히 다른 입장을 취했다는 것은 흥미로운 일입니다.

그렇다면 우리는 여기에 대해 무슨 말을 할 수 있을까요? 제가 할 수 있는 유일한 말은, 이 문제를 너무 엄격하게 다루어서 고정된 법칙을 정해 놓는 것은 큰 잘못이라는 것입니다. 저는 성령께서 한 사람을 한 가지 본문으로 인도하시는 동시에, 성경 한 책 전체나 문단을 연속해서 설교하도록 인도하시면 안 될 이유를 찾을 수가 없습니다. 그렇게 하시면 안 될 이유가 대체 무엇입니까? 중요한 점은 우리가 '성령의 자유'를 보존하고 지켜야 한다는 것이며, 이 점에서는 저도 스펄전의 생각에 전적으로 동의하는 바입니다. 우리는 이 부분에서 성령의 자유를 제한해서는 안 됩니다. 이를테면 냉랭

한 마음으로 무엇을 할 것인지 결정하고 면밀한 계획표를 작성해서는 안 된다는 것입니다. 저는 그것이 잘못이라고 확신합니다. 물론 제가 아는 사람들 중에는 그렇게 하는 이들이 있습니다. 한 사람은 휴가를 마치고 일을 재개할 때마다 수개월 동안 설교할 본문 목록을 미리 작성해 두고, 매주 어떤 본문을 설교할 것인지 미리 표시해 놓곤 했습니다. 저는 그런 태도에 크게 반대합니다. 물론 그런 일이 절대 있을 수 없다는 말은 아닙니다. 저는 감히 그렇게 말할 생각이 없습니다. 성령의 자유 안에서 그런 일도 있을 수 있습니다. 성령의 바람은 "임의로" 불기 때문입니다. 성령이 예외 없이 항상 한 가지 방식으로만 일하신다고 말해서는 안 됩니다. 그러나 일반적으로 말할 때, 그런 계획표를 만들어서 인쇄하는 것은 확실히 이 부분에 대한 성령의 주권과 인도를 일정 정도 제한하는 일이라고 생각합니다. 그러므로 저는 우리가 성령께 복종해야 하며 참으로 그분께 복종하고 있는지 주의 깊게 확인해 보아야 한다는 점을 강조하면서, 성령은 본문 여기저기를 설교하도록 인도하실 수도 있고 연속해서 설교하도록 인도하실 수도 있다고 주장하는 바입니다. 감히 말하지만, 저 자신도 이런 인도를 여러 번 경험했습니다.

제 설교집 중에 「영적 침체 *Spiritual Depression*」라는 것이 있습니다. 제가 어떻게 그 설교들을 하게 되었는지에 대한 이야기가 이 문제를 예증하는 데 도움이 될 것입니다. 사실 저는 에베소서를 가지고 연속 설교를 하기로 결정해 놓은 상태였습니다. 저 자신은 성령의 인도라고 생각하고 있었지만, 확실히 그것은 저의 독단적인 결정이었습니다. 그런데 어느 날 아침 옷을 입는데 불현듯 하나님의 영이 '영적 침체'에 대해 연속 설교를 하도록 촉구하시는 것 같다는 생각이 강하게 들었습니다. 그리고 말 그대로 옷을 입는 동안 머리 속에 시리즈의 틀이 잡혔습니다. 제가 할 일이라고는 오직 본문들이 떠오르는 순서대로 가능한 한 빨리 기록하는 것뿐이었습니다. 전에는 영적 침체에 대해 연속 설교를 하겠다는 생각을 해 본 적이 없었을 뿐 아니라 그런 생각이 머리 속에 떠오른 적도 없었습니다. 그런데 이런 방식으로 그 연속 설교를 하게 된 것입니다. 저는 이런 일이 일어날 때 항상 세심한 주의를 기울입니다. 이것은 그 어떤 것보다 놀랍고 영광스러운 경험입니다. 이런 식으로 확실한 명령이 내려졌다고 생각될 때, 저는 감히 불순종할 생각을 하지 않습니다. 저는 그 연속 설교를 성령께서 친히 명하셨다고 확신해 마지 않습니다.

이런 문제에 지나치게 엄격해서는 안 된다는 제 입장을 입증하기 위해 몇 마디 더 하겠습니다. 저는 본문을 골라서 설교하든 연속적으로 설교하든 다 괜찮다고 생각합니다. 또 연속 설교를 하다가도 중단할 수 있다고 생각합니다. 실제로 중단해야 한다는 특별한 부담감이 느껴질 때에는 언제라도 중단해야 합니다. 제가 3개월분의 설교 계획표를 미리 작성하지 않는 이유가 여기 있습니다. 여러분은 앞으로 할 일에 대해 단언할 수 없습니다. 적어도 저는 단언할 수 없었습니다. 주의를 요하는 상황, 설교의 놀라운 기회를 제공하는 상황이 벌어질 수도 있습니다. 실제로 제가 준비한 대로 설교를 마치겠다고 장담할 수 있었던 적은 한 번도 없었습니다. 절반밖에 설교하지 못했는데 설교 시간이 다 지나가 버린 적은 또 얼마나 많았는지요! 앞으로 무슨 일이 벌어질지 우리가 어떻게 단언할 수 있습니까? 우리는 그것을 통제할 수 없으며 통제해서도 안 됩니다. 설교를 준비할 때처럼 실제로 설교할 때에도 성령께서 여러분을 사용하시며 다루십니다. 오해하지 마십시오. 저는 게으름을 옹호하거나 변명하려는 것이 아닙니다. 제가 지금껏 강조해 온 것은 오히려 그와 반대되는 태도였습니다. 그럼에도 여러분은 설교를 준비하고 구상할 때 여전히 '성령의 자유'를 인정하면서 그의 모든 움직임에 개방적이고 민감한 자세를 유지해야 합니다. 설교를 준비하는 동안에든 실제로 설교하는 동안에든 전혀 예측하지 못한 방식으로 주제가 발전될 수도 있고 중도에 끊길 수도 있으며 바뀔 수도 있다는 점에서 볼 때, 설교 계획표를 미리 짜 놓는 것은 제게 우스운 일로 보입니다. 이 문제와 관련하여 어떤 설교를 하기로 결정하든 자유를 지키십시오.

절기 설교

다른 식으로 말해 봅시다. 저는 특별한 절기를 항상 지키라는 것을 규칙으로 제시하고자 합니다. 이 점에서 저는 청교도들을 비판하는 만용을 부립니다. 성탄절과 강림절 기간에는 특별한 설교를 해야 한다는 것이 저의 생각입니다. 수난일과 부활절과 성령강림절에도 특별한 설교를 해야 한다고 생각합니다.

저의 주장을 어떻게 입증할 수 있을까요? 그리고 청교도들은 왜 여기에 반대했을까요? 그들은 로마 가톨릭에 대한 격렬한 반발로 특별한 절기들을 반대했다는 것이 그 대답입니다. 가톨릭은 주님의 탄생을 기념하는 일을 하나의 미사 의식으로 바꾸어 버렸습니다. 가톨릭에 반발하여 일어난 청교도들 역시 요즘의 우리처럼 너무 격렬하게 반발하는 경향이 있었습니다. 그래서 미사와 비슷한 부분이 조금이라도 보이는 것들이나 가톨릭 사상과 연관된 요소들을 열성적으로 제거하고자 한 결과, 어떤 절기든지 반대하는 또 다른 극단으로 치닫고 말았습니다.

그들의 입장을 충분히 이해하며 전체적으로는 완전히 공감함에도 불구하고, 저는 그것이 잘못된 처사였다고 생각합니다. 제가 이렇게 말하는 것은, 오늘날 우리 대부분이 기독교 신앙에 포함된 일들이나 외부 활동에 지나친 관심을 쏟은 나머지 그 토대와 본질은 망각하는 위험에 봉착해 있다고 믿기 때문입니다. 우리는 그 토대와 본질을 당연히 믿는다고 말하지만 그것들에 대해 설교하지는 않습니다. 설교의 영역에서만 그런 것은 아닙니다. 우리 말을 듣는 사람들도 그것을 망각하고 있습니다. 그러나 신약 서신서에서 발견하는 것은 사도들이 어떤 주제를 다루든지 항상 기독교 신앙의 기본적인 사실들로 되돌아갔다는 점입니다. 어떤 경우에든 우리는 역사적인 근거와 사실들을 일깨워 주는 사복음서를 살펴보아야 합니다.

오늘날 가장 큰 위험―특히 어떤 부류의 사람들이 빠지기 쉬운 위험―은 지나치게 지적인 태도에 빠지는 것입니다. 저는 감상주의를 피하고 좀 더 지적인 태도로 기독교 신앙에 접근하도록 사람들을 설득하고자 애쓴 적이 많습니다. 그러나 지금은 지나치게 지적인 태도에 빠져서, 우리 신앙의 토대를 이루는 중대한 역사적 사실들과 접촉점을 상실할 위험에 처한 사람들에게 경고할 필요가 있다고 확신합니다. 주님의 탄생에 대한 설교를 듣고도 아무 반응을 보이지 않는 그리스도인은 자신이 정말 그리스도 안에 있는지 다시 한 번 살펴보는 것이 좋습니다. 또 설교자가 복되신 주님께서 갈보리 언덕 십자가 위에 달려 돌아가신 일을 사실적으로 상세히 전하면서도 아무 감동을 받지 않는다면, 그 일에 대해 평생 처음 설교하는 듯한 느낌을 받지 않는다면, 마치 자기 자신이 그 현장에 있었던 것처럼 감동받지 않는다면, 자기 자신을 기초부터 다시 살펴보는 것이 좋습니다. 청중도 마찬가지입니다. 특별한 절기들은 이런 측면에서 큰 가치가 있습니다. 이런 절기들은 우리 신분의 토대를 이루고 있는 사건들을 어떤 의미에서 억지로라도 되새기게 해 주며 그 일들로 되돌아가게 해 줍니다.

좀 더 나아가 봅시다. 저는 거의 모든 절기를 복음을 설교할 기회로 활용해야 한다고 믿습니다. 그래서 앞서 말한 절기들뿐 아니라 새해 첫 주도 항상 그렇게 활용해 왔습니다. 여러분은 "새해 첫날이나 12월 마지막 날이나 다를 게 뭐가 있습니까?"라고 물을 수 있습니다. 물론 어떤 의미에서는 그 말이 맞습니다. 그러나 그것은 순전히 지적인 입장에서만 나온 말입니다. 그런 입장에서 보면 모든 날이 똑같습니다. 그러나 보통 사람들이 보기에는 다릅니다. 새해! 새해는 새롭게 결심하는 날입니다. 물론 우리는 그런 결심들이 헛되며 아무 열매도 맺지 못한다는 사실을 알고 있습니다. 사람들은 새해를 맞이할 때마다 결심하지만 그 결심은 채 일주일도 지속되지 못합니다. 그럼에도 불구하고 사람들은 해마다 결심을 합니다. 여러분은 "그런데 왜 그런 일에 관심을 가져야 합니까?"라고 물을 것입니다. 그 역시 이론적인 관점에서 나온 질문입니다. 지금까지 제가 밝히고자 했듯이, 우리는 이렇게 이론적인 관점을 취해서는 안 됩니다. 우리는 회중과 교인들을 평가해야 하며, 인간으로서 그들을 대해야 합니다. "지혜로운 자는 사람을 얻느니라"라는 말씀을 기억하면서, 복음 진리를 각인시킬 수 있는 모든 기회를 활용해야 합니다(잠 11:30). 이런 점에서 볼 때 새해는 인생의 무상함을 일깨워 줄 절호의 기회입니다. 우리는 이 점을 잊기 쉽습니다. 여러분은 여러분대로 신학적이고 지적이며 철학적인 문제들에 지대한 관심을 쏟은 나머지 자신이 죽는다는 사실을 잊어버릴 수 있으며, 사람들은 사람들대로 사업이나 쾌락이나 가족이나 "자기 생활"에 빠져서 그 사실을 잊어버릴 수 있습니다(딤후 2:4).

그런데 이 세상의 삶이 무상하다는 사실을 각인시킬 기회, 그 누구도 구경꾼이나 비평가처럼 설교자나 설교에 거리를 유지하면서 뒷자리에 물러앉아 있을 수 없다는 사실을 상기시킬 기회가 주어진 것입니다. 여러분은 그 기회를 활용하여 사람들이 이 모든 일과 관련되어 있음을 상기시킬 수 있으며, 여러분이 이론적인 문제가 아닌 세상에서 가장 중요한 문제를 다루고 있다는 것, 그들이 원하든 원하지 않든 피할 수 없는 종국을 향해 나아가고 있다는 것, 마지막 심판의 날이 다가오고 있다는 것을 상기시킬 수 있습니다. 이런 기회를 활용하지 않는 설교자는 어리석은 자이며, 강단에 서기에 적합지 않은 자입니다.

몇 년 전 다음과 같은 경험 때문에 실망했던 일을 결코 잊지 못할 것입니다. 해가 바뀔 무렵 너무 지쳐서 휴식을 취하던 저는 새해 첫 주일 아침을 맞아 어떤 젊은 목사가 인도하는 예배에 참석했습니다. 그런데 그가 설교를 시작하면서 하는 말을 듣고 너무 놀랐습니다.

"자, 지난 주일에 이러이러한 구절을 살펴보았던 것을 기억하실 겁니다. 이번 주일에는 그 다음 구절을 살펴보겠습니다."

그는 새해에 대해서나 제가 앞서 말한 문제들에 대해 일언반구 언급하지 않았습니다. 저는 그가 안쓰러웠고 이런 기회를 놓쳐 버리는 것이 안타까웠습니다. 다른 모든 것을 떠나서라도 특별한 절기는 우리의 사역을 더 용이하게 만들어 줍니다. 절기는 설교자에게 기회입니다.

세상에 일어나는 일들이나 돌발적인 사건들, 현상들 또한 얼마든지 활용할 수 있습니다. 메들리의 존 플레처John Fletcher에 대한 이야기를 읽은 기억이 납니다. 그는 200년 전에 살았던 위대한 신앙인으로서 잉글랜드 스태퍼드셔 메들리의 교구 신부였습니다. 그런데 새번 강에 갑자기 무서운 재난이 닥쳤습니다. 강의 수량이 평소보다 불어나 거의 수백 명이 익사한 것입니다. 그 대참사는 플레처에게 놀라운 설교의 기회를 제공했습니다. 그는 설교에서 이 비극적인 사건을 여러 번 언급했는데, 그 결과는 실로 엄청난 것이었습니다. 우연히도 바로 그 즈음, 18세기의 위대한 설교자들 중 상당수가 1751년 포르투갈 리스본에서 일어난 지진 사건을 활용한 예도 읽게 되었습니다. 그들은 그런 큰 사건들을 잘 활용했습니다. 물론 지진 자체에 대해 설교했던 것은 아닙니다. 그러나 그 사건을 사용해서 인생의 무상함을 각인시켰으며 회개를 강력히 촉구했습니다. 지진은 사람들을 생각하게 만듭니다. 토네이도나 태풍도 마찬가지입니다. 그런 점에서 재난은 설교의 기회입니다. 구약성경은 요시아 왕에 대해 "마음이 부드러워"졌다는 호의적인 평가를 내립니다(왕하 22:19). 우리가 아는 찬송가에도 '주여, 내 마음이 부드러워졌으니 이 마음 주께 드립니다'라는 가사가 있습니다. 이처럼 우리의 마음이 부드러워질 때가 있습니다. 그럴 때 우리는 좀 더 쉽게 반응을 보일 수 있습니다. 이 모든 기회를 활용하는 것은 지혜의 본질인 동시에, 기본적인 상식에 속합니다. 설사 여러분이 세상에서 가장 훌륭한 연속 설교를 계획했다고 하더라도 지진이 발생하면 중단하십시오! 지진이 일어났는데도 기계적으로 하던 설교를 계속하는 사람은 희망이 없는 사람입니다!

연속 설교의 준비

이상이 본문을 골라서 설교할 것인가, 연속해서 설교할 것인가 하는 문제에 대한 저의 의견입니다. 본문을 골라서 설교하는 일에 대해서는 설교자의 준비를 다룰 때 이미 언급한 바 있습니다. 본문을 찾기 위해 성경을 읽는 나쁜 습관에 대해서도 경고했고, 항상 자기 자신의 유익과 성숙을 위해 성경을 읽으라는 점도 강조했습니다. 그리고 그 과정에서 어떻게 자신의 마음에 와 닿는 구절, 감동을 주는 구절을 만나게 되는지 이야기했고, 그럴 때 어떻게 해야 하는지도 짚어 보았습니다. 그대로 실천하는 사람은 결코 본문이 부족하지 않다는 사실을 발견할 것이며, 자신의 성숙을 위해 성경을 읽는 가운데 설교의 골격들이 차곡차곡 쌓여 나가는 경험을 하게 될 것입니다.

여러분은 이런 경험뿐 아니라 이를테면 설교가 자신에게 주어지는 경험도 할 수 있습니다. 그런 설교는 직접 다가오기 때문에 별로 준비할 것이 없습니다. 모든 사람이 여기 동의할지는 모르겠지만, 저는 확실히 목회 후기보다는 초기에 이런 일을 더 자주 경험했습니다. 저는 그것이 전적으로 하나님의 인자하심 때문이었다고 생각합니다. 그는 우리를 아십니다. "이는 그가 우리의 체질을 아시며"(시 103:14). 하나님은 이런 도움이 목회 초기에 훨씬 더 필요함을 아십니다. 우리가 아이들이 잘 자라기를 바라는 마음으로 격려도 많이 해 주고 다 자란 후에는 해 주지 않는 일들을 해 주는 것처럼, 하나님도 설교자를 그렇게 대하신다고 생각합니다. 여러분은 목회 초기에 하나님께서 여러분을 인자하게 대하시며 큰 은혜를 베푸셔서 본문도 주시고 설교도 주시는 일을 경험할 것입니다. 때로는 완벽한 설교문이 주어지기도 합니다. 그러나 그 시기가 지나면 제가 말했던 식으로 노력하고 수고하며 땀을 흘려야 한다는 사실을 발견하게 됩니다. 본문을 골라서 설교하는 문제는 여기까지만 다루기로 하겠습니다.

설교문을 준비하는 방법에는 몇 가지가 있을 수 있습니다. 한 가지는 성경 한 책을 계속 연구하되 체계적으로 연구하는 것입니다. 또 한 가지는 한 책의 일정 부분, 예를 들면 산상설교 같은 부분을 체계적으로 연구하는 것입니다. 아니면 한 장 안의 일정 부분을 연구할 수도 있습니다. 여러 가지 응용이 가능합니다. 앞서 말했듯이 그리스도인의 삶을 이루고 있는 한 가지 측면을 연속적으로 다룰 수도 있습니다.

앞에서 '영적 침체' 시리즈를 예로 들었는데, 그 이야기를 좀 더 해 보겠습니다. 이 설교를 하기로 결정한 것은 위에서 말한 일들 중에 몇 가지가 결합된 결과였습니다. 어떻게 설교의 골격을 축적할 수 있는지에 대해서는 이미 설명한 바 있습니다. 저에게는 수년에 걸쳐 축적된 설교의 골격들이 있었습니다. 그런데 아침에 옷을 입다가, 그 쌓인 뭉치 속에 영적 침체 시리즈가 이미 준비되어 있다는 사실을 알게 되었습니다. 물론 그 한 뭉치가 다 이 주제를 다루고 있는 것은 아니었지만, 그 속에 시리즈로 엮을 수 있는 이런저런 설교들이 들어 있었습니다. 그것은 지금까지도 잊혀지지 않을 뿐 아니라 앞으로도 잊지 못할 놀라운 경험이었습니다. 제 기억이 맞는다면, 저는 거의 그 자리에서 21편에 이르는 설교 개요를 기록할 수 있었습니다. 물론 설교의 골격은 이미 있었습니다. 그러나 성령께서 그 순간에 저를 위해 그 골격들을 배열해 주시는 것 같았습니다. 제가 할 일은 그동안 모아 놓은 꾸러미에서 특정 설교들을 뽑아 내서 살펴보는 것뿐이었습니다. 제게 주어진 순서가 완벽하다는 생각이 들었기 때문에 어떤 식으로든 감히 바꾸려 들지 않았습니다. 마지막에 한두 편의 설교를 첨가하기는 했지만, 그 역시 뭉치 속에 들어 있던 것들이었습니다.

다시 말하지만 이것은 그 자체로 적절한 방법일 뿐 아니라 목회자의 부담과 수고를 크게 덜어 주는 방법이기도 합니다. 이렇게 하면 제가 아는 사람들이 자주 맞닥뜨리곤 하는 곤란한 상황, 즉 토요일이 되어서야 주일 설교 본문을 허둥지둥 찾는 상황을 면할 수 있습니다. 심지어 제가 아는 어떤 이들은 토요일 밤까지 아무것도 준비하지 못한 채 잠자리에 들기도 합니다. 그러나 제가 제안한 대로 한다면 아주 재미있고 흥미진진한 방법으로 설교 준비가 이루어진다는 사실을 알게 될 것입니다.

다시 한 번 강조하는데, 이 모든 일을 할 때 여러분은 강해적인 태도를 가져야 합니다. 항상 그래야 합니다. 제가 주창한 방법대로 하면 자연히 그렇게 될 수밖에 없습니다. 왜냐하면 이런 본문들이 다가올 때, 멈추어서 살펴보며 검토한 다음 골격을 세우게 되기 때문입니다. 그 골격이 곧 강해의 소제목들이 됩니다. 저는 '영적 침체' 같은 주제를 먼저 택해 놓고 혼자 힘으로 생각하며 연구한 후에 그 생각을 걸쳐 놓을 편리한 못 구실을 해 줄 본문들을 찾는 방법은 인정치 않습니다. 저는 그런 방법에 반대합니다. 설교 자료는 항상 성경에서 나와야 하며, 항상 강해적으로 다루어져야 합니다. 여러분이 성경의 가르침을 충실하게 다룬다면 진리의 다양한 측면들을 전부 포괄할 수 있을 것이며, 혼자 힘으로 철학적인 방법을 동원해서 연구할 때보다 훨씬 더 그 일을 잘할 수 있을 것입니다.

연속 설교는 길 수도 있고 짧을 수도 있습니다. 그 길이를 어떻게 결정해야 할까요? 수년 전에 신학생들의 모임에서 연속 설교의 길이에 관한 문제를 놓고 열띤 토론을 벌였던 일이 생각납니다. 그때 저는 길이가 짧아야 한다는 쪽을 강력히 옹호했던 것으로 기억합니다. 살다 보면 전에 했던 말을 취소하게 되는 경우가 있습니다! 하지만 그 당시에는 그것이 저의 입장이었기 때문에 그 정당성을 입증하고자 애를 썼습니다. 사실 이런 문제에 대해서는 확고한 법칙이나 규범을 정해 놓을 수가 없습니다. 청교도 같은 설교자들을 활용할 때 잘 분별해야 할 부분이 바로 이 부분이라고 생각합니다. 우리는 그들의 책을 읽고 "놀라워. 바로 이거야"라고 말하게 될 위험이 있습니다. 그러나 그들을 좇아가려고 애를 쓰다 보면 그 방식이 자신에게는 맞지 않음을 알게 됩니다. 왜 그렇습니까? 한 가지 이유는 설교자가 누구냐에 따라 그 방식 또한 상당히 달라지기 때문입니다. 이 사람이 할 수 있는 일을 저 사람은 할 수가 없습니다. 그런데도 억지로 따라 하려 드는 것은 위험한 일입니다. 연속 설교의 길이는 설교자의 개성뿐 아니라 성숙도에 따라서도 달라집니다. 설교자는 항상 자라고 진보하며 발전해야 합니다. 따라서 젊은 시절에 할 수 없었던 일을 중년기나 노년기에는 할 수 있어야 합니다. 이처럼 이런 문제는 너무 엄격하게 다루어서는 안 됩니다.

19세기에 살았던 어느 유능한 사람의 이야기를 들은 기억이 납니다. 그는 훌륭한 신학자로서 한때 신학교 학장으로 있다가 런던의 한 교회에 부임했습니다. 그는 주로 상인들과 그 아내로 구성된 교인들에게 주일 저녁마다 에베소서 연속 설교를 했는데, 그 결과 얼마간의 회중을 잃고 말았습니다. 교인 모두 그에게 최대한의 존경과 찬사를 바쳤으며 인간적으로 그를 좋아했습니다. 그러나 그의 설교는 이해하지 못했습니다. 그는 교인들이 이해할 수 없는 설교를 했고, 따라서 그들을 먹이지 못했습니다. 의도는 좋았지만, 교인들의 표현대로라면 내용이 너무 깊고 시리즈 길이가 너무 길었습니다. 도저히 이해할 수가 없었던 교인들은 결국 구원을 요청하기에 이르렀습니다.

여러분은 이런 점에 주의해야 합니다. 이전에 했던 이야기를 다시 강조하자면, 자기 자신과 교인들을 지속적으로 재평가해야 하는 것입니다. 그리고 그 평가 결과에 따라 언제나 재조정할 준비를 하고 있어야 합니다. 고정된 계획을 세워 놓고 계속 고집하지 마십시오. 한 어리석은 설교자가 무슨 생각의 변화가 있었는지 한 가지 주제를 한 가지 방향으로 계속 설교했다고 합니다. 그래서 누군가 그에게 몇몇 교인들의 불평을 전해 주었습니다. 그러자 그는 이렇게 대답했습니다.

"좋든 싫든 들어야지요."

어떤 의미에서는 왜 그런 말을 했는지 알겠지만, 그것은 확실히 잘못된 말입니다. 설교자의 임무는 '설교를 듣도록' 사람들을 설득하고 가르치며 거짓을 버리게 하는 것이지 무작정 진리를 던져 주는 것이 아닙니다. 따라서 설교자는 상황의 변화가 느껴질 때마다 계속해서 재조정 작업을 해야 합니다.

이 일이 어렵게 느껴질 수도 있고, 어떤 의미에서는 실제로 어렵기도 합니다. 그러나 제가 볼 때 이 일은 목회의 가장 영광스러운 측면을 이루고 있습니다. 설교가 항상 살아 움직인다는 것은 설교의 낭만에 속합니다. 설교는 결코 고정되거나 형식에 매일 수 없습니다. 설교자와 청중 사이에는 계속 상호작용이 일어나게 마련입니다. 여러분은 청중과 함께 자라고 발전해 나가면서 계속 재조정 작업을 해야 합니다. 결국 설교의 목적이 무엇입니까? 여러분이 하고 있는 일, 하고자 하는 일, 목표하는 일이 무엇입니까? 이들을 도와서 하나님과 하나님을 아는 지식으로 인도하며, "지극히 거룩한 믿음" 위에 세우는 것 아닙니까?(유 20) 그러므로 항상 재조정할 준비를 하십시오.

설교의 총체성

언제나 그랬듯이 이 부분을 마무리하면서도, 각 설교는 그 자체로 완결성을 가진 하나의 총체여야 한다는 점을 강조해야겠습니다. 이것은 연속 설교에도 그대로 적용됩니다. 그렇게 하려면 설교를 시작할 때 몇 분을 할애하여 그 전주 설교를 간략하게 요약해 줄 필요가 있습니다. 여기에서 제가 강조하는 단어는 '간략하게'라는 것입니다. 수년 전에 잉글랜드에서 인기를 끌었던 설교자─일반적인 의미에서 인기가 있었다기보다는 상당한 악명을 떨쳤던 사람─가 있었습니다. 그의 인기는 대부분 라디오에 자주 방송되는 깊이 있는 목소리 덕분이었던 것 같습니다. 그래서 사람들이 번갈아 가며 그의 교회를 채워 주었습니다. 그런데 그의 설교를 들으러 다녔던 한 여성이 이제는 더 이상 그 교회에 가지 않는다는 말을 제게 해 주었습니다. 그래서 왜 다니지 않느냐고 물었더니 이렇게 대답했습니다.

"글쎄요, 그 목사님은 그 전주에 한 이야기를 너무 길게 반복하더라고요. 또 그 다음주에 할 이야기도 너무 길게 예고하고요. 정작 설교 시간에 듣는 내용은 별로 없었어요."

그래서 실망한 나머지 설교 듣기를 그만두어 버린 것입니다. 이것은 설교자에게 아주 현실적인 덫이자 유혹입니다. 전주 설교를 너무 길게 요약하는 경향은 확실히 거부해야 하지만, 그럼에도 불구하고 요약은 꼭 해 줄 필요가 있습니다. 그것은 모든 사람에게 도움이 됩니다. 매주 교회에 나와 설교를 전부 들은 사람들에게도 그렇고, 어쩌다 참석한 방문객에게는 더더욱 그렇습니다. 그러므로 여러분은 그날 설교가 연속 설교의 어떤 맥락 속에 들어 있는 것인지, 전체와 어떤 관련이 있는 것인지 보여 주어야 하며, 앞으로 어떤 이야기가 이어질 것인지에 대한 암시도 약간은 던져 주어야 합니다. 그러면서도 그날의 설교는 그 자체로 하나의 독립체를 이루게 해야 합니다. 이것은 아주 중요한 일입니다.

본문에 충실하라

우리는 '어떤 유형의 설교를 할 것인가?'라는 중요한 결정 사항에 대해 이미 살펴보았습니다. 그 결정을 내린 다음에는 그날의 설교문을 준비하기 위한 실제적인 작업에 들어가야 합니다. 여러분은 어떻게 그 일에 착수합니까? 자, 여러분이 해야 할 첫 번째 일은 본문의 의미를 다루는 것임이 분명합니다. 이 부분에서 지켜야 할 한 가지 황금법칙, 즉 절대적인 요구사항은 충실함입니다. 여러분은 본문에 충실해야 합니다. 제 말뜻은, 자신의 흥미를 끄는 생각을 골라 내기 위해 본문을 읽지 말라는 것입니다. 그것은 본문에 충실한 태도가 아닙니다. 아마 몇 가지 예가 이 점을 명확히 하는 데 도움이 될 것입니다.

어느 유명한 설교자의 설교를 라디오에서 처음 들었던 때가 생생히 기억납니다. 그는 '십자가의 자리를 동산으로 바꾸라'는 제목으로 설교하겠다고 말했습니다. 그 즉시 성경 어디에서 그런 주제를 찾아냈을까 궁금한 생각이 들었습니다. 그는 곧이어 "예수께서 십자가에 못 박히신 곳에 동산이 있고"라는 요한복음 19:41 말씀을 본문으로 제시했습니다. 그가 볼 때 이 본문의 요점은 십자가의 자리를 동산으로 '바꾸라'는 데 있었습니다. 그러나 사실 이 본문에는 그에 대한 언급이 전혀 없습니다. 그저 동산이 그곳에 있었다고 말하고 있을 뿐입니다. 그 동산은 주님이 십자가에 못 박히시기 전부터 그 자리에 있었습니다. 주님이 못 박히셨기 때문에 갑자기 생겨난 것이 아닙니다. 그런데도 그는 질병으로 고통 받는 자들이 어떻게 시련에 반응할 수 있으며 반응해야 하는지에 대해 지극히 감상적으로 설교할 기회를 얻기 위해 본문을 훼손했습니다. 그는 시련을 아름다운 정신으로 받아들이며 결코 그에 대해 원망하거나 불평하지 않는 선한 사람들이 십자가의 자리를 동산으로 변화시킨다고 말했습니다. 그러고 나서 25분 내지 30분에 걸쳐 그런 사람들의 감동적이고 감상적인 예화를 전했습니다. 그런 태도에 대해 할 수 있는 말은 한 가지뿐입니다. 그것은 지극히 충실하지 못한 태도입니다. 그것밖에는 할 말이 없습니다.

수리아 사람 나아만에 대해 설교한 또 다른 설교자의 예를 봅시다. 나아만이 아바나 강이나 바르발 강에 비해 형편없이 작은 요단 강에 몸을 담그라는 명령에 강하게 반발한 이야기를 여러분도 기억할 것입니다. 그런데 그 설교의 제목은 '삶에서 중요치 않은 것들의 중요성'이었습니다. 이 또한 본문의 순전한 오용에 지나지 않습니다. 그 본문과 본문이 속한 맥락의 의도는 '삶에서 중요치 않은 것들의 중요성'을 보여 주려는 데 있는 것이 아니라, 나아만이 낮아지지 않는 한 치료받을 수 없었다는 사실과 우리 모두 하나님이 구원하시는 방식 앞에 승복해야 한다는 사실을 보여 주려는 데 있습니다. 그러나 그 설교에서는 이런 점들이 말 그대로 한 번도 언급되지 않았습니다. 이처럼 본문을 함부로 다루는 태도의 배후에는 단지 본문에서 마음에 드는 아이디어만 뽑아 낸 다음, 이를테면 요단강이 실제로 다른 강들보다 작다는 사실 같은 것들만 뽑아 낸 다음, 본문과 그 맥락의 실제 의미는 무시해 버리는 태도가 숨어 있습니다. 그것은 피상적인 태도일 뿐 아니라 사실상 충실치 못한 태도이며 성경의 진술을 오용하는 태도입니다.

좀 더 충격적인 예를 한 가지 더 들어 봅시다. 저는 일부러 대중적인 설교자들 중에서 예를 들고 있습니다. 이 사람은 설교 제목을 '나의 복음'이라고 했습니다. 그가 본문으로 삼은 것은 디모데후서 2:8에 나오는 바울의 말이었습니다. "나의 복음과 같이 다윗의 씨로 죽은 자 가운데서 다시 살으신 예수 그리스도를 기억하라." 그는 다음과 같은 질문으로 설교를 시작했습니다.

"여러분도 '나의' 복음이라고 말할 수 있습니까?"

그리고 즉시 덧붙인 질문이 "물론 그것이 저의 복음은 아닐 수 있습니다. 그러나 여러분 자신의 복음이기는 합니까?"라는 것이었습니다. 그가 말하려는 요점은 '이 복음을 **나의** 복음이라고 할 수 있느냐?'라는 것이었습니다. 그는 뒤이어 전통주의, 정통주의, 조직신학 등, 실제로 모든 종류의 신학을 통렬하게 비난했습니다. 그가 볼 때 중요한 한 가지 사실은 개인의 체험, 즉 그것이 '나의 복음'이 되었느냐 하는 것뿐이었습니다. 저는 그 본문을 가지고 이런 말을 할 수 있다는 것이 정말 놀랍고 믿어지지 않았습니다. 바울이 거기에서 분명히 말하고 있는 바는, 그것이 자신의 복음 내지는 자신의 경험으로 얻게 된 복음이 아니라 "다윗의 씨로 죽은 자 가운데서 다시 살으신 예수 그리스도"에게서 나온 복음이라는 것이기 때문입니다. 실제로 사도는 바로 이 설교자의 주장과 같은 주장을 반박하기 위해 이 말을 한 것이며, 복음—바울이 전한 복음—은 예수 그리스도가 하나님의 성육하신 아들이시요 육체로는 다윗의 혈통에서 나신 분이며 문자 그대로 무덤에서 육체로 부활하신 분이라는 지극히 중요한 역사적 사실에 토대를 둔 그 복음 하나뿐임을 강조하기 위해 이 말을 한 것입니다. 그런데 그 설교자는 이 모든 의도를 완전히 무시했으며 사실상 부인해 버렸습니다. 그가 볼 때 중요한 것은 '개인적인 체험이 있느냐? 삶이 변화되었느냐?' 하는 것뿐이었습니다. 그 설교자는 "나의 복음"이라는 말만 뽑아낸 후 문맥은 물론이요 그 구절에 있는 나머지 말들조차 완전히 무시해 버렸습니다. 사실 그것은 "너희 속에 있는 소망에 관한 이유"에 대답할 수 있게 만드는 토대(벧전 3:15), 즉 복음에 대한 신학적인 이해를 극심하게 매도하는 행위였습니다. 그는 이처럼 체험을 제공한 원인이 무엇이든 상관없이 개인의 체험 그 자체를 추켜세우는 설교를 했습니다. 이 또한 전혀 충실치 못한 태도이며, 본문이 말하는 바를 오용하고 곡해하는 태도라고 말할 수밖에 없습니다.

우리는 본문에 충실해야 하며 언제나 전체 맥락 안에서 살펴보아야 합니다. 이것이 절대적인 법칙입니다. 그런데 이런 사람들은 그 법칙을 지키지 않습니다. 맥락에는 관심도 없이 항상 아이디어만 찾으려 합니다. 그들이 원하는 것은 주제와 아이디어입니다. 그래서 일단 그것을 찾은 후에 자기 생각을 표현하고 도덕적인 교훈을 줄 수 있도록 이론화합니다. 그것은 하나님의 말씀을 완전히 오용하는 태도입니다. 여러분은 맥락 안에서 본문을 다루어야 하며, 본문에 충실해야 하고, 단어와 문장 전체의 의미를 찾아야 합니다. 이 부분은 이미 다룬 바가 있습니다만, 제가 여기에서 특별히 강조하고 싶은 것은 구절이나 문단의 영적인 의미를 찾으라는 것입니다. 정확성이 우선이고, 영적인 의미가 그 다음으로 중요합니다. 특정한 단어를 정확하게 이해하게 해 주는 것은 결국 학식이 아니라 그 구절의 영적인 의미입니다. 학문적 권위자들이 완전히 다른 의견을 보이는 경우가 항상은 아니지만 자주 있다는 것을 여러분도 알 것입니다. 말씀의 의미는 궁극적으로 정확한 학식에 따라 결정되는 것이 아니라 영적인 지각과 이해에 따라, 요한일서 2:20, 27에 나오는 "기름 부음"에 따라 결정됩니다.

주요 메시지를 파악하라

이 과정을 밟아 나가다 보면 특정한 말씀이 주는 메시지의 핵심으로 나아가게 됩니다. 그러려면 본문에 질문을 던지는 법을 배워야 합니다. 이보다 더 중요한 것이 없습니다. "성경 기자는 왜 이렇게 말했는가? 왜 이런 특별한 방식으로 말했는가? 그의 의도는 무엇인가? 목표와 목적은 무엇인가?" 등의 질문을 던지십시오. 설교자가 우선적으로 배워야 할 일들 중에 한 가지는 본문과 이야기하는 법을 배우는 것입니다. 본문이 여러분에게 말을 걸면, 여러분도 본문에 말을 걸어야 합니다. 본문에 질문을 던지십시오. 이것은 아주 유익하며 자극이 되는 절차입니다. 그러나 본문을 억지로 끼워 맞추려 해서는 안 됩니다. 어떤 아이디어가 떠올라 여러분을 흥분시키고 떨리게 만들 수 있습니다. 그러나 그 아이디어를 본문과 엮기 위해 억지로 끼워 맞추거나 조작해야 할 부분이 있다면, 차라리 그 아이디어를 포기해 버리십시오. 본문을 억지로 끼워 맞추느니 뛰어난 설교를 단념하는 편이 더 낫습니다. 또 질문을 던진 후나 질문을 던지는 동안 원어사전이나 주석을 참조하여 자신이 바로 이해했는지 점검해 보십시오.

제가 그 다음으로 관심을 가지고 살펴보려는 점은, 여러분이 참으로 특정 본문의 주요 메시지와 핵심, 의미를 파악했는지 확인해 보아야 한다는 것입니다. 훌륭한 사람들도 이 부분을 놓치는 것을 보면 정말 놀랍습니다. 지금 저의 단계에서는 직접 설교함으로써 설교에 대해 더 많이 배울 수 있는지, 아니면 다른 사람의 설교를 들음으로써 더 많이 배울 수 있는지 확신할 수가 없습니다! 두 가지 다 경험해야 하지 않나 생각합니다. 여하튼 저는 최근에 몸이 아파서 수술을 받고 요양하는 동안 거의 6개월에 걸쳐 남의 설교를 듣는 자리에 있었는데, 그 경험을 통해 많은 것을 배울 수 있었습니다. 어느 주일 아침, 저는 갈라디아서 3:1에 대해 설교하는 것을 들었습니다. "어리석도다 갈라디아 사람들아, 예수 그리스도께서 십자가에 못 박히신 것이 너희 눈앞에 밝히 보이거늘 누가 너희를 꾀더냐?" 그날 설교 제목은 '곁길로 가게 될 위험'이었습니다. 제가 느끼기에 '눈의 미혹'이라는 주제를 너무 복잡하게 설명한 것과 최면술에 대해 약간 장황하게 이야기한 것 말고는 훌륭하고 적절한 도입부로 설교가 시작되었습니다. 그렇습니다. 그 정도는 저도 기꺼이 받아들일 준비가 되어 있었습니다. 그런데 그 설교자는 우리를 혼란시키기 쉬운 것들, 특별히 신학과 정통주의를 이야기하는 데 나머지 시간을 전부 바쳐 버렸습니다.

제가 볼 때 그 선량한 사람은 메시지의 핵심을 놓치고 있었습니다. 사도가 분명히 말하고 있는 바는 이것입니다. "어리석도다 갈라디아 사람들아, 예수 그리스도께서 십자가에 못 박히신 것이 너희 눈앞에 밝히 보이거늘 누가 너희를 꾀더냐?" 사도 바울은 갈라디아 사람들을 보고 놀랐습니다. 어떤 점에서 놀랐습니까? 자신이 그들에게 제시했던 크고 영광스러운 진리, '하나님의 아들'이 갈보리 언덕 십자가 위에서 돌아가셨다는 이 놀라운 사실이 "밝히 보이"는데도 어리석은 갈라디아 사람들이 거기에서 눈을 돌릴 수 있다는 데 놀랐습니다. 이러한 '십자가의 영광'에서 눈을 돌릴 수 있다는 데 놀란 것입니다. 그러나 그 설교자는 십자가의 의미와 메시지에 대해서는 말 그대로 한마디도 언급하지 않았습니다. 우리의 시선을 끌어가는 것들 그 자체에 대한 지엽적인 문제를 다루느라 시간을 다 써 버렸고, 정작 그것들이 무엇으로부터 우리의 시선을 끌어가는지에 대해서는 아무 말도 하지 않았습니다. 바울은 십자가의 영광을 얼핏이라도 보았던 사람들이 할례 같은 문제에 빠져서 그것을 잊어버릴 수 있다는 데 극심한 놀라움과 의아함을 표현하고 있는 것이 분명합니다. 그러나 그런 말은 전혀 없었습니다. 어떤 점에서 그 설교자는 정통주의를 공격한 말 외에 틀린 말은 한마디도 하지 않았습니다. 그러나 저의 관심을 끈 것은 그가 본문의 핵심 취지를 끌어내는 데 완전히 실패했다는 것입니다. 그는 확실히 '눈의 미혹'에 빠졌습니다!

본문의 핵심 취지를 제대로 파악하고 끌어냈는지 확인하는 것보다 더 중요한 일은 없습니다. 제가 설교를 들은 또 한 사람, 부활절에 "성결의 영으로는 죽은 자들 가운데서 부활하사 능력으로 하나님의 아들로 선포되셨으니"라는 로마서 1:1-4 말씀을 설교했던 사람처럼 되어서는 안 됩니다. 저는 그가 부활에 대해 거의 언급하지 않는 것을 보고 깜짝 놀랐습니다. 그 선량한 사람은 단어의 의미를 탁월하게 설명했고, 예수께서 하나님의 아들이시라는 사실을 확실하게 강조했습니다. 그러나 저는 부활이라는 놀라운 사건에 대해서는 일말의 감동도 받지 못한 채 자리를 떠나야 했습니다. 사도 바울에 따르면 부활은 예수가 "하나님의 아들"로 최종적으로 "선포"된 사건이었는데도 말입니다. 그것은 그 부활절 아침 설교의 핵심이 아니었습니다. 그러나 바울이 했던 말의 핵심이었던 것은 분명합니다.

어느 유명한 설교자가 수난일 아침에 로마서 8:2을 본문으로 설교했던 것도 생각납니다. "이는 그리스도 예수 안에 있는 생명의 성령의 법이 죄와 사망의 법에서 너를 해방하였음이라." 그의 주제는 그의 단골 분야인 성결 교리—그는 '완전성화론'을 믿는 사람이었습니다—임을 금방 알 수 있었습니다. 수난일 아침, 우리 주님이 실제로 죽으셨다는 역사적인 사실을 생각하기 위해 모인 바로 그날 아침, 우리의 마음은 그 역사적인 사실 대신 특정한 성결 이론을 향하게 되었습니다. 이 또한 특정한 구절을 오해했기 때문만이 아니라 전후 맥락을 완전히 무시했기 때문에 일어난 일입니다.

본문의 핵심 취지, 핵심 메시지를 파악하는 일의 중요성은 아무리 강조해도 지나치지 않습니다. 그 핵심이 여러분을 인도하며 가르치게 하십시오. 거기에 귀를 기울이고, 그 의미에 대해 질문을 던지십시오. 그것을 설교가 감당해야 할 짐으로 삼으십시오.

11

설교문의 형태

본문의 주된 메시지와 핵심을 찾아낸 후에는 그것이 실제 상황에 어떻게 적용되었는지 살펴보아야 합니다. 예를 들어 사도의 편지를 받은 개별 교회마다 각각 적용된 내용이 있었을 것입니다. 여러분은 그 원래 상황과 적용된 내용을 밝혀 내야 합니다.

그런 연후에 그 메시지가 어느 시대에든 유효한 일반적인 원리라는 사실을 보여 줄 필요가 있습니다. 성경의 원리는 그 당시의 특별한 상황에만 해당되는 원리가 아니라 어느 시대에나 해당되는 영적인 원리입니다. 이처럼 그것이 일정한 곳에 일시적으로만 적용되는 원리가 아닌 좀 더 일반적인 원리라는 진리를 입증해 내야 합니다.

이 부분에서 제가 항상 느끼는 바는, 성경 다른 곳에 있는 병행 구절에 사람들의 주의를 환기시킴으로써 이 진리를 강조하는 것이 현명하다는 사실입니다. 저는 이것이 아주 가치 있고 중요한 원칙이라고 믿습니다. 한 본문에서 발견한 내용을 성경 다른 부분에 있는 비슷한 말씀들로 입증함으로써, 자신의 말이 동떨어진 것이 아님을 보여 줄 수 있습니다. 이런 절차를 밟는 것은 여러 가지 이유에서 현명합니다. 일반적으로 이단들은 어떤 구절을 잘못 해석해 놓고 거기에서 끌어낸 한 가지 사상을 고집하며 극단으로 달려가는 사람들로서, 성경의 다른 부분들을 통해 그 사상을 검증해 보려 하지 않습니다. 설교자가 건전하고 확실한 성경적 가르침을 전하고 있음을 청중에게 보여 주는 것은 언제나 유익한 일입니다. 그러므로 여러분은 성경 다른 곳에 있는 병행구절들을 찾아보면서 똑같은 원리가 상황에 따라 어떻게 약간씩 다르게 진술되고 있는지 보여 주어야 하며, 그럼에도 요점은 본질적으로는 같다는 사실을 보여 주어야 합니다. 그런 후에 그 요점이 오늘날의 상황과 무슨 관계가 있는지, 설교를 듣는 이들과 무슨 관계가 있는지 보여 주면 됩니다.

이상이 설교의 도입부입니다. 여러분은 이런 식으로 자신이 발견한 원리 내지는 주제를 향해 서서히 이야기를 진행시켜 나갈 수 있습니다.

일반적으로는 이상과 같은 절차를 거쳐야 한다고 저는 생각합니다. 그러나 때로는 그 절차에 변화를 주어도 잘못은 아니라는 말을 서둘러 덧붙여야겠습니다. 다시 말하자면 오늘날의 상황에서 먼저 출발하여 그 이야기부터 대략 한 후에 "자, 그렇다면 성경은 여기에 대해 무엇이라고 말할까요?"라고 물어도 괜찮다는 것입니다. 물론 설교 준비를 할 때에는 이런 순서를 따르지 않겠지만, 전달할 때에는 가끔 이런 순서를 따라도 좋습니다. 여러분의 교회든지 일반 사회에 어떤 예민한 문제나 상황이 발생했을 경우, 이런 식으로 주제를 다루어 나가는 것도 그리 나쁜 방법은 아닙니다. 사람들은 관심을 갖고 주의를 집중할 것이며, 여러분이 강단에서 이론적이거나 학문적인 작업을 하는 것이 아님을 분명히 인식할 것입니다. 그러므로 때로는 상황에 대한 이야기부터 한 후에 여러분이 설명하는 구절이 바로 그 문제를 다루고 있음을 보여 주는 것도 좋습니다. 그럼으로써 성경은 언제나 현재와 관련이 있다는 것, 절대 시대에 뒤

떨어지지 않는다는 것, 성경이 다루지 못할 상황은 없다는 것을 보여 줄 수 있습니다. 동시에 그것은 여러분의 설교가 언제나 성경에서 나온다는 사실을 강조하는 방법이기도 합니다. 그러므로 저는 앞에서 일반적인 관례 및 관행으로 제시한 방법을 옹호하면서도, 한 가지 방법에 매일 필요는 없다는 의견을 밝히는 바입니다. 우리는 언제나 자유로워야 하며, 진리를 선포하기 위해 언제든지 방법에 변화를 줄 준비가 되어 있어야 합니다.

요점과 대지

이제 사람들에게 제시하고자 하는 원리와 가르침의 문제를 다룰 차례입니다. 다음 단계는 그 원리를 명제나 대지—어떻게 불러도 좋습니다—로 나누는 것입니다. 이에 대해서는 여러 가지 할 말이 많습니다. 가짓수에 대해 먼저 이야기하는 편이 좋겠습니다. 여기에 노예처럼 얽매여 있는 설교자들이 있습니다. 그들은 대지를 항상 셋으로만 나눕니다. 대지가 그보다 적어도 나쁜 설교자가 되고, 그보다 많아도 나쁜 설교자가 됩니다. 분명히 우스운 일인데도 사람들이 그처럼 쉽게 길들여져서 전통의 노예가 되어 버리는 것을 보면 놀랍습니다. 물론 저도 '언제나 서론과 삼대지'를 주장하는 전통 속에서 자랐습니다. 듣는 사람들도 당연히 그런 설교를 기대했습니다. 그것이 거의 변함없는 설교자의 관습이었습니다.

웨일스 장로교라는 특정 교단이 이것을 전통으로 삼고 있는 것은 참으로 어이없는 일입니다. 그 교단이 배출한 위대한 설교자이자 사실상 최고의 설교자이며 교단의 창설자 중 한 사람이기도 한 대니얼 롤런즈는 때로 열 가지나 되는 대지로 설교했기 때문입니다. 당대의 한 작가는 롤런즈의 설교를 들으면 마치 놀라운 향수가 담긴 수많은 병들이 늘어선 가게를 보는 것 같다고 말했습니다. 첫 번째 병을 집어 코르크 마개를 뽑으면 놀라운 향기가 풍겨 나오면서 온 회중을 사로잡습니다. 그 병을 내려놓고 두 번째 병을 들면 또 다른 향기가 풍겨 나옵니다. 때로는 그런 식으로 열 개나 되는 병이 열리기도 합니다. 제가 지금 이 이야기를 하는 것은 이런 문제에 노예가 되어서는 안 된다는 점을 강조하기 위해서입니다.

좀 더 중요한 문제로 넘어가 봅시다. '대지'와 관련하여 기억해야 할 중요한 점은 그 대지가 본문 안에 있는 내용이어야 한다는 것, 본문에서 자연스럽게 나온 것이어야 한다는 것입니다. 이 점은 아주 중요합니다. 지금부터 보여 드리겠지만, 이렇게 하기가 말만큼 쉬운 것은 아닙니다. 어떤 이들은 이 부분에서 뛰어난 능력을 타고나는 것 같습니다. 알렉산더 맥클라렌Alexander Maclaren—19세기말부터 20세기 초까지 잉글랜드에서 활동한 침례교 설교자로서 그의 책들은 요즘도 재판을 거듭하고 있습니다—은 황금 망치를 가지고 있어서 본문을 가볍게 두드리는 즉시 내용에 합당한 대지가 나온다는 세간의 평이 있었습니다. 우리 대부분은 그런 황금 망치를 가지고 있지 못하지만, 그럼에도 대지와 본문의 연관성을 확인하는 일은 항상 잊지 말아야 합니다. 이것은 아주 중요한 문제인 만큼 소극적인 이야기부터 하겠습니다. 대지를 억지로 나누지 마십시오. 자신이 원하는 모습으로 설교를 완성시키기 위해, 또는 일상적인 관습에 맞추기 위해 억지로 가짓수를 늘리지 마십시오. 대지는 자연스러워야 하며 내용에 합당해야 합니다.

반드시 삼대지로 나누어야 한다는 생각이 얼마나 우스운 것인지 밝히는 동시에 억지로 가짓수를 늘리지 않도록 경고하기 위해 한 가지 이야기를 해 드리겠습니다. 지금 막 생각난 사람의 이야기인데, 그는 나이 많은 괴짜 설교자로서 그의 설교를 직접 들은 적은 없지만 얼굴은 본 적이 있습니다. 또 그에 관한 이야기들도 많이 들었습니다. 그는 정말 별난 사람이었습니다. 과거에도 각 시대마다 그런 사람들이 있었고, 아마 지금도 그런 사람들이 있을 것입니다. 이 사람이 한 번은 "발람이 아침에 일어나서 자기 나귀에 안장을 지우고"라는 본문으로 설교했습니다(민 22:21). 그는 주제를 소개하고 줄거리를 상기시킨 후에 다음과 같이 대지를 나누었습니다.

"첫째로, 우리는 나쁜 성품의 소유자에게서도 좋은 특징을 찾아낼 수 있습니다. 발람은 아침 일찍 일어났습니다. '발람이 아침에 일어나서.' 아침에 일찍 일어나는 것은 좋은 일입니다. 이것이 첫 번째 대지입니다. 둘째로, 안장을 지우는 것은 옛 풍습입니다. '자기 나귀에 안장을 지우고.' 안장을 지우는 것은 현대적인 기술이 아니라 옛 기술입니다."

아마도 그러고 나서 영감이 고갈되어 다른 대지를 찾을 수 없었나 봅니다. 그럼에도 설교에는 삼대지가 있어야 하며, 삼대지가 없으면 위대한 설교자가 되지 못할 것 같은 생각이 그를 압박했습니다. 그래서 결국 대지는 다음과 같이 정해졌습니다. '나쁜 성품에서 찾을 수 있는 좋은 특징', '옛 풍습인 안장 지우기', '세 번째이자 마지막으로 사마리아 여인에 대한 몇 가지 고찰!' 이것은 실화입니다.

이것을 통해 본문을 억지로 쥐어짜거나 자기 마음대로 무언가를 첨가해서는 안 된다는 교훈을 배우기로 합시다. 여러분은 이런 기계적인 개념의 노예가 되지 마시기 바랍니다.

그만큼 중요한 또 다른 사항을 얼른 이야기해야겠습니다. 대지를 나눌 때 너무 영리하고 세련되게 하지 마십시오. 이것은 많은 설교자들에게 실제적인 함정이 되어 왔습니다. 오늘날에는 그리 심하지 않지만 20세기 초에는 이보다 더 설교에 큰 해를 끼친 것이 없었다고 해야 할 정도입니다. 깔끔한 대지, 설교자의 영리함을 과시하는 매끄럽고 세련된 대지가 유행했습니다. 설교자가 늘 부닥치는 커다란 위험 중에 하나는 '직업주의'라는 무서운 위험—이 문제는 후에 다시 다루겠습니다—입니다. 저는 목회자들끼리 만났을 때 세상 사람들처럼 농담을 주고받는 대신, "이 문제는 어떻게 생각하십니까? 이 구절을 이러이러하게 나누면 어떻겠습니까?"라고 묻는 모습을 자주 보았습니다. 그들은 이런 말들을 주고받으면서 거의 경쟁을 벌이다시피 합니다. 이것은 직업주의로서, 우리는 모두 그 위험에 노출되어 있습니다. 그러나 직업주의는 모든 면에서 철저하게 해로운 것입니다. 하나님의 말씀을 그런 태도로 다루어서는 안 됩니다. 그러므로 자신의 영리함과 세련된 솜씨를 과시하려 들지 마십시오. 사람들은 그 의도를 알아챌 것이며, 설교자가 하나님의 진리와 자신들의 영혼보다는 그 자신과 자신의 영리함을 과시하는 데 더 큰 관심을 쏟고 있다는 인상을 받을 것입니다.

'적절한 두운법의 기술적인 도움'이라는 것이 있습니다. 어떤 이들은 이처럼 모든 대지를 같은 알파벳 글자로 시작하는 것—이를테면 삼대지를 모두 B로 시작하거나 M으로 시작하는 것－이 도움이 된다고 믿습니다. 그래서 꼭 두운을 사용하려 합니다. 그것이 틀렸다고 선뜻 말할 수는 없지만, 많은 이들에게 함정이 되고 있는 것만큼은 분명합니다. 세 번째 대지의 첫 글자를 앞의 두 대지와 맞추려면 때로 약간의 조작을 감수해야 합니다. 그러나 그것이야말로 우리가 금해야 할 일입니다. '경건한' 설교자 내지는 거룩한 설교자로 자처하는 이들이 왜 이런 관습에 집착하는지, 제게는 언제나 수수께끼입니다. 저는 이런 관습을 아주 혐오합니다. 제가 발견한 바에 따르면 이런 관습은 진리를 방해하며 저해하는 경우가 대부분입니다. 기교를 부린다거나 자신의 영리함을 과시한다는 의심을 받지 않기 위해서는 반드시 내용과 긴밀히 연결된 대지를 제시해야 합니다.

형식의 문제

설교의 대지를 나누는 문제에 대해 할 말이 몇 가지 더 있습니다. 대지를 나누는 일에 시간을 투자하십시오. 이런 식으로 주제를 나누는 전체적인 목적은 사람들이 진리를 좀 더 쉽게 받아들이며 소화하게 하려는 데 있습니다. 이것이 대지를 나누는 유일한 이유입니다. 우리는 '예술을 위한 예술'의 신봉자가 되어서는 안 됩니다. 대지를 나누는 것 자체를 위해서가 아니라 사람들을 돕기 위해 그 일을 잘해야 하는 것입니다.

전에 언급한 적이 있는 설교의 형식 문제가 여기에서 다시 제기됩니다. 그 형식의 문제 때문에 대지를 나누는 데 시간을 투자해야 하는 것입니다. 그러나 때로는 완전히 올바른 형식을 갖추기가 지극히 어려울 것입니다. 여러분은 전해야 할 메시지를 가지고 있으며, 이제 그 메시지를 담을 '형식'을 찾으려 하고 있습니다. 그런데 대지를 만족스럽게 나눌 수가 없습니다. 제 주장은 이럴 때 대단한 주의를 기울여야 한다는 것입니다. 급히 해치우거나 억지로 쥐어짜서는 안 됩니다. 자기 자신을 잘 파악하는 것은 특히 이 부분에서 중요하고도 유익합니다. 지난 강의에서도 말했듯이 각자 자기 자신과 자신의 기질을 알아야 하며 남들과 구별되는 정신적, 신체적, 영적 상태 및 조건을 파악해서 그에 따라 자신을 조절해야 합니다.

설교 내용을 제대로 나누어 적합한 형식에 담기 위해 씨름하다가 일종의 정신적 혼란에 빠지는 경우도 자주 있습니다. 그러면 더 이상 명료하게 사고하지 못하고 긴장하게 됩니다. 그리고 몇 시간씩 애를 쓰는데도 설교의 형태가 잡히지 않습니다. 이런 헛수고에서 벗어나는 방법은 많고도 다양합니다. 이런 경험은 우리뿐 아니라 믿지 않는 사람들도 할 수 있습니다. 이 주제를 가장 잘 다룬 책 중에 하나는 수년 전에 출간된 아서 쾨슬러의 『창조의 행위 The Act of Creation』입니다. 물론 그는 지금 우리가 논하는 이런 문제에 관심이 있었던 것이 아니라 위대한 과학적 발견들이 특별히 어떻게 이루어졌는지에 관심이 있었으며, 시詩의 영역에 관심이 있었습니다. 그가 주장하는 요점 중에 하나는, 일반적으로 가장 주목할 만한 과학적인 발견들은 순수하게 논리적인 사고 과정의 소산이 아니었다는 것입니다. 물론 논리적인 사고도 한 몫을 감당하기는 하지만, 중요한 발견은 대개 갑자기, 예기치 않은 순간에 이루어집니다. 즉, 외부에서 '주어지는' 것입니다. 과학자가 한 단계씩 밟아 나아가다가 마침내 최종 단계에 도달하는 것이 아닙니다. 결정적인 발견은 종종 계시의 섬광처럼 갑작스럽게 찾아옵니다.

그는 자신의 논지를 입증하기 위해 한때 프랑스 대통령이었으며 총리도 한 차례 이상 역임한 푸앵카레 Raymond Poincaré의 이야기를 하고 있습니다. 훌륭한 수학자이기도 했던 푸앵카레가 한번은 수학 문제를 놓고 고심하고 있었습니다. 몇 달째 들여다보고 있었지만 해답을 찾을 수가 없었습니다. 매번 어느 단계까지는 도달할 수 있었으나 그 이상은 나아갈 수가 없었습니다. 해답이 있다는 사실은 알고 있었습니다. 그러나 찾아낼 수는 없었습니다. 이런 식으로 몇 달을 보내느라 다소 피곤해진 그는 기분전환도 할 겸 건강을 위해 해변의 자그마한 마을로 휴가를 떠났습니다. 조금씩 일할 생각으로 일거리도 가져갔고, 한동안 그런 식으로 시간을 보냈습니다. 그러다가 파리로 가서 동료들과 함께 이 문제에 대해 의논하면서 좀 더 깊은 차원의 도움을 받아야겠다는 생각을 하게 되었습니다. 그리고 다음과 같은 일이 벌어졌습니다. 파리로 가려면 작은 버스를 타고 마을에서 읍내로 나가야 했고, 거기에서 좀 더 큰 버스를 타고 큰 도시로 나가 파리행 버스를 타야 했습니다.

그는 무슨 일이 벌어질지 전혀 짐작하지 못한 채 여행길에 나섰습니다. 그런데 시골 버스가 지연되는 바람에 읍내에 늦게 도착하게 되었습니다. 푸앵카레가 보니 두 번째로 타야 할 버스가 막 떠나려 하고 있었습니다. 거의 잡아타기 힘들 것 같았습니다. 그래서 급히 가방을 챙겨 들고 버스에서 내려 있는 힘껏 달린 끝에, 가까스로 두 번째 버스 뒤쪽 난간을 붙잡아 뒤편 승강구에 올라타는 데 성공했습니다. 그런데 두 발로 승강구를 딛는 순간, 갑자기 그 수학 문제의 해답이 환하게 떠올랐습니다! 이것은 실화입니다. 실제로 이런 일이 일어납니다. 이것은 흥미진진한 연구거리로 삼을 만한 아주 놀라운 현상입니다. 저도 이런 경험을 여러 번 했습니다.

사람마다 다 다르기 때문에 각자 자기의 이야기밖에 할 수 없음을 압니다만, 여하튼 저는 설교가 마음속에 분명하게 정리되어 있지 않으면 남들에게 전할 수가 없습니다. 물론 정리되지 않아도 강단에 서서 말은 할 수 있겠지만, 그럴 경우에는 사람들을 도와주기보다는 오히려 혼란에 빠뜨릴 것입니다. 제가 설교의 배열과 형태의 문제를 그토록 중시하는 이유, 설교의 형태가 잡힐 때까지 씨름하라고 주장하는 이유가 여기 있습니다.

오전 내내 한 본문을 붙들고 씨름했는데도 설교의 형태가 잡히지 않았던 일이 생생하게 기억납니다. 그때 아내가 점심을 먹으라고 불렀습니다. 그 당시에—수년 전이었습니다—새 음반을 소개해 주는 주간 라디오 프로그램을 진행하던 크리스토퍼 스톤이라는 사람이 있었습니다. 우리는 점심을 먹으며 그 프로그램을 즐겨 듣곤 했습니다. 그날도 그 프로그램을 들었습니다. 그는 두세 장의 음반을 틀어 주었는데 저에게는 전혀 흥미 없는 곡들이었습니다. 그런데 그가 듀엣으로 잘 알려진 유명 가수들의 음반을 들려주겠다고 말했습니다. 그중 한 사람은 아마도 질리Beniamino Gigli였던 것 같습니다. 두 사람의 최상급 목소리가 완벽한 화음을 이루며 마음을 뒤흔드는 그 음반을 들으면서 저는 즐거움을 느꼈을 뿐 아니라 정서적으로도 큰 감동을 받았습니다. 그때, 오전 내내 몇 시간에 걸쳐 씨름했던 모든 것들이 순식간에 제자리를 찾았습니다. 배열, 문단 나누기, 형태를 비롯한 모든 문제가 해결되었습니다. 저는 노래가 끝나자마자 서재로 달려가 하나라도 놓칠세라 최대한 빨리 적어 내려갔습니다. 그 노래와 음악은 정신적인 혼란과 궁지에서 벗어나는 탈출구가 되어 주었습니다.

기꺼이 고백하지만, 저는 바른 문단 나누기와 형식의 문제가 아주 중요하다고 생각하기 때문에 주어진 본문을 만족스럽게 나눌 수 없을 때에는 불만족스러운 상태에서 설교하기보다 그 본문은 미루어 둔 채 다른 본문을 택해서 좀 더 '완성된' 설교를 하는 편을 택합니다. 저에게 주어졌다고 생각되는 메시지, 무언가 특별한 것이 있어서 하나님이 그 설교를 통해 영광을 받으실 것 같은 메시지를 망치느니—평상시보다 좋은 설교를 할 수 있을 것 같은 메시지를 망치거나 손상시키거나 불완전하게 전달하느니—잠시 동안 미루어 두는 편을 택하는 것입니다. 일주일이든 보름이든 그 이상이든 미루어 두었다가 다시 그 본문을 살펴보면, 좀 더 만족스러운 형태와 형식으로 설교할 수 있습니다.

따라서 다음과 같은 규칙을 정해 놓는 것이 좋습니다. "스스로 좋은 설교가 되리라 생각하는 메시지를 망치지 말라." 설교에는 아주 다양한 종류가 있습니다. 자신이 준비하는 설교가 평생토록 설교한 것 중에 최고가 될 것 같은 느낌이 들 때, 서두르거나 제대로 준비하지 못해서 그것을 망치거나 못쓰게 만들지 마십시오. 그 설교를 준비하는 데 시간을 들이십시오.

그 다음으로 살펴볼 것은 대지를 한꺼번에 전부 소개하는 문제입니다. 제가 아는 사람들은 첫 번째 대지를 본격적으로 다루기 전에 모든 대지를 알릴 것을 고집합니다. 그것은 오래된 전통입니다. 청교도도 그렇게 했고 스펄전도 그렇게 했다는 사실을 여러분은 알 것입니다.

저도 그 사람들을 존경합니다만, 그들의 전통만큼은 거부하고 싶습니다. 왜냐하면 사람들이 이 부분에도 기계적으로 얽매여 있다고 생각하기 때문이며, 그것이 회중에게 좋지 않다고 생각하기 때문입니다. 설교자는 항상 싸움을 벌이고 있습니다. 이것은 아무리 강조해도 지나치지 않습니다. 그들은 설교의 내용과 형식 사이에서 싸우고 있습니다. 물론 두 가지 다 중요합니다. 그렇기 때문에 그 사이에 긴장이 발생하는 것입니다. 저는 형식의 중요성을 최대한 강력하게 주장하는 동시에, 형식이 내용을 지배하게 될 위험성 또한 똑같이 강력하게 경계하고 싶습니다. 첫 단락을 다루기 전에 서두에서 대지를 전부 소개할 경우 설교에서 전하려는 진리보다 형식이나 구조 및 구성의 깔끔함에 더 관심을 갖도록 부추길 수 있기 때문에 저는 전부 소개하지 않는 편입니다.

이 단계에서 여러분은 다시 한 번 주석을 통해 자신이 준비한 내용을 검토해 볼 필요가 있습니다. 이미 주석을 참조하여 단어의 정확한 의미와 문맥 등을 살펴보았겠지만, 메시지와 문단 나누기가 제대로 되었는지 검토하기 위해 다시 한 번 주석을 찾아보아야 한다는 것입니다. 한 번 더 정확성을 기하려면 이렇게 할 필요가 있습니다. 자, 이제 우리는 설교의 골격을 준비했으며 이야기가 절정과 적용을 향해 나아가도록 단락 나누기가 제대로 되었는지도 검토했습니다. 바로 이것이 설교 준비의 전체적인 핵심이자 목적입니다.

뼈와 살

이 모든 일을 하는 방법에는 두 가지가 있습니다. 어떤 이들은 종이에 기록하지 않고 마음속으로 모든 준비를 합니다. 그에 반해 저는 설교자가 준비한 골격을 기록하는 일이 얼마나 중요한지 다시 한 번 일깨우고 싶습니다. 제가 이 방법이 낫다고 생각하는 이유는, 이렇게 할 때 설교자의 생각이 한 단계 더 진전될 수 있음을 발견했기 때문입니다. 때로는 종이에 쓴 것처럼 '속으로도' 생각할 줄 아는 사람들이 있다는 것을 압니다. 생각하는 방식에는 여러 가지가 있고, 우리는 이 점에서 제각기 다릅니다. 어떤 이들은 말로 해야 생각이 잘 떠오르고, 어떤 이들은 글로 써야 생각이 잘 떠오릅니다. 또 어떤 이들은 '고상한 사람'은 속으로 생각한다고 말하기도 합니다. 자, 여러분은 어느 부류에 속하는지 알아보십시오. 정확한 평가가 필요합니다. 아마도 대부분의 사람들은 '골격'을 기록하는 편을 더 좋아할 것입니다. 좋은 아이디어가 떠오른 순간에는 너무 기뻐서 모든 것을 기억할 수 있을 것 같지만, 막상 설교하려 들면 생각만큼 전할 말이 없다는 것을 발견하는 이들이 많습니다. 그러니 기록해 두십시오!

이 단계까지 이른 후에는 중대한 결정을 내려야 합니다. 이렇게 준비된 골격을 이제 어떻게 처리하겠습니까? 크게 두 가지 가능성이 있습니다. 원고를 완벽하게 쓰겠습니까, 그렇게 하지 않겠습니까? 저는 이 부분에서도 절대적인 법칙을 정해 놓지 않는 편이 건전하다고 봅니다. 설교의 역사는 그런 법칙들이 성립될 수 없음을 보여 주고 있습니다. 위대한 설교자인 스펄전은 완벽한 원고를 작성하는 대신 개요만 준비해서 설교했습니다. 그는 일반적으로 설교 원고를 쓰는 일에 찬성하지 않았습니다. 논문은 계속 썼지만 설교 원고는 쓰지 않았습니다. 반면에, 스코틀랜드 자유교회의 위대한 지도자이자 설교자였던 토머스 차머스 박사는 자신이 설교문을 완벽하게 써야 하는 유형임을 알았습니다. 즉석에서 설교해 보려고 여러 차례 시도해 보았지만 그때마다 완전히 실패했습니다. 그런 식으로는 설교할 수가 없었던 것입니다. 그래서 원고를 완벽하게 작성했고, 그 결과 설교 원고를 완벽하게 작성하는 것이 오늘날까지 스코틀랜드의 전통으로 내려오게 되었습니다. 그 전통을 시작한 사람이 바로 차머스입니다. 그 전까지는 스코틀랜드에도 원고를 작성하지 않고 즉석에서 설교하는 좋은 설교자들이 있었습니다. 그런데 1843년 스코틀랜드 교회가 분열될 때 위대한 지도자로 등장한 차머스가 완전히 새로운 전통을 시작한 것입니다. 전통은 이런 식으로 세워집니다.

    이 부분에서 조나단 에드워즈를 살펴보는 것은 아주 흥미로운 일입니다. 최근까지 저는 에드워즈가 항상 원고를 완벽하게 작성했다고 생각하고 있었습니다. 사역 초기에는 분명히 원고를 완벽하게 작성했을 뿐 아니라 강단에 섰을 때에도 그 원고를 손에 들고 읽었습니다. 그가 어떻게 한 손에는 촛불을 들고 다른 한 손에는 원고를 든 채 강단에 섰는가 하는 것은 이미 널리 알려진 이야기입니다. 그것이 그의 설교 방식이었습니다. 그러나 저는 1967년에 흥미로운 사실을 한 가지 발견했습니다. 그 당시 저는 에드워즈의 설교 원고를 모두 소장하고 있는 예일대학 도서관에서 재판再版 책임을 맡고 있던 두 학자를 만나는 특권을 누렸는데, 그들을 통해 에드워즈가 후기로 갈수록 원고를 완벽하게 작성하지 않고 몇몇 문안만 써 놓는 데 만족했다는 사실을 알게 되었습니다. 그는 사역을 계속해 나가면서 자신의 방법을 변화시키고 발전시켰던 것이 분명합니다. 다른 여러 측면에서처럼 이 측면에서도 그는 현명했습니다.

이런 문제에 절대적인 법칙을 정해 놓는 것은 어떤 경우에도 잘못입니다. 이 점에서도 모든 설교자는 자기 자신이 어떤 사람인지 파악해서 각자 결정을 내려야 합니다. 제가 항상 중요하게 생각하는 점은 자유를 견지해야 한다는 것입니다. 그 중요성은 아무리 강조해도 지나치지 않습니다. 그러나 동시에 질서와 일관성도 유지해야 합니다. 설교자는 항상 양 극단 사이에서 어느 쪽에도 치우치지 않도록 경계해야 할 때가 많다는 점에서, 마치 칼날 위에 서 있는 사람과 같습니다.

저는 묻고 싶습니다. 이 두 가지 방법, 즉 완벽한 원고를 가지고 설교하는 방법과 즉석에서 설교하는 방법을 혼용한다 한들 무엇이 잘못이겠습니까? 제가 보기에는 이렇게 혼용하는 것이야말로 여러 가지 면에서 이상적인 방법입니다. 저는 처음 10년 동안 그렇게 했습니다. 일주일에 한 번은 설교 원고를 작성했지만, 두 번은 작성하지 않았습니다. 처음 10년 동안은 그렇게 한 번은 원고를 작성하려고 노력했습니다. 저는 원고를 작성하는 것이 생각을 정돈하고 논지를 배열하며 연결하고 전개하는 데 좋은 훈련이 된다고 느꼈습니다. 이처럼 저의 습관은 원고를 작성하는 방법과 즉석에서 설교하는 방법 모두를 사용하는 것이었습니다. 저는 기꺼이 이 방법을 옹호할 준비가 되어 있습니다.

특별히 어떤 설교의 원고를 작성했는지 궁금할지도 모르겠습니다. 이미 말씀드렸듯이 저는 주일 오전에 성도를 양육하는 일과 저녁에 전도 설교를 하는 일로 사역을 나누어 놓고 지금까지 그렇게 해 오고 있습니다. 제 습관은 전도 설교 원고를 작성하는 것이었습니다. 왜냐하면 성도들, 즉 신자들에게 하는 설교는 식구들끼리 하는 말인 만큼 좀 더 편하게 할 수 있다고 느꼈기 때문입니다. 다시 말해서 전도 설교에는 특별한 주의를 기울여야 한다는 것이 저의 생각입니다. 뻔뻔한 것까지는 아니라고 해도 자신감이 넘치고 입심이 좋아야 전도자가 될 수 있다는 생각이 완전히 잘못된 이유가 여기 있습니다. 가장 위대한 사람들이 전도자가 되어야 하며, 또 대개는 그런 사람들이 전도자의 일을 해 왔습니다. 거리 모퉁이에서는 톰이나 딕이나 해리처럼 평범한 사람들도 말할 수 있지만, 교회 강단에는 위대한 설교자가 서야 한다는 말은 제가 볼 때 순서가 뒤집힌 것입니다. 우리는 믿지 않는 사람들에게 말할 때 가장 주의해야 합니다. 이런 이유 때문에 저는 전도 설교 원고를 작성했고, 다른 설교 원고는 작성하지 않았습니다. 그러나 이런 문제를 너무 독단적이거나 엄격한 태도로 다루면 안 됩니다. 그 후 시간이 지나면서 저도 다른 많은 사람들처럼 원고를 점점 덜 작성하게 되었습니다. 지금은 마지막으로 원고를 작성한 것이 언제인지 기억이 나지 않을 정도입니다. 여하튼 중요한 점은 자기 자신을 바로 알고 정직하게 파악해서 가장 효과적으로 보이는 방법을 택해야 한다는 것입니다.

골격만으로 설교하는 경우, 문체에 매달리는 경우

그러나 설교 원고를 완벽하게 작성하든 일부만 작성하든 좀 더 즉흥적으로 설교하든 간에 골격만 가지고 설교해서는 안 됩니다. 그 골격에 살을 입히고 옷을 입혀야 합니다. 여기에서 우리는 다시 한 번 설교의 형식이라는 문제로 돌아오게 됩니다. 설교는 단순한 문장들의 집합체가 아닙니다. 형식, 즉 총체성이라는 또 다른 특징을 갖추어야 합니다. 그 이유는 한 가지, 그래야 사람들을 도울 수 있기 때문입니다. '예술을 위한 예술'처럼 형식 그 자체를 위해 그렇게 하는 것이 아닙니다. 사람들이 듣는 데 큰 도움을 줄 수 있기 때문에 그렇게 하는 것입니다. 이런 식으로 말해 봅시다. 건물을 세우려면 비계가 꼭 필요합니다. 그러나 건물이 완성되면 비계는 보이지 않고 건물만 보입니다. 물론 건물 안에는 구조물이 들어 있습니다. 그러나 가려서 보이지 않습니다. 구조물은 원하는 건물을 세우는 일에 도움을 주기 위해서만 존재할 뿐입니다.

인간의 몸도 마찬가지입니다. 인간의 몸에도 골격이 있지만, 그것이 몸을 이루려면 살이 입혀져야 합니다. 설교도 똑같습니다. 옥스퍼드 대학 신학과를 일등으로 졸업한 젊고 유능한 설교자가 제게 해 준 이야기가 생각납니다. 한번은 그 사람이 나이 많은 훌륭한 설교자와 함께 설교하게 되었습니다. 노설교자는 젊은 설교자의 설교를 서너 차례 들은 후에 이렇게 말했습니다.

"알겠지만 자네는 아주 훌륭한 품종의 소를 시장에 몰고 나왔네. 그런데 뼈와 골격이 너무 앙상하게 드러난 게 문제로군. 살이 충분히 붙었다면 좋았을걸. 가축을 사러 시장에 나온 사람은 뼈대를 사고 싶어 하지 않아. 잘 먹어서 살찐 가축을 원하지. 살이 필요해! 자네도 정육점에 뼈가 아닌 고기를 사러 가지 않나."

이처럼 우리는 사람들에게 사실들만 던져 주거나 사상과 골격만 던져 주어서는 안 됩니다. 골격에 살을 입히기 위해 시간을 들여야 합니다.

이것이 즉석 설교의 주된 위험입니다. 이번에는 반대로 원고 작성에 따르는 위험 몇 가지를 살펴봅시다. 원고를 작성하는 이유는 골격에 살을 입히기 위해서인데, 살을 입히려 하는 즉시 부닥치게 되는 위험과 함정이 있습니다. 첫째는 문체를 너무 꾸미려 드는 것, 즉 문학적인 특징이나 요소에 지나친 관심을 쏟는 것입니다. 설교의 역사를 통해 이 점을 살펴보면 아주 흥미롭습니다. 설교자들은 이 부분에서 여러 단계를 거쳐 온 것 같습니다. 예컨대 여러 면에서 위대한 세기였던 17세기에 일어난 일을 봅시다. 17세기 초에 성공회에는 앤드루스 주교 Lancelot Andrewes나 그 유명한 제러미 테일러 Jeremy Taylor, 존 던 John Donne에 이르기까지 이른바 고전적인 설교자들이 있었습니다. 그들은 위대한 설교자로 칭송을 받았으며, 실제로도 여러 가지 의미에서 위대하다고 할 만했습니다. 그러나 당대의 청교도들도 지적했듯이 제가 보기에도 너무 한쪽으로 치우친 데가 있었습니다. 그들의 설교는 고전적이고 문학적인 인유와 인용이 곳곳에 넘쳐나며 완벽한 구조가 갖추어진 뛰어난 문학 작품이었습니다. 그러나 결과적으로 일반인들은 성경의 참된 진리, 즉 구원의 진리를 제대로 알지 못한 채 완벽한 수사를 자랑하는 설교를 즐기는 자리에 머물게 되었습니다. 그들의 설교는 듣는 이들에게 문학적, 심미적 만족감을 주는 데 그쳤습니다.

청교도들은 이에 크게 반발했습니다. 그것은 아주 의도적인 반발이었습니다. 청교도들은 설교의 핵심이 진리를 '선포하는' 데 있는데, 이런 설교들은 사실상 진리를 '감춘다고' 생각했습니다. 형식이 내용을 압도해 버린다는 것입니다. 이 점을 분명히 밝혀 주는 가장 좋은 예는 최고로 위대한 청교도 설교자 중 한 사람인 토머스 굿윈Thomas Goodwin의 이야기일 것입니다. 토머스 굿윈은 타고난 웅변가로서, 케임브리지 대학 시절 유명한 연설가이자 웅변가였던 어떤 이의 설교를 즐겨 듣곤 했습니다. 굿윈은 그 설교자를 아주 흠모했습니다. 그래서 자신의 이상형으로 삼아 본받고자 했으며 그의 방법론을 따르고자 했습니다. 그러나 크고 심오한 종교적 경험을 하면서 시각 전체가 바뀌어 버렸습니다. 모든 참된 회심이 그러하듯이 그 경험은 그에게 근본적인 영향을 끼쳤습니다(고후 5:17). 그 결과 굿윈은 설교의 측면에서도 자기 자신과 큰 싸움을 벌이게 되었습니다. 회심한 지 얼마 지나지 않아 대학에서 설교해 달라는 요청이 들어왔습니다. 그는 본능적으로 자신이 그토록 칭송했던 고전적인 방식으로 원고를 작성하기 시작했습니다. 생각할 때나 쓸 때 자신을 감동시키고 전율케 하는 그 화려한 문장과 문학적인 수사를 동원하여 훌륭한 원고를 준비한 것입니다. 그런데 그때 하나님의 성령과 그의 양심이 속에서 역사하기 시작했고, 그는 무서운 싸움을 벌이게 되었습니다. 이제 어떻게 해야 할까요? 회중 가운데에는 많이 배운 대학 사람들만 있는 것이 아니라 보통 사람들도 있으며, 어쩌다 참석하는 무학의 남녀 하인들도 있다는 사실을 그는 알았습니다. 그리고 자신이 다른 사람들뿐 아니라 이 하인들에게도 설교해야 한다는 것, 보통 사람들에게는 이렇게 화려한 문장이 아무 의미가 없을 뿐 아니라 오히려 방해가 된다는 것을 깨달았습니다. 그렇다면 이제 어떻게 해야 합니까? 마침내 그는 자신의 심장을 도려내는 심정으로 화려한 문장들을 삭제하고 전하지 않기로 했습니다. 진리를 전하려는 마음, 복음을 효과적으로 전달하려는 마음, 사람들의 영혼을 생각하는 마음으로 내린 그의 결단은 분명히 옳은 것이었습니다. 문학적인 형식에 관심이 쏠릴 때에는 아주 조심해야 합니다. 그렇지 않으면 장식적이고 인위적인 문체에 빠져 진정한 설교를 망치기 쉽습니다.

이러한 경향을 보여 주는 증거들은 오늘날에도 많이 있습니다. 1943년인가 44년 즈음, 1843년에 일어난 스코틀랜드 교회 분열을 다룬 글을 읽은 적이 있습니다. 그 글을 쓴 사람은 위대한 토머스 차머스를 다루면서 대담하게도 그의 설교를 비판하고 있었습니다. 차머스의 설교에는 유감스럽게도 문학적이고 역사적인 인유가 결여되어 있다는 것이 그 근거였습니다. 이처럼 그 필자는 자신의 설교와 관련하여 알려진 바도 없고 성취한 바도 없는 작은 난쟁이가 거인을 비판하는 대담함을 보였습니다. 그 비판의 근거를 보십시오! 설교의 진정한 역할에 너무나 무지하지 않습니까!

달리 설명해 봅시다. 20세기 초에 헨슬리 헨슨 Hensley Henson 이라는 성공회 주교가 있었습니다. 그는 「보잘것없는 생애의 일기

A Diary of an Unimportant Life」라는 제목으로 두 권의 자서전을 썼습니다. 저는 그중 한 책에서 그가 석 주에 걸쳐 어떤 특별집회 설교를 준비한 이야기를 읽은 기억이 있습니다. 그는 자신이 그 일을 위해 얼마나 애썼는지 이야기했습니다. 어떤 부분은 다시 쓰고 어떤 부분은 고쳐 쓰고 어떤 부분은 덧붙이면서 석 주에 걸쳐 완벽한 설교문을 다듬어 냈다고 했습니다.

확실히 이것은 성경에 나오는 복음 설교나 교회사의 위대한 시기를 특징짓는 설교들과 전혀 어울리지 않는 이야기입니다. 문구를 다듬고 글을 고쳐 쓰는 것이 진리와 무슨 상관이 있습니까? 형식은 필요하지만 거기에 지나치게 매달려서는 안 됩니다. 사도 바울이 설교 한 편을 작성하려고 석 주에 걸쳐 문구를 다듬고 여기저기 표현을 바꾸며 형용사를 바꾸고 재치 있는 말을 첨가하는 모습을 상상할 수 있습니까? 전혀 상상할 수 없습니다. 사도는 "말과 지혜의 아름다운 것으로 아니하였나니"라고 말합니다(고전 2:1). 또한 그는 "지혜의 말로" 하지도 않았습니다(고전 2:4). 우리는 얼마나 쉽게 한쪽 극단에서 다른 쪽 극단으로 달려가 버리는지요!

그러므로 문장을 지나치게 장식하지 않도록 항상 조심하라는 말로 저의 논의를 크게 정리하고자 합니다. 어쩌면 우리 시대에는 이 문제가 과거처럼 절실하지 않을 수도 있습니다. 사람들이 예전처럼 설교에 많은 관심을 쏟지 않기 때문입니다. 그러나 19세기 말과 20세기 초에는 문학적인 문체나 예배의 완벽한 형식에 대한 과도한 관심이 설교와 설교의 대의에 심각한 해를 끼쳤다고 저는 확신합니다.

인용의 문제

이 점은 인용의 문제도 고려하게 만듭니다. 이 또한 아주 복잡하고 어려운 문제일 수 있습니다. 사실 오늘날에는 앞의 문제보다 이 문제가 더 심각한 것이 분명합니다. 우리 모두 과거에 비해 더 많이 배웠다고 생각하며, 회중들의 배움이나 교육, 지식 수준 또한 더 높아졌다고 생각하기 때문입니다. 얼마나 많은 내용을 인용하느냐에 따라 자신의 학식이 입증된다는 생각은 우리에게 시험이 됩니다. 여러분도 알다시피 책을 쓸 때에는 특히 더 그렇습니다. 어떤 사람이 학자인지 아닌지 어떻게 판단합니까? 손쉬운 방법은 각주의 수를 확인하는 것입니다. 각주를 달지 않고 방대한 참고서적 목록이나 인용을 제시하지 않는 사람은 학자나 사상가 대우를 받지 못합니다. 실제로도 학자나 사상가라는 사람들은 인용을 많이 합니다. 물론 이것은 아주 우스꽝스러운 기준입니다. 우리가 마땅히 관심을 가져야 하는 것은 한 사람의 지적인 자질과 사고능력 및 독창성이지 각주의 수가 아닙니다. 그런데 우리 시대의 전반적인 경향은 거꾸로 흘러가고 있습니다. 이런 경향이 설교에 도입되면 치명적인 위협이 됩니다. 이보다 더 참된 설교를 망치는 것은 없습니다.

제가 왜 이런 이야기를 할까요? 한 가지 대답은 인용의 참된 목적이 자기를 드러내거나 자기 학식을 과시하려는 데 있지 않기 때문이라는 것입니다. 만약 그런 잘못된 동기가 있다면 한마디도 인용하지 않는 편이 오히려 낫습니다. 수년 전 대중적인 설교자로 영국에서 인기를 끌었던 한 신학교 학장이 생각납니다. 한번은 그가 두 달 후에 라디오에 출연해서 설교해 달라는 요청을 받았습니다.

그는 즉시 「옥스퍼드 종교시집 Oxford Book of Religious Verse」류의 책들을 읽기 시작했습니다. 무엇 때문이었을까요? 설교 도입부에서 사용할 감동적인 인용문을 찾기 위해서였습니다. 그는 자신만 그렇게 한 것이 아니라 가까운 제자들에게도 같은 일을 시켰습니다. 자기 대신 시집들을 읽게 한 것입니다. 그가 앞으로 다룰 설교 주제를 알려 주면, 학생들은 설교 도입부에서 사람들의 관심을 끌 만한 감동적인 인용문들을 찾아야 했습니다. 저는 그중 한 학생에게서 이 이야기를 들었습니다. 그런 일에 대해 할 수 있는 유일한 말은 그것이 순전한 매춘 행위라는 것입니다. 그것은 인용을 오용하는 짓입니다. 그런 일이 잘못된 이유가 무엇일까요? 그 또한 내용보다 형식을 중시하는 태도이기 때문입니다. 형식은 내용에 종속되어야 합니다.

이 점과 관련하여 제가 인상 깊게 읽은 구절이 생각납니다. 저는 '예술적 수완의 기교와 예술의 필연성'을 구분하는 글을 읽었는데, 필자는 그 글에서 두 가지의 차이를 완벽하게 구분하고 있었습니다. 예술적 수완은 기교로 전락합니다. 이를테면 감명을 주기 위해 몸부림을 치는 것입니다. 반면에, 진정한 예술가의 작품을 특징 짓는 것은 '필연성'입니다. 여러분은 그의 작품을 보면서 바로 그 모습 외에 다른 모습은 될 수 없었을 것 같은 느낌을 받습니다. 그러나 예술적 수완에는 어딘지 모르게 인위적인 데가 있습니다. 그런 것이 기교입니다. 자신의 목적에 필요한 효과를 연출하는 것은 나이 든 매춘부에게 항상 나타나는 특징입니다. 우리는 결코 그런 잘못을 범해서는 안 됩니다. 설교에 '필연성'이라는 특질이 나타나는지 늘 확인해 보아야 합니다.

이 문제에 대해 무슨 법칙을 제시할 생각은 없습니다만, 전체적으로 볼 때 인용문 모음집은 피하라고 말하고 싶습니다. 인용문 모음집을 찾아보아도 되는 유일한 경우는 자신이 생각하는 인용문이 정확한지 확인하거나 빠진 단어를 보충하려 할 때뿐입니다. 그럴 때 인용문 모음집을 참고하면 시간을 절약할 수 있습니다. 그러나 인용문을 찾기 위해 모음집의 특정 항목들을 찾아서는 안 됩니다. 생각하거나 글을 쓰다가 어딘가에서 읽었거나 학교에서 배운 문구가 떠오를 때에만 모음집을 찾아보아야 합니다. 또 자신이 기억하는 단어나 저자가 정확한지 확인하기 위해서라면 참고해도 좋습니다. 그러나 아예 처음부터 모음집을 찾는 것은 인위적이고 기계적인 태도이며, 어떤 경우에든 게으른 작업 방식입니다.

좀 더 구체적으로 말해 봅시다. 인용문을 생각해 내려고 애쓰지 마십시오. 그러면 기계적인 성격이 두드러지게 됩니다. 다시 말해서 마음에 떠오르는 말이 있고 그 말을 반드시 할 필요가 있을 것 같을 때에만 인용하십시오. 또는 어떤 인용문이 자신이 말하고자 하는 바를 완벽하게 표현하고 있다고 생각될 때에만 인용하십시오. 자신보다 더 낫게, 거의 완벽하게 표현하고 있다고 생각될 때에만 인용하십시오. 제 말이 너무 지나치다고 생각할지 모르지만, 절대 그렇지 않습니다. 설교에 인용문이 너무 많으면 지루할 뿐 아니라 때로는 우스운 상황도 벌어질 수 있습니다. 옥스퍼드 대학에서 시를 가르쳤던 교수이자 성직자였던 사람과 나눈 대화가 생각납니다. 우리는 인용을 하다가 우스워진 경우에 대해 이야기를 나누었습니다. 그는 바로 전 주간에 런던 웨스트민스터 사원에서 설교를 들었습니다. 학식이 높았던 그 설교자는 엄청난 양의 인용문―그의 심오한 독서 생활을 과시하는―을 늘어놓다가 어느 지점에 이르러 이렇게 말했습니다.

"이블린 언더힐Evelyn Underhill이 최근에 상기시켰듯이, 하나님은 사랑이십니다."

이것은 언급할 가치조차 없는 일입니다. 모든 내용을 인용문의 형태로 전달하다가 진리를 가리는 지경까지 이르렀고, 설교자 자신은 우스워졌으며 청중은 불쾌해졌습니다.

설교란 설교자를 통로 삼아 하나님의 진리가 선포되는 것입니다. 회중은 설교자가 남들의 생각이나 말을 줄줄이 인용하는 것을 듣고 싶어 하지 않습니다. 그들은 여러분 자신의 말을 들으려고 온 것입니다. 여러분은 목회를 위해 부름 받고 안수 받은 하나님의 사람입니다. 회중은 그런 여러분에게서 나오는 진리, 여러분의 존재 전체에서 나오는 위대한 진리를 듣고 싶어 합니다. 여러분의 생각을 거쳐 나온 진리, 여러분의 경험을 거쳐 나온 진리를 듣기 원하는 것입니다. 확실히 말씀드리지만, 여러분이 설교 시간에 인용문만 줄줄이 늘어놓을 때 배우지 못한 사람들은 "정말 유식하네"라고 감탄할지도 모릅니다. 그러나 다른 사람들, 특히 어쩌다가 그 자리에 참석한 설교자는 여러분이 강단에서 무슨 짓을 하고 있는지 정확히 간파할 것입니다.

무엇보다 분명한 사실은 그런 설교에는 능력이 나타나지 않는다는 것입니다. 저는 책임지고 이렇게 말할 수 있습니다. 단순히

"누가 말하기를", "누가 일깨워 주듯이"라는 식으로 인용문만 늘어놓는 설교에는 아무 능력도 나타나지 않습니다. 설교자가 그런 말을 줄줄이 늘어놓을 때, 여러분은 그가 스스로 생각하는 대신 다른 사람의 책을 읽었다는 사실을 알게 될 것입니다. 우리는 스스로 생각해야 할 사람들입니다. 책은 그저 약간의 정보를 얻기 위해, 스스로 생각하는 일에 자극을 받기 위해 읽는 것입니다.

너무 준비하지 말라

그 다음으로 드리고 싶은 경고는 너무 치밀하게 추론하지 않도록 조심하라는 것입니다. 원고를 작성할 때에는 특히 더 그렇습니다. 원고를 쓸 때 추론과 전개와 연결의 중요성은 서론 부분에서 전체적으로 강조한 바 있습니다. 그러나 너무 치밀하고 정교하고 미세한 추론은 피해야 합니다. 왜냐하면 그 원고는 말로 전달되어야 하는데, 듣는 이들은 책을 읽을 때처럼 치밀하고 정교한 추론을 따라가기가 어렵기 때문입니다. 이처럼 추론도 너무 지나치면 사람들이 진리를 이해하는 데 방해가 됩니다. 즉석 설교를 할 때에도 그렇지만, 원고를 작성하는 경우에는 특히 이런 위험에 빠지기 쉽습니다.

    강의를 마무리하면서 하고 싶은 말은 이것입니다. 준비하십시오. 그러나 너무 준비하지는 마십시오. 특히 원고를 작성할 때 조심하십시오. 너무 완벽하게 작성하려 들면 위험합니다. 여러분에게는 어떤 이상이 있을 것이며 바라는 바가 있을 것입니다. 그러나 지나치게 그것을 추구하다가 완벽한 원고 자체가 목적이 되어 버리면 위험합니다. 어떻게 이런 위험을 피할 수 있을까요? 그 해결책이 무엇입니까? 아주 간단합니다. 자기 자신이 처음부터 끝까지 다른 사람들을 위해, 온갖 부류의 사람들을 위해 설교한다는 사실만 기억하면 되는 것입니다. 여러분은 교수나 박식한 사람들만을 위해 설교를 준비하는 것이 아닙니다. 온갖 부류의 사람들이 섞여 있는 회중을 위해 준비하는 것입니다. 여러분과 제가 할 일은 회중 가운데 앉아 있는 모든 사람을 돕는 것입니다. 이 점을 염두에 두고 준비하지 않으면 실패할 것입니다. 그러므로 지나치게 학문적이고 이론적으로 접근하지 마십시오. 현실적이 되십시오. 사람들을 생각하십시오. 여러분은 바로 그 사람들에게 설교하기 위해 강단에 서는 것입니다.

12

예증, 웅변, 유머

즉석 설교와 그 준비에 대해서는 할 말이 별로 없습니다. 그에 따르는 위험이 많기 때문입니다. 그러나 제 경험상 한 가지 강조하고 싶은 점이 있습니다. 그것은 주로 원고를 작성해서 설교하던 사람이 여러 가지 이유에서 원고를 작성하지 않고 즉석 설교를 하기 시작할 때 발생하는 위험에 대한 것입니다. 가장 큰 위험은 준비가 충분치 못한데도 만족해 버리는 것입니다. 어차피 원고를 완벽하게 쓰지 않을 거라면 최소한의 개요나 골격만 준비해도 된다고 무의식적으로 생각해 버리기 쉽습니다. 그러다가 강단에서 큰 낭패를 겪을 수 있습니다. 성경을 읽을 때 아이디어가 떠오르면 급하게 개요나 요지를 적어 놓습니다. 워낙 아이디어가 넘치기 때문에 설교하는 데 아무 어려움이 없을 것 같습니다. 그러나 애석하게도 며칠이나 몇 주 후 강단에 서서 골격만 가지고 설교하려 들면 마치 그 모든 아이디어가 사라져 버린 듯 할 말이 거의 없음을 발견할 때가 많습니다. 아무리 노력해도 처음에 떠올랐던 생각이 되살아나지 않습니다. 그 여러 대지를 대체 어떻게 얻게 되었는지조차 어슴푸레합니다. 전에는 분명히 대지마다 의미가 있었는데, 어찌 된 영문인지 전부 사라지고 없습니다.

이러한 위험에 대처하기 위해 제가 제시하는 방법이 아주 뻔하게 보일 수도 있습니다. 그러나 예전의 저처럼 문제를 잘 인식하지 못한다면 뼈아픈 경험을 한 후에야 이 방법을 배우게 될 것입니다.

요점과 대지와 각 대지에 속한 소항목들을 전부 기록하십시오. 다시 말해서 여러분이 전할 내용과 자료가 충분히 준비되었는지 확인하라는 것입니다. 대지를 설명하고 이해시키며 예증하는 방법에는 여러 가지가 있을 수 있습니다. 그 내용을 세심하게 적어 놓으십시오. 설교의 골격을 다룰 때에도 충고했지만, 이번에도 기록의 중요성을 강조해야겠습니다. 그래야 실제로 설교할 때 특정 대지에서 하고자 했던 말을 기억해 낼 수가 있습니다. 준비를 너무 간략하게 하지 않는다는 규칙을 세워 놓아야 합니다. 할 수 있는 한 최선을 다해서 메시지를 소항목으로 나누어 정리해 놓으십시오. 그러면 자료가 충분치 못해서 낭패를 보는 일은 없을 것입니다. 앞서 말했듯이 한 본문이 갑자기 와 닿았을 때 떠오른 영감만 의지하고 있다가 강단에 섰는데도 그 영감이 그대로 되살아나는 경험을 하는 설교자들도 적지 않습니다. 그들은 이런 일이 항상 일어날 것이라는 어리석은 유혹에 빠져서 세심한 준비가 필요치 않다고 생각하기 쉽습니다. 그러나 얼마 지나지 않아 그것이 착각임을 경험할 것입니다.

이런 착각을 일으키는 또 다른 요인이 있는데, 남 웨일스에서 알고 지내던 목회자의 이야기가 그 좋은 예가 되어 줄 것입니다. 그의 이야기는 한 사람의 영적인 경험에 여러 단계와 성쇠가 있음을 보여 줍니다. 이 설교자는 1904년부터 1905년에 일어난 웨일스 부흥 및 각성 운동에서 큰 체험을 했습니다. 그 당시 그는 유능하고 훌륭한 학생이었는데, 재학 중에 부흥을 경험하고 다른 사람들과 함께 큰 영향을 받았습니다. 부흥의 시기에 흔히 그렇듯이, 사람들은 평상시와 달리 쉽고도 유창하게 말하고 기도하며 설교할 수 있었습니다. 그 당시 웨일스 목회자들의 증언에 따르면 설교 준비에도 시간이 거의 들지 않았다고 합니다. 모든 내용이 외부에서 주어지는 것 같았고, 굳이 준비하지 않아도 할 말이 많았습니다. 그들은 마음의 충만함과 그리스도인의 기쁨, 주님을 향한 사랑으로 아무 거리낌이나 어려움 없이 말씀을 전했습니다.

문제가 종종 발생하는 것은 그런 시기가 지나고 부흥이 잦아들 때입니다. 그렇게 충만한 시기는 예외적으로 허락되는 것으로서, 이제는 교회의 삶이 좀 더 일상적인 단계로 접어들었다는 것과 따라서 좀 더 많은 준비가 필요하다는 사실을 인식하지 못하는 사람들이 많이 있었습니다. 제가 아는 여러 사람들도 같은 함정에 빠졌는데, 이유는 각기 달랐습니다. 개중에는 설교 준비를 죄라고 생각하는 이들도 있었고, 너무 엄청난 자유와 해방감을 누리다가 그것을 상실하게 되자 영적인 혼란 내지 거의 정신적인 혼란에까지 빠져서 자신들이 성령을 근심케 했거나 소멸시켰다고 자책하는 이들도 있었으며, 자신도 모르게 죄를 지은 것이 틀림없다고 생각하는 이들도 있었습니다. 그들은 왜 이전에 누렸던 편안함과 유창함을 상실해 버린 것일까요? 저는 그중 몇몇 사람들을 영적 침체에서 건져 내고자 미력이나마 애를 썼습니다. 그들 중에는 침체가 너무 심한 나머지 영적인 영역을 넘어 심리적인 영역에까지 문제가 생긴 사람들도 있었습니다.

앞서 말한 그 목회자도 이 점을 이해하지 못해서 혼란에 빠져 있었습니다. 그의 문제는 성령을 근심케 했다고 두려워하는 데 있었던 것이 아니라 설교를 준비하지 말아야 할 성경적 근거가 있다고 생각하는 데 있었습니다. 물론 부흥의 시기에는 설교를 준비할 필요가 없었습니다. 그런데 부흥이 끝나고 나서도 준비할 필요가 없다면서 영적인 근거까지 내세우는 것이 문제였습니다. 그가 내세운 말씀은 시편 81편의 한 구절이었습니다. "네 입을 크게 열라. 내가 채우리라." 그는 이 말씀을 준비 없이 강단에 서야 한다는 의미, 말하는 그 순간에 말씀을 주신다는 의미로 해석했습니다. 그리고 안타깝게도 문자 그대로 자기 믿음을 실천했습니다. 그 결과 교회는 텅 비어 버렸고, 그 후 약 50년 동안 그는 설교자로서 별 쓸모없는 사람으로 지내게 되었습니다. 진짜 비극은 그가 아주 영적일 뿐 아니라 능력이 출중한 사람이었다는 것입니다.

그러니 만약 여러분이 완전한 원고를 쓰지 않는 사람이라면 특히 더 이런 함정에 빠지지 않도록 조심하시기 바랍니다. 하고 싶은 말을 처음부터 끝까지 기억할 수 있도록 최대한 철저하게 준비하십시오. 이 점은 아무리 강조해도 지나치지 않습니다. 제 경험이 혹 도움이 될까 싶어 말씀드리자면, 저는 사역할수록 요점을 짧게 기록하기보다는 더 자세히 기록하는 편이었습니다. 물론 이런 부분들에 대해서는 사람마다 차이가 있게 마련입니다.

설교 원고를 완벽하게 작성하는 것과 즉석 설교를 위해 요점만 기록하는 것이 주된 방법이지만, 이 두 가지 방법을 약간 변형시켜서 사용하는 사람들도 있습니다. 그것도 좋습니다. 제가 아는 어떤 이들은 서론과 결론 부분은 거의 완벽하게 작성하고 중간 부분은 개요나 요점 기록에 의존합니다. 이것은 특히 완전한 원고를 쓰다가 즉석 설교로 옮겨 가고 있는 설교자들에게 추천할 만한 방법입니다. 이 방법은 과도기에 도움이 될 것입니다. 그래도 서론만큼은 꼭 기록하는 사람들이 있는데, 왜냐하면 자신이 말할 내용을 안다고 생각해서 개요만 준비한 채 강단에 섰다가 갑자기 무슨 말로 설교를 시작해야 할지 몰라 헤맨 경험이 있기 때문입니다. 시작을 제대로 못하면 당황한 나머지 설교 전체를 망치기 쉽습니다. 과도기에 그런 일을 겪지 않으려면 서론만큼은 완벽하게 작성해야 하며, 결론도 작성하는 편이 좋으리라 생각합니다.

설교 원고를 읽을 것인가, 외울 것인가, 기록할 것인가

이제 설교를 실제로 전달할 때 발생하는 다양한 문제들을 다룰 차례입니다. 어떤 이들은 처음부터 끝까지 원고를 죽 읽어 나갑니다. 너무 독단적으로 말하고 싶지는 않지만, 그것은 확실히 잘못된 방법이며 나쁜 방법입니다. 물론 과거에 이런 식으로 설교하여 큰 은혜를 경험한 몇몇 두드러진 경우가 있었다는 사실은 저도 압니다. 그러나 예외적인 경우를 기초로 법칙을 정할 수는 없는 노릇입니다. 앞서 살펴본 바와 같이 설교는 분명 회중과 설교자가 직접 접촉하는 일이며 인격과 머리와 마음으로 상호작용을 하는 일입니다. 설교에는 '서로 주고받는' 요소가 있어야 합니다. 그러므로 설교자가 회중을 바라보면서 말하는 것이 좋습니다. 원고를 읽으면 아무래도 사람들을 볼 수가 없습니다. 그런 식으로 원고를 읽어 나가는 것은 설교자에게도, 회중에게도 해로운 일입니다. 설교자는 설교자대로 회중의 주의를 끌지 못할 뿐 아니라 그들이 어떤 사람들인지 파악하지 못할 것이며, 회중은 회중대로 설교자를 파악하지 못하고 그가 하는 말도 이해하지 못할 것입니다. 설교는 그 정의상 직접적이고 인격적인 방식으로 사람들에게 말하는 것입니다. 설교는 이론적이거나 학문적인 강의가 아닙니다. 설교는 생생한 접촉을 의미합니다. 그러므로 그러한 접촉을 막는 것은 무엇이든 그 자체로 나쁜 것입니다. 저는 원고를 읽으면서 설교했는데도 은혜를 받았던 설교자들을 알고 있습니다. 모든 법칙에는 예외가 있게 마련입니다만, 그 예외가 법칙에 영향을 끼칠 수는 없습니다. 원고를 죽 읽는 것은 아니지만 회중을 바라보는 대신 예배실 창문을 쳐다보는 사람도 있습니다. 그 또한 조금도 나을 바가 없습니다. 다른 데를 쳐다보는 것은 원고를 읽는 것만큼이나 나쁜 방법입니다. 제가 아는 어떤 이들은 그렇게 함으로써 아주 영적인 인상을 주려고 합니다. 마치 눈에 보이지 않는 깊은 세계를 들여다보는 신비스러운 사람인 것처럼 말입니다!

다른 많은 설교자들처럼 설교 원고를 그대로 외우는 것도 제가 볼 때에는 나쁜 방법이라는 말을 얼른 덧붙여야겠습니다. 원고를 그대로 읽는 것과 똑같이 나쁘다고 할 수는 없지만, 거의 그만큼 나쁩니다. 그래도 사람들을 바라보면서 외우거나 외칠 수 있다는 점에서는 좀 낫습니다. 여러분은 원고를 작성했고, 그것을 여러 차례 읽었습니다. 그러니 기억력이 좋은 사람이라면 대부분의 내용을 쉽게 외울 것입니다. 저는 이런 방법을 쓰는 사람들을 많이 알고 있습니다. 그러나 이 방법이 조금 낫다는 데에는 동의하면서도, 여전히 이 방법을 선호할 수는 없습니다. 그 주된 이유는 외우는 데 매여서 자유롭게 설교할 수 없다는 데 있습니다. 외워서 설교하면 사람들과 진정으로 접촉할 수가 없습니다. 여러분은 정신을 집중해서 외운 내용을 되살려 내야만 하고, 그만큼 여러분과 회중 사이는 방해를 받을 수밖에 없습니다. 생생함은 줄어들고 기계적인 요소가 두드러지게 됩니다. 이것은 매우 어려운 문제이기 때문에, 많은 설교자들이 실험을 통해 방법을 바꾸어 나갈 필요가 있습니다.

저는 세속적인 연설—이를테면 정치 연설 같은—을 구분하는 기준이 설교의 영역을 구분하는 데에도 도움이 된다는 생각을 늘 합니다. 수사적인 연설 rhetoric과 웅변 oratory은 분명히 다릅니다. 어떻게 다를까요? 제가 방금 말한 점에서 다릅니다. 수사적 연설가는 원고에 얽매여 자신이 세심하게 준비한 내용을 그대로 낭독합니다. 최근 역사에 등장한 가장 탁월한 대표적 연설가로 고故 윈스턴 처칠 경을 꼽을 수 있습니다. 그는 가끔 웅변가로 불리기도 하지만, 사실은 웅변가가 아니라 수사적 연설가였습니다. 그의 아버지 란돌프 경은 웅변가였지만 윈스턴 경은 아니었습니다. 그는 젊은 시절에 원고를 마지막 한 글자까지 완벽하게 작성한 후 외워서 연설했습니다. 후기에는 원고를 들고 읽었지만, 젊었을 때에는 외워서 연설했습니다. 그런 방법이 어떻게 연사와 청중의 생생한 접촉과 상호작용을 방해하는지 그의 경우를 보면 잘 알 수 있습니다. 반대자들은 그가 기억이라는 묘기를 연출해서 외우고 있다는 사실을 알아채고 고의로 그의 기억을 흩뜨리곤 했습니다. 그러면 그는 균형을 잃고 잠시 말을 멈추었다가 몇 문장 전부터 다시 외워야 했습니다. 다시 말해서 그는 수사적인 연설가였기 때문에 제약을 받았던 것입니다. 그에 비해 웅변가는 항상 자유로우며 청중에게 많은 부분을 의존합니다. 그런 경우에는 언제나 생생하게 주고받는 부분들이 생기게 됩니다. 진정한 의미의 상호교류가 이루어지는 것입니다.

설교도 마찬가지입니다. 설교자는 수사적 연설가가 아닌 웅변가여야 합니다. 외워서 설교하면 항상 무언가 잃는 것이 생기게 됩니다.

사람들이 자주 채택하는 또 다른 방법은 설교 원고를 작성해 놓고 거기에서 요점을 충분히 가려 뽑아 기록하는 것으로서, 저는 이 방법이 아주 좋다고 생각합니다. 설교 원고를 외우는 대신 요점을 기록하는 것입니다. 원고를 작성하면서 이미 요점을 마음에 새겨 두었기 때문에, 그것만 기록해서 설교하면 됩니다. 이렇게 하면 앞의 두 가지 방법을 쓸 때보다 훨씬 더 자유롭게 말할 수 있습니다. 이 방법 역시 원고를 작성하는 단계에서 즉석 설교로 옮겨 가고 있는 사람에게 특별히 유익합니다. 중요한 것은 자유입니다. 자유는 아무리 강조해도 지나치지 않습니다. 자유―정신과 영혼의 자유, 성령의 영향에 열려 있는 마음―는 설교 행위의 본질입니다. 성령을 조금이라도 믿는 사람이라면 자신이 설교라는 가장 진지하고 놀라운 일을 수행하는 동안에도 능력 있게 행하심을 믿어야 하며, 따라서 얼마든지 그의 영향을 받을 수 있도록 마음을 열어 놓고 있어야 합니다.

물론 이렇게 할 경우 다양한 결과가 나올 수 있습니다. 그리 완벽하지 못한 문체를 구사하게 될 수도 있으며, 문학적인 관점에서 엄밀히 따졌을 때 질 낮은 문장이 나올 수도 있습니다. 그러나 회중과는 좋은 교제를 나누게 될 것입니다. 학자연하는 사람들은 사도 바울에 대해서도 파격구문을 쓴다고 늘 비난하지 않습니까? 그들은 바울이 문장을 시작해 놓고 주제에 심취한 나머지 그 문장을 잘 마무리짓지 못한다고 지적합니다. 그러나 그것은 자유, 성령 안에서의 자유입니다. 바울이 시험을 치렀다면 썩 좋은 성적을 얻지 못했을지도 모릅니다. 그러나 성령은 그를 사용하셨습니다. 저는 지금 문장을 완성시키지 말아야 한다고 말하는 것이 아닙니다. 그만큼 자유로워야 한다는 것입니다. 그러므로 성령께서 여러분을 붙잡고 인도하실 때 자신을 완전히 맡기십시오. 그 어떤 것에도 얽매이거나 제약받지 마십시오.

이 모든 일을 생각하면서 낙심하는 사람이 아무도 없기를 바랍니다. 경험을 통해 배우지 않는 설교자는 아무도 없습니다. 낙심하지 마십시오. 원고 없이 설교할 수 없다면 완벽하게 작성하십시오. 그러나 제가 제시한 방법도 실험해 보기 바랍니다. 여러 가지로 조절해 보고 변화도 주어 보십시오. 무엇보다 성급해하지 마십시오. 실험하다가 예배가 엉망이 되었더라도 실망에 빠져 "완벽한 원고 없이는 다시는 강단에 서지 않겠다"라고 말하지 마십시오. 그것은 마귀의 소리입니다. 그 소리에 귀를 기울이지 마십시오. 스스로 자유로워졌다는 생각이 들 때까지 계속 시도하십시오. 이 점을 너무 강조해서는 안 되겠지만, 성령보다 원고를 더 신뢰하는 것은 현실적으로 쉽게 빠질 수 있는 위험입니다. 원고를 믿지 말고 성령을 믿으십시오. 처음부터 끝까지, 언제 어디서나 자유를 누리십시오. 회중과 접촉하십시오.

예증하되 영해하지 말라

이번에는 원고 설교를 할 때에든 즉석 설교를 할 때에든 공히 생각해야 할 문제들을 살펴봅시다. 제가 이것을 다루는 이유는, 사람들이 이에 대해 자주 질문하고 언급하며 비판하기 때문입니다. 제가 먼저 다루려는 것은 예화와 예증의 사용에 대한 전반적인 문제입니다. 우리는 이 문제에 관심을 가져야 합니다. 예증을 하는 것과 성경 일부를 영해靈解하는 것 사이의 차이는 분명히 아시리라 믿습니다. 저는 잘못되고 거짓된 영해를 옹호하지 않습니다. 이 자리에서 자세히 다루지는 않겠습니다만, 구약의 사건을 영해하는 것과 단순히 예증으로 사용하는 것은 다르다는 점을 분명히 하고 싶습니다. 그 차이점은 이것입니다. 여러분은 자신이 무슨 일을 하고 있는지 사람들에게 분명히 알려 주어야 합니다. 자신이 하고 있는 말이 어떤 것인지 알려 주어야 하며, 역사 속에 일어난 특정 사건의 원리와 동일한 원리를 영적인 영역에서도 발견할 수 있다는 사실을 알려 주어야 합니다.

예를 들어보겠습니다. 한번은 부흥에 대해 강의하면서 블레셋 사람들이 "그 아버지 아브라함 때에 팠던 우물들"을 메워 버린 것을 이삭이 다시 판 일에 대해 이야기했습니다(창 26:18). 어떤 이들은 제가 구약의 사건을 영해했다고 생각했습니다. 구약의 사건을 예증으로 사용하는 것과 영해하는 것 사이의 차이를 모르는 탓이었습니다. 제가 정말 그 사건을 영해했다면 이삭이 그때 무슨 영적인 일을 했다는 주장을 내놓았어야 합니다. 그러나 저는 단지 이삭이 물—생명과 신체의 안녕을 위해 필요한 평범한 물—에 얽혀서 했던 일이 부흥과 관련된 영적인 영역에도 해당되는 한 가지 원리를 보여 준다는 점을 지적하기 위해 예증으로 사용했을 뿐입니다. 저는 이삭이 무슨 영적인 일을 했다고 말하지 않았습니다. 그저 새로운 물 근원을 찾기 위해 사람들을 보내느라 시간을 낭비하는 대신, 물이 나왔던 옛 우물을 다시 팠다고 말했을 뿐입니다. 저는 그 일이 영적인 영역의 지혜를 핵심적으로 보여 준다고 생각했습니다. 어려운 시대, 영적 고갈의 시대에는 새로운 '복음'을 찾느라 시간을 낭비할 것이 아니라 사도행전과 교회 역사에 나오는 부흥의 시기로 되돌아가야 한다는 원리를 보여 준다고 생각했던 것입니다. 이런 것은 옛 사건을 영해하는 일이 아닙니다. 저는 소설이나 세상의 역사에서도 얼마든지 예화나 예증거리를 찾을 수 있었습니다. 그러나 구약의 사건을 사용하는 편이 더 좋아서 그렇게 했을 뿐입니다. 이런 것은 영해가 아닙니다. 저는 이삭이 어떤 일을 해서 부흥을 일으켰다고 말하지 않았기 때문입니다. 물론 자신의 의도를 주의 깊게 설명하는 것은 중요한 일입니다. 회중은 대개 그 의도를 아주 쉽게 이해합니다. '전문가'나 학자연하는 사람들이 오해하지요!

예증이 매춘 행위가 되는 경우

예화나 예증의 일반적인 측면으로 되돌아가 봅시다. 저는 「설교 예증의 기술」 같은 책들이 제시하는 방법들이 정말 해롭다고 생각하며, 그런 시도 자체를 혐오합니다. 설교에는 '기술'이 끼어들 자리가 없습니다. 이 또한 매춘 행위에 해당됩니다. 제가 아는 어떤 설교자는 주머니에 늘 작은 수첩을 가지고 다니면서 좋은 이야기를 들을 때마다 기록하곤 했습니다. 그는 집에 돌아가 내용을 완성한 다음 서류함에 차곡차곡 모아 두었습니다. 주제별로 좋은 예증거리를 준비하기 위해서였습니다. 그는 그것들을 여러 주제로 잘 분류하여 보관해 놓았습니다. 그리고 특정 주제에 대한 설교를 준비할 때 적당한 파일을 꺼내 필요한 내용을 찾았습니다. 그는 다른 사람들에게도 이렇게 할 것을 권했습니다.

제가 볼 때 이런 일은 최악의 직업주의일 뿐 아니라, 제 표현대로라면 매춘부의 기교입니다. 사람들을 홀리는 데 지나친 주의와 관심을 쏟는다는 점에서 그렇습니다. 물론 더 나쁜 일은 다른 설교자들의 예화나 예증을 사용하면서도 그 사실을 밝히지 않는 것이며, 그보다 더 나쁜 일은 주로 그런 예증거리를 찾기 위해 설교집을 사는 것입니다.

제가 이런 행위에 반대하는 이유가 무엇일까요? 이것은 예화나 예증 그 자체를 목적으로 삼는 행위이기 때문입니다. 예화와 예증 그 자체를 목적으로 삼아서는 안 됩니다. 예화와 예증을 남발하는 것 역시 듣는 자들의 정욕에 영합하는 짓입니다. 이것은 제가 자주 지적했던 점이기도 합니다.

한번은 어느 곳에 가서 설교를 했는데 예배 후에 한 목사님이 저를 찾아와 말했습니다.

"설교 말씀 감사합니다. 그런데 이번에는 예증이 한 가지도 없네요."

그 질문을 듣고 저는 자문했습니다. '저 사람은 과연 무엇을 들으려고 온 걸까?' 그 사람은 전에도 제 설교를 들었는데, 그때는 평상시보다 예증을 많이 했습니다. 제가 볼 때 그는 진리보다 예증거리를 찾기 위해 온 것 같았습니다. 앞뒤가 뒤집혀도 완전히 뒤집힌 것 아닙니까?

예화나 예증은 진리를 더 잘 설명하기 위해 사용하는 것이지, 그 자체에 주목하게 하려고 사용하는 것이 아닙니다. 예화나 예증 관련 사업은 지난 100년간의 대표적인 저주였습니다. 저는 그것이 설교의 쇠퇴를 불러온 요인 중에 하나라고 믿습니다. 그것은 설교가 하나의 기술이며 그 자체로서 목적이 된다는 인상을 심어 주는 데 기여했습니다. 어디에서 읽었거나 머리 속에 떠오른 좋은 예증을 사용하려는 목적만으로 설교를 준비하는 사람들도 있습니다. 예증거리를 먼저 정해 놓고 그에 맞는 본문을 찾는 것입니다. 다시 말해서 예증이 설교의 중심을 차지하는 것입니다. 그러나 그 순서는 틀렸습니다. 예증은 진리를 잘 설명하고 드러내려고 사용하는 것이지, 예증 그 자체에 주목하게 하려고 사용하는 것이 아닙니다. 예증은 여러분이 선언하고 선포하는 진리를 좀 더 분명히 이해할 수 있도록 사람들을 인도해 주고 도와주는 수단입니다. 그러므로 언제나 진리를 먼저 부각시키며, 예증은 오직 보조적인 목적으로만 간간이 조심스럽게 사용하겠다는 규칙을 세워 놓아야 합니다.

우리의 임무는 사람들을 즐겁게 하는 것이 아닙니다. 사람들은 예화나 예증을 좋아합니다. 이유는 알 수 없지만 목사가 자기 가족에 대해 이야기하면 항상 좋아하는 것 같습니다. 그러나 저는 가족 이야기를 즐겨 하는 설교자를 이해할 수 없으며 그런 이야기를 들을 때마다 지루함을 느낍니다. 거기에는 상당히 독단적인 생각이 숨어 있는 것이 분명합니다. 일반인들의 자녀보다 설교자의 자녀에게 더 관심을 가져야 할 이유가 무엇입니까? 일반인들도 자녀가 있고 그와 관련하여 얼마든지 많은 이야기를 할 수 있습니다. 일반적으로 이런 태도를 지지하는 사람들은 '인격적인 접촉' 때문에 그렇게 한다고 말합니다.

특정한 설교자가 런던에 올 때마다 빠지지 않고 그의 설교를 듣는다던 한 런던 시민이 생각납니다. 그 설교자는 1년에 한두 번씩 지방에서 올라와 설교하곤 했습니다. 그런데 어느 날 그 런던 시민을 만났더니 이렇게 말하는 것이었습니다.

"지난 주일에 모 박사님의 설교를 들었어요. 아시겠지만, 그분의 놀라운 점은 자신의 성생활까지도 늘 거리낌 없이 나눈다는 겁니다!"

혹 그 사람이 저도 그러라는 뜻에서 그렇게 말한 것은 아니었는지 모르겠습니다!

사람들은 그런 것을 좋아하며 몇몇 설교자들은 실제로 그런 이야기를 많이 하기도 합니다. 그러나 여러분은 그런 이야기가 회중 가운데 많은 이들이 가지고 있는 저속하고 악한 욕망을 어떻게 부추기는지 잘 알 것입니다. 개인의 사생활을 자세히 알려 드리는 것은 일종의 탐욕이자 욕망이며 순전한 정욕입니다. 설교자는 진리 그 자체를 선언하고 선포하기 위해 강단에 서야 합니다. 거기에서 부각되어야 할 것은 오직 진리입니다. 나머지는 전부 그 목적에 소용되는 수단일 뿐입니다. 예증은 종에 불과합니다. 그러므로 간간이, 조심스럽게 사용해야 합니다.

수년 동안 많은 이들의 설교를 듣고 저 자신도 직접 설교하면서 이 문제에 대해 계속 고찰하고 토의한 결과 기꺼이 말씀드릴 수 있는 사실은, 예증을 너무 많이 하면 설교가 무력해진다는 것입니다. 예증을 많이 동원한다는 것은 그만큼 긴장을 잃었다는 뜻입니다. 몇 마디 한 후에 "이런 일이 생각나는군요" 하면서 이야깃거리를 꺼내는 설교자 유형이 있습니다. 그런 사람들은 조금 더 이야기하다가 또 "이런 일이 생각나네요"라고 말합니다. 그러면 주제, 즉 진리의 핵심이 계속 중단되게 됩니다. 이야기가 뚝뚝 끊어지면서 결국 식후에 여흥을 돋우는 연사나 연예인의 연설을 듣는 듯한 느낌을 주게 되는 것입니다. 그런 설교로는 결코 위대하고 장중한 진리를 선포한다는 인상을 줄 수가 없습니다. 종종 그런 사람들이 인기를 끌기도 하는데, 그런 인기는 나쁜 의미의 인기입니다. 그런 사람들은 사실상 대중적인 연예인에 지나지 않는다는 점에서 그렇습니다.

예화는 정확하게

예화나 예증과 관련하여 한 가지 더 말하고 싶은 점은 사실 관계를 분명히 확인하라는 것입니다. 제가 젊은 의사였을 때 들었던 설교가 생각납니다. 그 설교자는 상당한 시간을 들여 멋있는 예증을 했습니다. 그의 요점은 죄인들이 어리석게도 양심에 첫 경보가 울릴 때 주의하지 않는다는 것이었습니다. 그는 바로 전주에 장례를 치른 한 여성의 이야기를 통해 그 요점을 공들여 예증했습니다. 그 여자는 한쪽 가슴에 암이 발생했는데, 2차 증상이 척추와 신체 다른 부위까지 퍼진 후에야 의사를 찾아왔습니다. 치료하기에는 너무 늦은 시기였습니다. 이 여성의 문제가 무엇이었을까요? 설교자는 말했습니다.

"자, 이 여성의 비극은 쑤시는 듯한 첫 통증에 주의하지 않았다는 데 있습니다."

의사가 듣기에는 말도 안 되는 소리였습니다. 그런 종류의 암이 심각한 것은 병세가 아주 악화될 때까지 통증이 느껴지지 않기 때문입니다. 의식하지 못하는 사이에 조용히 성장하기 때문에 치명적인 것입니다. 따라서 그 불쌍한 여성의 문제는 통증을 무시한 데 있었던 것이 아니라 손에 느껴졌을 법한 작은 덩어리를 무시한 데 있었습니다. 그 멋있는 예증은 제가 아는 한 실패작이었습니다. 설교자가 명백한 사실을 잘 모르고 있었기 때문입니다.

사실 관계를 정확하게 확인하지 못한 채 과학적인 예증을 할 때에도 이런 잘못을 종종 범할 수 있습니다. 그러므로 자신이 잘 모르는 분야에 대해 이야기할 때에는 조심하십시오. 「다이제스트」류의 잡지나 신문에서 읽은 내용만 가지고 그 주제에 대해 전부 아는 양 착각하고 예증으로 사용하는 모험을 감행하는 사람들이 있습니다. 그러나 실제로는 「다이제스트」에 글을 쓴 사람도 그 주제에 대해 잘 모르는 경우가 적지 않습니다. 그 글을 쓴 사람은 과학자라기보다는 언론인입니다. 그가 정확하지 않게 쓴 글을 설교자가 더 정확하지 않게 인용하는 설교를 들을 때, 회중 가운데 과학적 지식을 가진 사람은 그 설교자가 선포하는 진리의 타당성까지 의심하기 시작할 것입니다. 설교자가 주의 깊지 못하다는 생각을 하면서, 성경도 이런 식으로 정확하지 않게 다룰지 모르니 그의 말에 많은 시간과 관심을 쏟을 필요가 없다고 생각하게 되는 것입니다. 그러므로 예화나 예증의 영역에 뛰어드는 모험을 감행할 때에는 사실 관계를 주의 깊게 확인하기 바랍니다.

상상력의 활용과 남용

이제 설교에서 상상력이 차지하는 위치에 대해 살펴보겠습니다. 이것은 앞의 주제와 관련되어 있으면서도 사뭇 다른 주제입니다. 설교에서 상상력이 차지하는 위치와 관련하여 과거 어느 때보다 지금 더 큰 위험에 처해 있다는 것이 저의 생각입니다. 우리는 너무 과학적인 사람들이 되어 버린 나머지 상상력에 거의 자리를 내주지 않고 있습니다. 제가 볼 때 이것은 아주 안타까운 일입니다. 상상력은 설교에서 아주 중요하고 유익한 요소이기 때문입니다. 물론 위험할 수도 있다는 데에는 기꺼이 동의할 준비가 되어 있습니다. 그러나 상상력이 하나님의 선물이라는 사실만큼은 잊지 말아야 합니다. 이 선물이 없었다면 그 많은 시들 또한 탄생하지 못했을 것입니다. 모든 형태의 문화를 주 예수 그리스도께 드려야 한다고 믿는다면 상상력을 무시하지 마십시오. 왜 믿지 않는 사람들만 상상력을 사용해야 합니까? 그렇습니다. 진리를 설교할 때에도 상상력은 꼭 필요한 요소입니다. 상상력은 진리에 생동감과 생기를 불어넣어 줍니다.

물론 지나치면 위험할 수도 있습니다. 우리가 살펴본 대로 모든 영역에 위험이 있지만, 상상력은 특히 더 위험할 수 있습니다. 상상력은 설교와 관련하여 제게 언제나 큰 고민거리입니다. 제가 영국 사람이라는 데 일부 원인이 있을지도 모릅니다! 설교에서 국적이 차지하는 위치, 그리스도인의 삶 전체에서 국적과 기질이 차지하는 위치, 교회학에서 국적과 기질이 자치하는 위치, 신학에서 국적과 기질이 차지하는 위치는 무엇일까요? 여기에 다 대답하려면 곁길로 빠지기 십상일 것입니다.

이것이 제게 큰 고민거리가 되는 실질적인 이유가 무엇이든지 간에, 문제의 본질은 분명합니다. 상상력은 우리를 극단으로 몰고 가 유익하게 활용할 수 있는 한도를 넘어서게 만들 수 있습니다. 이번에도 역시 상상력 자체에 관심을 집중함으로써 그 근원이 되는 진리를 놓치는 지점까지 나아갈 수 있다는 것입니다. 그 결과 설교자의 상상력과 그 상상력에서 나온 말이 진리보다 더 큰 영향을 끼치게 될 수 있습니다.

이와 관련하여 역사상 눈에 띄는 예를 찾기란 그리 어렵지 않습니다. 조지 윗필드는 확실히 남들에게는 없는 뛰어난 상상력을 타고난 사람이었습니다. 덧붙이자면, 설교의 역사나 설교자들의 전기를 읽어 볼 때 위대한 설교자들은 일반적으로 상상력이 뛰어났던 것이 분명해 보입니다. 그들에게 상상력은 타고난 웅변 능력과 감화력의 일부로 하나님이 주신 은사였습니다. 윗필드가 상상력을 자유자재로 활용했던 것은 분명한 사실입니다. 그러나 때로는 그 상상력이 그를 치우치게 만들었던 것 또한 분명한 사실이라고 생각합니다. 그와 관련하여 널리 알려진 한 예를 들어 봅시다.

하루는 그가 런던에 있는 헌팅던 백작 부인 집에서 지체 높은 사람들에게 설교하게 되었습니다. 그중에는 그 유명한 체스터필드 경 Eeal of Chesterfield도 있었습니다. 체스터필드 경은 불신자였지만 탁월한 인물들에게 관심이 많았고 특히 좋은 연설에 관심이 많았습니다. 그래서 사람들의 추천을 받아 윗필드의 설교를 들으러 온 것입니다. 그때 윗필드는 한 소경이 개를 데리고 지팡이를 짚으면서 절벽 가장자리를 걷는, 자신의 유명한 예증을 사용했습니다. 처음에 소경은 절벽에서 멀리 떨어진 곳을 걷고 있었습니다. 그런데 점점 절벽 가까이 다가가게 되었습니다. 그 무서운 절벽 밑으로 떨어지면 바로 죽을 수밖에 없었습니다. 윗필드는 죄인이 최후의 심판과 영원한 멸망이라는 무서운 심연으로 다가가는 일을 그런 식으로 예증했습니다. 죄인이 여러 차례의 경고에도 불구하고 멸망을 향해 나아가는 일을 불쌍한 소경이 지팡이도 놓치고 개도 도망가 버린 상태에서 절벽으로 계속 다가가는 장면에 비유하여 설명한 것입니다. 윗필드가 그 이야기를 얼마나 생생하게 채색하고 극적인 상상력을 발휘해서 묘사했던지, 체스터필드 경이 갑자기 벌떡 일어나 소리쳤습니다.

"세상에! 소경이 죽겠어!"

이 일에 대해 뭐라고 해야 할까요? 윗필드는 선을 넘어선 것일까요? 체스터필드를 감화시킨 주체는 과연 무엇이었을까요? 바로 여기에 문제가 있습니다.

실제 있었던 또 다른 이야기를 해 보겠습니다. 18세기 말에서 19세기 초, 웨일스에 로버트 로버츠Robert Roberts라는 설교자가 있었습니다. 그 역시 뛰어난 상상력의 소유자로서 윗필드보다 나으면 나았지 결코 못하지 않은 사람이었습니다. 어느 날 그는 사람들이 꽉 들어찬 예배당에서 설교하고 있었습니다. 그 역시 경고에 귀를 기울이지 않는 죄인, 즐겁게 살면서 다가오는 심판의 경고를 무시하는 죄인에 대해 이야기하던 중이었습니다. 그는 이 점을 강조하기 위해 생생한 예증을 사용했습니다. 바닷가에 있던 몇 사람이 모랫길을 따라서 걷고 있었습니다. 그곳은 바위들이 바다 쪽으로 튀어나와 있는, 일종의 바위로 된 갑岬이었습니다. 썰물이 되어 물이 빠져 나가자 사람들은 그 작은 갑 끝까지 가서 바위에 엎드린 채 일광욕을 했습니다. 그들은 책도 읽고 잠도 자면서 즐겁게 시간을 보냈습니다. 그러나 바닷물이 밀물로 바뀌면서 서서히 밀려 들어오고 있다는 사실은 알지 못했습니다. 그들이 주의를 기울이지 않는 사이에 바닷물은 점점 차올라 그들을 포위하기 시작했습니다. 설교자가 이 장면을 어찌나 생생하게 설명했던지, 청중은 마치 자신이 당사자들인 것처럼 "갑자기 정신을 차리고" 위험이 임박했음을 감지했습니다. 아직도 해변에서는 경고 소리가 들리고 있었고, 되돌아갈 시간도 남아 있었습니다. 로버츠는 자신의 탁월한 상상력을 발휘하여 그 장면을 재현하면서 얼른 해변으로 피해 목숨을 구하라고 강력한 목소리로 촉구했습니다. 전해지는 말과 기록에 따르면, 그 순간에 말 그대로 온 회중이 벌떡 일어나 예배실 밖으로 뛰쳐나갔다고 합니다.

이런 일을 웨일스인들의 기질이나 그 시대 사람들의 무지 탓으로만 돌릴 수는 없습니다. 그 당시뿐 아니라 이후에도 비슷한 일들이 미국과 영국의 집회에서 일어났기 때문입니다. 찰스 피니가 사역할 때에도 그랬습니다. 피니 역시 매우 강력한 개성과 상상력의 소유자였습니다. 그를 통해 회심했다고 알려진 많은 사람들이 경험한 일들은 바로 거기에 감화받은 결과였으리라고 생각합니다.

그들은 상상력의 정당한 사용과 그릇된 사용을 가르는 선을 넘어섰다고 보는 것이 저의 입장입니다. 제가 앞서 이야기한 사람들을 감화시킨 것은 분명 진리가 아니었습니다. 그들을 감화시킨 것은 생생한 장면 묘사였고, 설교자의 강력한—어쩌면 지나친—상상력이었습니다. 그런 효과는 영화나 연극으로도 얼마든지 낼 수가 있습니다. 여러분은 어느 겨울 밤 런던 극장에 연극을 보러 간 부인의 이야기를 알고 있을 것입니다. 자동차가 등장하기 전의 일입니다. 마부가 부인을 마차로 모셔다 주었습니다. 부인이 두 시간 반이나 되는 연극을 즐기는 동안 마부는 마차 마부석에 앉아 있었고 말은 마차에 묶여 있었습니다. 부인은 연극에 등장하는 불쌍한 사람들의 고통에 깊이 감동을 받아 눈물을 흘렸습니다. 부인이 극장에서 나왔을 때 불쌍한 마부는 눈을 뒤집어쓴 채 거의 얼어 죽을 지경이 되어 있었지만, 부인은 당연한 일로 아무 감동도 받지 않았습니다. 바로 이것입니다. 우리를 감동시키는 주체가 무엇입니까? 저는 상상력이 아닌 진리에 감동을 받아야 한다는 점을 분명히 밝히는 것이야말로 우리 설교자들의 임무라고 말하고 싶습니다.

대부분의 다른 영역에서와 마찬가지로 상상력을 사용할 때에도 아주 우스운 상황이 벌어질 수 있습니다. 지성은 뛰어나지 않아도 상상력이 뛰어난 설교자는 우리를 아주 즐겁게 해 줄 수 있습니다. 어느 나이 든 설교자에 대해 들은 이야기—실제로 있었던 이야기입니다—가 생각납니다. 그는 탕자의 비유에 대해 설교하고 있었는데, 성경의 묘사가 만족스럽지 못하자 직접 내용을 첨가하기 시작했습니다. 그는 어리석은 탕자가 정신을 차리기 전 먼 나라에서 기근을 만난 상황을 묘사하는 지점에서 상상력을 발휘했습니다. 그 결과 우습기 짝이 없는 상황이 연출되고 말았습니다. 그는 탕자가 어떻게 돈을 탕진했는지, 어떻게 양식이 떨어져 버렸는지, 어떻게 돼지 먹이인 쥐엄 열매를 찾는 지경까지 전락하게 되었는지 이야기했습니다. 그러나 그 쥐엄 열매마저 떨어지자 불쌍한 탕자만 배고파서 쓰러지게 된 것이 아니라 돼지들까지 쓰러질 지경이 되었습니다. 설교자는 말했습니다.

"여기 이 돼지들을 보십시오. 그들은 너무 배가 고파 불쌍한 소년의 바짓가랑이 속에 들어 있는 두 다리를 우적우적 씹어 먹기 시작했습니다."

이쯤 되면 진리는 실종되고 코미디가 되어 버린 것은 물론이요 판타지의 영역까지 침범했다고 해야 할 것입니다. 그는 상상력에 취하다 못해 상식마저 잃어버렸습니다. 이런 일은 절대 피해야 합니다. 우리가 가진 어떤 은사도 진리보다 우선되어서는 안 된다는 점을 확실히 합시다. 저는 이 문제를 나중에 다시 다루려 합니다. 왜냐하면 이것이야말로 진정한 설교자가 싸워야 할 가장 큰 싸움 중에 하나라고 믿기 때문입니다.

우리는 어디에서 선을 그어야 할까요? 자신이 무엇 때문에 예증을 하는지 망각한 채 이야기나 상상력 자체를 즐기게 되는 것은 아닌지 늘 주시하고 있다가 그 지점에 이르렀다고 생각하면 곧바로 멈추어야 합니다. 우리의 관심은 단지 사람들을 감화시키거나 감동시키는 데 있지 않기 때문입니다. 우리의 간절한 바람은 진리로 그들을 감화시키며 감동시키는 것입니다.

말을 잘하려 하지 말라

다음 항목에 대해서도 상당 부분 같은 말을 해야겠습니다. 그것은 바로 웅변 내지는 능변이 설교에서 차지하는 위치입니다. 제가 언급하고 인용한 많은 사람들의 경우에 웅변이 가장 중요한 자질이었을 수 있으며 실제로도 가장 중요한 자질이었음은 재론의 여지가 없습니다. 그러나 이 부분에서도 선을 넘어 웅변 그 자체에 집중함으로써 진리보다는 말하는 방식에, 듣는 자들의 영혼보다는 자기 자신의 감화력에 관심을 기울이게 될 위험이 큽니다. 이것은 결국 자만심의 문제로 귀결됩니다.

이에 대해 무슨 규칙을 정해 놓으면 좋을까요? 제가 정할 수 있는 유일한 규칙은 말을 잘하려고 노력하지 말라는 것입니다. 주저 없이 말하지만 설교자들은 말을 잘하기 위해 노력해서는 안 됩니다. 정치가나 그 밖의 사람이라면 그렇게 노력해도 괜찮습니다. 그러나 설교자는 결코 그런 노력을 기울이지 않겠다는 것을 규칙으로 못박아 놓아야 합니다. 물론 점점 언변이 느는 것은 소중한 일로서 하나님께 잘 사용될 수 있습니다. 거듭 말하지만, 서신서 곳곳에서도 우리는 사도 바울의 웅변을 들을 수 있습니다. 그는 결코 문학적 걸작을 만들고자 하지 않았습니다. 문학적 형식에는 관심조차 없었습니다. 그는 문학적인 사람이 아니었습니다. 그런데도 진리에 사로잡히자 강력한 웅변가가 되었습니다. 바울에 따르면 고린도 사람들은 그의 "말도 시원하지 않다"고 평가했습니다(고후 10:10). 그것은 바울이 그리스 연설가들처럼 수사적인 방식으로 말하지 않았다는 뜻이지, 웅변을 구사하지 못했다는 뜻이 아닙니다. 여기에는 바울의 웅변이 꾸며 내거나 만들어 내거나 짜 맞춘 것이 아니라 속에서 저절로 우러나온 것이었다는 뜻이 담겨 있습니다. 그의 웅변은 자신이 깨달은 생각과 진리의 장중함으로 인해 어쩔 수 없이 터져 나온 것이었습니다. 그런 식으로 터져 나오는 웅변은 진정한 설교를 돕는 최고의 수단이 될 수 있습니다. 설교의 역사에는 이 사실을 거듭 보여 주는 증거가 풍성하게 있습니다.

지나친 유머

원고 설교를 하든지 즉석 설교를 하든지 간에 꼭 생각해야 할 여러 가지 점들 중에 또 한 가지를 생각해 봅시다. 그것은 유머가 설교에서 차지하는 위치입니다. 이 또한 아주 어려운 주제입니다. 이런 주제들을 다루기 어려운 이유는 이것들이 전부 타고난 재능들이기 때문이며, '설교라는 위대한 사역을 할 때 이 타고난 재능들을 어떻게 사용할 것인가?' 내지는 '이 재능들이 설교에서 차지하는 위치가 무엇인가?'라는 문제와 맞물려 있기 때문입니다. 설교와 설교자의 역사는 거기에 엄청난 다양성이 있음을 보여 줍니다. 스펄전처럼 탁월한 설교자는 때로 지나치다고 말하는 이들이 있을 정도로 유머를 많이 사용했습니다. 여러분은 어떤 부인이 그를 찾아가 불평한 이야기를 알고 있을 것입니다. 그는 스펄전을 매우 존경하는 사람으로 그의 설교에서 많은 도움을 받고 있었습니다. 그러나 유머가 너무 지나치다고 생각해서 그 불평을 털어놓았습니다. 그러자 매우 겸손한 사람이었던 스펄전이 대답했습니다.

"그러셨군요, 부인. 부인의 말씀이 옳을 수도 있습니다. 하지만 제가 말하지 않고 넘어간 농담, 참고 말하지 않은 농담이 얼마나 많은지 안다면 오히려 저를 칭찬하실 텐데요."

저는 그 말이 사실이었으리라 믿습니다. 그는 천성적으로 유머가 풍부한 사람으로서 속에서부터 유머가 흘러 나왔습니다. 그러나 스펄전이 본받고자 했던 윗필드는 전혀 유머가 없는 사람이었습니다. 그는 항상 너무 진지했습니다. 그가 살았던 18세기에는 그와 달리 유머 감각을 타고난 잉글랜드 에버턴의 존 베리지 John Berridge 같은 이들도 있었습니다. 저는 그런 종류의 사람들을 볼 때마다 걱정이 되는데, 왜냐하면 그들이 쉽게 극단으로 치우쳐 정도에 넘칠 정도로 유머를 구사한다는 생각이 들기 때문입니다. 설교에 유머를 사용해서는 안 된다는 말은 아니지만, 그렇다고 유머가 중요한 자리를 차지하게 해서도 안 됩니다. 그 이유는 우리가 다루는 진리의 성격에서 찾을 수 있습니다. 설교자가 관심을 가지고 다루는 것은 사람들의 영혼과 그들의 영원한 운명입니다. 그는 하나님과 사람 사이에 서서 그리스도의 대사 역할을 하고 있습니다. 그 점을 우선적으로 고려할 때 유머의 위치에 대해 최대한 할 수 있는 말은 자연스러운 상황에서만 사용하라는 것입니다. 일부러 웃기려고 노력하는 사람은 꼴불견입니다. 그런 사람을 강단에 세워서는 안 됩니다. 사람들의 비위를 맞추려고 일부러 웃기는 사람도 마찬가지입니다. 이른바 '직업 전도자'는 당연히 웃겨야 한다고들 생각하는데, 저는 도무지 이해할 수가 없습니다.

우리는 이 모든 요소들을 고려해야 하며 무시하지 말아야 합니다. 이 모든 것은 설교를 돕는 보조수단으로 큰 가치를 지닐 수 있습니다. 이런 것들을 사용할 때에는 항상 조심해야 하지만, 그렇다고 너무 조심하다가 지루하고 따분하며 생기 없는 설교로 만들어서도 안 됩니다. 자신을 내세우지 않고 마귀의 존재를 의식하기만 한다면 잘못된 길로 접어드는 일은 없을 것입니다.

너무 긴 설교

마지막으로 하고 싶은 말은 설교의 길이에 관한 것으로서, 이 문제는 마지막에 다루어도 무방하다고 생각합니다. 이 부분에서도 너무 기계적으로 하거나 엄격하게 하지 말 것을 권하고 싶습니다. 설교의 길이를 결정하는 기준은 무엇일까요? 무엇보다 중요한 기준은 설교자 자신입니다. 시간은 상대적인 것이지 않습니까? 어떤 이들에게는 10분도 한 시대만큼 길게 느껴질 것이고, 어떤 이들에게는 한 시간도 몇 분처럼 짧게 느껴질 것입니다. 이것은 단순히 저의 개인적인 견해가 아닙니다. 회중도 그렇게 말합니다. 이처럼 시간은 사람에 따라 각기 다르게 느껴지기 때문에 모든 설교자가 일률적으로 같은 시간 안에 설교해야 한다고 정해 놓는 것은 우스운 일입니다.

어떤 내용을 다루느냐에 따라서도 길이는 달라질 수 있습니다. 짧은 시간 안에 간결하게 다룰 수 있는 내용도 있습니다. 내용에 맞게 적절하게 설교해야지, 일정 시간을 채울 요량으로 일부러 질질 끌어서는 안 됩니다.

회중도 영향을 끼칩니다. 이미 살펴보았듯이 회중의 수용 능력에는 큰 차이가 있습니다. 설교의 길이를 정할 때에는 이 문제 전체에서 회중이 차지하는 위치와 관련하여 제가 앞서 제시했던 모든 조건들을 고려해야 합니다. 만약 회중이 최고 결정권자라면 모든 설교는 10분만 해야 할 것입니다. 설교자가 그런 유형의 '예배자'들에게 일일이 신경을 쓸 필요는 없지만 설교자가 평가해야 할 부분만큼은 평가해야 합니다. 그래서 그들이 일정 분량 이상의 설교를 수용할 수 없다는 결론이 나오면 그만큼만 설교하고 그 이상 길게 설교해서는 안 됩니다. 그런 조절을 하지 못하는 사람은 나쁜 교사, 나쁜 설교자라 할 것입니다.

설교의 길이에 관해 더 정해 놓을 규칙은 없을까요? 10분이 터무니없이 짧다는 데 대해서는 더 이상 말할 필요도 없습니다. 진정한 설교를 한다는 사람이 어떻게 몇 분 안에 한 가지 주제를 다룰 수 있겠습니까? 그것은 불가능한 일입니다. 그렇다고 매번 한 시간씩 설교해야 한다고 말하는 것도 잘못입니다. 이것은 저의 기우에 불과할까요? 그렇지 않은 것 같아서 걱정입니다. 적어도 영국 내에서는 청교도에 대한 관심이 새롭게 고조되면서, 한 시간 이상 설교하지 않으면 마치 설교하지 않은 것처럼 여기는 젊은 설교자들이 생기고 있습니다. 그들의 사고방식 안에서는 길이가 가장 중요한 것 같습니다. 그래서 한 시간씩 설교함으로써 진리에 큰 해를 끼칩니다. 그들은 청교도들도 길게 했기 때문에 자신들도 길게 설교한다고 말합니다. 얼마나 우스운 일입니까!

그렇습니다. 이 영역에 무슨 규칙은 없습니다. 그러나 아주 현실적으로 생각할 때, 설교의 길이 문제와 관련하여 일종의 악순환이 계속되고 있지 않은가 하는 생각이 듭니다. 불쌍한 설교자는 곤경에 처해 있습니다. 그는 너무 길게 설교해서 예배에 꼬박꼬박 참석하는 사람들의 마음을 상하게 하고 싶지 않습니다. 그는 사람들이 긴 설교를 좋아하지 않는다는 것과 쉽게 "설교가 너무 길다"라고 불평한다는 것을 알고 있습니다. 그래서 종종 설교를 짧게 하면, 이번에는 다른 사람들이 들을 가치가 없다고 생각하기 시작합니다. 우리는 이런 악순환에서 진작 벗어났어야 합니다. 교회에 습관적으로 나오는 사람의 마음이 상하든 전통에 따라 나오는 사람의 마음이 상하든 자기 의義 때문에 나오는 사람의 마음이 상하든 간에 이 악순환의 고리를 깨뜨렸어야 합니다. 우리에게 사명을 맡기신 분은 부활하신 주님이시지 사람들이 아닙니다. 우리의 주된 관심사는 진리에 있어야 하며, 사람들에게 바로 그 진리가 필요하다는 사실에 있어야 합니다. 따라서 우리 자신부터 시간을 우선시하지 말아야 할 뿐 아니라, 사람들도 시간을 우선시하지 못하게 해야 합니다. 실제로 설교자가 해야 할 일 중에 하나는 사람들을 시간의 구속에서, 오직 이생만 생각하는 삶에서 건져 내는 것입니다.

자신이 전해야 할 진리와 메시지에 따라 시간의 길이를 결정하고 조절하십시오. 설교자는 "주의 두려우심을 알므로" 사람을 권해야 하며, "그리스도의 심판대 앞에 나타나게 되어 각각 선악간에 그 몸으로 행한 것을 따라" 받을 준비를 해야 합니다(고후 5:10-11). "그리스도의 사랑이 우리를 강권하시는도다"라고 정직하게 말할 수만 있다면(고후 5:14), 설교의 길이 문제에서든 그 밖의 문제에서든 잘못된 길로 빠지지 않을 것입니다.

13

피해야 할 것들

지금까지 우리는 설교문의 준비에 대해 살펴보았으며, 설교문과 우리 자신을 준비하는 일에 공통적으로 해당되는 사항들을 살펴보았습니다.

어떤 이들에게는 사소해 보일지도 모르지만 저에게는 중요한 문제가 한 가지 더 있습니다. 설교하기 전에 주제를 미리 알려 주는 것이 좋을까요? 대부분의 사람들은 그것을 확실히 좋아하는 듯합니다. 예배를 홍보하는 교회들은 특히 더 그러해서, 설교 주제를 미리 알려 주는 것이 관행이 되어 버렸습니다.

그러나 이번에도 저는 그런 관행에 찬성하지 않으며 그런 관행을 따른 적도 없다는 사실을 공식적으로 밝혀야겠습니다. 제가 이렇게 말하는 데에는 여러 가지 이유가 있습니다.

첫 번째 결정적인 이유는, 사람들이 하나님의 집에 나오는 목적이 하나님께 예배드리며 그 진리의 말씀에 대한 강해를 들으려는 데 있어야 한다는 것입니다. 설교자가 그 진리에 대해 무슨 이야기를 하느냐와 상관없이, 그 진리의 어떤 측면을 다루며 어떤 부분을 살펴보느냐와 상관없이 나와야 합니다. 그것이 예배에 참석하는 이유여야 하고 특정한 주제나 질문보다 먼저 머리 속에 떠오르는 동기여야 합니다. 특정한 주제나 질문이 먼저 떠올라서는 안 됩니다. 그런 점에서 주제를 미리 알려 주는 것은 사람들에게 해롭기 때문에 좋지 않습니다. 그것은 사이비 지성주의를 조장하는 일입니다. 제가 사이비 지성주의라고 부르는 것은 실상이 그렇다고 확신하는 탓입니다. 이런 관행은 19세기에 시작되었습니다. 제가 아는 한 19세기 이전에는 주제를 미리 알려 주는 관행이 없었습니다. 사람들은 하나님께 예배를 드리고 성경 강해를 듣기 위해, 또는 위대한 설교자의 말을 듣기 위해 모였습니다.

그러나 19세기 중엽에 이르러 사람들이 스스로 교육받은 지성인으로 자처하기 시작하면서 '주제'를 알아야겠다는 생각이 등장하게 되었습니다. 그것은 빅토리아주의로 알려진 19세기 중엽에 일어난 큰 변화의 일부였습니다. 이런 현상은 영국이나 그 밖의 나라들뿐 아니라 미국에서도 많이 일어났습니다. 건물 유형이나 예배 형식과 관련하여 일어난 변화에 대해서는 이미 언급한 바가 있습니다. 이것은 아주 중요한 문제이기 때문에 19세기 중엽에 발생한 미묘한 변화에 대해 집중적으로 연구해 보아도 좋을 것입니다. 그 이전 사람들의 사고방식은 하나님께 예배를 드리며 성경 강해를 듣기 위해 모인다는 것이었습니다. 더 나아가 그들은 성령께서 설교자와 예배 전체에 임하시기를 기다렸습니다. 그러나 점차 인간 중심적인 예배 유형으로 옮겨 가는 큰 변화가 일어나게 되었습니다. 그런 변화가 복음 전도에 어떤 식으로 작용했는지는 이미 살펴보았습니다. '주제'에 관심을 갖게 된 것은 이러한 변화의 두드러진 특징입니다. 자신들은 더 이상 무지한 사람들이 아니기 때문에 선포되는 말씀의 능력에 지배당하기보다는 '강연' 내지 강의를 들어야 한다는 것입니다. 지각을 갖춘 사람들이기 때문에 '생각거리'가 필요하고 지적인 자극이 필요하다는 것입니다. 그러면서 정서적인 요소는 무시하고 주제에 관심을 기울이게 되었습니다. 주제를 미리 알려 주는 관행은 이런 사이비 지성주의를 부추겼습니다.

이런 관행은 또한 지나치게 이론적인 태도로 진리에 접근하려는 태도를 부추깁니다. 우리는 이러한 접근방식이 설교자에게 얼마나 해로운지 살펴보았습니다. 설교자에게 해롭다면 회중에게는 훨씬 더 해로울 것입니다.

주제를 미리 알려 주는 관행에 반대하는 또 한 가지 이유는 그 주제와 성경 본문이 서로 유리되는 경향이 있기 때문입니다. 그런 이들은 궁극적으로 성경을 특정 주제들에 대한 진술 모음집으로 간주합니다. 그래서 성경의 총체성을 망각한 채 세분화해 버립니다. 그러나 분명한 사실은 부분보다 전체가 중요하다는 것입니다. 이처럼 주제를 추출하여 원래 맥락과 상관없이 다루는 경향이 있다는 점에서, 더 나아가 그 주제들끼리도 서로 유리되기 쉽다는 점에서 주제를 미리 알려 주는 것은 해로운 관행입니다. 그렇게 하면 성경 메시지의 총체성은 인식하지 못한 채 특정 주제나 문제에만 관심을 기울이게 됩니다.

이런 관행에 반대하는 훨씬 더 중요한 이유는 좀 더 목회적인 데 있습니다. 사람들은 왜 '주제'에 관심을 가질까요? 그들 스스로 자신의 필요가 무엇인지 안다고 생각하기 때문이며, 자신들이 관심을 갖는 영역에 대해서만 들으려 하기 때문입니다.

이미 알아챘겠지만, 사람들은 궁극적으로 자신의 필요를 알 만한 처지에 있지 못하다는 것이 제 전체적인 논지의 일부입니다. 과거 우리의 경험으로 보든 영혼의 목자로서 일해 온 경험으로 보든,

사람들은 자신의 필요에 대해 크게 오해할 때가 많음을 알 수 있습니다. 물론 설교자도 오해할 수 있지만, 그보다는 회중이 오해하는 경우가 훨씬 더 많습니다. 거듭 말하지만 이 문제에 관한 우리의 전체적인 입장은 회중석이 설교 주제를 결정짓게 하거나 이런 식으로 방향을 결정하도록 조장해서는 안 된다는 것입니다. 오히려 총체적인 진리를 제시함으로써 회중이 몰랐거나 전혀 관심을 두지 않았던 측면들 중에도 중요한 것들이 있음을 깨우쳐 주어야 합니다. 그들은 진리 전체에, 진리의 모든 측면에 관심을 가질 필요가 있습니다. 우리는 그 필요성을 보여 주어야 합니다.

이런 식으로 달리 말해 봅시다. 그리스도인의 삶에는 균형을 잃고 한쪽으로 치우칠 위험이 늘 도사리고 있습니다. 어떤 이들은 이른바 예언에 지나치게 예민합니다. 그래서 예언에 대한 설교는 늘 듣고 싶어 합니다. 그런 사람은 여러분이 예언에 대해 설교할 때 기꺼이 참석할 것입니다. 거기에는 의문의 여지가 없습니다. 저는 그런 경우를 무수히 보아 왔습니다. 저의 전임자였던 고故 캠벨 모건 박사는 제게 농담 삼아 이런 말을 하기도 했습니다.

"사람을 구름 떼같이 모으고 싶다면 예언에 대해 설교하겠다고 광고하게나. 그러면 틀림없이 많이 모일 걸세."

그런 부류의 사람들이 있습니다. 그들은 예언이나 거룩 등 특정 주제에 유난히 집착합니다. 주제를 미리 알려 주면 이처럼 균형을 잃고 한쪽으로 치우친 삶을 살 위험성을 더 키우기 쉽습니다.

마지막으로 이 문제를 일반화해서 말해 보겠습니다. 저는 19세기 초에 특히 강조되었던 위대한 진리에는 오래전에 작별을 고했던 교회와 설교자들이 19세기적 방법론은 그렇게 고수하는 것을 보면서 놀랄 때가 많습니다. 설교 주제를 미리 알려 주고 성가대를 만들며 어린이 설교를 하는 관습 및 관행은 전부 19세기에 시작된 것입니다. 19세기 이전에는 그런 것이 없었습니다. 그것은 전부 빅토리아 시대가 낳은 사이비 지성주의의 산물입니다. 우리는 지금 그 후유증을 앓고 있습니다. 제가 이 점에 주의를 환기시키는 것은 이 나쁜 습관에서, 19세기 말의 특징인 이 거짓 체면과 지성주의에서 하루빨리 벗어날 필요가 있다고 생각하기 때문입니다. 이러한 관행들은 지금까지 우리 예배를 지배해 왔습니다. 저는 이런 것들이 복음 설교의 가치를 떨어뜨리며, 그 중요성을 훼손한다고 생각합니다.

어떤 관행을 영구화하기 전에 우리는 물어야 합니다. "왜 이렇게 해야 하는가? 이 관습은 어떻게 시작되었는가?" 그러면 사람들이 필수적으로 여기는 많은 일들이 19세기 중엽에 잘못된 이유로 도입되었다는 사실을 알게 될 것입니다. 신조의 정통성을 지키는 데 관심을 기울이는 만큼 교회에서 '할 일'과 '해 온 일'의 정통성을 지키는 데에도 관심을 기울였다면 현재 교회의 상태는 많이 달라졌을 것입니다.

매체가 메시지를 통제하는 경우

오늘날 꼭 다루어야 할 문제 중에 라디오나 텔레비전 설교의 문제가 있습니다. 이 연속 강의 서두에서 언급했던 이야기를 또다시 꺼내는 것은 오늘날 대부분의 설교자들이 이 문제에 부닥쳐 있기 때문입니다. 저는 아주 특별했던 한두 번의 예외 상황을 제외하고는 라디오나 텔레비전 설교를 거부해 왔습니다. 그런 방식으로 진리를 전달하는 것은 참된 설교에 배치된다는 관점을 가지고 있었기 때문입니다. 저는 지금도 같은 관점을 고수하고 있습니다. 토론이나 그 밖의 다른 주제에 대해 대담 및 인터뷰를 하는 것은 다른 범주에 속한다고 생각합니다. 사실 저는 여기에서도 한 걸음 더 나아가, 라디오나 텔레비전 설교가 1920년 이래 설교에 대한 불신을 조장해 온 주된 요인이었다고까지 말하고 싶습니다. 저와 의견이 다른 사람들은 일반적으로 결과를 내세우며 반론을 제기하곤 합니다. 사람들이 우연히 라디오를 틀었다가 놀랍고 감동적인 이야기를 듣고, 그중 한마디에 감화를 받아 회심하는 사례가 있다는 것입니다. 텔레비전도 마찬가지입니다. 이처럼 그들은 언제나 결과에서 논거를 찾습니다.

여기에는 여러 가지 측면이 있기 때문에 조심스럽게 살펴볼 필요가 있습니다. 제가 이런 현대적인 매체에 반대하는 뿌리 깊은 이유는 이런 매체를 사용할 때 예배가 아주 많은 부분에서 통제를 받기 때문입니다. 라디오나 텔레비전의 속성상 그것은 불가피한 일입니다. 방송국 사람들은 프로그램을 미리 계획해 놓아야 하며, 정해진 짧은 시간 안에 그 프로그램을 소화해 내야 합니다. 그들의 관점에서는 지극히 당연한 일이지만 설교자의 관점에서는 완전히 잘못된 일입니다. 그것은 성령의 자유를 방해하기 때문입니다. 회중이 이 부분을 좌우할 위험성에 대해서도 계속 경고해 왔는데, 하물며 라디오나 텔레비전 당국자들이 그렇게 할 위험성을 경고하는 것은 당연한 일 아니겠습니까? 프로그램을 조정해야 한다는 절박한 사정 때문에 그렇게 한다고는 하지만 그것은 설교자인 우리가 고려할 사항이 아닙니다. 언제 어디서든 처음부터 시간 제약에 매인 채 설교하는 것은 분명 잘못된 일입니다.

수년 전에 BBC 종교국장과 이 문제 전반에 대해 토론한 적이 있습니다. 그는 친절하게도 한 번 이상 저를 설교 자리에 초청해 주었는데, 저는 다음과 같이 간단하게 제 입장을 설명하며 거절했습니다.

"성령께서 갑자기 설교자에게 임하여 그를 사로잡으시면 프로그램이 어떻게 되겠습니까?"

그는 대답지 못했습니다. 물론 설교자를 쫓아낸다는 것이 그 대답일 것입니다. 그러나 그런 상황이 벌어진다는 것은 끔찍한 일입니다. 우리는 설교할 때 그런 부분까지 책임질 수 없습니다. 그렇기 때문에 제가 볼 때에는 이런 식으로 시간이나 다른 관례에 매이는 것은 좋지 않습니다. 그 종교국장은 항상 병원이나 시설이나 가정에서 지내야 하는 사람들도 배려해야 하며, 그런 사람들을 위해 일정 시간 안에 몇 곡의 찬송가와 기도를 담아야 한다는 점을 강조했습니다. 그러나 그 결과 설교는 밀려날 수밖에 없습니다. 그들은 긴 설교를 원치 않습니다. 그리고 어찌 되었든지 간에 죽음이나 심판 같은 진리의 특정 측면을 설교하면 불편해 합니다. 방송 당국자의 관점에서 보면 쉽게 이해할 수도 있고 공감할 수도 있는 일입니다. 그러나 진정한 설교라는 관점에서 보면 전혀 타당치가 못합니다.

사람들이 내세우는 결과라는 것도 좀 더 면밀히 살펴볼 필요가 있습니다. 자세히 알아보면 사실상 그 수가 극히 적다는 점을 알게 될 것입니다. 얼마 안 되는 사례를 가지고 크게 선전하는 경우가 대부분입니다. 그리고 그 사람들이 나중에 어떻게 되었는지에 대해서는 거의 알려진 바가 없습니다. 설사 그들이 진정으로 회심했다손 쳐도, 어떤 방법으로 얻은 특정한 결과물과 그 방법의 전체적인 방향성은 별개라는 사실을 명심해야 합니다. 제가 볼 때 이 구분은 아주 중요합니다. 개인적으로 회심한 사람들이 있다는 사실은 논의의 진행을 위해 기꺼이 인정할 마음이 있습니다. 그러나 어떤 방법을 제대로 평가하려면 그것이 전체적으로 교회의 삶에 어떤 영향을 끼치는지, 그 즉각적인 영향뿐 아니라 장기적인 영향도 살펴야 한다고 봅니다. 일반적이고 궁극적인 관점에서 볼 때, 라디오나 텔레비전 설교가 해로운 영향을 끼쳤다는 데에는 별 이의가 없으리라 생각합니다.

제 말이 무슨 뜻인지 한 가지 예를 들어 볼까요? 수년 전, 미국의 한 교회에서 설교했던 때의 일입니다. 그 교회는 사람이 많아서 오전 9시 반과 11시에 예배를 드렸습니다. 똑같은 예배를 두 번 드린 것입니다. 그러나 저녁예배는 한 번만 드리고 라디오로 중계했습니다. 그곳에 간 첫째 주일 오전에는 회중이 두 번이나 모였는데—한 번은 1,400명 정도, 또 한 번은 1,200명 정도가 모였다고 들었습니다—저녁에는 겨우 400명이 모인 것을 보면서 저는 아주 흥미롭게 생각했습니다. 그 교회 사람들의 말에 따르면 평소에도 그 정도 모인다고 했습니다.

저는 그 교회에서 상당히 재미있는 경험을 할 수 있었습니다. 사실 저는 방송예배 절차에 익숙지 않습니다. 저녁예배는 7시 45분에 시작되었는데, 찬양 사역자가 순서를 주관했습니다. 잠시 후에 '방송중'이라는 녹색 불이 들어왔습니다. 그러자 더 많은 찬양을 불렀습니다. 다같이 부르기도 하고 중창을 하기도 하고 독창을 하기도 했습니다. 설교할 때 녹색 불을 보고 있다가 빨간 불이 들어오면 끝내라는 지시가 주어졌습니다. 빨간 불이 들어오면 모든 순서가 끝나야 하니 축도까지 전부 끝내라는 것이었습니다.

여러 가지 유형의 찬양이 계속되었고, 저는 제게 할애된 귀중한 시간이 흘러가는 것을 보면서 조바심이 났습니다. 8시 55분에는 모든 예배가 끝나야 하는데 8시 35분까지 본문조차 읽지 못했으니 마무리 찬송과 축도를 위한 시간을 빼면 정작 설교 시간은 채 20분도 남지 않은 셈이었습니다. 정말 고민이 되었습니다. 처음에는 시간에 맞추기 위해 준비한 내용을 줄이는 것이 저의 의무라고 생각해서 그렇게 하려고 했습니다. 그런데 그때 갑자기 특별한 자유가 저에게 임했다는 생각이 들었습니다. 그래서 설교하는 내내 갈등했습니다. 짜여진 프로그램에 맞추어서 내용을 줄여야 할까요, 아니면 저에게 임하신 성령의 능력이 인도하시는 대로 따라가야 할까요? 저는 이럴 때 그 교회의 규칙과 규정을 지키는 것은 성령을 소멸하는 죄라는 판단을 내렸습니다. 그래서 8시 55분에 빨간 불이 들어온 것을 보았으면서도 개의치 않고 계속 설교하다가 9시 25분이 되어서야 마무리를 지었습니다.

이 이야기에서 정말 중요한 일은 그 후에 일어났습니다. 시간을 무시하고 설교한 것은 그 교회에 간 첫째 주일의 일이었습니다. 저는 그날 밤 지방 노회에 갔다가 그 다음 주 주일에 돌아올 예정이었습니다. 그 교회에는 세 명의 부목사님이 있었는데 아주 좋은 사람들이었습니다. 저는 그들에게 사과하면서 저 때문에 곤란에 빠지지 않기를 바란다고 했습니다! 그리고 모든 책임은 제게로 돌리라고 말했습니다.

그 다음 주일 아침에 그 교회로 돌아가자 세 목사님이 저를 맞아 주었습니다. 저는 "지난 한 주간 힘들지 않으셨는지 모르겠네요"라고 말했습니다. 그러자 그들이 대답했습니다.

"정말 힘들었습니다."

"아니, 전적으로 제 잘못이라고 말씀하시지 그랬습니까? 저 대신 사과하시고 제가 이런 예배에 익숙지 않아서 그랬노라고, 앞으로는 고칠 거라고 말씀하시면 되었을 텐데요."

"아니, 그런 어려움이 아니었습니다."

"그럼 무엇이 문제였나요?"

"지금껏 예배에 대해 그리 많이 불평하는 소리는 들은 적이 없습니다. 단 한 번도요."

"무슨 불평을 그리 많이 하던가요?"

"사람들이 수도 없이 전화를 하고 편지를 보내서 '왜 이 사람에게 시간을 더 주지 않았느냐, 방송되지 않은 나머지 내용이 궁금하다, 어떤 이야기를 하다가 어떻게 마무리를 지었느냐, 웬 찬송을 그렇게 많이 했느냐, 찬송은 다른 때에도 들을 수 있지 않느냐, 왜 이 사람에게 시간을 더 주지 않았느냐 하면서 항의하더군요."

그 결과 둘째 주일에는 더 많은 시간을 얻게 되었습니다. 앞의 순서들을 최소한으로 줄인 덕분에 약 45분에 걸쳐 설교할 수 있게 된 것입니다.

이 일은 저에게 중요한 원리를 일깨워 주었습니다. 저는 나중에 그들에게 말했습니다. 만약 제가 그 교회 목사라면 저녁예배를 라디오로 방송하지 않고 오히려 '방송하지 않는 교회'로 광고하겠다고 말입니다. 그 이유가 무엇일까요? 제가 볼 때에는 그래야 사람들이 저녁예배에 참석할 생각을 할 것이기 때문입니다. 집에 편히 앉아 라디오로도 설교를 들을 수 있는데 왜 굳이 차고에서 차를 끌어내 교통 체증을 비롯한 여러 가지 불편을 감수해 가면서까지 교회에 나오는 수고를 자청하겠습니까? 저는 방송이 하나님의 집에 나아오는 일을 막고 나쁜 습관을 가르치는 것은 아닌가 걱정이 됩니다.

그보다 더 심각한 문제는 그런 매체가 교회의 공동체적인 삶에 대한 생각에 나쁜 영향을 끼친다는 것입니다. 흔히 사람들은 교회를 자리에 앉아 설교를 듣는 곳으로만 생각합니다. 그런데 이제는 라디오나 테이프로도 설교를 들을 수 있기 때문에 말씀을 듣기 위해 한데 둘러앉아 강해를 듣는다는 개념 전체가 심각하게 훼손되어 버렸습니다. 지난 50년간의 통계와 사실들을 보면 교회의 삶이 그만큼 심각하게 악화되었음을 알 수 있습니다.

다시 말하지만, 우리는 이 모든 관행에서 벗어나야 합니다. 물론 사람들이 이런 대중매체를 사용하게 된 동기는 명백합니다. 그들은 이런 매체들이 교회에 유익이 되리라고 생각했고, 사람들이 라디오를 듣고 교회에 나오리라고 생각했습니다. 그러나 실제로는 그렇지가 못했습니다. 아마도 여러분은 하나님이 장차 교회 안에서 자신의 일을 부흥시키시는 모습과 교회에 정규적으로 참석하는 사람들이 그 축복을 상당 부분 받아 누리는 모습을 보게 될 것입니다. 하나님은 과거에도 늘 그렇게 하셨습니다. 놀랍게도 사람들은 과거에 하나님이 영광 받으셨던 방법으로 일하기를 원치 않습니다. 그들은 교회와 거리를 유지하는 데 만족합니다. 그것은 교회에 대한 진정한 교리—"평안의 매는 줄로 성령이 하나 되게 하신" 곳이요 하나님 백성의 모임이라는 교리(엡 4:3)—를 근본적으로 이해하지 못한 데서 나온 태도입니다. "두세 사람이 내 이름으로 모인 곳에는 나도 그들 중에 있느니라"(마 18:20).

사람들을 억지로 예배에 참석시키려는 시도에는 저도 늘 반대해 왔습니다. 제가 말하려는 바는 그런 것이 아니라 우리의 설교를 통해 예배에 간절히 나오고 싶은 마음을 일으켜야 한다는 것입니다. 회초리로 억지로 내몰아서는 안 됩니다. 사도행전 2장에 나오는 사람들을 보십시오. 여러분도 알다시피 그들은 "날마다" 모였습니다. 그리고 "집에서"도 모여서 이런 일들을 계속 힘썼습니다. 주일에 단 한 번 예배에 참석하는 것으로 족하다는 발상은 그리스도인의 진정한 특징을 모르는 데서 나온 것입니다. 그리스도인은 "순전하고 신령한 젖"을 사모하는 "갓난아기"와 같습니다. 그는 "형제를 사랑함으로" 그들과 함께 있기를 소원합니다(요일 3:14). 제가 볼 때 그런 발상은 교회에 대해서도 잘못 생각하고 있다는 증거이자 갓난아기인 그리스도인 개개인에 대해서도 잘못 생각하고 있다는 증거입니다. 우리는 이런 외부 세력의 영향을 과도하게 받아 왔습니다. 저는 이제야말로 그 모든 영향을 끊고 신약성경에 나오는 교회의 모습으로 돌아가야 할 때라고 생각합니다. 교인 중에 나이든 분들이나 아픈 분들에게 말씀을 공급하는 부분에서는 녹음 테이프의 도움을 받을 수 있기 때문에 별 어려움이 없을 것입니다.

설교는 직업이 아니다

이제 설교에서 피해야 할 것들에 대해 살펴봅시다. 그중에 일부는 이미 다루었지만, 몇 가지 더 말할 것이 있습니다. 먼저 설교자가 피해야 할 것은 무엇일까요? 무엇보다 우선적으로 피해야 할 것은 직업주의입니다. 그것은 목회를 위협하는 가장 큰 위험 중에 한 가지입니다. 목회자가 살아 있는 한 그 싸움을 피할 수가 없습니다. 제가 볼 때 직업주의는 어떤 경우에든 혐오스러운 것입니다. 저는 의사 시절에도 지금만큼이나 직업주의를 혐오했습니다. 유능하다기보다는 직업적인 유형의 의료인이 있습니다. 그런 사람들은 한껏 점잖을 빼면서 '할 일'과 '할 말'을 알아서 챙기지만, 의사로서는 형편없을 때가 많습니다. 훌륭한 의사일수록 이렇게 단순한 직업주의의 특징을 보이지 않습니다. 목회의 영역에서는 특히 더 그렇습니다.

　제 말뜻을 좀 더 자세히 설명해 보겠습니다. 주일 오전에 설교하는 주된 이유가 단지 그렇게 광고가 나갔기 때문이라면 그 설교자는 갈 데까지 다 간 설교자입니다. 그것은 그가 설교를 직업으로만 여기고 있다는 뜻입니다. 처음에 그를 감동시키고 밀어붙였던 동기를 잊은 채 단지 일상사 중에 하나를 수행할 뿐인 것입니다. 그런 사람이 강단으로 걸어 올라가면서 '왜 내가 이 일을 할까?'라고 정직하게 자문했을 때 '내가 설교한다고 광고했으니까 하는 거지'

라는 대답이 나온다면, 그는 스스로 직업주의에 빠져 있음을 자인하는 것이나 다름없습니다.

직업주의는 예배 중에도 여러 가지 방식으로 드러납니다. 직업주의에 빠진 사람들은 일반적으로 아주 형식적입니다. 모든 행동을 아주 계산적으로 합니다. 직업주의에는 항상 그런 표시가 나게 되어 있습니다. 의료계에서 한 가지 예를 들어 보겠습니다. 의사로서 훌륭한 처신을 습득하는 일보다는 의학 자체를 배우는 데 더 관심이 많았던 우리를 웃겨 주던 사람이 있었습니다. 그가 청진기를 환자의 가슴에 갖다 대는 모양새를 보면 그렇게 웃길 수가 없었습니다. 그의 과장된 몸짓은 의술과 아무 상관이 없었습니다. 실제로 증상을 듣고 진단하는 일에는 영 서툴렀지만, 여하튼 점잔을 빼며 청진기를 갖다 대는 모양새는 볼 만했습니다. 물론 그런 모양새에 영향을 받은 사람도 확실히 있기는 있었습니다. 특히 정신적, 심리적 문제만 있는 사람들에게는 효과가 있었습니다. 그러나 정말 아픈 사람은 아무 도움도 받지 못했습니다.

아! 이런 일은 때로 강단에서도 벌어지고 있습니다. 강단에서 하는 거의 모든 행동이 그렇게 계산적으로 이루어지는 것을 보면 너무나 안타깝습니다. 런던의 유명한 설교자는 말 그대로 예배 중에 완전히 한 바퀴를 돌았기 때문에 그의 얼굴뿐 아니라 뒷모습까지 공개되었습니다! 그는 머리 모양을 잘 기르고 다듬는 데 큰 관심을 쏟고 있는 것이 분명했습니다. 이것은 실화로서, 사람들은 그의 그런 모습을 보려고 몰려들었습니다. 제 눈으로 직접 보지 못했다면 아마 믿지 못했을 것입니다. 그것은 가장 나쁜 형태의 얄팍한 직업주의입니다. 또 다른 목사는 적어도 일주일에 한 번씩은 머리에 웨이브를 만들고 인공 선탠을 한다는 말도 들었습니다.

다시 말해서 직업적인 사람은 늘 자신에게 집중하는 동시에 기교에 큰 관심을 기울입니다. 직업적인 사람은 남들의 설교를 듣기 위해 돌아다니면서 아이디어를 수집하고 그들이 여러 가지 일들을 어떤 방식으로 처리하는지 살펴봅니다. 그리고 그들을 흉내 내고자 노력하며 그렇게 관찰한 것을 자기 '기교'에 도입하려고 애를 씁니다. 이와 비슷한 현상이 연기의 세계에서도 일어났다는 말을 들었습니다. 재능을 타고난 배우가 실제로 연기를 해 나가면서 배우던 시절이 있었습니다. 그런데 이른바 '메소드 연기법'이 도입되면서 모든 배우가 똑같은 연기를 하게 되었습니다. '메소드 연기법'이라니! 예전 의미의 진짜 연기는 사라져 버렸습니다. 한 가지 방법론에 따른 연기만 존재하게 되었습니다.

장점을 조심하라

설교자가 피해야 할 일은 그 밖에도 많이 있습니다. 그중 한 가지는 자기 지식을 과시하는 것입니다. 설교자를 따라다니는 죄 중에 하나는 자신이 폭넓게 독서하는 교양인이라는 인상을 주기 위해 노력하는 것입니다. 독서의 위치와 가치에 대해서는 이미 강조했던 바가 있습니다만, 만약 책을 읽는 주된 목적이 그 사실을 내세우며 지식을 과시하려는 데 있다면 그것은 모든 면에서 분명히 잘못된 태도입니다.

그러나 이 모든 위험 중에서도 가장 큰 위험은 자신의 준비에 의존하는 일일 것입니다. 이것은 아주 미묘한 문제로서, 진정한 설교자라면 누구나 제 말에 동의하리라 믿습니다. 어떤 내용의 설교 준비를 언제 다 마쳤든지 간에―토요일 저녁에 마쳤든지 좀 더 일찍 마쳤든지 간에― "자, 이제 주일 준비를 끝냈다"라고 말하게 될 위험이 있습니다. 더구나 준비를 다 마쳤는데 원고가 좋다는 생각이 들면 자신이 준비한 내용 자체를 의지하게 되기 쉽습니다. 설교와 관련하여 이보다 큰 위험은 없습니다. 그럴 경우 여러분은 형편없는 결과에 낙심하고 실망하게 될 것입니다. 그리고 무엇보다 사람들에게 어떤 영향도 끼치지 못할 것입니다. 이것은 무서운 유혹입니다. 설교자 자신이 준비되어야 한다는 점을 그토록 강조했던 이유가 여기 있습니다. 이 문제는 강의를 마치기 전에 한 번 더 다루기로 하고, 여기에서는 한 가지만 언급하겠습니다. 이런 유혹에 빠지지 않도록 조심하십시오. 아주 조심하지 않으면 금방 덫에 걸릴 것입니다.

강단에 서는 설교자들 중에는 자기의 좋은 음성에 의존하는 사람들도 많습니다. 좋은 음성을 자랑하며 과시하는 사람들이 많다는 것입니다. 설교자는 여러 가지 다양한 방식으로 늘 마귀와 싸우는 사람들입니다. 마귀는 강단까지 함께 올라와 수단 방법을 가리지 않고 여러분을 넘어뜨리려 합니다.

"이 점에 대해 어떤 충고를 하겠습니까?"라는 질문에 대답함으로써 모든 내용을 요약해 보겠습니다. 자, 저 자신이 수년간 이 싸움을 싸워 온 큰 죄인이라는 것만이 이런 충고를 할 수 있는 유일한 자격임을 고백하면서 말씀드리겠습니다. 여러분의 천부적인 재능이나 성향이나 특징을 조심하십시오. 그것들을 조심하십시오. 제 말뜻은 그런 재능 때문에 오히려 한쪽으로 치우치기 쉽다는 것입니다. 이 모든 것을 요약하면, 여러분의 장점을 조심하라는 말이 됩니다. 약점은 그리 조심하지 않아도 됩니다. 정말 조심해야 할 것은 여러분의 장점과 탁월한 점, 타고난 재능이나 소질입니다. 그것들이야말로 자신을 과시하며 자신의 욕망에 영합하도록 유혹한다는 점에서 여러분을 넘어뜨리기 쉬운 유혹거리들입니다. 그러므로 그것들을 조심하십시오. 자신의 소질을 경계하십시오. 사람은 누구나 장점을 가지고 있기 때문에 조심할 필요가 있습니다.

또한 설교자는 '특색'을 갖추려는 무서운 유혹에 넘어가지 않도록 늘 애써야 합니다. 사람들은 '특색' 있는 것을 좋아합니다. 그러므로 특색 있게 보일 만한 요소―비범해 보일 만한 요소, 매력 있게 보일 만한 요소―를 가지고 있는 사람은 주의해야 합니다. 거기 영합하고 아부하게 될 위험이 있기 때문입니다. 그러면 결국 자신이 관심을 독차지하게 됩니다. 어떤 이들은 이채롭고 별스러우며 차별되게 보임으로써 사람들의 화젯거리가 되는 것을 좋아합니다. 그러나 그것은 위험한 일입니다. 조심해야 합니다. 이 부분에서도 자신의 장점을 특히 조심해야 합니다.

한 가지 예를 통해 설명해 보겠습니다. 언젠가 압살롬에 대한 설교를 들었는데, 그 설교의 요점은 자신의 장점을 늘 조심스럽게 살펴야 한다는 것이었습니다. 그것이 해석학적으로 건전한지 여부는 모르겠지만, 저는 확실히 깊은 인상을 받았습니다. 여러분도 알다시피 압살롬은 자기 머리털을 아주 자랑스럽게 여겼습니다. 그는 머리털에 많은 신경을 썼으며 그것을 자랑거리로 내세웠습니다. 그러나 결국 그 머리털 때문에 망했다는 사실을 알 것입니다. 숲을 빠져 나가다가 나뭇가지에 머리가 걸리는 바람에 요압의 창에 찔리는 신세가 되고 만 것입니다. 그 설교자의 요점은 압살롬의 대단한 장점이었던 머리털이 결국 파국의 원인이 되었다는 것이었습니다. 그 설교를 떠올리면 규칙에 충실하지 않은 사람도 가끔은 성공할 때가 있다는 생각이 듭니다. 여하튼 제가 말하고 싶은 요점은 여러분의 장점이 무엇이든 간에, 머리털이든 다른 무엇이든 간에 조심해야 한다는 것입니다. 절대 과시해서는 안 됩니다.

이 모든 내용을 요약하면, 설교자를 공격하는 모든 유혹 중에 최대의 유혹은 자만심이라고 말할 수 있습니다. 설교자는 존경받는 위치에 있기 때문에 무엇보다 자만심에 빠지지 않도록 조심해야 합니다. 설교자는 강단에서 사람들을 내려다보며, 사람들은 전부 그를 우러러봅니다. 그는 교회 공동체의 지도적 위치에 있는 사람입니다. 그렇기 때문에 자만심이 최대의 유혹이 됩니다. 자만심이야말로 죄 중에 가장 치명적이고 미묘한 죄라 할 것입니다. 자만심은 여러 형태로 나타날 수 있습니다. 그러나 설교자가 의식만 하고 있으면 문제가 되지 않습니다. 자만심을 어떻게 다루느냐에 대해서는 이미 말한 바가 있습니다만 워낙 중요한 문제인 만큼 한마디만 덧붙이겠습니다. 설교를 하든 무엇을 하든 자만심에 빠지지 않도록 막는 최선의 방책은 주일 밤마다 위대한 성도들의 전기를 읽는 것입니다. 어느 시대 사람이든 어떤 교파 사람이든 상관없습니다. 성도이기만 하면 됩니다. 유난히 설교를 잘했다는 생각이 들거나 이전에 아무도 못한 설교를 했다는 생각이 들 때 윗필드의 일기를 읽어 보십시오. 5분 이내에 그 유혹에서 벗어날 것을 장담합니다. 데이비드 브레이너드의 전기 같은 것을 읽어도 좋습니다. 그런 책을 읽었는데도 제정신이 들지 않는다면, 단언하건대 여러분은 아무 희망이 없는 직업적인 목사에 불과합니다. 이런 책들은 자만심을 막는 해독제입니다. 우리는 이런 책들을 읽으면서 정신을 차려야 합니다.

지성에 치우치지도, 권면에 치우치지도 말라

이상의 것들이 설교자가 직면하는 몇 가지 특별한 위험입니다. 이제 설교 원고와 관련해서 말해봅시다. 설교 원고 준비에 대해 말할 때에는 이 문제를 꺼내지 않다가 이제 와서야 꺼내는 것은, 앞에서는 일반적인 측면만 다루려 했기 때문입니다. 앞서 말한 내용에 덧붙일 좀 더 특별한 사항 내지는 구체적인 사항들이 있습니다. 설교 원고를 너무 지적으로 쓰지 않도록 조심하십시오. 지적인 영역에서 탁월한 사람은 특히나 이 점을 우선적으로 조심해야 합니다. 모든 사람이 이 점을 우선시해야 하는 것은 아닙니다. 그러나 몇몇 사람은 그렇게 해야 합니다.

설교자가 된 첫해에 어떤 나이 든 설교자와 함께 설교할 기회가 있었는데, 그분이 저에게 충고해 준 말이 있습니다. 그 당시 웨일스에는 특별한 절기에 두 사람이 한 예배에서 설교하되, 젊은 사람이 먼저 설교하고 연장자는 나중에 설교하는 관습이 있었습니다. 그래서 그때에도 오전에는 노목사님이 혼자 설교했고 오후에는 제가 혼자 설교했으며 저녁에는 두 사람이 함께 설교했습니다. 그 노목사님은 친절하게도 제 오후 설교를 들어 주었는데, 그가 제 설교를 들은 것은 그때가 처음이었습니다. 우리를 초청한 교회 목사님 댁에서 차를 마시기 위해 함께 차를 타고 가면서, 저보다 정확히 60살이 더 많았던 그 목사님은 저를 돕고 격려하려는 마음으로, 몹시 친절하지만 엄중한 경고를 해 주었습니다.

"오늘 오후 설교의 큰 약점은 사람들에게 지나친 부담을 주었다는 걸세. 자네는 사람들에게 너무 넘치는 이야기를 했어."

그 목사님은 계속해서 말했습니다.

"한 가지 규칙을 정해 줄 테니 평생 기억하게. 회중이 열두 명이라면 그중에 지적인 사람은 단 한 명뿐일세."

그의 평가에 따르면—제 평가가 아니라—열두 명 중에 지적인 사람은 단 한 명뿐이라는 것입니다!

"평생 기억하게. 한 명뿐일세. 기억하게. 사람들은 아까 자네가 한 것 같은 말을 이해하지 못해. 이해한다는 게 불가능하지. 그런 말은 사람들을 멍하게 만들 뿐이야. 그러면 도울 수가 없다네."

그러고 나서 이렇게 덧붙였습니다.

"오늘 밤 내가 어떻게 하는지 잘 보게. 나는 딱 한 가지 이야기를 하되, 세 가지 방식으로 할 작정이라네."

그는 정확히 그 말대로 했고, 그것은 아주 효과적이었습니다. 그 목사님은 훌륭한 신학자로 알려진 몹시 지적인 사람으로서 웨일스어와 영어로 된 탁월한 주석도 몇 권이나 썼습니다. 그런데 그런 분이 이런 충고를 해 준 것입니다. 저도 그 탁월한 충고를 반복하고자 합니다. "너무 지적인 태도를 보이지 않도록 조심하라." 젊은 설교자가 이런 위험에 빠지는 것은 거의 불가피한 일입니다. 자기 자신이 수년에 걸쳐 공부하고 책을 읽고 중대한 문제들에 대해 토론하면서 지냈기 때문에 남들도 다 그렇다고 생각하기 쉽기 때문입니다. 그러나 현실을 빨리 깨닫는 것이 좋으며, 자신의 설교를 듣는 이들은 자신과 아주 다르다는 사실 또한 빨리 깨닫는 것이 좋습니다. 그들은 책을 읽고 공부하며 논쟁하는 데 시간을 들인 적이 없습니다. 그들은 사업하는 사람들이며 직업을 가진 사람들이고 손으로 일하는 사람들입니다. 그러므로 너무 지적인 태도를 보이지 않도록 조심하십시오.

그렇다고 너무 지성과 동떨어져서도 안 된다는 점을 똑같이 강조하고 싶습니다. 물론 오늘날의 상황을 볼 때 대체적으로는 이 점을 강조할 필요가 없습니다. 그러나 일부 설교자들은 너무 감정적이거나 감상적이 되지 않도록 주의를 시켜야 합니다. 첫 번째 유형은 감정의 요소가 전혀 없이 너무 지적인 사람들이었지만, 그와는 반대로 지나치게 감정적이고 감상적인 설교자들도 있습니다. 본문만 달랑 읽은 후에 이야기보따리를 풀어 놓는, 전체적으로 아주 감상적일 뿐 아니라 때로는 사적인 이야기까지 하는 사람들이 있다는 말도 들었습니다. 그것은 나쁜 태도입니다.

권면 일변도의 설교를 하지 않도록 경고해야 할 사람들도 있습니다. 흔히 이런 사람들은 설교를 권면의 연장에 불과하다고 생각하는 것 같습니다. 그들은 설교 도입부에서부터 권면하기 시작해서 처음부터 끝까지 적용만 합니다. 진리를 먼저 제시한 후에 거기에서 나오는 적용을 이야기하는 것이 아닙니다. 설교 내내 사람들을 '몰아치고' 책망하고 권면하며, 이것저것을 하라고 요구하거나 강요합니다.

반면에, 권면이라고는 한마디도 하지 않는 사람들도 있습니다. 그들은 명석하고 지적인 연구 내용 내지는 주해만 제시하고 설교를 끝내 버립니다. 그들의 설교에는 눈물을 흘리게 만들거나 행동하게 만드는 요소가 한 가지도 없습니다. 감정도 없고 느낌도 없고 권면도 없습니다. 이 모든 것은 분명히 잘못된 태도입니다. 그러므로 이 중 어느 영역에서도 선을 넘어가지 않도록 조심해야 합니다.

논박이 설교에서 차지하는 위치

아주 까다로운 문제가 있는데, 그것은 논박이 설교에서 어떤 위치를 차지하느냐 하는 것입니다. 논박은 확실히 중요한 요소이며 설교에서 아주 분명한 위치를 차지하고 있는 요소입니다. 논박은 사람들에게 유익합니다. 그러나 제가 경고하고 싶은 바는 그렇다고 논박에 너무 치우쳐서는 안 된다는 것입니다. 이 또한 비교적 지적인 사람들이 빠지기 쉬운 위험입니다. 설교자는 기독교와 경쟁하는 이론이나 이단, 잘못된 해석과 싸우는 사람들이기 때문에 자연히 그 생각으로 가득 차게 됩니다. 그래도 논박이 설교에서 너무 많은 자리를 차지하지 않도록 주의할 필요가 있습니다. 왜 그렇습니까? 일단 대다수의 사람들은 그런 데 관심이 없기 때문이며, 그 말을 이해조차 못 할 사람들 또한 많기 때문입니다. 강단 앞에 그런 사람들이 앉아 있다는 사실을 늘 기억해야 합니다.

논박도 필요한 것은 분명합니다. 그러나 제가 말하려는 바는 논박을 너무 과도하게 해서는 안 된다는 것입니다. 회중 가운데에는 논박에 과도한 관심을 가진 이들이 어느 정도 있게 마련인데, 설교에서 논박을 너무 많이 하는 것은 그런 사람들에게도 몹시 해롭습니다. 그들은 어떤 인물이나 이론을 마구 공격하는 말을 듣기 위해서라면 수마일도 마다않고 달려가는 사람들입니다. 여러분도 알다시피 항상 논박하는 설교자는 사람들의 이목을 끌기 쉽고 당연히 사람들을 끌어 모으기도 쉽습니다. 그러나 그것이야말로 진짜 함정입니다.

제가 이 점을 크게 염려하는 것은 선량한 사람들과 훌륭한 설교자들이 이런 식으로 무너지는 모습과 좋은 목회 사역이 이런 식으로 무너지는 모습을 보았기 때문입니다. 한번은 그런 설교자 중 한 사람—이름은 밝히지 않겠습니다—과 토론을 벌인 적이 있습니다. 그는 논박으로 유명한 여러 설교자들 중에서도 단연 뛰어난 사람이었습니다. 수년 전에 그와 함께 하루를 같이 보내는 특권을 누렸는데, 서로 이야기를 나누던 중에 이 주제가 나오게 되었습니다. 그 대화는 그가 제게 이런 질문을 던짐으로써 시작되었습니다.

"조셉 파커 Joseph Parker의 책을 읽어 보셨습니까?"

파커는 1901년경까지 런던 시티 템플에서 사역했던 유명한 목회자로서 「대중의 성경 *The People's Bible*」이라는 설교집 시리즈를 출판한 사람입니다. 저는 그의 질문에 "아니요, 거의 읽지 못했습니다"라고 대답했습니다. 그러자 그가 놀란 표정으로 말을 이었습니다.

"오, 저는 주일 아침마다 그의 책을 읽습니다. 교회 가기 전에 항상 읽지요. 아시겠지만, 그는 언제나 저를 바로잡아 줍니다. 파커는 굉장한 인물이었어요. 그가 당대의 모더니스트들과 자유주의자들을 난도질하는 것을 보면 얼마나 신이 나는지 모릅니다."

저는 그 기회를 타서 말했습니다.

"글쎄요, 저는 거기에 흥미를 못 느낀다는 점을 고백해야겠군요. 조셉 파커가 그 사람들을 '난도질'한 끝에 얻은 결과가 정확히 무엇입니까?"

그 말을 시발점으로 우리는 온종일 격렬한 논쟁을 벌였습니다. 그 논쟁에서 기억나는 것은 딱 세 가지인데, 여러분에게 얼마간 도움이 될 것 같아 말씀드리겠습니다. 저는 기독교계에 널리 알려진 그 위대한 설교자를 향해, 특히 주일 저녁의 공격적인 설교가 그의 훌륭한 사역을 망치고 있다고 말했습니다. 그는 주일 저녁마다 개신교의 자유주의적 가르침이나 가톨릭의 오류를 공격했고, 가끔은 개인을 공격하기도 했습니다. 그의 맹공격은 눈부셨습니다. 저는 그것이 그의 사역을 망치고 있다는 점을 알리고자 애를 쓰면서 좀 더 복음적인 설교로 돌아올 것을 호소했습니다. 그러자 그가 말했습니다.

"목사님의 말은 비성경적입니다. 갈라디아서 2장에서 바울이 한 일을 보십시오. 베드로가 어긋난 길로 갔을 때 면전에서 공격하지 않았습니까?"

그러면서 이렇게 덧붙였습니다.

"내가 하는 일도 그런 것입니다. 나는 바울을 따르고 있을 뿐이에요. 그러니 분명히 옳은 일 아닙니까?"

"네, 저도 바울이 그런 일을 했다는 것은 압니다. 그러나 제 관심은 그 결과에 있습니다. 저는 바울이 안디옥에서 베드로를 만나

면전에서 책망한 결과, 베드로가 자신의 잘못을 인정하고 제자리로 돌아왔다는 사실에 주목합니다. 또 베드로가 말년에 쓴 두 번째 편지에서 사도 바울과 그의 글을 칭송했다는 사실에도 주목하지요. 목사님이 공격한 사람들도 그렇게 되었다고 말씀하실 수 있습니까?"

그러자 그가 자리를 박차고 일어나더니 우리가 잠시 앉아 있었던 정원 구석으로 가 버렸습니다. 여러분이 논박을 통해 사람들을 진리로 돌이키고 자신의 입장을 확인할 수 있다면 좋습니다. 그러나 정말 그렇게 하고 있는지, 혹시 사람들을 더 적으로 만들어 버린 것은 아닌지, 더 많은 사람들을 한꺼번에 적으로 돌려세워 버린 것은 아닌지 주의 깊게 살필 필요가 있습니다.

논쟁 막바지에 그가 제시했던 다른 논거도 생각납니다. 그는 말했습니다.

"자, 보십시오. 목사님은 전직 의사였으니 이런 예를 들어 보지요. 여기 외과의사 한 사람과 종양 환자가 있습니다. 만약 종양이 자라도록 내버려 둔다면 그 환자는 죽을 것입니다. 그의 유일한 희망은 수술을 받아서 종양을 제거하는 것뿐입니다. 의사는 수술하고 싶지 않지만 환자의 생명을 구하기 위해 수술해야 합니다. 환자의 몸에서 암 덩어리를 제거해야 하는 것입니다."

그러고 나서 그는 덧붙였습니다.

"내 입장이 바로 그렇습니다. 나도 원치 않지만 이 일을 해야 합니다. 교회라는 몸 안에 침투한 암 덩어리를 제거하고 근절해야 하는 것입니다."

이런 주장에 뭐라고 대답해야 할까요? 이런 경우에는 신속하게 생각할 필요가 있습니다. 그러나 제가 볼 때 그 대답은 명백했습니다.

"'외과적 사고' 또는 '수술만능주의'라는 말이 있습니다. 외과의가 빠지기 쉬운 위험은 내과적인 치료는 잊어버린 채 수술이라는 관점에서만 생각해 버릇하는 것입니다. 의사는 그 점을 주의해야 합니다. 아무리 병이 심각해도 외과의의 진단만 들으면 안 됩니다. 일반 개업의와 내과의의 조언도 함께 검토해 보아야 합니다."

외과의는 외과적인 사고나 시각에 빠지기 쉽고, 환자를 보는 순간 무의식적으로 수술의 측면에서만 생각하게 되기 쉽습니다. 그것은 실제 사실입니다. 그래서 저는 그 목사님에게 말했습니다.

"목사님은 그런 외과적 사고에서 아주 자유롭다고 정직하게 말씀하실 수 있습니까? 이런 식의 '수술'을 즐기지 않는다고 말씀하실 수 있습니까?"

이번에도 그는 잠시 동안 고민에 빠졌습니다.

세 번째 큰 논거도 생각납니다. 그는 말했습니다.

"자, 제 말을 들어 보십시오. 이렇게 말하면 확실히 증명이 될 겁니다. 목사님이 공격이라고 일컫는 설교에 몰두할 때마다, 목사님이 그토록 해롭다고 말하는 일을 할 때마다 어떤 결과가 나왔는지 아십니까? 설교 원고가 실린 주보의 수요가 폭증했습니다! 그에 대해서는 뭐라고 말씀하시겠습니까?"

"자, 그에 대해 할 말은 이것입니다. 제가 보니 개가 싸울 때는 늘 사람들이 몰려들더군요. 싸움을 좋아하는 사람들은 언제나 있기 때문에 그런 주보를 찾는 이들이 많은 것도 놀랄 일은 아닙니다. 여러 가지 대상을 공격하면서 후원금을 요청하면 언제든지 후원자를 모을 수 있습니다. 그러나 그것은 부정적이고 파괴적인 일입니다. 그렇게 해서는 교회를 세울 수가 없습니다."

그러므로 너무 논박에 치우치지 않도록 조심하십시오. 저와 토론했던 그 목사님은 상대적으로 고립된 상태에서 생을 마감했고, 한때 큰 규모를 자랑했던 그의 교회는 규모에서나 영향력 면에서 크게 위축되어 버렸습니다. 공격적으로 설교하면 사람들이 모일 것입니다. 그들은 육체의 일을 추구하며 육체의 일을 즐깁니다. 그러나 논박으로는 교회를 세울 수가 없습니다. 변증으로도 세울 수가 없는데 하물며 논박으로 세울 수 없는 것은 당연합니다. 설교자는 일차적으로 적극적인 진리를 설교하기 위해 부름 받은 사람들입니다.

공정성을 지키기 위해 논박이 너무 없어도 문제라는 말을 해야겠습니다. 모든 이들에게 호인이라는 평가를 듣고 싶어 하는 사람들이 있습니다. 그들은 부정적인 말을 금물로 여기며, 스스로 호인으로 자처하기를 좋아합니다. '부정적인 말은 금물', '언제나 긍정적으로'가 그들의 표어입니다. 그러나 그것은 허튼소리입니다. 완전히 허튼소리일 뿐 아니라 위선입니다. 성경에는 분명히 논박의 요소가 들어 있습니다. 그러므로 설교에도 반드시 그 요소가 들어 있어야 합니다. 우리는 사람들을 경고하고 인도할 필요가 있습니다. 그렇다고 스스로 진리의 수호자라는 생각에 사로잡혀 늘 다른 사람들과 그들의 견해를 공격하느라 시간을 보내서는 안 됩니다. 그러면 부정적인 사람이 되어 버립니다. 거기에는 생명이 없기 때문에 교회의 생명력 또한 빼앗길 것이 분명합니다.

이 항목에서 말할 것이 또 있습니다. 반어법을 쓸 때 주의하십시오. 반어법도 필요한 요소이기는 하지만 사용할 때에는 조심할 필요가 있습니다. 설교자가 풍자적으로 말하고 있다는 사실을 대부분의 사람들이 파악하지 못하고 완전히 오해하는 경우가 생기기 때문입니다. 그들은 여러분의 말을 문자 그대로 받아들여 상처를 입을 것입니다. 그러므로 조심하십시오. 반어법을 사용할 수도 있고 때로는 사용해야 하기도 하지만, 그것이 위험한 도구라는 사실만큼은 늘 기억해야 합니다. 그렇다고 반어법을 전혀 쓰지 않는 것은 제가 볼 때 우스운 일입니다.

바울이 빌립보서 1장에서 말하고 있듯이 이런 문제를 다룰 때에는 균형을 잘 유지해야 합니다. 우리는 "복음을 변명함과 확정함"을 위해 세움받은 사람들입니다(빌 1:7). 변명만 해서는 안 됩니다. 스스로 신앙을 변명하며 수호하는 사람으로 나서지 마십시오. "변명함과 확정함"이 항상 같이 있어야 합니다. 두 가지의 균형을 맞추되, 변명함보다는 확정함에 더 힘쓰십시오. 사람들을 세우십시오. 균형 잡힌 메시지를 전하십시오. "하나님의 뜻을 다" 전하십시오.

자신을 의식하지 말고 자연스럽게 설교하라

마지막으로 전달 방법에 주의하시기 바랍니다. 설교를 실제로 전달하는 일에는 여러 가지 문제가 관련되어 있습니다. 제가 아는 한 사람은 주일 오전에 강단으로 나갈 때 한 번도 걸어 나가지 않고 뛰어나가곤 했습니다. 어떤 사람이 그렇게 하는 것을 보고 따라 한 것입니다. 제 추측으로는 자신이 얼마나 진리를 설교하고 싶어 하는지 보여 주기 위해 그렇게 했던 것 같습니다. 그러나 그것은 자신에게 이목을 집중시키는 일일 뿐입니다. 강단으로 뛰어 나가는 일보다 더 나쁜 일은 강단에 서서 만면에 미소를 짓는 것입니다. 여러분도 강단에 서서 꾸며 낸 미소를 지으며 회중을 향해 "여러분, 안녕하십니까? 만나서 반갑습니다. 이렇게 와 주시니 정말 감사하군요"라고 인사하는 유형의 사람들을 알 것입니다. 설상가상으로 단지 사람들을 편하게 해 주려고 한두 마디 농담을 덧붙이는 경우도 있습니다.

공공장소에서 전도집회를 할 때에는 이렇게 해도 괜찮다는 주장을 들은 적이 있습니다. 그러나 저는 기독교 사역을 하는 사람이 이렇게 하는 것은 언제 어디서나 잘못이라고 주장하는 바입니다. 왜 잘못입니까? 접근법 자체가 잘못되었기 때문입니다. 예배는 우리 것이 아닙니다. 사람들은 우리를 보러 오거나 우리를 기쁘게 하려고 온 것이 아닙니다. 우리는 우리 개인의 집에 사람들을 초대한 것이 아닙니다. 예배는 결코 우리를 위한 것이 아닙니다. 사람들이나 우리들이나 함께 하나님께 예배드리며 하나님과 만나기 위해 모인 것입니다. 우리는 예배가 다른 곳에서 하는 일과 완전히 다르다는 사실을 보여 주어야 합니다. 교회 목사는 자기 집에 손님을 초대한 사람이 아닙니다. 그는 예배의 주인이 아닙니다. 시종일 뿐입니다. 우리 모두 살아 계신 하나님 앞에 함께 나아온 사람들입니다. 설교자가 그 차이를 의도적으로 드러내야 한다는 사실은 아무리 강조해도 지나치지 않습니다. 예배가 낯설고 특별하지 않다는 인상을 주기 위해 "여러분, 안녕하세요" 하고 인사하면서 몇 마디 농담으로 편한 분위기를 조성하는 관행은 완전히 잘못된 것입니다. 집에 사람들을 초대했을 때에는 마음대로 해도 됩니다. 그러나 교회는 여러분의 집이 아닙니다. 여러분도 청중과 똑같이 하나님 아래 있는 존재인 것입니다. 우리는 이 차이를 강조해야 합니다.

이 점을 역설하기 위해 아주 우스운 이야기를 하나 해 드리겠습니다. 제가 아는 불쌍한 집사님이 한 분 있는데, 그는 항상 멋있고 유쾌한 사람이 되고자 애를 썼고 실제로 멋있고 유쾌한 사람이기도 했습니다. 그런데 다소 지나친 데가 있었습니다. 저는 그가 성찬식 떡을 받을 때 "감사합니다"라고 속삭이듯 말하는 데 주목했습니다. 잔을 받을 때도 그랬습니다. 그래서 저는 성찬을 받을 때 "감사합니다"라고 말하는 것은 잘못이라고 지적해 주어야 했습니다. 그가 우리 집에 손님으로 와서 제가 빵과 버터를 담은 접시를 건네주었다면 "감사합니다"라고 말해도 괜찮습니다. 그러나 성찬식 떡을 받을 때 그래서는 안 됩니다. 그 차이가 무엇입니까? 성찬식 때는 제가 그에게 떡과 포도주를 주는 것이 아니기 때문입니다. 그는 이런 식으로 저에게 감사를 표해서는 안 됩니다. 사교적인 모임에서는 그렇게 예의 바르게 행동하는 것이 옳은 일이겠지만, 성찬식 때 그렇게 하는 것은 잘못입니다. 그 선량한 사람은 성찬이 무엇을 의미하는지 몰랐습니다. 우리에게 필요한 것은 하나님에 대한 인식입니다. 그렇다고 위엄 있는 척하며 거드름을 피우라는 말이 아닙니다. "경건함과 두려움으로" 나아가라는 것입니다.

무엇보다 '목사다운' 목소리를 꾸며 내지 마시기 바랍니다. 이런 끔찍한 일이 얼마나 흔히 자행되고 있는지 모릅니다. 젊은이들은 이런 나쁜 버릇을 점점 발전시켜 나갑니다. 남의 목소리를 듣고 그와 똑같이 목사다운 목소리를 억지로 꾸며 내서 사용하는 것입니다. 그런 목소리는 듣는 이들을 역겹게 만듭니다. 설상가상으로 독실한 체하면서 거짓으로 경건한 모습을 보이는 사람들도 있습니다. 얼마나 무서운 일입니까! 스펄전이 그 당시에 이런 잘못을 저지르고 있다고 생각했던 사람들을 예로 들면서 조롱한 유명한 이야기가 있습니다. 그는 사도행전 1:11 말씀-이 구절을 이렇게 써도 되는지는 모르겠지만-을 차용했습니다. "사람들아, 어찌하여 서서 하늘을 쳐다보느냐?" 그가 조롱한 대상은 스스로 아주 경건하다고 생각하면서 독실한 표정으로 하늘을 우러러보는 자들이었습니다. 그는 같은 일과 관련하여 아주 현명한 말을 남겼습니다. 즉, 거룩하다고 소문난 사람이 그 소문을 즐긴다면 사실은 형편없는 삶을 살고 있다고 확신해도 좋다는 것입니다. 저는 그 말에 100퍼센트 동의합니다! 신약성경은 금식할 때 기름을 바르라고 말합니다. 금식하는 티를 내지 않기 위해 애쓰라는 것입니다. 사람들이 여러분에게 주목하게 하지 마십시오. 여러분이 어떤 사람이며 무엇을 하는지에 주목하게 하지 마십시오.

한마디 더 덧붙이겠습니다. 수다스럽게 떠들지 마십시오. 이른바 편한 스타일을 추구하지 마십시오. 우리가 살펴본 모든 내용을 생각할 때 그것이 얼마나 무가치한 짓인지 알 것입니다. 거듭 말합니다. 배우처럼 연기하지 마십시오. 몸짓을 개발하거나 연습하지 마십시오. 꾸며 낸 행동은 무엇이든 피하십시오.

우리가 따를 규칙은 무엇입니까? 자신을 의식하지 말고 자연스럽게 행동하는 것입니다. 자신이 하는 일에 몰입하며 하나님의 임재에 집중하십시오. 여러분이 전하는 진리의 영광과 그 위대함에 집중하고, 여러분과 사람들이 한자리에 모인 이유에 집중하십시오. 그 모든 것에 완전히 사로잡힘으로써 자기 자신을 온전히 잊어버리십시오. 이것이 올바른 상태이며, 유일하게 안전한 자리입니다. 이렇게 할 때에만 여러분은 하나님을 영화롭게 할 수 있습니다. 자아는 세상 누구보다 설교자에게 최대의 적입니다. 그 자아에 대처하는 유일한 길은 자신이 하고 있는 일의 영광에 사로잡히고 매혹됨으로써 자기 자신을 완전히 잊는 것뿐입니다.

14

결단의 요청

지금 이 시대의 현실을 감안할 때 지금쯤 제기해야 할 문제는, 우리가 전하는 메시지를 받아들이게 하기 위해 모임이나 사람들을 어떤 식으로든 조절할 필요가 있느냐 하는 것입니다. 여기에서 대두되는 것이 음악의 문제입니다. 어찌 되었든지 간에 설교자는 예배를 책임지는 사람이고 음악 역시 그가 관할하는 영역이므로 통제할 필요가 있습니다. 요즘 같은 때 이것은 아주 다루기 까다로운 문제라고 할 수 있습니다. 실제로 제가 아는 목회자들 중에도 성가대나 특송이나 중창단 문제로 크게 어려움을 겪는 이들이 많습니다. 교회가 성가대나 독창자들에게 사례를 하는 경우도 가끔 있는데, 그렇게 사례를 받는 이들 중에는 그 교회 교인이 아닌 것은 물론이요 믿지 않는 이들까지 있습니다. 반주자도 문제가 됩니다. 끝도 없이 노래만 계속하는 것은 좀 더 흔한 유형의 문제라 하겠습니다. 그리고 마지막으로 '찬양 사역자'라는 사람들이 문제가 되는 곳들도 있습니다. 이들에게 맡겨진 특별한 역할은 노래를 인도하며 사람들이 메시지를 받아들이기 좋도록 분위기를 조성하는 것입니다.

    우리는 이 모든 것을 어떻게 평가해야 할까요? 이 모든 것에 대해 어떤 태도를 취해야 할까요? 제가 가장 먼저 하고 싶은 말은 여기에도 우리가 이미 살펴본 것과 같은 범주에 해당되는 요소가 있다는 것입니다. 이런 관행은 빅토리아주의에서 유래된 것입니다.

19세기에 예배의 영역에서 일어난 혁신의 내용을 분석하는 것보다 시급한 일은 없습니다. 이 영역에서 볼 때 19세기는 아주 파괴적인 시대였다는 것이 저의 생각입니다. 그러므로 19세기는 하루빨리 잊고 18세기나 16, 17세기로 거슬러 올라가는 것이 좋습니다. 오늘날 우리가 처한 곤경과 문제 대부분은 19세기와 19세기 정신, 19세기적 시각에서 비롯된 것입니다. 이미 살펴보았듯이 19세기에는 여러 가지 면에서 치명적인 방향 전환이 이루어졌습니다. 다양한 형태의 음악에 자리를 내준 것은 그중에서도 특히 두드러진 변화입니다. 이런 변화는 특히 비감독교회에 많이 나타났습니다. 19세기 이전까지 그들은 오르간도 사용하지 않았습니다. 실제로 오르간 사용에 반대하며 성경에서 그 근거를 찾으려 했던 지도자들도 많았습니다. 마찬가지로 시편 외에 다른 노래를 부르는 일에 반대하는 이들 또한 많았습니다. 관련 구절에 대한 반대 해석들을 살펴보거나 찬송을 부르는 오래된 전통을 놓고 논쟁할 생각은 없습니다. 제가 말하고 싶은 요점은, 17세기 말과 특히 19세기에 찬송을 부르는 일이 대중화되었는데 19세기 중엽에 이르러 음악이 완전히 새롭게 강조되기에 이르렀다는 것, 그런데 그것은 제가 말한 사이비 지성주의와 체면의 일환이라는 것입니다.

음악은 시종이다

특별히 더 언급하고 싶은 점은 '반주자의 횡포'라는 아주 현실적인 위험에 종종 부딪칠 수 있다는 것입니다. 이것은 반주자가 상당한 통제력을 행사할 수 있는 위치에 있기 때문에 생기는 위험입니다.

그들은 악기라는 강력한 도구를 이용하여 찬송가의 속도를 통제할 수 있습니다. 그들이 얼마나 빨리, 또는 천천히 반주하느냐에 따라 다양한 결과가 나타날 수 있습니다. 설교자들 중에는 다루기 힘든 반주자, 특히 진리보다는 음악에 더 관심을 갖는 유형의 반주자들 때문에 목회에 큰 어려움을 겪는 이들이 많습니다. 그러므로 반주자를 임명할 때에는 그가 그리스도인인지 아닌지 아주 주의 깊게 확인해 볼 필요가 있습니다. 성가대를 둔다면 그 대원들도 마찬가지로 확인해 보아야 합니다. 성가대원이 갖추어야 할 첫 번째 조건은 목소리가 아닌 그리스도인의 성품이며 진리에 대한 사랑이고 그 진리를 즐거이 노래하고 싶어 하는 마음입니다. 그것이 반주자의 횡포를 막는 길이며 그와 똑같이 위험한 성가대의 횡포 또한 막는 길입니다. 제 고향 웨일스에서 자주 들었던 표현이 있습니다. 그것은 성가대에 관한 표현이라기보다는 회중 찬양에 관한 표현으로서, "노래하는 악마"라는 것입니다. 이것은 실제로 노래가 다른 어떤 문제보다 더 많은 다툼과 분열을 조장했으며, 교회 내의 어떤 활동보다 더 많이 사역을 방해하고 무너뜨릴 기회를 마귀에게 제공했기 때문에 생긴 말입니다. 그 외에도 다양한 형태의 음악이 야기하는 전반적인 문제는, 그것이 오락적인 요소를 슬며시 끌어들임으로써 예배를 드리러 오는 것이 아니라 음악을 들으러 오게 만든다는 것입니다.

저는 이런 문제에 대해 상당히 일반적인 법칙을 제시할 수 있다고 주장하는 바입니다. 그것은 예배의 이런 측면―건물 유형이나 예배 의식, 노래, 음악―에 대한 관심이 커지면 커질수록, 또 이런 측면을 강조하면 강조할수록 영성을 키울 기회는 점점 들어들게 되며 영적인 지각과 갈망 또한 점점 줄어든다는 것입니다. 또한 저는 여기에서 더 나아가 한 가지 질문을 던지려 합니다. 지금이야말로 이런 질문을 던져야 할 때라고 생각하기 때문입니다. 다른 문제와 관련해서도 말한 바 있지만, 우리는 교회의 삶에 터전을 잡고 횡포를 부리는 나쁜 습관들을 끊어 내야 합니다. 고정된 형식의 문제에 대해서는 전에도 말한 적이 있으며, 진리를 가지고 장난을 치면서 수정하려 드는 사람들, 그러면서도 엄격하게 고정된 예배 형식에는 약간의 변화도 용납지 않는 사람들에 대해서도 말한 적이 있습니다. 그렇기 때문에 바로 지금 이 질문을 던질 필요가 있는 것입니다.

사람들이 음악을 이토록 강조하는 이유가 무엇입니까? 예배에 음악을 동원하는 이유가 무엇입니까? 이 질문을 정면에서 생각해 보면, 우리가 음악을 통해 추구해야 할 목적은 다 함께 하나님을 찬양하는 것이며 오르간의 진정한 역할은 그 일을 돕는 것이라는 결론에 도달할 것입니다. 오르간은 보조수단에 불과합니다. 오르간이 예배를 좌지우지해서는 안 되며, 그렇게 하도록 허용해서도 안 됩니다. 오르간은 언제나 돕는 자리에 머물러야 합니다. 저는 여기에서도 한 걸음 더 나아가, 특별한 경우가 아니라면 설교자가 찬송가의 종류뿐 아니라 곡조도 선택해야 한다고 주장하는 바입니다. 그렇지 않으면 두 가지가 서로 어긋날 수도 있기 때문입니다. 박자는 정확하지만 찬송가의 내용과는 어긋나는 곡조들도 있습니다. 그러므로 설교자는 이런 문제들을 관장할 권한을 가지고 있어야 하며, 결코 그 권한을 양보해서는 안 됩니다.

여러분도 성가대 제도를 완전히 폐지하자는 말에는 선뜻 동의하지 못해도, 모든 성도가 목소리를 높여 찬양하고 경배하며 사모하고 기뻐해야 한다는 이상적인 목표에는 분명히 동의할 것입니다. 또한 인위적으로 '분위기를 조성하려는' 시도는 확실히 나쁘다는 주장에도 동의하리라 믿습니다. 이 문제는 다음 장에서 다루기로 하겠습니다. 지금은 '분위기를 조성하려는' 시도, 이를테면 사람들의 마음을 부드럽게 준비시키려는 시도는 사실상 진정한 복음 설교를 방해한다는 지적만 하고 넘어가겠습니다.

이것은 상상에서 나온 말도 아니고 단순한 이론에서 나온 말도 아닙니다. 예전에 아주 유명한 수련회에 참석한 적이 있는데, 누가 연사로 나서든지 간에 매 집회의 순서가 똑같았습니다. 어떤 집회에서든 정해진 시간이 되면 설교자를 연단에 오르게 했습니다. 그러고 나서 찬양 사역자가 말 그대로 40분에 걸쳐 찬양을 진행하면서, 간간이 재미있을 법한 이야기들을 끼워 넣는 순서가 이어졌습니다. 설교자는 성경 본문을 읽는 시간이나 짧은 기도 시간조차 없이 단상에 '세워졌습니다.'

이것이야말로 제가 '오락적 요소'라고 말한 것의 의미가 무엇인지 보여 주는 예라 하겠습니다. 그때 보았던 노래의 형태에 대해서는 자세히 이야기하지 않겠습니다. 오르간 독주와 실로폰 독주가 있었고, 한 그룹―이름까지 기억납니다. '유레카 주빌리 싱어즈'라는 그룹이었습니다―이 약간의 율동과 함께 노래를 불렀습니다. 그 모든 순서가 40분간 진행되었습니다. 고백하지만, 그런 순서에 연이어 설교하기란 참으로 어려운 일이었습니다. 저는 제가 직면한 상황에 대처하기 위해 메시지를 수정해야 할 것 같은 압박감을 느꼈습니다. 그 '프로그램', 즉 정해진 순서가 상황을 주도하고 있으며 사람은 오락의 일부로 끼워진 듯한 느낌이 들었습니다. 그래서 조심해야 한다는 것입니다. 그러므로 제가 일반적인 법칙으로 제시하고자 하는 것은 음악을 제자리에 두라는 것입니다. 음악은 시종의 자리에 두어야지, 어떤 의미에서든 모임을 다스리거나 통제하는 자리에 두어서는 안 됩니다.

하찮게 들릴 수도 있는 또 다른 문제에 대해 말해 보겠습니다. 그러나 어떤 이들은 이 문제에 큰 관심을 쏟아 붓습니다. 그것은 설교의 효과를 높이기 위해 교회당 건물에 조명 장치를 해야 하느냐 하는 것입니다. 어떤 이들은 색색가지의 조명을 설치해 놓고 설교가 진행되는 동안 차례차례 꺼지게 해 놓습니다. 설교자 머리 위에 걸린 빨간 십자가에만 조명을 비추고 나머지 조명은 전부 꺼 놓는 특별한 경우도 보았습니다. 이 모든 것은 심리적인 조작에 불과한데도, 사람들로 하여금 쉽게 진리를 믿고 받아들이게 한다는 이유로 정당화되고 있습니다. 이 문제는 여기까지만 다루겠습니다. 다만 하고 싶은 말은, 여기에서 정말 문제가 되는 것은 성령의 능력과 역사에 대한 설교자의 관점이라는 것입니다. 이 모든 행태를 신약 시대의 교회 및 그들이 드렸던 신령한 예배와 조화시키기란 도저히 불가능하지 않습니까!

'영접의 자리'

이것은 좀 더 중요한 다른 문제로 자연스럽게 이어집니다. 그 다른 문제란 앞에서 살펴본 방식대로 설교를 진행시키던 설교자가 설교를 마무리하기 전에 바로 그 자리에서 결단할 것을 촉구해야 하느냐 하는 문제입니다. 사람들은 그 일을 '구원의 초청'이나 '확인의 기회', '참회식', '영접의 자리' 등의 이름으로 부르고 있습니다.

요즘 이 주제가 상당히 부각되고 있는 만큼 이 자리에서 다룰 필요가 있다고 생각합니다. 어찌 되었든 간에 이것은 모든 설교자가 직면하고 있는 문제이기도 합니다. 저도 자주 이 문제에 부닥쳤습니다. 예배가 끝난 후 사람들이 찾아와 왜 즉각적인 결단을 촉구하지 않았느냐면서 잔소리를 하거나 때로는 야단을 치는 경우도 여러 번 있었습니다. 어떤 이들은 제가 설교를 통해 얻게 된 좋은 기회를 사용하지 않는 죄를 지었다고까지 말했습니다. 그들은 "목사님이 한 번만 초청했어도 큰 호응이 있었을 것"이라는 식의 논지를 내세웠습니다.

또한 지난 10년 동안 많은 목회자들에게 들은 말은, 그들이 단지 구원의 초청을 하지 않았다는 이유로 복음을 전하지 않았다는 평가를 받았다는 것입니다. 저녁예배 때뿐 아니라 오전예배 때에도 이런 일이 있었다고 합니다. 전도예배는 물론이요 전도가 일차적인 목적이 아닌 예배에 대해서도 그런 평가를 받았다는 것입니다. 그들은 '구원의 초청'을 하지 않았기 때문에 복음을 설교하지 않았다는 비난을 받았습니다. 언젠가 만난 목회자 세 사람은 어떤 교회에 청빙을 받아 수락하려는 찰나에 누군가의 질문을 받았다고 합니다.

그는 "목사님은 설교를 마칠 때마다 '구원의 초청'을 하십니까?"라고 물었고 세 사람은 그렇지 않다고 대답했기 때문에 결국 결정은 번복되었으며 청빙은 무산되었습니다. 이것은 아주 예민한 문제로서, 제2차 세계대전이 끝난 이래 발생한 몇 가지 상황의 결과물입니다.

이 경우에도 어떻게 이런 문제가 생기게 되었는지 그 유래를 분명히 알아보는 것이 중요합니다. 역사적인 접근은 항상 유용합니다. 19세기에 교회의 삶에 들어온 다른 많은 일들도 마찬가지지만 구원의 초청이라는 문제 역시 그때 시작되었음을 인식하지 못하는 사람들이 많은 것 같습니다. 이 일은 19세기 초반, 제가 앞서 언급했던 몇몇 관행이 시작된 때보다 더 이른 1820년대에 찰스 피니와 더불어 시작되었습니다. '영접의 자리'라는 '새로운 대책'을 도입하여 사람들에게 즉석에서 결단하도록 촉구한 사람이 바로 피니였습니다. 그것이 피니의 방법론이나 접근법, 사고방식의 핵심을 이루고 있었습니다. 그것은 당시에 큰 논쟁을 불러일으켰습니다. 아주 중요한 논쟁이었을 뿐 아니라 흥미롭고도 재미있는 논쟁이었습니다. 그 주제와 관련된 책들을 한번 읽어 보시기 바랍니다. 그 논쟁의 양대 주자는 네틀턴W. H. Nettleton과 피니였습니다. 네틀턴은 설교 사역으로 크게 쓰임받았던 사람입니다. 그는 여러 교회의 초청을 받아 두루 다니면서 설교했습니다. '구원의 초청'이나 즉각적인 결단의 촉구를 하지 않았음에도 크게 쓰임받았고, 많은 사람들이 그의 사역을 통해 회심하여 교회로 돌아왔습니다. 그는 교리적으로 칼뱅주의자였는데 이 문제에 대해서도 자신의 신념에 따라 행동했습니다. 그런데 그때 피니가 등장하여 즉석에서 의지적으로 결단할 것을 촉구하기 시작했습니다. 그 결과 두 관점 사이에 큰 논쟁이 벌어졌고, 많은 목회자들이 그 사이에서 큰 혼란을 겪었습니다. 헨리 워드 비처의 아버지인 라이먼 비처Lyman Beecher 박사의 전기를 보면 이 문제에 대한 아주 재미있는 기록이 나옵니다. 그는 네틀턴의 절친한 친구로서 처음에는 네틀턴의 입장을 지지했습니다. 그러나 결국 피니 편으로 넘어갔습니다. 찰스 핫지Charles Hodge 박사와 프린스턴의 다른 교수들, 메르세르스버그 신학교를 세운 네빈 J. W. Nevin도 적극적으로 논쟁에 가담했습니다.

이것이 구원의 초청이라는 관행의 기원으로서, 우리는 그 역사를 잘 알아야 합니다. 찰스 피니가 이런 관행을 시작한 것은 결코 우연이 아닙니다. 왜냐하면 이것은 결국 신학의 문제이기 때문입니다. 물론 신학의 문제이기만 한 것은 아닙니다. 존 웨슬리 같은 아르미니우스주의자나 그 밖의 사람들도 이런 방법을 사용하지 않았다는 사실을 잊어서는 안 됩니다.

구원의 초청을 하지 않는 이유

이 문제에 대한 사고를 촉진하며 약간의 도움을 주기에 가장 좋은 방법은 아마도 제가 사역하면서 이 관행을 따르지 않은 이유를 대충이나마 밝히는 것이리라 생각합니다. 이 부분에서 저에게 영향을 끼친 몇 가지 이유를 말씀드리겠습니다. 정확히 체계적인 순서를 따르지는 않겠지만, 여하튼 대강의 순서는 다음과 같습니다.

첫째로, 사람들의 의지에 직접적인 압력을 가하는 것은 확실히 잘못된 일입니다. 무슨 말인지 설명해 보겠습니다. 사람은 지정의로 구성되어 있습니다. 그중에서 의지에 직접적인 압력을 가해서는 안 된다는 것이 저의 주장입니다. 일차적으로는 정신, 즉 지성에 접근해야 하며, 그 다음으로 감정에 접근하고, 마지막으로 의지에 접근해야 합니다. 즉, 의지는 지성과 감정의 영향을 받아 작동되어야 합니다. 제가 이렇게 말하는 성경적인 근거는 바울이 쓴 로마서 6:17에 있습니다. "하나님께 감사하리로다. 너희가 본래 죄의 종이더니 너희에게 전하여 준 바 교훈의 본을 마음으로 순종하여."

이 말씀에 나오는 순서를 잘 관찰해 보십시오. 그들은 순종했습니다. 맞습니다. 그러나 어떻게 순종했습니까? "마음으로" 순종했습니다. 그렇다면 무엇이 마음을 움직여 순종하게 했습니까? 그들에게 전하여 준 바 "교훈의 본"입니다. 그들에게는 진리가 전달되었습니다. 진리는 일차적으로 정신에 호소합니다. 정신이 진리를 파악하고 이해하고 나면 감정이 자극을 받아 움직이기 시작하고, 그 다음으로 의지가 설득되어 순종하는 결과를 낳는 것입니다. 다시 말해서 순종은 의지가 직접적인 압력을 받은 결과 나타나는 것이 아니라, 정신이 깨달음을 얻고 마음이 부드러워진 결과 나타나는 것입니다. 제가 볼 때에는 여기에 핵심이 있습니다.

이 개념의 중요성을 좀 더 살펴봅시다. 지난 강의에서 저는 위대한 설교자 윗필드도 때로는 감정이나 상상력에 직접적인 부담을 주는 오류를 범했다고 감히 말했는데, 일부러 그런 시도를 하는 사람들은 책망받아야 마땅합니다. 똑같은 원리를 다른 측면에도 적용해 봅시다. 감정에 직접적인 부담을 주는 일이 잘못인 것처럼 의지에 직접적인 부담을 주는 것도 똑같은 잘못입니다. 우리는 설교하면서 진리를 제시해야 합니다. 그리고 진리는 무엇보다 먼저 정신에 해당되는 것입니다. 이 순서를 무시하고 다른 요소에 직접 접근하는 순간 곤경을 자초하게 될 것이며, 쉽사리 그 곤경에 빠져 버릴 것입니다.

둘째로, 의지에 지나친 압력을 가하는 것—설교에 이런 요소가 아주 없을 수는 없습니다. 여기에서는 그 정도가 너무 지나친 경우를 말하는 것입니다—, 너무 직접적인 압력을 가하는 것은 위험합니다. 결국 사람들이 진리에 반응하여 '앞으로 나오는' 것이 아니라, 전도자의 개성이나 일반적이고 모호한 두려움 내지는 어떤 심리적 영향 때문에 앞으로 나오는 상황이 연출되기 때문입니다. 이 점은 예배에서 음악이 차지하는 위치에 대해 다시 한 번 생각하게 만듭니다. 우리는 음악에 도취될 수 있습니다. 거기에는 의문의 여지가 없습니다. 음악은 감정적인 분위기를 만들어 정신이 제 기능을 못하고 분별력을 잃도록 유도할 수 있습니다. 제가 아는 사람들 중에도 자신이 무엇을 하는지 의식하지 못한 채 도취 상태에서 노래하는 이들이 있습니다. 중요한 점은, 그것이 진리에서 나온 효과가 아니라 이런저런 다양한 요인들에서 비롯된 효과임을 알아야 한다는 것입니다.

수년 전에 이 점이 핵심적으로 잘 나타나 있는 사례를 우연히 보게 되었습니다. 신문에 보도된 이야기를 단순히 되풀이하는 것인 만큼, 남의 비밀을 파헤치거나 은밀한 일을 폭로하는 짓은 되지 않을 것입니다. 영국의 어떤 전도자가 주일 밤 라디오 찬송 프로그램을 담당해 달라는 요청을 받았습니다. 그것은 30분 동안 진행되는 정규 프로그램으로서, 각 주마다 다른 교회들이 초청받아 진행하곤 했습니다. 이 유명한 전도자는 런던 앨버트 홀에서 프로그램을 내보내기로 했습니다. 늘 그러하듯이 수개월 전에 계획이 잡혔습니다. 그런데 방송이 나가기 약 일주일 전쯤에 다른 전도자가 런던을 방문했습니다. 그 소식을 들은 영국의 전도자는 그를 초청해서 30분간의 찬송 프로그램이 생중계되기 전에 설교해 달라고 했습니다. 방문한 전도자는 그 초청을 받아들였습니다. 사람들은 그에게 반드시 정해진 시간 안에 설교를 마쳐야 찬송 프로그램이 방송될 수 있다고 말했습니다. 그래서 그는 시간이 되자마자 설교를 마쳤고, 곧바로 찬송이 30분간 생중계되었습니다. 마침내 시간이 되어 '생중계'가 끝나자, 그 전도자는 습관대로 '구원의 초청'을 하면서 앞으로 나오라고 요청했습니다. 다음 날, 신문 기자들과의 인터뷰에서 초청의 결과에 만족하느냐는 질문이 나왔습니다. 그는 즉시 만족하지 않는다고, 대단히 실망했다고, 다른 곳은 물론이요 평상시에 런던에서 초청에 응했던 사람들의 숫자에도 훨씬 못 미친다고 대답했습니다. 그러자 기자 한 사람이 뻔한 질문을 던졌습니다.

"왜 이번에는 비교적 적은 숫자가 반응했다고 생각하십니까?"

그러자 그 전도자는 설교를 마치고 구원의 초청을 하기 전에 불행히도 30분간의 찬양 시간이 끼어들었기 때문인 것이 분명하다고 주저 없이 대답했습니다. 이것이 그가 제시한 이유였습니다. 설교를 마치자마자 초청했다면 훨씬 더 많은 사람들이 호응했으리라는 것입니다.

이것이야말로 깨우치는 바가 있는 교훈적인 이야기 아닙니까? 적어도 가끔씩은 진리나 성령의 역사 때문에 좋은 결과를 거두는 것이 아니라는 사실을 분명히 입증해 주지 않습니까? 설교자 자신이 설교의 '결과'가 30분간의 찬양 시간이라는 시험조차 견뎌 내지 못하는 것임을 인정했으며, 그 30분이 설교의 효과를 무효화할 수 있었다는 것과 따라서 실망스러운 결과를 거두었다는 사실을 인정했습니다. 이것은 의지를 직접 압박해서 '결과'를 만들어 낼 수는 있지만, 사실상 그 결과는 진리와 아무 상관이 없다는 사실을 보여 주는 인상적인 사례입니다.

저의 세 번째 논거는 설교와 결단의 요청을 분리해서 생각해서는 안 된다는 것입니다. 이 점은 좀 더 설명할 필요가 있습니다. 설교와 성례가 분리되어서는 안 된다는 것은 16세기부터 시작된 개혁주의적 가르침에서 중요하게 강조되던 원리였습니다. 로마 가톨릭은 그것을 분리함으로써 성례를 말씀과 상관없는 독립체로 만들어 버렸습니다. 그들은 진리의 선포가 아닌 성례 행위 그 자체가 사람에게 효력을 발휘한다고 가르쳤습니다. 반면에, 개신교는 그런 가르침을 비판하면서 성례는 결코 설교와 분리되어서는 안 된다는 점과 그것만이 유사 신비주의적 개념과 거짓 경험을 피하는 유일한 길임을 강조했습니다.

저의 논지는 똑같은 원리가 결단을 요청하는 이 문제에도 적용된다는 것입니다. 사람들을 초청해서 결단하게 만드는 과정을 점점 더 강조하게 되면서 마치 그 자체에 무슨 의미가 있는 것처럼 생각하려는 경향이 점점 심화되고 있습니다. 전에 어떤 전도집회에 참석한 적이 있는데, 저나 다른 사람들 모두 복음이 참으로 선포되었다고 생각할 수가 없었습니다. 물론 복음이 언급되기는 했지만 참으로 전달되거나 설교된 것은 아니었습니다. 그런데도 집회가 끝날 무렵 많은 이들이 초청에 응하여 앞으로 나아가는 것을 보고서 놀라지 않을 수 없었습니다. 그 즉시 '대체 무엇이 이런 반응을 불러왔을까?'라는 의문이 떠올랐습니다. 그리고 그 다음 날 한 친구와 그 질문을 놓고 토론을 벌였습니다. 그는 말했습니다.

"전혀 어려울 게 없는 문제로군. 그 결과는 설교와는 아무 상관이 없어."

"그럼 뭘까? 대체 왜 그런 일이 일어났을까?"

"그런 결과가 나타나도록 전 세계에서 기도하고 있는 수천 명의 기도에 응답하신 거지. 그 설교 때문이 아니라."

제가 말하고 싶은 것은 성례와 설교가 분리될 수 없다는 사실 그 이상으로 '초청'과 설교도 분리되어서는 안 된다는 것입니다.

저의 네 번째 요지는, 이런 방법론에는 죄인이 스스로 회심하여 결단할 수 있는 능력을 원래부터 가지고 있다는 암시가 들어 있다는 것입니다. 그러나 그것은 고린도전서 2:14—"육에 속한 사람은 하나님의 성령의 일들을 받지 아니하나니 이는 그것들이 그에게는 어리석게 보임이요 또 그는 그것들을 알 수도 없나니 그러한 일은 영적으로 분별되기 때문이라"—이나 에베소서 2:1—"그는 허물과 죄로 죽었던 너희를 살리셨도다"—같은 많은 성경구절들이 가르치는 바와 일치하지 않습니다.

다섯 번째 요지는, 이 방법론에 전도자가 성령과 그의 역사를 조절할 수 있는 위치에 있다는 암시 또한 들어 있다는 것입니다. 전도자가 나서서 초청하기만 하면 반드시 원하는 결과를 얻을 수 있다는 식입니다. 초청을 해도 때로는 실패할 수 있으며 반응이 아주 미미하거나 전혀 없을 수도 있다고 생각한다면 아무 문제가 없습니다. 그러나 오늘날에는 주최자들이 '결과'로 나타날 숫자를 미리 예상하는 경우가 아주 많습니다.

피상적 회개, 피상적 구원

저의 여섯 번째 논지에는 대부분의 사람들이 동의하리라 생각합니다. 그것은 설사 이런 방법으로 회심하는 사람들이 있다 하더라도 그것은 피상적인 회심에 불과하다는 것입니다. 사람들이 자주 반응을 보이는 것은 그렇게 할 때 어떤 유익이 있을 것 같은 막연한 느낌을 받기 때문입니다. 전도집회에서 이른바 '스타 회심자'로 대접받는 사람에 대해 들은 이야기가 생각납니다. 그는 인터뷰에서 왜 그 전해 전도집회에서 앞으로 나갔느냐는 질문을 받았습니다. 그의 대답은 전도자가 "배에 탈 기회를 놓치고 싶지 않다면 앞으로 나오는 것이 좋다"라고 말했기 때문이라는 것이었습니다. 그는 그 기회를 놓치고 싶지 않았기 때문에 앞으로 나갔다고 말했습니다. 인터뷰한 사람이 그에게서 알아낼 수 있었던 사실은 그가 이제는 '배에 올라탔다'라고 생각하고 있다는 것뿐이었습니다. 그는 이 일이 정말 어떤 것이며 무엇을 의미하는지 분명히 알지 못했습니다. 그리고 그 후 1년 동안 그에게는 아무런 변화도 일어나지 않았던 것으로 보입니다. 그렇습니다. 그런 회심은 이렇게 피상적인 차원에 그칠 수 있습니다.

제가 경험한 또 다른 일을 예로 들어 보겠습니다. 남 웨일스에서 사역하던 시절, 주일 저녁예배가 끝나면 정문 앞에 서서 돌아가는 사람들과 악수를 나누곤 했습니다. 제가 말하려는 사건은 매주 주일 저녁마다 예배에 참석했던 한 남자에 관한 것입니다. 그는 장사하는 사람이었는데 술을 많이 마셨습니다. 토요일 밤마다 빠지지 않고 술을 마셨으면서도 주일 저녁마다 역시 빠짐없이 교회 중2층에 앉아 예배를 드렸습니다. 제가 말하려는 그날 저녁, 저는 그가 확실히 설교에 감동을 받았다는 사실을 알아챘습니다. 그가 엄청나게 우는 모습을 보면서 대체 무슨 일이 일어났는지 알고 싶은 마음이 들었습니다. 그날도 예배를 마치고 정문에 서 있는데, 잠시 후 그 남자가 나오는 모습이 보였습니다. '내가 본 것에 근거해서 말을 붙이고 오늘 밤에 결단하도록 요청해야 할까, 그래서는 안 될까? 그렇게 요청하면 성령의 역사를 방해하는 일이 될까?' 하는 갈등이 생겼습니다. 저는 그에게 남으라고 하지 않기로 급히 결정하고, 평상시처럼 인사만 하고 보냈습니다. 엄청나게 운 흔적이 역력했던 그는 인사할 때에도 차마 얼굴을 들지 못했습니다.

다음 날 저녁, 기도회를 하기 위해 교회로 가는데 철도를 건너는 다리 위에서 그 남자가 제 쪽으로 오는 것이 보였습니다. 그는 길을 건너와 말했습니다.

"목사님, 어젯밤에 저더러 남으라고 하셨다면 남았을 겁니다."

"그러셨습니까? 그러면 지금이라도 저와 함께 교회에 가시지요."

"아니, 어제 남으라고 하셨다면 그랬다는 거지요."

그래서 제가 말했습니다.

"그 영향력이 하루도 채 지속되지 못하는 일에는 관심이 없습니다. 만약 지금 저와 함께 교회로 가실 생각이 없다면, 어젯밤에 무슨 일이 일어났든지 간에 바르고 참된 일이었다고 할 수 없습니다. 아무리 감동을 받았어도 잠시 지나가는 감정에 불과했을 뿐, 당신에게 그리스도가 필요하다는 사실은 진정 깨닫지 못한 것입니다."

초청을 하지 않았는데도 이런 일이 일어날 수 있습니다. 만약 초청을 했다면 그 감정은 크게 과장되었을 것이고, 가짜 회심자가 한 명 더 생겼을 것입니다. 이미 말했듯이 위대한 아르미니우스주의자 존 웨슬리도 '앞으로 나오라'는 초청은 하지 않았습니다. 그의 일기에 자주 나오는 말은 이런 것입니다. "이러이러한 곳에서 설교했다. 많은 사람들이 깊이 감화받은 것 같았다. 그러나 얼마나 깊이 감화받았느냐는 오직 하나님만 아신다." 이것이야말로 중요하고도 의미심장한 말이 분명합니다. 그는 영적인 지각이 있었기 때문에 여러 요인이 사람을 감화시킬 수 있음을 알았습니다. 그가 관심을 가진 것은 눈에 보이는 즉각적인 결과가 아니라 중생케 하시는 성령의 역사였습니다. 인간의 마음이나 심리학에 대해 조금이라도 아는 사람이라면 거짓된 결과를 낳을 가능성을 키우는 짓은 절대 하지 않을 것입니다.

또 다른 논거, 즉 일곱 번째 논거는 사람들이 스스로 앞으로 나아간 그 행위 때문에 어떻게든 구원을 받으리라는 생각을 하도록 부추기게 된다는 것입니다. 즉, '그때 그 자리에서 분명히 앞으로 나아갔으니 그 행위가 나를 구원해 줄 것'이라고 생각하게 만든다는 것입니다. 아무것도 깨달은 바가 없으면서도 단지 앞으로 나아갔기 때문에 '배에 올라탔다'라고 생각한 사람도 여기에 해당됩니다.

이미 말씀드린 대로 이러한 관행의 토대는 결국 성령과 그의 능력 및 그의 사역에 대한 불신에 있는 것이 아닐까요? 여기에는 결국 성령께 무슨 도움이나 보완책이나 보조수단이 필요하다는 암시, 일을 빨리 끝내야 하기 때문에 성령의 손에만 맡길 수는 없다는 암시가 들어 있지 않습니까? 제가 볼 때에는 이런 결론을 피할 도리가 없는 것 같습니다.

"오직 나의 영으로"

다른 식으로 살펴봅시다. 이것이 제 아홉 번째 요지인데, 이런 방법이 중생의 교리 전반을 흔들어 놓는다고 생각지 않습니까? 제게는 이것이야말로 다른 어떤 것보다 심각한 문제로 보입니다. 제 말뜻은 다음과 같습니다. 여기에는 앞의 여덟 번째 요지도 포함되는데, 그것은 중생이 다름 아닌 성령의 역사라는 것입니다. 중생은 성령만이 일으키실 수 있는 역사이며 성령 외에는 아무도 일으킬 수 없는 역사입니다. 성령이 역사하시지 않으면 진정으로 죄를 깨닫고 중생하여 믿음의 은사와 새 생명을 얻는 일이 일어날 수가 없습니다. 그것은 성령의 역사이므로 항상 철저하며, 항상 명확하게 드러나게 되어 있습니다. 성령은 항상 그렇게 일해 오셨습니다. 사도행전 2장에 나오는 예루살렘 오순절 사건은 이 점을 가장 극적으로 보여 주고 있습니다. 베드로가 채 설교를 마치기도 전에 사람들은 죄를 깨닫고 소리쳤습니다. "형제들아, 우리가 어찌할꼬?" 베드로는 성령의 능력으로 설교했습니다. 그는 성경을 풀어 주었고 그들에게 적용했습니다. 그는 아무런 기교도 사용하지 않았고, 설교와 초청을 구분하지 않았습니다. 사실 그는 설교를 채 마치지도 못했습니다. 설교를 마치기도 전에 죄를 깨닫게 하는 강력한 역사가 일어났고, 언제나 그렇듯이 성령의 역사임이 명확하게 드러난 것입니다.

「바로 그것이다 This is That」라는 책에서 콩고 부흥에 대한 이야기를 읽은 기억이 나는데, 그 장章은 제가 개인적으로 아는 사람이 쓴 것이었습니다. 그는 아프리카 심장부에서 선교사로 20년 동안 일하면서, 예배를 드릴 때마다 사람들에게 앞으로 나오라고 초청했습니다. 그러나 반응은 미미했고 그의 마음은 거의 무너질 지경이 되었습니다. 그는 압력도 가해 보고 간청도 해 보는 등, 전도집회에 통상적으로 동원되는 모든 수단을 써 보았지만 별 반응을 얻지 못했습니다. 그러다가 하루는 자신이 맡고 있는 지역에서 멀리 떨어진 곳에 갈 일이 생겼습니다. 그렇게 자리를 비운 사이 그가 맡은 지역 중심부에서 부흥이 일어났습니다. 아내는 남편에게 그 소식을 전했습니다. 그러나 그는 처음에 반가운 마음이 들지 않았습니다. 하필이면 자신이 없는 사이에 그 일이 일어났기 때문입니다. 우리 모두 이런 교만에 빠지기 쉽습니다. 어쨌든 그는 감정이 폭발하거나 이른바 '거친 불길'이 퍼지지 못하도록 통제할 생각으로 서둘러 돌아왔습니다. 그리고 사람들을 모아 설교하기 시작했습니다. 그런데 너무나 놀랍게도 설교를 채 절반도 전하기 전에 깊은 죄책감에 사로잡힌 사람들이 자발적으로 걸어 나오기 시작했습니다. 20년 동안이나 무진 애를 썼음에도 불구하고 유도해 낼 수 없었던 일을 그들 스스로 하게 된 것입니다. 그 이유가 무엇일까요? 성령께서 직접 역사를 일으키셨기 때문입니다. 이처럼 그의 역사는 언제나 명백하게 드러나게 되어 있고 필연적으로 드러나게 되어 있습니다. 일부러 증명하려 들거나 논쟁할 필요가 없습니다. 자연계와 피조세계에 역사하시든 인간의 영혼에 역사하시든 간에 항상 드러나게 되어 있습니다.

저도 그런 경험을 많이 했습니다. 그 이야기는 설교 사역과 목회의 낭만을 다룰 때 할 텐데, 그중 한 가지는 지금 말씀드리겠습니다. 제2차 세계대전이 한창일 무렵, 모든 상황이 절망스러웠고—공습 때문에 회중이 흩어지는 등의 사태가 벌어졌습니다—저 자신도 큰 절망에 직면해 있었습니다. 그런데 느닷없이 네덜란드령 동인도 제도—지금은 인도네시아로 알려진 곳—에서 편지가 한 통 날아왔습니다. 그 편지의 주인공은 어떤 네덜란드 군인으로서, 양심에 찔림이 있어 지난 18개월 동안 자신에게 일어난 일을 저에게 알려야겠다는 생각으로 편지를 쓰게 되었다고 했습니다. 그는 자신이 어떻게 네덜란드 자유군으로 영국에 왔는지 설명한 후, 런던에 체류하는 동안 몇 번 우리 교회 예배에 참석했다고 말했습니다. 그리고 예배에 참석하는 가운데, 전에는 자신이 그리스도인인 줄 알았는데 사실은 그렇지 않다는 사실을 확인하게 되었다고 했습니다. 그 후에 죄책감과 절망의 어두운 시기를 통과했으나 마침내 진리를 깨닫게 되었고, 그 진리를 기뻐하며 살게 되었습니다. 그때는 여러 가지 이유로 저에게 말을 못했는데 이제야 편지로 알린다는 것이었습니다.

그런 일에 대한 저의 반응은 이것입니다. 사실 그 일을 제가 알든 모르든 무엇이 중요하겠습니까? 물론 격려 차원에서는 중요할 것입니다. 그러나 그 일 자체를 놓고 보면 중요하지 않습니다. 제가 알든 모르든 그 일은 분명히 일어났고 드러났습니다. 그 사람이 제게 편지를 쓰기 전에 이미 그 사람의 인생에 영향력을 나타낸 것입니다. 정말 중요한 사실은 그것입니다.

감사하게도 그러한 경험은 지금도 계속되고 있습니다. 목회 일선에서 은퇴한 후 예전보다 여유 있게 여러 곳을 여행하면서, 제 설교를 듣고 회심했다는 사람들을 영국 각지에서 만날 수 있었습니다. 그것은 수년 전에 일어난 일들로서 저는 거기에 대해 아는 바가 전혀 없었습니다. 바로 18개월 전에 한 교회에서 설교했을 때에도 같은 경험을 했습니다. 그 교회 목사님이 회중에게 저를 소개하면서 자신의 영적인 인생에 대해 간략하게 이야기했는데, 제가 그의 삶에 결정적인 역할을 했다는 사실을 알고 깜짝 놀랐습니다. 그는 훌륭한 자격을 갖춘 전문가였으나, 자신의 일을 버리고 목사가 된 사람이었습니다. 그의 말에 따르면 6월의 어느 더운 날 저녁 런던의 거리를 정처 없이 거닐다가 웨스트민스터 채플에서 흘러나오는 찬양 소리를 듣고 예배에 참석했다고 합니다. 그는 "그곳에서 나왔을 때에는 거듭나고 중생한 새사람이 되어 있었습니다"라고 말했습니다. 전에는 그런 경험에 대해 전혀 아는 바가 없었을 뿐 아니라 사실은 경멸하고 무시하는 경향까지 있었는데 말입니다. 그것은 1964년에 일어난 일이었지만, 저는 그제서야 알게 되었습니다. 그러나 언제 알았느냐가 무엇이 그리 중요하겠습니까? 정말 중요한 사실은 그것이 성령의 역사였기에 참된 역사이며 확실한 역사였다는 것입니다. 성령의 역사는 이처럼 드러나게 되어 있습니다.

결단하는 것이 아니라 주께로 피하는 것이다

계속해서 열 번째 요지를 말씀드리겠습니다. 그것은 어떤 죄인도 사실상 '그리스도를 위한 결단'을 내릴 수 없다는 것입니다. 저는 '결단'이라는 말을 들을 때마다 아주 잘못된 말이라는 생각이 들곤 합니다. 사람들은 자주 그 표현을 쓰는데, 그때마다 저는 마음이 아주 불편합니다. 물론 대개는 좋은 의도로 씁니다만, 사실은 잘 몰라서 그런 것입니다. 다음과 같은 말을 자주 하던 한 노인이 생각납니다.

"여러분, 저는 40년 전에 그리스도를 위해서 결단한 이래 한 번도 후회한 적이 없습니다."

정말 무서운 말 아닙니까! 한 번도 후회한 적이 없다니! 이것은 이 같은 가르침과 접근법에 익숙한 분위기에서 자라난 사람들이 하는 말입니다. 그러나 죄인은 그리스도를 위해 '결단'할 수 없습니다. 극도의 무력감과 절망 속에서 다음과 같이 고백하며 그리스도께로 '피할' 수 있을 뿐입니다.

더러운 나 생명 샘으로 피하니
씻어 주소서, 구주여, 이대로 죽지 않도록.

그리스도를 양심과 율법의 정죄에서 벗어날 유일한 탈출구요 피난처이자 소망으로 여겨서 그리로 피하지 않는 한, 누구도 그리스도께 진정으로 나아갔다고 할 수 없습니다. 다른 것으로는 충분치 않습니다. 문제를 이리저리 뜯어보고 살펴본 후에 여러 가지 면에서 그리스도를 위해 결단하는 게 낫겠다는 결론을 내린 끝에 결단한 사람, 아무 감정이나 느낌 없이 결단한 사람은 중생한 것이 아닙니다. 물에 빠져 허우적대는 사람이 누군가 유일한 생명줄로 급히 던져 준 밧줄을 잡기로 '결단'할 수 없듯이, 죄를 깨달은 죄인은 그리스도를 위해 '결단'할 수 없습니다. 결단한다는 말은 이런 상황에 전혀 어울리지 않습니다.

이번에는 이른바 '결과'가 있으니 그래도 옳은 것이 아니냐는 주장을 따져 봅시다. 사람들은 "무슨 일이 일어났는지 보라"라고 말합니다. 제가 볼 때 이에 대답하는 방법에는 여러 가지가 있습니다. 그중에 한 가지는 개신교도인 우리가 '목적은 수단을 정당화한다'라는 예수회의 주장을 따라서는 안 된다는 것입니다. 결과를 내세우는 데에는 사실상 그런 뜻이 담겨 있습니다. 한 걸음 더 나아가, 그들이 선전하는 내용과 결과물도 검토해 볼 필요가 있습니다. 그러한 '결단'이 지속되는 비율이 과연 몇 퍼센트나 될까요? 전도자들에게 직접 들은 바에 따르면 채 10분의 1도 넘지 못한다고 합니다. 그들은 공공연히 그렇게 말합니다. 그렇다면 나머지 10분의 9에게 영향을 끼친 것은 무엇이란 말입니까? 그들의 말대로 10분의 1만 성령의 역사로 회심한다면, 굳이 '구원의 초청'을 하지 않아도 그 정도 성과는 얻을 수 있다고 말하겠습니다.

더 나아가, 단기적인 결과와 장기적인 결과를 구별하는 것이 중요합니다. 논의의 진행을 위해 단기적인 결과로 많은 사람들이 회심했다는 사실은 인정하기로 합시다. 그러나 장기적으로는 이런 방법이 어떤 효과와 결과를 낳았는지, 지역 교회의 삶과 전 교회의 삶에 어떤 영향을 끼쳤는지 살펴볼 필요가 있습니다. 지난 20년간 놀랄 만큼 경이적인 성과를 거두었다는 소식에도 불구하고 교회의 삶에 나타나는 진정한 영성의 일반적인 수준은 심각할 정도로 저하되었음을 부인할 수 없습니다. 이것이 그 방법이 불러온 장기적인 효과로서, 영적인 부흥과 각성의 시기에 일어나는 현상과는 정반대임을 알 수 있습니다.

더욱이 목회자들의 모임에 참석하거나 많은 목회자들과 개인적으로 대화하면서 발견한 사실은, 일반적으로 볼 때 목회자들의 문제가 최근 들어 감소하기는커녕 더 증가했다는 것입니다. 이 문제 때문에 청빙 받지 못한 목회자들의 사례는 이미 이야기했습니다. 또 예배 때마다 '요청'하지 않는다는 이유로 교인들에게 비난받는 사람들의 이야기도 했습니다. 이 관행은 새로운 심리상태, 즉 교인 수에 불건전한 관심을 기울이는 정욕적인 태도를 끌어들인 것 같습니다. 또 사람들을 흥분시키려는 욕심으로 마지막 '요청'의 순서만 기다리고 그 결과만 생각하느라 메시지는 대충 빨리 전해 버리는 경향도 낳았습니다. 이런 것들은 전부 아주 심각한 문제임이 분명합니다.

여기에 개입되는 또 다른 요소가 있습니다. 앞에서도 말했듯이 이런 집회를 계획하는 사람들은 반응을 보일 사람들의 숫자 내지는 자신들이 거둘 성과의 수치를 놀라울 만큼 정확하게 예측할 수 있습니다. 그래서 집회가 시작되기도 전에 자신들의 예측을 활자화하며, 일반적으로 자신들이 산정한 숫자와 거의 다르지 않은 결과를 얻습니다. 성령의 역사라는 측면에서 볼 때에는 생각도 할 수 없는 일입니다. 사람은 성령이 무슨 일을 하실지 예측할 수 없습니다. "바람이 임의로 불매." 성령이 하시는 일의 결과는 예측할 수도 없고 짐작할 수도 없습니다. 가장 위대한 설교자들이나 성도들도 종종 아무 일도 일어나지 않는 듯한 열매 없고 어려운 시기를 맞이하여 깊이 탄식하곤 했습니다. 심지어 부흥의 시기에도 아무 일도 일어나지 않는 날이나 집회가 있었습니다. 그러다가 그 다음 날 넘치는 능력이 나타나곤 했던 것입니다. 그러므로 앞으로 일어날 일을 어느 정도 예측해서 말할 수 있다는 사실 자체가 성령의 역사에 항상 나타나는 특징과 일치되지 않음을 스스로 드러내고 있습니다. 그렇다고 이런 방법을 사용하는 사람들의 동기나 진지함에 의문을 제기하는 것은 아니며, 그런 방법으로 회심한 사람들의 진정성에 의문을 제기하는 것도 아닙니다. 그저 제가 이런 방법을 쓰지 않는 이유를 밝혔을 뿐입니다.

그러면 어떻게 할 것인가

"그렇다면 어떻게 해야 합니까?"라는 질문이 나올 수 있습니다. 제가 드리고 싶은 말씀은 이것입니다. 초청은 진리 그 자체에, 메시지 안에 들어 있어야 합니다. 설교하면서 계속 진리를 적용하되, 특히 마지막에 적용하여 절정으로 끌어올려야 합니다. 초청은 메시지의 일부이며, 반드시 일부에만 머물러야 합니다. 여러분은 설교 그 자체를 통해 사람들이 해야 할 유일한 일을 보여 줄 필요가 있습니다. 설교 전체에, 여러분이 하는 모든 일 안에 초청이 내포되어 있어야 합니다. 주저 없이 말하는데, 마지막에 잠시 사이를 두고 찬송을 부른 후에 따로 특별히 초청하는 일은 오직 성령께서 거역할 수 없을 만큼 강하게 명령하실 때에만 해야 합니다. 저도 그런 느낌이 있으면 초청을 합니다. 그러나 오직 그런 느낌이 있을 때에만 하며, 그때에도 앞으로 나오라고 말하지는 않습니다. 예배가 끝난 후나 다른 때 저를 찾아오라고 광고할 뿐입니다. 실제로 목회자는 자신의 영혼과 영원한 운명에 대해 이야기하고 싶어 하는 모든 사람들과 대화할 준비가 되어 있음을 어떤 형태로든지 항상 광고해 놓아야 한다고 생각합니다. 전에 제가 했듯이 그 내용을 카드에 적어서 의자마다 붙여 놓을 수도 있고, 그 밖의 방법으로 알릴 수도 있습니다. 만날 시간을 마련해 놓고 그 사실을 알리십시오. 그러면 죄를 깨닫고 불안해 하는 사람들이 찾아올 것입니다. 그런 상태로 집에 돌아가고 싶어 하지 않는 사람들도 적잖이 있습니다. 집에 가다가 죄책감과 불안감을 떨치지 못해서 다시 돌아와 저를 찾는 이들도 만나 보았습니다. 마음이 너무 괴로워서 되돌아온 것입니다.

또는 구원을 발견하고 너무 기뻐서 찾아오는 사람들도 있습니다. 사람들이 그렇게 하는 때가 있습니다. 그러니 내버려 두십시오. 억지로 강요하지 마십시오. 이것이 성령의 역사입니다. 그의 역사는 철저하면서도 지속적입니다. 그러니 결과에 너무 연연하지 마십시오. 제가 말하려는 요점은 초청이 부정직하다는 것이 아니라 오해에 근거하고 있다는 것입니다. 우리는 성령을 신뢰하며 그의 실패하지 않는 역사에 의지하는 법을 배워야 합니다.

15
함정과 낭만

아직도 언급해야 할 문제가 몇 가지 남아 있습니다. 그중 한 가지는 같은 설교를 반복하는 문제입니다. 그리 큰 문제는 아니지만, 설교자가 같은 설교를 또 한다는 데 놀라는 그리스도인들도 없지 않습니다. 그들은 그것을 거의 죄라고까지 생각하는 것 같습니다. 그래서 잠시 살펴보고자 합니다.

여기에서 설교를 반복한다는 것은 똑같은 설교를 똑같은 교회에서 똑같은 사람들에게 한다는 뜻이 아닙니다. 휴가 때나 특별한 절기에 다른 교회에 초청받았을 경우 자신의 교회에서 했던 설교를 또 하는 일을 말하는 것입니다. 똑같은 설교를 한 교회에서 반복한다는 것은 도저히 납득할 수 없는 일입니다. 저는 저 보기가 부끄러워서라도 그렇게 할 수가 없습니다. 물론 그렇게 하는 사람도 있기는 합니다. 어떤 반주자는 자신이 반주자로 일하는 동안 '발람과 그의 당나귀'라는 그 교회 목사님의 유명한 설교를 일곱 번이나 들었다고 합니다. 그래서 어떤 부분은 글자 하나 틀리지 않고 암송할 수 있었습니다. 그런 일에 대해서는 언급할 가치조차 없습니다. 미국의 한 유명한 설교자는 필라델피아에서 사역하는 내내 똑같은 설교를 해마다 반복했다고 합니다. 그것은 온 교인이 다 아는 사실로서, 그들은 그 설교를 다시 듣게 되기를 고대하곤 했습니다. 그것이 교인들의 요청으로 이루어진 일이었다는 것은 저도 압니다. 사람들이 해마다 같은 설교를 해 달라고 요청했기 때문에 설교자가 그렇게 반복한 것입니다. 그럼에도 불구하고 저는 그런 일에 찬성하기보다는 반대할 이유를 더 많이 가지고 있습니다.

다른 교회에서 같은 설교를 하는 일은 어떨까요? 그런 경우와 관련된 원칙이 있을까요? 책과 대화를 통해 알게 된 역사에 비추어 볼 때, 이 문제에 예외적인 입장을 취하는 유일한 인물은 찰스 해든 스펄전입니다. 따라서 우리는 이 문제에 좀 관심을 가질 필요가 있습니다.

스펄전은 설교의 반복을 인정하지 않았습니다. 그래서 매번 새로운 설교를 준비했습니다. 그런데 그가 스코틀랜드를 처음 방문하여 에든버러에서 설교했을 때 일어난 일을 살펴보면 아주 흥미롭습니다. 그는 호기심으로 참석한 다수의 회중에게 설교해야 한다는 것을 알면서도 평소 하던 대로 새로운 설교를 전했습니다. 그런데 완전히 실패해서 아무 반응도 얻지 못하자, 급히 런던의 집에 연락하여 그 전주에 자신의 교회에서 설교한 원고를 보내 달라고 했습니다! 이처럼 스펄전도 어려운 위기의 순간에는 전에 했던 설교를 했습니다.

스펄전 외에 제가 아는 다른 위대한 설교자들은 대개 같은 설교를 반복하는 경향이 있었습니다. 물론 윗필드도 내내 그렇게 했고, 존 웨슬리도 그렇게 했습니다. 그들의 일기만 읽어 보아도 알 수 있습니다. 그들은 거기에 본문과 설교 제목을 기록해 놓았는데, 그것을 보면 같은 설교를 여러 곳에서 많이 반복했음을 알 수 있습니다. 최근에 저는 재출간된 벤저민 프랭클린Benjamin Franklin의 일기에서 흥미로운 내용을 읽었습니다. 그는 윗필드가 새로운 설교를 할 때는 늘 알아맞힐 수 있노라고 장담했습니다. 설교만 듣고 설교하는 모습만 관찰해도 그것이 새 설교인지 여러 번 반복해서 익숙해진 설교인지 즉석에서 알아맞힐 수 있다는 것입니다. 아무래도 새 설교를 할 때에는 익숙한 설교를 할 때처럼 편하고 자유로운 모습이 나타나지 않습니다. 특히 윗필드는 원고 없이 즉석에서 설교하는 사람이었기 때문에 좀 더 조심스러울 수밖에 없었습니다. 1921년에 죽은 어느 위대한 웨일스 설교자는 적어도 스무 번 이상 설교하기 전까지는 제대로 설교하지 못한 것 같은 느낌이 든다는 말을 아주 공공연히 하곤 했습니다. 그렇게 말한 의도는 충분히 이해가 되지만, 그렇다고 편하게 듣고 넘길 말은 아닌 것 같습니다. 그에게는 수사적 연설가 내지는 극적인 낭송자의 경향이 있다는 느낌이 듭니다.

이 문제와 관련하여, 어느 위대한 노설교자가 같은 설교를 세 번째 듣는다며 불평하는 사람에게 아주 훌륭하게 대답한 말이 생각납니다. 그 세 번의 설교는 한 장소에서 한 것이 아니라 각기 다른 장소에서 한 것이었습니다. 그리고 그 불평한 사람은 설교자가 어디를 가든지 따라다니는 사람으로서 가히 성가신 존재라 할 만했습니다! 이 사람이 불평을 터뜨리자 재치 있는 노설교자가 반문했습니다.

"그렇다면 그 설교 말씀대로 실천했습니까?"

그는 머뭇거리며 대답하지 못했습니다. 그러자 설교자가 다시 말했습니다.

"좋습니다. 그렇다면 당신이 실천할 때까지 계속 설교하겠습니다."

같은 설교를 반복해도 되는 경우

어느 정도까지는 만족스러운 대답입니다. 그렇다면 이런 관행의 정당성을 참으로 입증해 주는 더 나은 대답이 있을까요? 저는 있다고 생각합니다. 제가 이 관행을 옹호하는 방식은 다음과 같습니다. 어찌 되었든 간에 설교는 한 가지 진리 내지는 여러 가지 진리를 진술만 하면 되는 일이 아닙니다. 우리가 정의했듯이 한 구절을 강해만 하면 되는 일도 아닙니다. 설교는 그 이상입니다. 만약 강해만 하면 되는 일이라면, 그런 내용을 반복하는 일에 기꺼이 반대해야 할 것입니다. 그러나 설교란 전하지 않으려야 전하지 않을 수 없는 메시지요 그 자체로 완결성이 있으며 특정한 형식과 모양을 갖춘 총체라는 정의를 받아들인다면, 같은 설교를 다른 곳에서 반복하는 일도 찬성할 이유가 적지 않다고 생각합니다.

제가 이렇게 말하는 주된 이유는 어떤 메시지가 아주 특별한 방식으로 주어지는 경우를 모든 설교자가 경험하기 때문입니다. 그 이야기는 이미 한 적이 있습니다. 평상시와 달리 좀 더 선명하게 다가오는 설교가 있습니다. 마치 대지의 순서까지 제시해 주는 것 같고 하나님께서 직접 그 모든 선물을 주시는 것 같습니다. 더 나아가 성령께서 누군가를 회심시키기 위해, 또는 다른 이들을 특별히 축복하시기 위해 이 메시지를 높이시고 사용하신다는 사실을 깨닫게 됩니다. 이런 일이 실제로 일어난다는 데에는 의문의 여지가 없습니다. 아마도 모든 설교자가 그 경험을 증언할 수 있을 것입니다. 그렇다면 묻겠습니다. 그런 특별한 설교를 반복해서는 안 될 이유가 뭐가 있습니까? 설교자는 항상 자기가 가진 최선의 것, 바로 그 최선의 것을 주고 싶어 하게 마련입니다. 따라서 최선의 설교를 택해서 전하는 것은 지극히 합당한 일입니다.

더 구체적인 논거도 있습니다. 여러분이 제가 옹호하는 설교관을 받아들인다면, 실제로 설교하는 가운데 내용이 더 깊어지고 발전한다는 사실 또한 인정할 것입니다. 서재에서 준비할 때 모든 내용을 깨닫는 것이 아닙니다. 실제로 설교하는 가운데 더 깊은 부분들을 보게 되고, 그 결과 설교 내용이 더 깊어지고 발전하게 됩니다. 이것은 아주 재미있고도 흥미로운 문제입니다. 이 또한 제 경험과 제가 아는 다른 이들의 경험을 토대로 말씀드리는 것입니다.

전에 어떤 설교자가 놀란 일에 대해 들은 이야기가 생각납니다. 그는 다른 설교자를 깊이 흠모하고 있었습니다. 본인도 좋은 설교자였지만 자신이 흠모하는 설교자만큼 뛰어나거나 인기가 많지는 않았습니다. 그러나 선량하고 겸손한 사람으로서 그 설교자를 신실하게 추종했습니다. 한번은 그가 총회에 참석했습니다. 마지막 날에는 설교를 듣는 것이 그 총회의 관례였습니다. 그 시간에는 항상 뛰어난 설교자들이 초청되곤 했는데, 그때 마침 제 친구가 흠모하는 설교자가 초청되었습니다. 제 친구는 이렇게 말했습니다.

"그 목사님이 본문을 읽는데 바로 실망이 되더라고. 석 달 전에 우리 교회에 특별집회가 있었을 때 바로 그 본문으로 설교하시는 것을 들은 적이 있기 때문에 정말 마음이 불편하고 괴로웠지. 그때 설교는 그 목사님의 평소 실력에 못 미치는 것이었거든. 그런데 총회 같은 큰 모임에서 그런 설교를 했다가 평판에 해라도 입을까 봐 걱정이 되고 낙심이 되었다네."

그는 연이어 말했습니다.

"그런데 그럴 필요가 없었어. 알아볼 수 없을 만큼 설교가 깊어지고 발전되었더군. 뼈대는 그대로였는데, 정말 훌륭한 설교로 변해 버렸다네. 그는 큰 능력으로 말씀을 전했지. 그 노설교자의 특별한 점은 설교가 계속 성장한다는 거야. 아주 놀랍게 발전하지."

그러면서 그는 자신의 설교와 비교했습니다.

"그런데 내 설교에는 아무 변화가 없어."

그는 아주 꼼꼼하고 신중하게 한 글자 한 글자 다 기록하며 준비하는 사람이었기 때문에 설교가 성장할 수가 없었습니다. 반면에, 그가 흠모하는 설교자는 그렇게 하지 않았기 때문에 설교가 성장하고 발전할 수 있었습니다. 이런 점에서 볼 때, 그는 똑같은 내용을 가지고 설교했음에도 다른 많은 의미에서는 같은 설교를 하지 않은 것입니다. 그의 설교는 전보다 더 훌륭하고 풍성하며 탁월해졌습니다.

그뿐만이 아닙니다. 여기에서 다시 한 번 설교 내용과 전달의 관계라는 문제가 제기됩니다. 이미 고백했듯이 그 차이를 규명하기란 매우 어렵습니다. 그러나 설교 내용에 익숙해질수록 더 효과적으로 잘 전달할 수 있다는 것은 경험적인 진리입니다. 아무래도 긴장이 덜 되고, 할 말을 기억해 내기 위해 집중할 필요가 없기 때문입니다. 맨 처음 설교할 때와 달리 모든 내용을 잘 알고 있는 탓에 좀 더 자유로울 수 있습니다. 이 모든 점을 고려할 때, 여러분 자신에게 무언가 특별하게 느껴지는 설교, 그 속에 참된 메시지가 들어 있다고 느껴지는 설교, 하나님께서 사용하시고 축복하셨다는 생각이 드는 설교를 반복하는 것은 지극히 합당한 일이라고 말하고 싶습니다. 그것은 청중에게도 유익한 일입니다.

몇 가지 경고

여기에서 "한 설교를 몇 번까지 반복해도 될까요?"라는 질문이 나올 수 있습니다. 이것도 꽤 어려운 문제입니다. 탁월하고 유명했던 저의 전임자 캠벨 모건 박사는 이 문제에 아무 거리낌이 없었습니다. 한번은 다음과 같은 말로 설교를 시작한 적도 있었습니다.

"고백은 영혼에 유익하다고 하지요. 그러니 설교를 시작하기 전에 말씀드리는 것이 좋겠습니다. 오늘 오전 설교는 제가 119번째 하는 설교입니다."

똑같은 설교를 몇 번까지 해도 될까요? 이에 대해 제가 할 수 있는 말은 단순한 수치나 통계의 문제로 생각할 수 없다는 것입니다. 캠벨 모건 박사는 설교 원고를 넣어 두는 봉투에 어디에서 몇 번째 설교했는지 아주 세심하게 기록해 놓았습니다. 그것은 좋은 습관입니다. 그러나 횟수에 대해서는 기계적으로 몇 번까지 허용된다고 말할 수 없습니다. 제가 볼 때 법칙은 한 가지뿐입니다. 그 설교가 더 이상 여러분을 사로잡거나 감동시키지 않는다면, 여러분에게 더 이상 은혜의 통로가 되지 않는다면 그만 하십시오. 그럴 경우에는 그만 하십시오. 그럴 때 멈추지 않으면 기계적으로 설교하게 되고, 심지어 '공연'을 하게 될 수 있기 때문입니다. 그보다 더 해로운 일은 없습니다.

미국에서 열린 대규모 성경 수련회에 갔을 때 많은 이들의 요청으로 같은 설교를 반복했던 사람의 설교를 들은 적이 있습니다. 그는 'A'에서 'Z'에 이르기까지 알파벳 첫 글자를 따서 주 예수 그리스도에 대해 굉장한 설교를 했습니다. 그러다 보니 길이도 상당히 길 수밖에 없었습니다. 그러나 솔직히 고백하자면, 저는 그 설교를 들으면서 주님의 영광을 보게 되거나 감사하는 마음을 느끼지 못했습니다. 오히려 신성모독에 가까운 공연을 보는 듯한 느낌이었습니다. 그는 급하게 설교했습니다. 시간 내에 마치기 위해서였습니다. 설교를 마치자마자 떠나야 했기 때문에 말을 아주 빨리 했습니다. 위대하고 영광스러운 진리가 기계적으로 밀려 나오는 것 같았습니다. 많은 사람이 전에도 여러 차례 그 설교를 들었는데, 그들은 그 설교를 훌륭하게 생각하는 것이 분명했습니다. 그것은 확실히 솜씨 좋게 만들어진 일종의 이합체시(각 행의 첫 글자를 짜 맞추면 하나의 말이 되는 유희시)였습니다. 그러나 제가 보기에는 주님을 사모하며 예배하게 만들기보다는 설교자의 기억력과 영리함에 감탄하게 만드는 천박한 공연에 불과했습니다. 우리는 그런 공연을 해서는 안 됩니다. 그것은 아무리 강력하게 비난해도 지나치지 않은 잘못입니다.

한 가지 더 경고하겠습니다. 이처럼 같은 설교를 반복할 경우에 꼭 피해야 할 것들이 있습니다. 영국뿐 아니라 미국에도 아주 잘 알려진 설교자가 한 사람 있었습니다. 그는 원고를 세심하게 준비해서 완벽하게 기록했고 설교할 때에도 대개는 아주 신중한 태도로 그 원고를 읽었습니다. 그는 특히 단어와 의미의 미묘한 차이에 유의하는 것으로 유명했습니다. 지금부터 이야기하는 것은 실제로 일어난 일입니다. 지역을 순회하며 물건을 판매하는 한 판매원이 그가 목회하는 도시에 가게 되었습니다. 주일 오전예배에 참석해서 그의 유명한 설교를 들은 판매원은 자기 평생에 최고의 설교를 들었다고 생각했습니다. 특히 설교 중간쯤에 설교자가 보여 준 모습이 아주 인상적이었습니다. 그 위대한 설교자는 마치 연극을 하듯이 말을 멈추더니 이렇게 말했습니다.

"여기 무슨 단어를 써야 할까요?"

그는 한 단어를 언급하며 말했습니다.

"아니, 비슷하지만 꼭 들어맞지는 않는군요."

그는 또 다른 단어를 끄집어냈습니다.

"이것도 정확치 않습니다."

그러다가 아주 극적인 목소리로 말했습니다.

"아, 바로 이겁니다. 한 치의 오차도 없이 정확한 단어가 여기 있었군요."

그 판매원은 참으로 굉장하다고 생각했습니다. 그런 설교는 한 번도 들어 본 적이 없었기 때문입니다. 그는 다음 주말에 그 지역의 다른 도시에 가게 되었습니다. 그런데 토요일 석간신문에 다음 날 설교할 사람의 이름이 실린 것을 보고 뛸 듯이 기뻐했습니다. 그 위대한 설교자가 한 교회의 기념예배에 온다는 사실을 알았기 때문입니다. 다음 날 어느 교회로 갈 것인지는 더 생각할 필요도 없었습니다. 그는 그 사람이 온다는 교회로 갔습니다. 그런데 설교 시간이 되어 본문을 읽는데, 바로 전주에 들은 본문이었습니다. 약간 움찔했지만 다시 한 번 들을 만한 가치가 충분히 있다고 생각했습니다. 그런데 설교 중반쯤에 또 연극하듯이 말을 멈추더니 "여기 무슨 단어를 써야 할까요?"로 시작되는 똑같은 말들을 되풀이하는 것이었습니다. 어찌나 정이 떨어지는지 그 자리에서 벌떡 일어나 다시는 그 사람의 설교를 듣지 않겠다고 하면서 밖으로 나와 버렸습니다.

같은 설교를 하더라도 이런 짓은 하지 마십시오. 그것은 설교에 너무나 큰 해를 끼치는 짓이며 정직하지 못한 행동입니다. 그 설교자는 질문을 던질 때 이미 그 단어를 염두에 두고 있었습니다. 그런데도 갑자기 떠오른 듯한 인상을 주려 했습니다.

제가 알고 지냈던 한 노설교자를 생각하면 참 연민이 느껴집니다. 그는 한 지역 교회에서 수년 동안 성실하게 목회한 선량한 분으로서, 그리 뛰어난 설교자라고 할 수는 없었습니다. 그런데 나이가 지긋해졌을 무렵, 계절마다 모이는 협회에서 설교 초청을 받는 큰 영예를 누리게 되었습니다. 그것은 많은 설교자들이 열망하는 목표로서 설교자 최고의 영예가 분명했습니다. 그 최고의 영예가 마침내 그 노목사님에게도 찾아온 것입니다. 그 모임에서는 두 명의 설교자를 초청하는 것이 관례였는데, 목사님은 그중에 한 사람이었습니다. 그리하여 두 명의 설교자가 함께 강단에 올랐습니다. 그 노목사님이 찬송을 부르면서 의자에 앉은 회중을 한 사람씩 주의 깊게 살펴보는 모습을 본 다른 설교자가 살짝 물었습니다.

"뭘 하고 계십니까? 오늘 할 설교를 전에 들은 사람이라도 있나 살펴보시는 중입니까?"

"아니, 이 설교를 아직 한 번도 듣지 못한 사람이 있나 살펴보는 중이라오."

같은 설교를 전에 들은 사람의 숫자가 그 정도로 많다면 그 설교는 하지 말아야 합니다.

전에 어느 유명한 설교자의 설교를 들은 적이 있습니다. 그가 본문을 읽자, 제 옆에 앉아 있던 목사님이 슬쩍 옆구리를 찌르며 말했습니다.

"오늘 밤에는 딴 생각을 안 할 수가 없겠네요."

제가 "그렇군요"라고 대답하자 그가 물었습니다.

"목사님도 들은 적이 있는 설교지요?"

"네, 저 목사님이 전에 목회하던 교회에서 세 번 들었지요. 또 저분이 편집자로 있던 신문에 실린 것도 여러 차례 읽었습니다."

실제로 그 자리에 참석한 대부분의 사람들은—그것은 전국 각지의 목회자와 집사들로 이루어진 모임이었으므로—그 설교를 한 번 이상 읽었거나 들은 이들이었습니다.

사람들은 왜 이런 일을 하는 것일까요? 한번 공정하게 생각해 봅시다. 어느 날 자신도 같은 문제에 빠져 있는 것을 보지 않으려면, 그리하여 예전에 남을 향했던 비난의 화살이 자신을 향하게 하지 않으려면, 그런 사람들을 너무 성급하고 쉽게 정죄해 버려서는 안 됩니다. 사람들이 이렇게 하는 데에는 여러 가지 이유가 있습니다. 그중에 한 가지는 당연히 게으름입니다. 그것은 변명거리나 논쟁거리가 되지 못합니다. 때로는 돌연한 공포 때문일 수도 있습니다. 제가 앞서 말한 사람도 일종의 공포 때문에 그렇게 했을 것입니다. 예배가 끝날 무렵, 그는 우리 중 몇 사람에게 그 큰 모임을 위해 특별한 설교를 준비했노라고 말했습니다. 그런데 주말에 몸 상태가 그리 좋지 못했고, 그런 상태로 강단에 서자 새로 준비한 설교를 제대로 전할 자신감을 잃고 말았다는 것입니다. 그 순간 공포에 사로잡히면서, 예전에 잘했던 설교를 다시 하기로 결정해 버렸습니다. 불행히도 그는 그런 일을 매우 자주 했습니다. 물론 자만심의 요소도 아주 없다고 할 수는 없습니다. 사람은 진리를 전달하는 일보다 설교자로서 자신의 평판에 더 관심을 기울이게 될 수 있습니다. 이것은 미묘한 문제입니다. 우리는 자만심이 우리를 주장하지 못하게 해야 합니다. 그러므로 어떤 설교를 반복할 경우에는 반드시 기록을 남겨 둘 필요가 있습니다. 그렇게 하지 않으면 같은 문제에 빠질 것이 거의 확실하기 때문입니다.

제가 말한 사람은 이런 기록을 해 두지 않았는데, 그의 이야기를 한 가지만 더 하고 이 부분에 대한 고찰을 마치고자 합니다. 어느 날, 저는 지방의 한 대도시에 있는 큰 교회 목사님과 이야기를 나누고 있었습니다. 제가 말한 그 설교자에 대해 말하던 중에 그 목사님이 말했습니다.

"몇 년 전 어느 기념예배 때 그 목사님을 모신 적이 있습니다. 그는 '너는 그리스도 예수의 좋은 병사로 나와 함께 고난을 받으라'라는 본문으로 설교했지요. 우리 모두 그동안 들은 설교 중에 최고라고 생각했습니다. 그래서 그 다음 해 기념예배에 누구를 초청할지 의논할 때 재론의 여지 없이 만장일치로 그 목사님을 다시 모시기로 했습니다. 우리는 편지를 보냈고 그는 초청을 받아들여 그해에도 우리 교회에 와 주었습니다. 당일에 설교하기 위해 강단에 선 목사님이 본문을 읽었습니다. '너는 그리스도 예수의 좋은 병사로 나와 함께 고난을 받으라.' 좀 실망은 되었지만 그래도 설교는 여전히 좋았고 우리 모두 기쁜 마음으로 들었습니다. 그 다음 해에 다시 기념예배 설교자를 결정할 때에는 상당한 이견이 있었습니다. 그 목사님을 다시 모시자는 사람들이 있었는가 하면 전에 있었던 일을 들어 반대하는 사람들도 있었습니다. 많은 토론 끝에 어쨌든 그 목사님께 다시 기회를 드리기로 했습니다. 누구나 가끔은 실수하는 만큼, 한 번 잘못했다고 해서 바로 내칠 수가 없었던 것입니다. 그래서 세 번째 해에도 오게 된 그 목사님이 본문을 읽었습니다. '너는 그리스도 예수의 좋은 병사로 나와 함께 고난을 받으라.' 그때는 그야말로 '인내'의 한계에 부닥쳤다는 생각이 들었고, 그 후로 다시는 그 목사님을 초청하지 않았습니다!"

여기에서 배울 교훈은 한 가지입니다. 기록을 남기십시오.

설교의 성격을 파악하라

제가 아주 흥미롭게 생각하는 주제인 설교의 성격에 대해 살펴봅시다. 제가 말하고 싶은 점은 설교마다 각각의 성격이 있다는 것입니다. 이것은 참으로 수수께끼 같은 문제입니다. 분명히 여러분이 원고를 준비해서 작성했는데도, 그 설교 자체가 독자적인 성격을 가지고 있는 듯이 보입니다. 최근에 한 소설가와 오랜 시간에 걸쳐 재미있는 대화를 나누면서, 그 소설가 역시 자기 소설의 등장인물들에 대해 똑같은 생각을 한다는 사실을 알고 흥미를 느낀 적이 있습니다. 그는 "그 인물들 때문에 골치가 아파요"라고 말했습니다. 그 중에 어떤 인물은 그가 원하는 자리에 머물러 있으려 하지 않았습니다. 오히려 그 인물이 작가를 조종하는 듯한 느낌이 들 정도였습니다. 작가가 인물들을 만들어 냈음에도, 그 나름대로 성격과 개성과 인성이 있어서 작가의 통제를 받는 것이 아니라 오히려 작가를 통제하려 든다는 것입니다. 똑같은 일이 설교에도 일어납니다. 어떻게 설명해야 할지는 모르겠지만, 이것은 아주 분명한 사실입니다. 실제로 어떤 설교는 스스로 자신을 전달하기 때문에 설교자가 할 일이 거의 없는 경우도 있습니다. 설교자의 개입을 허용치 않고 그 설교 스스로 설교하는 것입니다.

그러나 안타깝게도 이것은 일부 설교에만 해당되는 이야기입니다. 그 차이를 설명하기는 어렵습니다만, 나머지 설교들은 아주 세심하게 조종할 필요가 있습니다. 그렇게 하지 않으면 그 설교가 설교자를 거의 초주검으로 만들어 버리기 때문입니다. 저도 서론에서부터 진을 빼게 만드는 설교를 만날 때가 있습니다. 그럴 때에는 그 설교가 저를 조종하여 제 손에서 벗어나지 않도록 내용을 숙지하고 이해하느라 많은 시간을 투자하곤 합니다. 실제로 서론에서 너무 많은 힘을 빼앗겨 정작 중요한 부분이나 특히 절정 부분에 이르러서는 이미 지치고 피곤해진 나머지 주제를 제대로 다루지 못한 경우도 많이 있었습니다.

이처럼 설교마다 아주 명확한 성격이 있기 때문에, 그 내용을 잘 숙지해 놓을 필요가 있습니다. 이 점은 아주 중요합니다. 설교를 항상 말에 비유하곤 했던 한 노설교자—제가 아주 젊었던 때였는데 그분은 거의 인생의 황혼을 맞이하고 있었습니다—가 생각납니다. 그는 시골 사람으로서 젊은 시절에 말을 자주 탔던 탓에 설교 내용과 전달에 대해 말할 때마다 말 타는 일에 빗대어 이야기하곤 했습니다. 한번은 그가 설교를 망친 후에 이렇게 말했습니다.

"이 오래된 설교가 나를 내동댕이쳐 버렸군. 그럴 줄 알았어. 아주 땅바닥에 팽개쳐 버렸네."

설교가 말처럼 그를 '내동이쳤다'는 것입니다. 여기 핵심이 있습니다. 그러므로 설교할 내용을 잘 숙지해 놓을 것을 권합니다. 그러면 그때그때 상황에 적합한 설교가 무엇인지, 자신의 몸 상태에 적합한 설교가 무엇인지 알 수 있을 것입니다. 설교에는 이 모든 요소가 개입되는데, 그 하나하나가 다 엄청나게 중요합니다. 이렇게 말하면 굉장히 영적이지 못하다고 생각할 사람도 있겠지만, 현실적으로는 아주 중요한 문제라고 저는 확신합니다. 우리는 아직 육체라는 "질그릇"에 보배를 담고 있는 사람들이기 때문입니다. 설교를 좀 더 효과적으로 만들 수 있는 요소라면 무엇이든지 무시하지 말고 고려하십시오.

표절의 위험

그 다음은 말하기 껄끄러운 문제로서, 남의 설교를 사용하는 경우입니다. 그러나 이런 일이 심심찮게 일어난다는 확신이 있기 때문에 언급하고 넘어가야겠습니다. 이에 대해 할 말은 한 가지뿐입니다. 남의 설교를 사용하면서도 그 사실을 밝히지 않는 것은 아주 부정직한 짓입니다. 본인도 자존심이 있을 텐데 어떻게 남의 설교를 몰래 사용하는지 저는 이해할 수가 없습니다. 듣는 사람들은 그 설교를 칭송하며 감사히 여길지도 모릅니다. 그러나 본인만큼은 그것이 자기 설교가 아님을 알고 있습니다. 그런 사람은 도적이요 강도입니다. 그것은 큰 죄입니다. 이미 말했듯이 그러고서도 자존심을 유지한다는 것이 놀라울 따름입니다.

여기에는 재미있으면서도 좀 엉뚱한 측면도 있습니다. 스펄전과 한 신학교 학생 사이에 벌어진 유명한 이야기가 그 예라고 할 수 있습니다. 그 학생은 꾸지람을 듣기 위해 학장 앞에 불려와 있었습니다. 그는 주일마다 여러 교회에서 설교를 했는데, 그에 대한 소문들이 학교로 들려왔습니다. 설교가 아주 좋다는 평가도 있었지만, 스펄전의 설교를 계속 베끼고 있다는 비난도 들렸습니다. 학장은 이 문제를 처리할 책임이 있었기 때문에 젊은이를 불러서 물었습니다.

"자네가 여기저기 다니면서 스펄전 목사님의 설교를 한다는 말을 들었네. 사실인가?"

그러자 젊은이가 대답했습니다.

"아니, 사실이 아닙니다."

학장이 계속 추궁했지만 그는 한사코 부인했습니다. 한동안 실랑이를 벌인 끝에 학장은 젊은이를 스펄전에게 데려가는 수밖에 없다는 결론을 내렸습니다. 그래서 두 사람이 함께 스펄전을 찾아가 그 문제를 털어놓았습니다. 그러자 스펄전이 말했습니다.

"자, 겁낼 필요 없네. 자네가 정직하게만 말한다면 처벌하지 않을 테니까. 우리 모두 죄인이 아닌가? 하지만 사실은 밝혀야지. 자네는 이러이러한 본문을 설교했는가?"

"네, 목사님."

"주제는 이러이러하게 나누었고?"

"네, 목사님."

"그런데도 내 설교를 베낀 것은 아니라고 했지?"

"그렇습니다, 목사님."

한동안 질문을 던지던 스펄전은 더 이상 참을 수 없을 지경이 되어 이렇게 물었습니다.

"그럼 이게 자네 설교란 말인가?"

"오, 아닙니다."

"그럼 누구 설교인가?"

"윌리엄 제이 William Jay of Bath의 설교입니다."

제이는 19세기 초 바스에서 사역한 유명한 설교자로서, 두 권의 설교집이 출판되어 있었습니다. 스펄전은 "잠깐 기다리게"라고 말하고는 서재에서 그 두 권 중에 한 권을 뽑아 왔습니다. 그 책에 문제의 설교가 실려 있었습니다. 본문과 대지를 비롯한 모든 내용이 똑같았습니다! 이것이 대체 어찌 된 일일까요? 사실은 스펄전도 윌리엄 제이의 설교를 사용했던 것입니다. 그는 제이의 설교를 자신의 다른 설교들과 함께 출판하기도 했습니다. 수년 전에 제이의 설교집 두 권을 읽었는데, 그 후에 그 사실을 잊어버렸다는 것 외에는 다른 설명을 할 수가 없었습니다. 스펄전은 자신도 모르게 제이의 설교를 사용했다는 사실을 정직하게 시인했습니다. 그 설교가 무의식중에 그의 기억 속에 들어와 있었음을 시인한 것입니다. 그 신학생은 스펄전의 설교를 베꼈다는 비난은 면하게 되었습니다. 그러나 남의 것을 훔친 죄는 여전히 벗지 못했습니다.

또 다른 좋은 예가 있습니다. 어려움에 처한 설교자나 절박한 상황에 처한 사람들, 특히 평신도 설교자들에게 위안이 될까 해서 다시 한 번 이야기해 보겠습니다. 이 또한 스펄전에 얽힌 이야기입니다. 널리 알려졌다시피 그도 문득문득 침체에 빠질 때가 있었습니다. 그는 통풍을 앓고 있었는데, 통증이 심해질 때면 영적인 침체도 같이 따라왔습니다. 한번은 그렇게 침체에 빠진 나머지 도저히 설교할 수 없을 뿐 아니라 스스로 설교할 자격조차 없다는 자괴감에 사로잡혔습니다. 그래서 그 다음 주일에 자신의 교회인 태버내클 교회에서 설교하지 않고 에섹스의 고향 집으로 내려가 버렸습니다. 그리고 주일 아침이 되자 어린 시절에 다녔던 작은 예배당 뒷자리에 슬며시 들어가 앉았습니다. 그날은 한 평신도 설교자가 강단에 섰는데, 가련하게도 그날 설교가 마침 스펄전의 것이었습니다. 그 선량한 사람이 설교를 마친 순간, 스펄전이 달려가 눈물을 흘리며 감사를 표하자 그 불쌍한 사람이 말했습니다.

"스펄전 목사님, 목사님을 뵐 면목이 없군요. 제가 방금 한 설교는 바로 목사님의 설교였습니다."

"누구 설교였든 상관없습니다. 나는 오늘 그 설교를 통해 내가 하나님의 자녀로서 은혜로 구원받았다는 사실과 내 모든 죄가 용서받았다는 사실, 내가 목회자로 부름 받았다는 사실을 확신하게 되었습니다. 이제 다시 설교할 수 있습니다."

평신도 설교자의 입술에서 나온 그 자신의 설교가 이런 역사를 일으킨 것입니다. 남의 설교를 사용해도 좋은 경우는 오직 이런 경우가 아닐까 생각합니다.

그러나 조심해야 합니다. 1937년, 친애하는 노성도이자 전도자인 멜 트로터 Mel Trotter of Grand Rapids와 함께 대서양을 건넌 적이 있습니다. 그는 죄로 가득 찬 부끄러운 삶을 살다가 영광스럽게 회심하여 큰 구호 선교 단체의 책임자로 일하고 있었습니다. 다음의 재미난 이야기는 그가 직접 저에게 해 준 것입니다. 어느 주간에 그는 강연도 하고 일도 체계적으로 정비하며 어려움을 겪고 있는 사람들도 많이 상담하면서 아주 열심히 일했습니다. 그는 학구적인 사람이 아니었던 데다가 너무 바빴기 때문에 주일 준비를 제대로 하지 못했습니다. 주일 저녁예배 설교는 어찌어찌 준비했지만 오전 예배 설교는 생각조차 하지 못한 상태였습니다. 토요일 밤까지도 설교가 준비되지 못해 불편한 마음으로 잠자리에 들었습니다. 다음 날 아침 일찍 일어나기는 했지만 여전히 아무 생각도 나지 않았고 도저히 대책이 서지 않았습니다. 결국 자포자기하는 심정으로 친구인 켐벨 모건 박사의 설교를 하기로 했습니다. 그는 강단에 올라 늘 하던 대로 찬송을 부르고 성경을 읽고 기도를 하면서 예배를 인도했습니다. 그런데 설교 전에 부르는 찬송을 막 끝내려는 찰나, 예배실 뒷문이 열리더니 켐벨 모건 박사가 들어와 뒷자리에 앉는 것이었습니다! 그것을 본 멜 트로터는 너무나 당황스러웠습니다. 그러나 달리 어쩔 도리가 없었기 때문에 작정했던 대로 모건의 설교를 했습니다. 예배가 끝난 후, 모건이 다가와 설교에 따뜻한 감사를 표했습니다. 그러자 멜 트로터가 말했습니다.

"이 사람아, 자네 아이에게 내 옷을 입혔다고 해서 못 알아보았을 리가 있나?"

1936년 8월 둘째 주일에 우리 가족은 서 웨일스에서 휴가를 보내고 있었습니다. 그곳에는 성공회밖에 없었기 때문에 우리가 머물던 집의 농부 부부와 함께 그 교회 예배에 참석했습니다. 교구 신부가 강단에 올라 본문을 읽자 아내가 옆구리를 쿡 찔렀습니다. 그것은 1935년 마지막 주일, 제가 처음으로 웨스트민스터 채플에서 전한 본문이었기 때문입니다. 아마도 런던 강단에 처음으로 서는 설교자였기 때문에 두세 종류의 일간지나 잡지에 내용이 실렸던 모양입니다. 아내는 그것을 읽었기 때문에 내용을 훤히 알고 있었습니다. 신부는 본문을 읽고 설교를 했습니다. 유감스럽게도 저는 남이 제 설교를 하는 것을 듣고 앉아 있어야 했습니다. 그는 저를 몰랐고 전에도 저와 만난 적이 없었습니다. 그 다음 주간 내내 그와 마주치지 않으려고 무진 애를 썼는데, 하루는 주인집 농부가 일부러 그를 데려와 우리에게 소개해 주었습니다. 그가 제 설교 내용을 다룬 방식은 그리 인상적이지 못했지만, 그 상황에 대처한 방식만큼은 만점을 줄 만합니다! 그는 전혀 당황하는 기색 없이 제 눈을 똑바로 쳐다보며 이렇게 말했습니다.

"만나서 반갑습니다. 목사님 이야기는 자주 들었습니다. 여기 오신 줄 알았으면 예배 때 일과(성공회에서 아침저녁으로 읽는 성경 본문)를 읽어 주십사고 청했을 텐데요."

"말씀만으로도 고맙습니다."

저는 그의 비밀을 폭로하지 않았습니다. 남의 설교를 사용하면 이런 일이 생길 수도 있습니다.

또 다른 위험에 대한 이야기를 제 아내에게 들은 적이 있습니다. 아내가 다니던 교회에 두 주 연속으로 두 명의 다른 설교자가

와서 설교했는데, 둘 다 똑같은 설교를 했다는 것입니다. 두 사람 중 누가 원래 주인이었을까요? 가장 그럴 법한 대답은 둘 다 주인이 아니라는 것입니다. 둘 다 남의 설교를 빌렸든지, 좀 더 정확히 말하면 훔쳤을 가능성이 큽니다. 그런 짓은 이런 식으로 적발되게 되어 있습니다. 한마디 덧붙이자면, 본문만 바꾸는 것으로는 감출 수가 없습니다! 아무리 본문을 바꾸어도 분별력 있는 청중은 알아보게 마련입니다.

한두 가지 예증이나 예화를 덧붙인다고 숨길 수 있는 것도 아닙니다. 제가 아는 한 사람은 주일이 오기 전 며칠 동안 서너 번에 걸쳐 스펄전의 설교를 읽은 후에 설교하는 것이 자신의 설교 준비 방법이라고 했습니다.

"아시겠지만 사실 스펄전의 설교를 그대로 하는 건 아니에요. 그냥 죽 훑어보면서 참고하는 것이지요!"

우리는 이런 식으로 죄를 합리화하려 들지만, 그럴수록 본심만 드러날 뿐입니다.

이에 대해 몇 마디만 더 하겠습니다. 어쩔 수 없이 남의 설교를 사용하더라도, 즉 회중을 고려할 때 그 밖에는 달리 방법이 없어서 할 수 없이 남의 설교를 사용하더라도, 제가 한때 남 웨일스에서 알고 지내던 불쌍한 설교자처럼 하지는 마십시오. 문자 그대로의 진실을 밝히건대, 그는 한 번도 웨일스를 벗어난 적이 없는 사람이었고 다른 곳은 물론이요 잉글랜드조차 가 본 적이 없는 사람이었습니다. 그런데 어느 주일, 본문을 읽더니 이런 말로 설교를 시작했습니다.

"어느 날, 제가 워밍 계곡 정상에 섰을 때······!"

다시 말해서 남의 설교를 쓰더라도 버릴 것은 버리고 쓸 것만 쓰라는 것입니다. 제 설교로 설교한 그 신부도 첫 문장만큼은 베끼지 않는 작은 재치조차 부릴 줄 몰라서, 원래 원고를 그대로 사용했습니다. 워낙 인상이 깊이 박힌 탓에 아직도 그 문장을 기억하고 있습니다. 그는 이렇게 말했습니다.

"우리 교회 친교 모임에서 토론하기에 아주 좋은 주제는······."

그 교회에는 친교 모임이 없었습니다. 저는 우리 교회에 친교 모임이 있었기 때문에 자연스럽게 이런 말로 설교를 시작했던 것입니다. 남의 설교를 사용하는 경우가 있더라도 이런 일은 피하십시오. 그리고 좀 더 정직해지고 싶다면 남의 설교에 신세를 졌다는 사실을 사람들에게 밝히십시오.

이것이 설교의 낭만이다

설교의 낭만이라는 훨씬 더 중요한 문제로 빨리 넘어가도록 합시다! 설교의 낭만만큼 멋진 것은 세상 어디에도 없습니다. 그것은 세상에서 가장 위대한 일이자 떨리는 일이고, 흥분되는 일이며, 보람 있는 일이고, 놀라운 일입니다. 주일 오전이나 저녁에 새 설교를 들고 강단으로 걸어 올라갈 때의 느낌, 특히 그 메시지가 하나님께로부터 왔음을 알기에 한시라도 빨리 전하고 싶다는 갈망으로 강단에 설 때의 느낌에 비할 것은 아무것도 없습니다. 그것은 말로 설명할 수 없는 경험입니다. 설교 내용이 최고로 좋다 하더라도 다른 곳에서 되풀이할 때는 처음 같은 느낌이 들지 않습니다. 제가 한곳에서 정규적으로 오래 목회할 것을 주장하는 이유가 여기 있습니다. 저도 은퇴 이후에 다시는 그런 경험을 하지 못하는 것은 아닌지 두려운 마음이 듭니다. 이 경험에 비할 것은 아무것도 없습니다. 물론 다른 곳에서 설교할 때에도 아주 좋은 시간을 가질 수는 있습니다. 그러나 여러분과 회중의 관계, 여러분의 준비와 다른 많은 요인들에서 비롯되는 이 특별한 경험은 오직 한 교회에서 정규적인 사역을 할 때에만 맛볼 수 있습니다.

예배의 무한한 가능성은 이 낭만의 또 다른 측면을 이루고 있습니다. 또는 예배의 불확실성이라고 말해도 좋겠습니다. 그 불확실성에도 영광스러운 무언가가 들어 있습니다. 진정한 설교자는 자신이 강단에 선 이후에 무슨 일이 일어날지 예측할 수 없습니다. 전에도 말했듯이 강사는 예측할 수 있습니다. 그러나 설교자는 예측할 수 없는 것이 분명합니다. 설교자는 예기치 못한 경험을 합니다. 자신 있게 준비해서 좋은 예배를 드릴 것 같다는 좋은 느낌으로 강단에 섰는데 실제로는 형편없는 예배를 드릴 수도 있습니다. 그 또한 놀라운 경험입니다. 어찌 되었든 여러분이 예배를 통제하는 유일한 사람이 아님을 보여 주는 경험이기 때문입니다. 설교자는 자신이 예배를 통제하는 것처럼 생각하기 쉽습니다. 그러나 이런 경험을 통해 자신이 통제할 수 없다는 사실, 자신도 '하나님 아래' 있는 존재라는 사실을 다시금 상기하게 됩니다.

역으로 하나님께 감사할 일이 생기기도 합니다. 긴장도 되고 여러 가지 이유 때문에 제대로 준비하지도 못했다는 불편한 마음으로 강단에 섰는데 갑자기 모든 상황이 잘 풀릴 뿐 아니라 몸 상태까지 좋아질 때가 있는 것입니다. 설교가 건강에 미치는 영향은 아주 두드러진 것입니다. 윗필드의 일기를 읽어 보면 그가 이 점을 자주 언급했음을 알 수 있습니다. 건강이 좋지 못했던 그는—심장 문제 때문이었을 수도 있고 말년의 과도한 비만 증세 때문이었을 수도 있습니다—일기나 편지에 "설교하면서 땀을 흠뻑 쏟기 전까지는 건강이 회복되지 않을 것"이라는 식의 말을 쓰곤 했습니다. 그리고 실제로 땀을 쏟으며 설교를 하고 나면 건강이 회복되었습니다. 저도 "내가 해 본 유일한 터키욕은 강단에서 한 것이 전부"라는 말을 자주 하곤 합니다. 이런 일이 실제로 일어납니다. 설교하는 가운데 기운을 차리고 건강을 회복하며 힘을 되찾아서 본인도 자신을 거의 알아보지 못하는 일이 일어나는 것입니다. 이런 일은 세상 어디에서도 찾아볼 수 없습니다. 오직 설교자만 약하고 지친 모습으로 강단에 섰다가 설교를 마치고 내려올 때에는 완전히 다른 사람이 되는 경험을 할 수 있는 것입니다.

한 가지 덧붙이고 싶은 예외상황이 있는데, 그 역시 제가 목회하는 내내 아주 흥미롭게 여겼던 부분입니다. 저는 주일에 일어날 일을 토요일에 미리 알 수 있었던 적이 가끔 있었습니다. 제가 '가끔'이라고 말한 데 주의하십시오. 그것은 확실히 일상적인 경험은 아니었습니다. 설교를 준비하는 중에 말씀에 사로잡히며 감동을 받을 때, 대개는 주일 설교 시간에도 같은 일이 일어날 것을 미리 예측할 수 있었습니다. 강조하건대 원고를 잘 작성했을 때가 아니라 사로잡히고 감동받았을 때 그러했다는 것입니다. 이처럼 여러분의 마음이 움직일 때, 여러분이 준비하는 메시지가 능력 있게 다가와 역사할 때, 회중에게도 같은 일이 일어날 가능성이 큽니다. 저는 서재에서 저 자신이 말씀에 사로잡히며 감동받을 때 주일에도 같은 일이 일어나리라 짐작할 수 있었고, 대개는 그 짐작이 들어맞았습니다.

설교하다가 주제가 더 발전되는 일에 대해 앞서 말한 적이 있는데, 설교의 낭만이라는 측면에서 다시 그 이야기를 하고 싶습니다. 이 또한 설교자를 경이감으로 충만케 만드는 지극히 놀랍고 떨리는 경험입니다. 이것은 흔히 찾아오는 경험이 아니며 사람이 어찌할 수 있는 경험도 아닙니다. 이 일은 그냥 일어납니다. 설교를 준비해서 강단에 섰는데, 설교하던 중에 첫 번째 대지가 발전하여 한 편의 설교가 되어 버리는 경험을 저도 종종 하곤 했습니다. 그래서 전에는 미처 생각지도 못했던 연속 설교 내용을 얻어서 강단을 내려온 적이 많았습니다. 첫 번째 대지가 한 편의 설교로 완성되었으니, 그 다음 대지들로도 각각 한 편씩의 설교를 완성하면 연속 설교가 이루어지는 것입니다. 그런 일은 서재에서 설교를 준비할 때가 아니라 실제로 설교하던 중에 일어났습니다. 설교를 준비할 때에는 연속 설교가 가능하다는 생각조차 하지 못했습니다. 그런데 설교하다가 갑자기 눈이 열려 그 가능성을 보게 되었던 것입니다.

이런 것이야말로 진정한 낭만이 아닐까요? 이런 일만 일어난다면 설교거리가 없어서 필사적으로 남의 설교를 찾는 처지는 되지 않을 것이며, 오히려 다음 주일이 오기를 간절히 기다리며 고대하게 될 것입니다. 이것은 순전히 제 경험에서 나온 말로서, 하나님의 영광을 위해 이 자리에서 밝히는 것입니다. 한 번도 생각해 본 적이 없고 상상해 본 적도 없는 내용이 실제로 강단에서 설교하는 중에 생각날 때, 설교자는 말할 수 없는 기쁨과 감사와 놀라움에 사로잡히게 됩니다. 이런 일은 세상 어디에서도 찾아볼 수 없습니다.

이런 경험을 이루고 있는 또 다른 측면도 있습니다. 저는 미리 준비한 설교를 전부 전해서는 안 된다는 느낌을 받을 때가 종종 있었습니다. 그러면 그 설교를 수정하여 손질함으로써 원래의 연속 설교 계획을 재조정하곤 했습니다. 또 가끔은 준비한 설교의 절반만 전하고 강단에서 내려오기도 했습니다. 그중에서도 한 경우가 생각나는데, 그날은 왜 그래야만 하는지 납득이 되지 않았습니다. 여하튼 그날 절반만 설교하고 내려왔기 때문에, 그 다음 주일 설교는 자연히 준비한 셈이 되었습니다. 마침내 다음 주일이 왔고 저는 원래 원고의 나머지 부분을 한편으로 완성해서 전했는데, 평소와는 다른 특별한 자유가 느껴졌습니다. 예배를 마친 후, 한 사람이 찾아와 저를 만나고 싶어 하는 방문객이 있다고 말했습니다. 그의 말로는 목회자 같다고 했습니다. 그리하여 수천 마일 떨어진 곳에서 찾아온 목사님을 만나게 되었습니다. 그는 어찌나 감동을 받았던지 거의 말도 하지 못할 정도였습니다. 대체 무슨 일이 일어난 것일까요? 무엇 때문에 그토록 깊은 감동을 받은 것일까요? 그는 하나님께서 바로 이 설교를 들려주시려고 그토록 먼 데서부터 여기까지 자신을 데려오셨다고 확신하고 있었습니다. 이 일에 대해서는 「믿음의 시련 *Faith on Trial*」이라는 작은 책의 서문에서 언급한 적이 있지만, 여기에서 반복할 가치가 있다고 생각해서 다시 말하는 것입니다. 저는 그의 확신이 옳다고 믿습니다. 그 일은 저도 놀라게 만들었습니다. 만약 그 전주에 준비한 설교를 전부 전해 버렸다면 이 사람은 그날의 설교를 듣지 못했을 것입니다. 그러나 저는 전주에 마음에 부담을 느껴서 절반밖에 설교하지 못한 채 나머지 절반을 남겨둘 수밖에 없었습니다. 이미 말했듯이 그 당시에는 좀 혼동이 되었지만, 그날 그 목사님을 만나면서 모든 것이 명백해졌습니다.

상황을 통제하는 것은 우리가 아니라 하나님이십니다. 여기에서 낭만이 생겨나는 것입니다. 여러분은 자신이 하는 일의 의미를 전혀 모를 수 있습니다. 저도 전에는 그 목사님에 대해 들어 본 적도 없었고 아는 바도 없었습니다. 그런데도 그날 아침에는 오직 그 목사님만을 위해 준비된 설교를 했습니다. 제가 원래 계획했던 대로 설교했다면 그에게는 전혀 도움이 되지 않았을 것입니다. 이에 비할 만한 경험이 또 어디 있겠습니까? 이런 낭만을 세상 어디에서 찾을 수 있겠습니까? 이것은 오직 설교자만 맛볼 수 있는 경험입니다. 이런 경험을 많이 하면 할수록 여러분은 놀라움으로 가득 차게 될 것이며 자신을 이 영광스러운 사역으로 불러 주신 하나님께 감사드리게 될 것입니다.

여기에서 현실적인 차원의 질문이 나올 수 있습니다. "설교할 때 갑자기 이런 일이 일어나면 어떻게 해야 합니까?" 그럴 때에는 재빨리 생각을 해서 설교하는 동안 내용을 잘 전개시켜 마무리를 지어야 합니다. 즉, 한 편의 완결된 설교를 만들어야 한다는 것입니다. 그러려면 배열도 일정한 방식으로 조정해야 하고 내용도 덧붙이거나 부연해 가면서 결론과 절정으로 이끌어 나가야 합니다. 그런 경우에도 미완성으로 끝내지 말고 그 나름대로의 논리적인 결말과 결론 및 적용을 제시해야 하는 것입니다. 여기에는 설교자가 자유롭게 설교해야 한다는 뜻이 내포되어 있습니다. 그 능력은 경험을 통해 자라납니다.

설교의 낭만에 속하는 또 다른 요소는 누가 여러분의 설교를 들을지 모르며 그들에게 무슨 일이 일어날지 또한 모른다는 것입니다. 누군가에게는 그 설교가 삶의 전환점이 될 수도 있습니다. 이런 일이 그리 드물지 않다는 데 감사를 드리십시오. "비웃으려고 찾아온 어리석은 자들이 남아서 기도하네." 완전한 절망 속에 예배에 참석했던 사람들이 회심하고 중생한 새사람이 되어 기쁨으로 돌아갑니다. 그들의 삶 전체가 변화되는 일에 여러분이 관여하며 일익을 담당하는 것입니다. 이에 비할 일이 세상에 또 어디 있겠습니까? 이런 일은 그 어디에도 없습니다. 이것은 인간이 누릴 수 있는 최고의 경험입니다. 여러분은 하나님과 한 영혼 사이에 서 있습니다. 그 사이에서 영원한 문제들이 다루어지며 영원한 운명이 결정됩니다.

또 흔히 하게 되는 경험은 예배가 끝난 후 사람들이 찾아와 이렇게 말하는 것입니다.

"정말 놀랍네요. 설사 목사님이 저와 제 상황을 속속들이 알고 있었다 해도 이보다 더 직접적인 말씀은 해 주지 못했을 것입니다."

그들은 자신에게 꼭 필요한 말씀을 들었다고 말합니다. 이처럼 어떤 문제, 어떤 혼란, 어떤 어려움, 어떤 비극에 짓눌려 있는 사람이든 간에 자신에게 꼭 필요한 말씀을 듣게 됩니다.

제 친구 중에 외국에서 일하는 아주 훌륭한 목회자가 있습니다. 그는 핍박이 너무 심해지자 가족을 데리고 그 나라를 떠나 다른 나라에 정착하기로 했습니다. 그런데 그 나라에 가는 길에 런던에 들렀다가 우연히 우리 교회 주일 오전예배에 참석하게 되었습니다. 그때까지만 해도 저는 그들에 대해 들은 바도 없었고 아는 바도 전혀 없었습니다. 그런데 그날 설교 중에 그들에게 직접 꽂히는 말씀이 있었습니다. 마침내 남편이 아내를 돌아보았습니다. 아내도 남편을 돌아보았습니다. 그러면서 서로 "우리에게 주신 응답"이라는 결론을 내렸습니다. 그 응답이란 새로운 나라로 갈 것이 아니라 원래 있던 나라로 돌아가 무서운 핍박을 감내하며 정면에서 싸워 이기라는 것이었습니다. 그들은 그렇게 했고, 그 일로 영광을 누렸습니다. 저는 수년 후 그들의 입에서 이 말을 듣고 나서야 사정을 알게 되었습니다. 그런 경험을 할 때 우리는 "너무 마음 깊은 곳을 건드려 눈물조차 나오지 않는 상념"에 빠지게 됩니다.

가장 인상적인 이야기

제가 들은 이야기 중에 가장 인상적이었던 것을 전하면서 이 부분을 마무리 짓고 싶습니다. 이것은 설교가 아니라 기도하던 중에 실제로 일어난 일입니다. 제가 아는 한 불쌍한 남자가 있었는데, 그는 무서운 죄의 삶을 살다가 회심하여 훌륭한 그리스도인이 되었습니다. 그의 회심은 제가 남 웨일스에 있을 때 일어났습니다. 그런데 그 후에 불행히도 여러 가지 이유 때문에 다시 타락하여 깊은 죄에 빠지게 되었습니다. 그는 아내와 자식들을 버리고 도망쳐서 다른 여자와 함께 아주 형편없는 삶을 살았습니다. 그들은 런던으로 가서 죄를 지으며 살았습니다. 그리고 돈이 떨어지자 집으로 돌아가 아내에게 거짓말을 해서 돈을 뜯어냈습니다. 공동명의로 되어 있던 집을 자기 소유로 변경하여 팔아넘긴 후에 돈을 챙긴 것입니다. 그리고 그 돈을 가지고 '먼 지방'으로 가서 무서운 죄를 지으며 살았습니다. 그러다가 또 빈털터리가 되었고 같이 살던 여자에게도 버림을 받았습니다. 그는 너무나 비참하고 수치스러운 나머지 자살하기로 결심했습니다. 깊이 회개하는 가운데 하나님은 자신을 용서하실 것이라는 생각이 들었지만, 자기 자신은 도저히 용서할 수가 없었고 가족들에게 돌아갈 염치도 없었습니다. 그래서 웨스트민스터 다리로 가서 템즈 강에 투신하기로 굳게 결심했습니다. 그리고 그 결심을 실행코자 길을 나섰습니다. 이 불쌍한 남자가 다리에 도착한 순간, 시계탑의 시계가 6시 30분을 알렸습니다. 그러자 갑자기 한 가지 생각이 마음을 스쳐 지나갔습니다.

'그 목사님(저를 가리키는 말입니다)이 지금 저녁예배를 드리려고 강단에 오르고 있겠구나.'

그는 생을 마감하기 전에 한 번 더 제 설교를 듣기로 했습니다. 그래서 6분 가량 걸리는 웨스트민스터 채플을 찾아와 계단을 밟고 중2층으로 막 들어서는 순간, 이런 말이 들려왔습니다.

"신앙을 버리고 다시 타락한 사람을 불쌍히 여겨 주옵소서."

그것은 기도 중에 나온 말이었는데, 말 그대로 첫 번째로 그의 귀에 와서 꽂혔습니다. 그 즉시 모든 것이 제자리를 찾았습니다. 그는 다시 회복되었을 뿐 아니라 런던 교외에 있는 한 교회의 장로가 되어 수년 동안 잘 섬겼습니다(그는 이 연속 강의가 책으로 엮이기 전에 영광스러운 승리의 죽음을 맞이했습니다).

이것이 무엇을 의미할까요? 우리는 하나님의 손 안에 있기 때문에 무슨 일이든지 일어날 수 있다는 것입니다. "대저 하나님의 모든 말씀은 능하지 못하심이 없느니라"(눅 1:37). 윌리엄 케리William Carey는 "하나님께 큰일을 구하라"고 했으며, 더 나아가 "하나님이 큰일 하실 것을 기대하라"고 했습니다. 그러면 놀라운 일이 계속된다는 것입니다. 설교자의 일만큼 낭만적인 일은 없습니다. 그 길을 걷다 보면 수많은 벧엘을 만나게 될 것이며, 다음과 같은 프랜시스 톰슨Francis Tompson의 시구를 거듭거듭 떠올리게 될 것입니다. "돌 하나만 들어올려도 천사의 날개가 퍼덕이리라."

16
"성령의 나타나심과 능력"

제가 맨 마지막에 다루려고 미루어 둔 주제가 있는데 그것은 설교와 관련된 가장 본질적인 주제, 즉 성령의 기름 부음입니다. 가장 중요한 주제라면서 왜 처음부터 다루지 않고 마지막에서야 다루는지 이상하게 생각하는 이들도 있을 것입니다. 제가 이렇게 하는 이유는 앞서 말한 모든 일들을 위해 노력한 후에야 기름 부음이 임한다고 믿기 때문입니다. 이미 지적했듯이 어떤 이들은 기름 부음에만 의지한 채 자신이 준비할 수 있는 부분들을 전부 소홀히 하는 잘못을 저지릅니다. 그러나 성령의 기름 부음은 준비 위에 임한다고 보는 것이 바른 생각입니다. 준비와 기름 부음의 관계를 쉽게 입증해 주는 예가 구약에 나옵니다. 그것은 갈멜 산에서 이스라엘의 거짓 선지자들과 대결한 엘리야의 예입니다. 엘리야는 제단을 세우고 나무를 쪼개어 제단 위에 벌여 놓은 다음, 짐승을 잡아 각을 떠서 그 위에 올려 놓았습니다. 그리고 그 모든 준비를 마친 후에 불을 내려 주시기를 기도했습니다. 이것이 바른 순서입니다.

같은 순서를 보여 주는 예들이 그 밖에도 많이 있습니다. 가장 눈에 띄는 예는 광야에 성막을 세운 출애굽기 40장의 이야기입니다. 성경은 모세가 하나님의 명령에 어떻게 세세히 순종했는지 보여 준 다음, 그 모든 일을 마친 후에 여호와의 영광이 성막에 임했다고 말합니다. 설교에서 가장 중요한 것이 틀림없는 요소를 맨 마지막에서야 다루는 이유가 여기 있습니다. "하나님은 스스로 돕는 자를 돕는다"라는 말은 다른 많은 영역뿐 아니라 설교에도 해당됩니다. 우리는 세심한 준비와 성령의 기름 부음을 양자택일의 관점에서 바라볼 것이 아니라 상호보완의 관점에서 바라보아야 합니다.

우리는 모두 극단으로 치우치기 쉬운 사람들입니다. 자기가 준비한 것만 믿고 더 이상 아무것도 구하지 않는 이들이 있는가 하면, 이미 말했듯이 준비는 무시한 채 성령의 기름 부음과 감동만 바라는 이들도 있습니다. 그러나 준비와 기름 부음은 '이것 아니면 저것'의 문제가 아닙니다. '이것과 저것'이 항상 같이 가야 합니다. 이 두 가지는 떼려야 뗄 수 없는 관계에 있습니다.

복음서에 나오는 기름 부음

그렇다면 성령의 '기름 부음'이란 무엇을 의미할까요? 이 질문에 접근하는 가장 좋은 방법은 무엇보다 먼저 성경이 무엇이라고 말하고 있는지 살펴보는 것입니다. 그러나 그 전에 모든 설교자들에게 묻고 싶은 것이 있습니다. 여러분은 설교하기 전에 항상 이 기름 부음을 구하고 찾습니까? 이 기름 부음에 최고의 관심을 기울입니까? 설교자를 검증하기에 이보다 더 분명하고 철저한 방법은 없습니다.

성령의 기름 부음이란 무엇입니까? 성령께서 설교자 위에 특별한 방식으로 임하시는 것이며, 능력으로 임하시는 것입니다. 하나님께서 성령을 통해 능력을 부어 주심으로써 인간이 수고하고 노력한 것 이상으로 끌어올려 성령의 손에 사용되게 하시고 그의 통로가 되게 하시는 것입니다. 성경은 이 점을 분명하고도 명백하게 보여 주고 있습니다.

그러므로 저는 먼저 성경의 가르침을 살펴본 후에 역사적인 관점에서 다시 이 주제를 살펴보고, 마지막으로 몇 마디를 덧붙이고자 합니다. 구약의 선지자들도 전부 기름 부음을 받은 예인 것이 분명하지만, 여기에서는 신약에만 관심을 한정하기로 하겠습니다. 세례 요한의 이야기부터 하려고 하는데, 그것은 그가 구주의 오심을 예비했던 인물이기 때문입니다. 그의 아버지 사가랴는 누가복음 1장에서 다음과 같은 메시지를 전하고 있습니다.

> 이는 그가 주 앞에 큰 자가 되며 포도주나 독한 술을 마시지 아니하며 모태로부터 성령의 충만함을 받아 이스라엘 자손을 주 곧 그들의 하나님께로 많이 돌아오게 하겠음이라. 그가 또 엘리야의 심령과 능력으로 주 앞에 먼저 와서 아버지의 마음을 자식에게, 거스르는 자를 의인의 슬기에 돌아오게 하고 주를 위하여 세운 백성을 준비하리라(눅 1:15-17).

이 말은 구약 선지자들의 입장을 탁월하게 요약해 주고 있습니다. 그들은 자신들에게 영감이 임한 것을 알았습니다. 성령이 그들을 사로잡아 말씀을 주셨으며 그 말씀을 전할 능력도 주셨습니다. 이것이 선지자들의 큰 특징이었습니다. 그리고 요한은 그 마지막 선지자였습니다. 그래서 성령과 그의 능력이 특별한 방식으로 그에게 주어졌다고 성경은 말하고 있습니다. 그의 사역에 관한 기록을 읽어 보면 이 점을 분명히 확인할 수 있습니다. 그가 말할 때 사람들은 강력한 죄의식을 느꼈습니다. 세례 요한의 설교는 바리새인들까지 죄를 인정하게 만들었는데, 이것이야말로 그의 사역에 능력이 있었다는 확실한 증거입니다. 그러나 요한은 자신의 일이 예비 작업에 불과함을 잘 알고 있었고 그 점을 항상 강조했습니다. 그는 "나는 그리스도가 아니다"라고 말했습니다. "나는 물로 너희에게 세례를 베풀거니와 나보다 능력이 많으신 이가 오시나니 나는 그의 신발끈을 풀기도 감당하지 못하겠노라. 그는 성령과 불로 너희에게 세례를 베푸실 것이요"(눅 3:16). 그는 무언가 더 진전된 일, 훨씬 더 큰 일이 임할 것이라고 말했습니다.

그렇다면 이번에는 주님 자신에게 일어난 일을 살펴봅시다. 우리는 이 일을 놓치고 넘어갈 때가 아주 많습니다. 제가 말하려는 것은 주님께서 세례 요한에게 세례를 받으시고 요단강에서 나오실 때 성령이 내려오신 사건입니다. 성령은 비둘기의 형체로 그 위에 임하셨습니다. 그리고 주님은 후에 고향 나사렛의 회당에서 이 일의 의미를 친히 밝혀 주셨습니다. 누가복음 4:18 이하를 보십시오. "주의 성령이 내게 임하셨으니 이는 가난한 자에게 복음을 전하게 하시려고 내게 기름을 부으시고……." 제가 강조하고 싶은 것은 주님께서 요단강 사건을 성령이 구원의 복음을 전하게 하려고 기름을 부으신 일로 설명하셨다는 점입니다. "주의 은혜의 해를 전파하게 하려 하심이라."

이것은 아주 놀라운 말씀입니다. 물론 성육신의 의미와 목적도 환히 밝혀 주는 말씀이지만, 그보다 더 중요한 것은 하나님의 아들이신 주님 또한 지상에 사는 한 인간이었기에 사명을 감당케 하시는 성령의 특별하고도 고유한 '기름 부음' 없이는 사역하실 수 없었음을 밝히고 있다는 점입니다.

사도행전에 나오는 기름 부음

그 다음으로 살펴볼 말씀은—일일이 다 언급할 수가 없어서 이 문제를 다루는 데 가장 중요한 구절들만 골라 내고 있는 중입니다—사도행전 1:8입니다. "오직 성령이 너희에게 임하시면 너희가 권능을 받고 예루살렘과 온 유대와 사마리아와 땅 끝까지 이르러 내 증인이 되리라." 이 말씀은 당연히 누가복음 마지막 장과 연결해서 생각해야 합니다. 누가복음 마지막 장에는 주님께서 다락방에 모인 제자들에게 하신 말씀이 기록되어 있습니다. 주님은 제자들을 파송하면서 이렇게 말씀하셨습니다.

> 이같이 그리스도가 고난을 받고 제삼일에 죽은 자 가운데서 살아날 것과 또 그의 이름으로 죄 사함을 받게 하는 회개가 예루살렘에서 시작하여 모든 족속에게 전파될 것이 기록되었으니 너희는 이 모든 일의 증인이라. 볼지어다, 내가 내 아버지의 약속하신 것을 너희에게 보내리니 너희는 위로부터 능력으로 입혀질 이 성에 머물라(눅 24:46-49).

이 구절은 사도행전 1:8로 연결되었다가 2장에서 성취됩니다.

이미 살펴보았듯이 여기 나오는 제자들은 이미 설교자로서 활동하기에 완벽한 자격과 조건을 갖춘 것처럼 보입니다. 그래서 이 말씀이 중요한 것입니다. 그들은 주님과 3년 동안 같이 다니면서 그의 말씀과 교훈을 들었고, 그가 행하신 모든 기적을 보았습니다. 그리고 그와 함께 지낸 덕분에 얼굴을 직접 뵈면서 개인적으로 대화하고 소통하는 혜택도 누렸습니다. 그들 중에 일부는 주님이 변형되신 모습도 보았으며, 십자가에서 돌아가시고 묻히시는 장면은 모두가 목격했습니다. 무엇보다 그들은 주님이 몸으로 부활하신 것을 목격한 증인들이었습니다. 그렇기 때문에 우리가 보기에는 그들이야말로 복음을 전할 완벽한 조건을 갖춘 것 같습니다. 그러나 주님의 가르침에 따르면 그들은 아직 준비되지 못했습니다. 필요한 모든 지식을 갖춘 것 같았지만 지식만으로는 충분치 않았습니다. 그 이상의 것, 본질적인 것이 더 있어야 했습니다. 사실 지식은 말할 수 없이 중요한 것입니다. 지식이 없으면 증거할 수가 없기 때문입니다. 그러나 효과적인 증인이 되려면 지식에 더하여 성령의 능력과 기름 부음과 나타나심도 있어야 합니다. 제자들에게조차 그것이 꼭 필요했다면, 이런 일들에 대해 전하고자 하는 다른 이들에게는 얼마나 더 필요하겠습니까?

오순절 날 성령께서 예루살렘에 모인 사람들에게 임하신 일을 읽어 보면, 그들이 얼마나 달라졌는지 금방 알 수 있습니다. 자기 목숨 때문에 주님을 부인할 만큼 비겁했던 베드로가 담대함과 큰 확신에 넘치는 모습을 보여 주고 있습니다. 그는 권위 있게 성경을 설명할 수 있었으며, 3,000명이나 되는 사람들을 회심시킬 만큼 강력한 설교를 할 수 있었습니다. 이 장면은 우리가 아는 바 교회가 성령의 시대를 맞이하여 어떻게 처음 세워졌는지, 어떻게 처음 시작되었는지 생생하게 보여 주고 있습니다.

여기에서 저는 우리가 놓치기 쉬운 또 다른 요점에 주의를 환기시키고 싶습니다. 설교자에게 주어지는 이 '능력의 획득'—또는 '능력의 분출'이라 해도 좋습니다—은 한 번 받고 끝나는 것이 아닙니다. 이 일은 반복될 수 있으며 실제로도 거듭거듭 반복되었습니다.

예를 들어서 입증해 보겠습니다. 우리는 오순절에 사도들이 이 능력으로 충만해진 것을 보았으며, '성령 세례'의 진정한 목표는 그리스도와 그의 구원을 능력 있게 전하게 하려는 것임을 알았습니다. 성령 세례는 중생이 아니며—사도들은 이미 중생한 사람들이었습니다—주로 성화를 촉진시키기 위해 임하는 것도 아닙니다. 성령 세례는 능력의 세례 내지는 불의 세례, 증거할 능력을 주는 세례입니다. 옛 설교자들은 이 점을 매우 강조했습니다. 그들은 사람들에게 묻곤 했습니다. "당신은 주님의 불 세례를 받았습니까?" 이것은 아주 중요한 질문입니다. 성령 세례는 중생이 아니며 성화도 아닙니다. 성령 세례는 능력, 증거하게 하는 능력입니다.

사도들은 오순절에 성령 세례를 받았고, 그 즉시 베드로는 아주 강력하게 증거했습니다. 그리고 요한과 함께 앉은뱅이를 고친 후에도 성전에서 그처럼 강력하게 증거할 수 있었습니다. 사도행전 4:7부터 다시 보십시오. 베드로와 요한이 산헤드린 앞에서 심문을 받으며 여러 가지 문책을 당하는 모습이 나옵니다. 공회원들은 묻습니다. "너희가 무슨 권세와 누구의 이름으로 이 일을 행하였느냐?" 그 다음에 나오는 말에 주목하시기 바랍니다. "이에 베드로가 성령이 충만하여 이르되 백성의 관리들과 장로들아……."

여러분은 이 말을 어떻게 해석하십니까? 성경은 왜 "이에 베드로가 성령이 충만하여"라고 말하는 것일까요? 여러분은 "베드로도 다른 사람들처럼 오순절 날 이미 성령으로 충만해지지 않았습니까?"라고 논박할 수 있습니다. 물론 베드로도 그때 성령 충만을 받았습니다. 그런데 여기에서 새삼스럽게 또다시 성령이 충만해졌다고 말하는 이유가 무엇입니까? 이에 적합한 설명은 한 가지뿐입니다. 이것은 베드로가 오순절 날 성령 세례를 받았다는 사실을 다시금 상기시키기 위해 하는 말이 아닙니다. 베드로가 능력을 새롭게 받지 않았다면 굳이 이 말을 또 할 필요가 없습니다. 그는 중대한 상황에 처해 있었습니다. 그가 요한과 함께 심문을 받는다는 것은 곧 복음과 교회 전체가 심문을 받는 일과 같았습니다. 그에게는 적극적으로 증거하며 박해자들을 논파할 새롭고도 신선한 능력이 필요했습니다. 그리고 바로 그 능력이 그에게 주어졌습니다. 그래서 성경이 "베드로가 성령이 충만하여"라고 말하고 있는 것입니다. 베드로가 이 특별한 임무를 감당할 수 있도록 다시 한 번 성령이 충만히 그 위에 임하셨습니다.

사도행전 4:31에는 또 다른 예가 나옵니다. 교회를 제거하려는 당국자들의 위협 앞에 온 교인이 두려워하며 기도하고 있을 때, 다음과 같은 일이 일어났습니다. "빌기를 다하매 모인 곳이 진동하더니 무리가 다 성령이 충만하여." 이들도 전에 성령을 받은 사람들이었습니다. 오순절 날 이들 모두가 성령 충만을 경험했고, 베드로와 요한은 그 후에 또 다시 성령 충만을 경험했습니다. 그런데 여기에서 온 성도가 다시 한 번 성령으로 충만해지고 있는 것입니다. 이것으로 볼 때 성령 충만은 여러 번 반복될 수 있는 일인 것이 분명합니다.

사도행전 6장을 보면 맨 처음에 집사들이 어떻게 임명되었는지에 대한 이야기가 나옵니다. 3절과 5절에서 강조하고 있는 자격을 주의해서 보십시오. "형제들아, 너희 가운데서 성령과 지혜가 충만하여 칭찬 받는 사람 일곱을 택하라." 이것은 모든 사람에게 해당되는 조건이 아니라 일부에게만 해당되는 조건이었습니다. "우리가 이 일을 그들에게 맡기고." 5절도 보십시오. "온 무리가 이 말을 기뻐하여 믿음과 성령이 충만한 사람 스데반과……." 아마도 여러분은 "하지만 성도 전체가 성령으로 충만해지지 않았습니까?"라고 물을 것입니다. 5절의 의미로 보자면 그렇지 않습니다. 5절에서는 무언가 특별하고 독특한 자격, 추가적인 자격에 대해 말하고 있습니다. 그들은 그 자격을 갖춘 사람을 찾아야 했습니다. 이 모든 사례들은 정확히 똑같은 요점을 제시하고 있습니다.

사도행전 7:55에서 또 다른 예를 살펴봅시다. 여기에는 스데반이 돌에 맞아 죽기 직전의 모습이 묘사되고 있습니다. 이것은 인상적인 사건일 뿐 아니라 매우 중요한 사건이기도 합니다. 54절부터 보십시오. "그들―스데반을 고발한 산헤드린 공회원들―이 이 말을 듣고 마음에 찔려 그를 향하여 이를 갈거늘 스데반이 성령 충만하여 하늘을 우러러 주목하여 하나님의 영광과 및 예수께서 하나님 우편에 서신 것을 보고." 이번에도 스데반에게 특별한 능력이 임했습니다. 성령께서 큰 위기에 처한 성도에게 특별한 방식으로 임하여 위기에 대처하며 강력하게 증거할 수 있는 능력을 주신 것입니다.

한 가지 예만 더 들면 충분하리라 생각합니다. 그것은 뒤늦게 교회에 들어온 사도 바울의 이야기입니다. 사도행전 13:9을 보십시오. 바울과 바나바가 서기오 바울이라는 총독이 관할하는 지역에 가게 되었는데, 그 총독에게는 하나님의 말씀을 듣고 싶어 하는 마음이 있었습니다. 그런데 박수 엘루마가 "그들을 대적하여 총독으로 믿지 못하게" 힘썼습니다. 9절을 보시기 바랍니다. "바울이라고 하는 사울이 성령이 충만하여 그를 주목하고." 여기에도 "성령이 충만하여"라는 말이 나오고 있습니다. 이것은 바울이 아나니아를 만나 회심했을 때 성령 충만했던 일을 가리키는 말이 아닙니다. 만약 성령 충만이 일회적으로 끝나는 일이라면, 이런 식으로 같은 말을 반복하는 것은 우스운 꼴이 될 것입니다. 그러나 이것은 특별한 경우, 특별한 위기의 때에 주시는 특별한 능력을 가리키는 표현입니다. 바울은 엘루마가 대적하는 특별한 도전 앞에서 특별한 능력을 부여받았습니다.

저는 한 걸음 더 나아가 사도들이 아주 특별한 상황에 처하게 되거나 기적을 행해야 할 때마다 항상 이런 일이 일어났다고 주장하는 바입니다. 그 의미는 다음과 같습니다. 사도들이 행했던 기적과 오늘날 몇몇 사람들이 '기적'으로 내세우는 일들 사이에는 큰 차이가 있습니다. 그중에서도 두드러진 차이점은, 사도들의 경우에는 치유 집회 일정을 며칠 전에 미리 광고하지 못했다는 것입니다. 왜 광고하지 못했을까요? 언제 무슨 일이 일어날지 몰랐기 때문입니다. 그들은 기적을 언제 일으킬지 스스로 결정하지 못했습니다. 왜냐하면 그것은 자신들의 통제권 안에 속한 일이 아니었기 때문입니다. 기적은 언제나 그들의 통제권 밖에서 일어났습니다. 바울이 엘루마를 어떻게 처리하고 있는지—14장에서 루스드라의 앉은뱅이를 고칠 때에도 마찬가지입니다—보십시오. 바울은 예기치 못한 상태에서 그를 바로잡아야 할 임무를 부여받았습니다. 그는 성령이 강권하시며 능력을 주시기 전까지는 아무것도 알지 못했습니다. 성령이 임하신 후에야 기적을 행했습니다. 이처럼 사도들이 기적을 예고하거나 광고할 수 없었다는 것, 실제로 그렇게 한 적이 한 번도 없었다는 것이야말로 이른바 오늘날의 기적 사역자들과 사도들의 가장 큰 차이점입니다.

두 번째 차이점은 이것입니다. 사도행전을 읽어 보면 사도들이 한 번도 실패한 적이 없었음을 알게 됩니다. 그들은 경험 삼아 일하거나 시험 삼아 일한 적이 없었습니다. 그들은 어떻게 움직여야 할지 명확히 알고 움직였습니다. 또한 하나님이 사명을 주셨기에 권위 있게 말할 수 있었습니다. 그들은 명령을 내렸고, 그 명령은 오차 없이 시행되었습니다. 이런 식으로 일했기 때문에 실패가 없었던 것입니다. 이것이 사도행전 전체에 나타나는 일반적인 모습입니다.

서신서에 나오는 성령의 능력

앞서 이야기한 구절들보다 더 직접적이고 명확한 구절이 있습니다. 사도 바울이 고린도에서 했던 자신의 설교를 묘사하는 위대하고도 중대한 진술이 그것입니다. "내가 너희 가운데 거할 때에 약하고 두려워하고 심히 떨었노라. 내 말과 내 전도함이 설득력 있는 지혜의 말로 하지 아니하고 다만 성령의 나타나심과 능력으로 하여 너희 믿음이 사람의 지혜에 있지 아니하고 다만 하나님의 능력에 있게 하려 하였노라"(고전 2:3-5). 이것은 이 문제 전반을 이해하는 데 결정적이고도 중심적인 진술입니다. 여기 재능이 뛰어날 뿐 아니라 특별한 능력까지 타고난 인물이 있습니다. 그런데 그는 그런 재능들을 육체적인 방식으로 사용하지 않기로 작정합니다. "너희 중에서 예수 그리스도와 그가 십자가에 못 박히신 것 외에는 아무것도 알지 아니하기로 작정"한 것입니다(고전 2:2). 그래서 그는 내용 면에서나 형식 면에서 그리스의 수사적 연설가들이 사용하던 방식을 멀리했습니다. 자신에게 익숙한 방식이었는데도 일부러 멀리했습니다. 같은 고린도 사람들에게 후에 밝혔듯이, 그가 이처럼 그리스도를 위해 어리석은 자가 된 것은 자신의 능력이 아닌 하나님의 능력이 분명히 나타나게 하기 위해서였으며, 고린도 사람들이 "사람의 지혜"가 아닌 "하나님의 능력"에 온전히 서게 하기 위해서였습니다.

제 생각에는 다른 어떤 인물보다 바울에게 이 점이 아주 두드러지게 나타나는 것 같습니다. 그는 4:18-20에서 다시 한 번 이 사실을 상기시키고 있습니다. 고린도 교인들 중에는 바울에 대해 많은 비난을 퍼부으며 그와 그의 가르침에 거리낌 없이 반감을 표시하던 자들이 있었습니다. 그런 자들에게 바울은 도전하고 있습니다. "어떤 이들은 내가 너희에게 나아가지 아니할 것같이 스스로 교만하여졌으나 주께서 허락하시면 내가 너희에게 속히 나아가서 교만한 자들의 말이 아니라 오직 그 능력을 알아보겠으니 하나님의 나라는 말에 있지 아니하고 오직 능력에 있음이라." 우리 시대에 이 말씀만큼 귀를 기울여야 할 말씀은 없을 것 같습니다. 오늘날 설교자들이 말을 많이 하고 있는 것만큼은 분명합니다. 그런데 그들의 설교에 능력의 증거도 많이 나타나고 있습니까? "하나님의 나라는 말에 있지 아니하고 오직 능력에 있음이라." 바울은 이것이 시금석이라고 말합니다. 오늘날에도 이것은 진정한 설교를 골라 내는 시금석입니다.

고린도후서 4장에서도 바울은 같은 이야기를 여러 번 반복하고 있습니다. 그는 자신의 사역에 대해 이야기하면서 "그러므로 우리가 이 직분을 받아 긍휼하심을 입은 대로 낙심하지 아니하고 이에 숨은 부끄러운 일을 버리고 속임으로 행하지 아니하며 하나님의 말씀을 혼잡하게 하지 아니하고 오직 진리를 나타냄으로 하나님 앞에서 각 사람의 양심에 대하여 스스로 추천하노라"라고 말합니다. 그러고는 6절에서 감동적인 진술을 하고 있습니다. "어두운 데에 빛이 비치라 말씀하셨던 그 하나님께서 예수 그리스도의 얼굴에 있는 하나님의 영광을 아는 빛을 우리 마음에 비추셨느니라." 곧바로 이어지는 말씀은 이것입니다. "우리가 이 보배를 질그릇에 가졌으니 이는 심히 큰 능력은 하나님께 있고 우리에게 있지 아니함을 알게 하려 함이라." 언제나 똑같습니다. 언제나 바울은 성령의 능력에 전적으로 의지해야 한다는 점을 강조하고자 애씁니다.

고린도후서 10:3-5에서도 같은 태도를 찾아볼 수 있습니다. "우리가 육신으로 행하나 육신에 따라 싸우지 아니하노니 우리의 싸우는 무기는 육신에 속한 것이 아니요 오직 어떤 견고한 진도 무너뜨리는 하나님의 능력이라. 모든 이론을 무너뜨리며 하나님 아는 것을 대적하여 높아진 것을 다 무너뜨리고 모든 생각을 사로잡아 그리스도에게 복종하게 하니." 언제나 요점은 똑같습니다. "육신에 따라"가 아니라 "어떤 견고한 진도 무너뜨리는 하나님의 능력"으로 일한다는 것입니다. 이것은 영적인 능력입니다.

고린도후서 12장의 놀라운 진술에서도 같은 강조점을 발견할 수 있습니다. 바울은 자신이 어떻게 "셋째 하늘에 이끌려" 가서 "말로 표현할 수 없는 말을 들었"는지에 대해 이야기합니다. 그리고 "육체에 가시" 때문에 그것을 없애 달라고 세 번이나 기도했다고 말합니다. 그럼에도 가시는 없어지지 않았습니다. 처음에는 바울도 이해할 수가 없었습니다. 그러나 "내 은혜가 네게 족하도다. 이는 내 능력이 약한 데서 온전하여짐이라"라는 하나님의 말씀을 듣고 그 뜻을 깨닫게 되었습니다. 그리하여 그는 다음과 같이 말하고 있습니다. "그러므로 도리어 크게 기뻐함으로 나의 여러 약한 것들에 대하여 자랑하리니……이는 내가 약한 그때에 강함이라"(고후 12:9-10).

언제 읽어도 감동이 되는 또 다른 말씀이 골로새서 1장 마지막 부분에 나옵니다. "우리가 그를 전파하여 각 사람을 권하고 모든 지혜로 각 사람을 가르침은 각 사람을 그리스도 안에서 완전한 자로 세우려 함이니 이를 위하여 나도 내 속에서 능력으로 역사하시는 이의 역사를 따라 힘을 다하여 수고하노라." 이것은 바울이 늘 하는 간증입니다. 물론 그는 인간으로서 최선을 다했습니다. 그러나 정말로 중요한 것은 "내 속에서 능력으로 역사하시는 이의 역사"입니다. 그것이 곧 기름 부음입니다.

데살로니가전서 1:5에는 그보다 더 정확한 정의가 나오고 있습니다. "이는 우리 복음이 너희에게 말로만 이른 것이 아니라 또한 능력과 성령과 큰 확신으로 된 것임이라." 사도는 데살로니가 사람들에게 복음이 어떻게 이르렀는지 일깨우고 있습니다. 복음을 전하기 위해 다른 지역으로 떠나야 했던 바울은 후에 데살로니가에 이 편지를 써서 보냈는데, 많은 이들은 이것을 그가 교회에 보낸 첫 편지로 생각하고 있습니다. 데살로니가전서 1장은 실제로 전도 및 설교와 관련하여 결정적이면서도 중심이 되는 말씀들을 전해 주는 아주 중요한 장입니다. 바울은 복음이 말로만 이른 것이 아님을 상기시킵니다. "너희에게 말로만 이른 것이 아니라." 물론 복음은 '말로도' 이르렀습니다. 바울은 그 말의 내용을 9절과 10절에서 일깨우고 있습니다. 그러나 복음은 말로만 이른 것이 아니라 다른 것으로도 이르렀습니다. 그 다른 것, 즉 성령의 능력이 더해져야 비로소 설교에 효력이 생기는 것입니다. 바로 그것이 회심자를 만들어 내며 교회를 창조하고 세워 갑니다. 그 "능력과 성령과 큰 확신"이 교회를 세우는 것입니다.

베드로도 첫 번째 편지에서 그 수신인들이 어떻게 그리스도인이 되었으며 복음 메시지의 성격이 어떤 것인지 상기시키는 가운데 정확히 같은 진리를 가르치고 있습니다. 그는 구약의 선지자들을 언급하면서 "이 섬긴 바가 자기를 위한 것이 아니요 너희를 위한 것임이 계시로 알게 되었으니 이것은 하늘로부터 보내신 성령을 힘입어 복음을 전하는 자들로 이제 너희에게 알린 것이요 천사들도 살펴보기를 원하는 것이니라"라고 말합니다 (벧전 1:12). "하늘로부터 보내신 성령을 힘입어" 복음이 전해졌다고 이야기하는 것입니다.

마지막으로 인용할 말씀은 성경 마지막 책인 계시록에 나옵니다. 요한은 1장에서 자신에 대해 이렇게 말하고 있습니다. 10절을 보십시오. "주의 날에 내가 성령에 감동되어 내 뒤에서 나는 나팔소리 같은 큰 음성을 들으니." 이 말씀을 어떻게 해석해야 할까요? 이 것은 요한이 그리스도인으로서 항상 "성령에 감동"된 상태에 있었다는 말입니까? 그렇다면 왜 굳이 이렇게 표현했을까요? 이것은 일상적인 상태가 아니었음이 분명합니다. 이것은 아주 예외적인 상황이었습니다. 밧모 섬에 있던 요한은 주의 날에 갑자기 "성령에 감동"되었다고 말합니다. 갑자기 하나님의 영이 찾아오신 것입니다. 그 결과 그는 위대한 환상을 보았으며, 교회를 향한 메시지를 받았고, 장차 역사의 진행 방향을 깨닫게 되었습니다.

이것은 설교에 관한 분명하고도 확실한 영적 증거요 증언입니다. 물론 여러분은 다음과 같은 입장을 취할 수도 있습니다. "좋습니다. 그 점을 받아들이기는 별로 어렵지 않습니다. 그러나 그 모든 일은 사도 시대와 함께 막을 내렸습니다. 우리와는 아무 상관이 없다고요." 그에 대한 저의 대답은 성경은 오늘날 우리에게도 적용하도록 주신 말씀으로서, 만약 이런 것들을 사도 시대에만 한정한다면 지금 우리가 귀를 기울일 말씀은 거의 하나도 없다는 것입니다. 그들에게만 해당되는 말씀과 우리에게도 해당되는 말씀을 어떻게 구분 짓겠습니까? 무슨 근거로 그것을 나누겠습니까? 그 판단 기준이 무엇입니까? 저는 아무도 편견에서 자유롭지 못하리라고 생각합니다. 성경은 오늘날 우리에게도 전부 해당되는 것입니다. 신약성경이 우리에게 보여 주는 교회의 그림은 어느 시대 교회에나 해당됩니다.

교회사에 나오는 성령의 바람

감사하게도 교회사는 저의 주장이 옳음을 입증해 주고 있습니다. 그 증거는 얼마든지 있습니다. 오랜 교회 역사는 신약성경에 나오는 교회의 특징과 부흥 및 개혁의 시대에 나타난 교회의 특징이 언제나 일치됨을 거듭 보여 주고 있습니다. 부흥의 역사를 읽는 것이야말로 성경 읽기 다음으로 가장 큰 격려가 된다고 항상 주장하는 이유가 여기 있습니다. 오늘날 우리 앞에 놓인 상황을 보십시오. 우리가 해야 할 일과 세상의 현실, 현대인의 정신구조를 보십시오. 성령의 능력에 대해 무언가를 알고 믿지 않는 상태에서 이 사명을 감당해야 한다면 그야말로 가슴이 터져 버리고 말 것입니다. 저는 분명히 성령의 능력 없이는 단 하루도 살 수가 없습니다. 모든 성패가 우리 인간에게 달려 있다고 생각한다면, 우리의 배움이나 학문이나 조직에 달려 있다고 생각한다면, 저는 세상에서 가장 비참하고 희망 없는 사람이 될 것이며 상황은 완전히 절망적이 될 것입니다. 그러나 사실은 그와 다릅니다. 신약성경에 나오는 일은 오늘날 우리에게도 그대로 일어날 수 있습니다. 이것만이 우리의 유일한 희망입니다. 우리는 이 사실을 깨달아야 합니다. 그렇지 못하면 "얕은 물에 갇혀 비참하게" 남은 인생을 보내게 될 것이며 아무것도 성취하지 못한 채 끝나 버릴 것입니다.

그렇다면 역사가 제공하는 증거로는 무엇이 있을까요? 종교개혁 시대부터 출발하는 것이 좋겠습니다. 그 시대에는 성령의 강력한 역사를 입증해 주는 증거가 엄청나게 많이 있습니다. 루터도 그 자신이 온 방이 빛으로 가득 찼다고 표현했던 놀라운 경험을 했습니다. 그것이야말로 루터의 비범한 설교를 이해하는 열쇠임이 틀림없습니다. 우리는 신학자 루터에게 집중한 나머지 설교자 루터는 잊는 경향이 있습니다. 그러나 그는 강력한 설교자였습니다. 장 칼뱅도 마찬가지입니다.

이 부분에서 아주 탁월한 인물이 영국에도 두 사람 있었습니다. 그중에 한 사람이 휴 래티머입니다. 그가 런던에 있는 성 바울 십자가 교회에서 설교했을 때 성령의 큰 기름 부음과 능력이 함께했습니다. 이런 사실 역시 우리는 쉽게 잊는 경향이 있습니다. 종교개혁 시대의 신학적인 대격변에 관심을 갖는 것은 지당한 일이지만, 그때가 대중 운동의 시기이기도 했음을 잊지 말아야 합니다. 종교개혁은 학식 있는 교수들 사이에만 한정되어 일어난 일이 아니었습니다. 성령의 기름 부음을 받은 이 위대한 설교자들 덕분에 일반인들에게까지 그 영향력이 흘러 내려갔습니다.

존 브래드포드John Bradford는 이런 의미에서 아주 위대한 설교자였음이 분명합니다. 그는 초기 개신교 순교자 중 한 사람이었습니다. 그 당시 다른 나라에서도 순교자들이 생겨났습니다. 16세기 말 스코틀랜드에는 로버트 브루스Robert Bruce라는 강력한 설교자가 있었습니다. 그에 관한 작은 책이 최근에 재출간되었는데, 그 책을 보면 에든버러 총회에서 일어났던 일을 읽을 수 있습니다. 그 당시는 상황이 매우 안 좋았던 때라 모두들 큰 낙심에 빠져 있었습니다. 목사들끼리 서로 이야기를 나누며 의논을 했지만 기운이 나기는커녕 이야기를 할수록 맥이 빠졌습니다. 다른 총회나 모임들도 형편은 매한가지였습니다. 로버트 브루스는 사람들을 기도하게 만들고자 애를 썼고 사람들도 기도해 보고자 애를 썼습니다. 그러나 브루스가 보기에 그들은 '애만 쓰는' 데 불과했을 뿐, 기도를 한다고 볼 수 없었습니다. 그는 바울이 아덴에서 그랬던 것처럼 "마음에 격분하여" 자신이 직접 성령께 '노크'를 해서 모셔 오겠다고 말했습니다. 그러면서 주먹으로 탁자를 쾅쾅 치기 시작했습니다. 그것은 확실히 효과가 있었습니다. 사람들이 정말 "성령에 감동되어" 기도하기 시작한 것입니다. 그들은 침체에서 벗어나 하나님께서 여전히 자신들과 함께 계시며 자신들을 버리지도, 떠나지도 않으신다는 큰 확신의 자리로 올라서게 되었습니다. 그들은 기운을 되찾고 새 희망과 확신을 품은 채 각자 사역지로 돌아갔습니다.

여러 가지 면에서 제가 가장 좋아하는 예를 한 가지 들겠습니다. 그것은 17세기 초 스코틀랜드에 살았던 존 리빙스턴John Livingstone의 이야기입니다. 존 리빙스턴은 당대의 많은 사람들처럼 아주 유능한 인물이었습니다. 스코틀랜드 초기 개혁주의 목사들 중에는 재능으로 보나 학문으로 보나 지식으로 보나 거물급 인사들이 많았습니다. 그러나 그 모든 것보다 큰 특징은 그들이 영적인 능력과 기름 부음에 대해 알았을 뿐 아니라 직접 경험한 사람들이었다는 것입니다.

이미 말했듯이 리빙스턴은 아주 훌륭한 학자였으며 위대한 설교자였습니다. 그는 핍박 때문에 북 아일랜드로 피했다가 부흥을 경험했습니다. 그러나 그의 위대한 시절은 1630년에 도래했습니다. 글래스고와 에든버러 사이 길에서 약간 떨어진 곳에 있는 오쇼츠 교회에 성찬 절기가 돌아왔을 때였습니다. 그 절기는 며칠 동안 계속되었는데, 특히 외부에서 여러 설교자를 초청해서 설교를 듣는 특징이 있었습니다. 그해에 사람들은 첫날부터 주일 저녁까지 무언가 특별한 것이 있음을 느꼈습니다. 그래서 월요일에 한 번 더 설교를 듣기로 결정하고 존 리빙스턴을 설교자로 초빙했습니다. 리빙스턴은 아주 신중하고 겸손하며 경건한 사람이어서 이럴 때 설교의 큰 책임을 맡게 된 것에 대해 두려움을 느꼈습니다. 그래서 밤새 기도로 씨름했고 그 지역에 가서도 계속 기도했습니다. 다른 많은 사람들도 기도에 동참했습니다. 그럼에도 그는 영혼의 큰 고뇌에 빠져서 마음의 평안을 찾지 못하다가 월요일 새벽이 되어서야 하나님께서 자신에게 메시지를 주시며 큰 능력으로 함께 해 주시리라는 확신을 얻게 되었습니다. 이렇게 해서 리빙스턴은 그 유명한 월요 설교를 하게 되었고, 그 한 번의 설교로 500명이 교회에 더해지는 역사가 일어났습니다. 그 굉장한 날에 모였던 회중은 하나님의 성령이 자신들에게 부어지는 엄청난 경험을 했습니다. 그의 남은 생애에 관한 이야기도 그에 못지않게 의미 있고 중요합니다. 리빙스턴은 그 후에도 오래 살았지만 다시는 같은 경험을 하지 못했습니다. 그는 항상 그 일을 회상했으며 그 일을 사모했습니다. 그러나 같은 경험은 두 번 다시 하지 못했습니다.

신대륙에 나타난 성령의 능력

미국 설교자들의 삶에서도 비슷한 영적 경험을 찾아볼 수 있습니다. 수년 전에 「미국에 나타난 그리스도의 위업 *Magnalia Christi Americana*」의 저자 코튼 매더 Cotton Mather의 일기를 읽고 큰 유익을 얻은 적이 있습니다. 그의 일기와 그가 쓴 미국 기독교 역사에는 성령의 능력을 예증하는 일들이 많이 나오고 있습니다. 이미 말했듯이 설교자에게 교회사와 전기를 읽는 것보다 더 중요한 일은 없습니다. 코튼 매더의 일기에는 자신이 명명한 바 성령의 '방문'에 대한 묘사와 그 방문이 자신의 설교에 끼친 영향력에 대한 뛰어난 묘사가 나옵니다. 다시 한 번 강조하지만, 그는 아주 유능하며 학문적인 사람이었습니다. 단순히 무식하고 잘 속아 넘어가며 쉽게 흥분하는 설교자가 아니었습니다. 매더 집안 사람들은 전부 유능했습니다. 게다가 그에게는 매더 집안보다 더 유능한 코튼 집안의 피도 흐르고 있었습니다. 그는 초기 미국 설교자 중에 가장 학문적이라고 할 수 있는 존 코튼과 리처드 매더의 후손이었습니다. 지성과 능력이라는 관점에서 볼 때 이보다 나은 혈통, 이보다 나은 조상을 가진 사람은 아마 없을 것입니다. 그런데도 그가 성령의 기름 부음과 능력 없이는 사실상 아무것도 할 수 없음을 깨달았다는 것, 전적으로 거기 의지해야 한다고 생각했다는 것은 놀라운 일이 아닐 수 없습니다.

조나단 에드워즈나 데이비드 브레이너드에 대해 말하려면 히브리서 기자의 표현대로 "시간이 부족"할 것입니다. 그들의 전기는 옛날 것이든 새로 나온 것이든 다 구해 볼 수 있습니다. 설교자라면 반드시 그들의 전기를 읽을 필요가 있습니다. 길버트 태넌트Gilbert Tennant와 그 저명한 집안의 다른 식구들 이야기도 있습니다. 테넌트는 한때 화염검처럼 사용되었는데, 아마도 그 후에는 능력이 떠났던 것 같습니다. 필라델피아에서 사역한 여생은 '비교적' 평범한 것이었습니다.

윗필드, 웨슬리, 웨일스의 인물들

조지 윗필드와 웨슬리 형제들도 살펴볼 수 있습니다. 존 웨슬리는 이 모든 논의에서 중요한 위치를 차지하는 인물인데, 거기에는 몇 가지 이유가 있습니다. 그중에 한 가지 이유, 여러 가지 면에서 가장 중요한 이유는 존 웨슬리만큼 전형적인 학자도 없다는 것입니다. 그는 전형적인 영국인이었습니다. 즉, 그것은 천성적으로 감정적인 사람이 아니었다는 뜻입니다. 영국인은 점액질이어서 잘 흥분하지 않는다고들 합니다. 영국인은 쉽게 감동받지 않으며 켈트 족이나 라틴 족처럼 변덕스럽지도 않습니다. 물론 축구 경기를 할 때는 꼭 그런 것 같지 않지만 말입니다! 존 웨슬리는 누구보다 전형적인 영국인으로서 한 치의 오차 없이 정확하고 세밀한 사람이었습니다. 그는 아주 엄격하고 혹독하며 철저한 교육을 받으며 자랐고, 우수한 성적으로 학교를 졸업한 후 옥스퍼드 대학의 특별 연구원이 되었습니다. 그의 주해는 정확했고 진술에는 오류가 없었으며 모든 단어는 질서정연했습니다. 더욱이 지극히 독실하고 경건하기까지 했습니다. 그는 따로 시간을 내서 감옥에 있는 죄수들을 찾아다녔고, 때로는 처형장까지 동행했습니다. 또 자기 돈으로 가난한 자들을 먹였습니다. 그러나 이 모든 일을 하면서도 만족이 없었습니다. 그는 옥스퍼드의 연구원 자리를 포기하고, 조지아의 가난한 노예들과 그 밖의 사람들에게 복음을 전하기 위해 대서양을 건너갔습니다. 그러나 그들에게 아무 도움도 주지 못하고 완전히 실패한 후, 자신도 조지아의 가난한 노예들만큼이나 복음이 필요한 사람이라는 결론에 이르게 되었습니다. 정말이지 그에게는 복음이 필요했습니다. 그의 사역에는 아무 능력도 나타나지 않았습니다. 게다가 구원의 길도 명확히 알지 못했습니다. 그는 영국으로 돌아오는 길에 대서양 한복판에서 태풍을 만났는데, 그때 죽음 앞에 선 모라비아 교도들의 자세가 자신과 다른 것을 보면서 그 사실을 더욱 절감하게 되었습니다. 그는 그렇게 영국으로 돌아왔습니다.

돌아온 후에 가장 먼저 한 일은 이신칭의의 교리를 바로 정립하는 것이었습니다. 그는 1738년 3월에 그 교리를 명확히 깨달았습니다. 그러나 설교자로서는 여전히 실패를 거듭하고 있었고 설교를 그만두어야 한다는 생각까지 하기에 이르렀습니다. 그는 이신칭의를 이해하도록 도와준 모라비아 교도 페터 뵐러Peter Bohler에게 말했습니다.

"머리로는 분명히 알겠는데 마음에는 와 닿지 않으니, 이 교리가 마음에 와 닿을 때까지 설교를 중단하는 편이 낫겠습니다."

그러자 뵐러가 역사에 길이 남을 대답을 했습니다.

"아니, 그래서는 안 됩니다. 오히려 마음에 와 닿을 때까지 계속 설교하십시오."

그 다음에 일어난 일은 여러분도 알 것입니다. 1738년 5월 24일, 웨슬리는 인생 최고의 경험을 했습니다. 그날 그는 함께 성경을 공부하며 서로 믿음 안에 세워 주기 위해 모였던 런던 올더스게이트가의 작은 모임에 참석했습니다. 그 밤에는 한 사람이 루터의 로마서 주석 서문을—주석도 아닌 서문을—읽게 되어 있었습니다. 웨슬리는 그 사람이 서문을 읽을 때 마음이 "이상하게 따뜻해지는" 것을 느꼈다고 말합니다. 하나님께서 자기 죄까지, 심지어 자기 같은 사람의 죄까지 용서해 주셨다는 느낌이 갑자기 들기 시작했습니다. 그리고 그 따뜻한 느낌과 함께 무언가가 속에서 녹아 내리기 시작했습니다. 그때부터 웨슬리는 새로운 능력을 가지고 설교하게 되었고 하나님께 크게 쓰임받게 되었습니다. 이 모든 일은 우리가 성경에서 발견한 요점을 확증해 주는 예에 지나지 않습니다. 여러분은 지식을 쌓을 수도 있고 설교문을 꼼꼼하게 준비할 수도 있습니다. 그러나 성령의 기름 부음이 없으면 능력을 얻을 수가 없으며 설교의 효력도 나타날 수가 없습니다.

윗필드는 임직식 때 실제로 능력이 임하는 것을 알았다고 합니다. 그는 그것을 인지했습니다. 능력의 임재를 느끼고 감격했습니다. 그는 임직을 받은 첫 주일에 글로스터 고향 마을에서 설교하면서 놀라운 예배를 드렸습니다. 그 예배가 얼마나 눈에 띄는 것이었는지, 그 당시 주교였던 벤슨에게 편지를 써서 윗필드의 설교 때문에 열다섯 명이 미쳤다고 고발한 자들까지 있었습니다. 그러나 그 주교는 현명할 뿐 아니라 선량한 사람이어서, 자신의 교구에 속한 모든 성직자가 어떤 형태라도 좋으니 사람들에게 영향을 끼쳤으면 좋겠다는 답장을 보냈습니다. 왜냐하면 성직자 대부분이 아무 영향도 끼치지 못하고 있었기 때문입니다. 어쨌든 그는 영향을 끼친 사람이 나타났다는 소식에 기뻐했습니다. 물론 그 열다섯 명은 미친 것이 아니었습니다. 무섭고도 강력한 죄의식에 사로잡혔을 뿐입니다. 오늘날 많은 의사들과 일반인들이 그렇듯이 그 당시 사람들도 그런 이들을 아주 쉽게 '광신자'로 진단하려는 경향이 있었습니다. 그러나 실상은 성령께서 그들에게 엄청난 죄의 깨달음을 주신 것입니다. 이어지는 윗필드의 일기나 여러 종류의 전기를 읽어 보면 설교할 때나 그 밖의 경우에 성령이 임하신 것을 스스로 알았다는 이야기가 끝도 없이 나옵니다.

제 고향 웨일스에는 하월 해리스와 대니얼 롤런즈라는 18세기의 유명한 인물들이 있습니다. 그들의 삶도 이 점을 잘 보여 주고 있습니다. 하월 해리스는 젊은 교장이었습니다. 그는 1735년 부활절에 죄를 깨닫고 영혼의 큰 고통을 겪다가 성령강림절에 이르러 죄 사함의 확신을 얻고 기쁨을 누리게 되었습니다. 그런데 그로부터 3주 후 교회 종탑에 앉아서 성경을 읽고 기도하고 묵상하는 가운데 "하나님이 성령을 부어 주시기 시작했다"라고 말합니다. 그는 성령이 "파도처럼 계속 밀려드는" 바람에 신체적으로 도저히 감당할 수 없었던 상황을 묘사하면서, 하나님의 사랑이 어떻게 마음에 흘러 넘쳤는지 이야기하고 있습니다. 그때부터 이웃의 불신자들에게 전도해야겠다는 충동을 느끼기 시작했습니다. 처음에는 아픈 사람들을 찾아가 좋은 책들을 읽어 주었습니다. 자기 말은 한마디도 하지 않고 책에 있는 내용만 읽어 주었습니다. 그런데 그렇게 책을 읽는 가운데 성령의 능력과 기름 부음이 임해서 사람들이 죄를 깨닫고 회심하는 일이 일어났습니다. 그는 한동안 그 일을 계속했습니다. 그러다가 책을 읽는 가운데 떠오르는 생각들을 끼워 넣어서 읽어 주기 시작했습니다. 스스로 설교자가 될 만한 자격이 없다고 생각했기 때문에 좀 부정직하다는 생각을 하면서도 눈을 책에 고정시킨 채 그렇게 했던 것입니다. 그 일도 한동안 계속되었습니다. 그리고 결국에는 드러내 놓고 사람들을 권면하기 시작했고, 많은 사람들이 그의 말을 듣기 위해 모여들게 되었습니다. 어떤 의미에서 그는 웨일스 전체를 휩쓸어 웨일스 칼뱅주의 감리교회—오늘날 웨일스 장로교회로 알려진 교단—를 일으킨 운동의 선구자라고 할 수 있습니다. 웨일스 장로교회는 이렇게 생겨났습니다. 성령의 특별한 기름 부음이 불러온 직접적인 결과물로 생겨난 것입니다. 그도 때로는 잠깐씩 그 기름 부음을 잃고 탄식했다가 다시금 회복하는 경험을 거듭했습니다. 1773년 죽음을 맞이할 때까지 그런 일이 계속되었습니다. 많은 동시대인들, 특히 대니얼 롤런즈에게도 같은 일이 일어났습니다. 그러나 롤런즈의 일기는 불행히도 사라지고 없습니다.

성령은 사람을 가리지 않는다

앤드루 보나가 쓴 전기 중에 제가 전에 언급한 적이 있는 위대한 설교자 네틀턴을 다룬 것이 있는데, 거기에서도 같은 이야기를 읽을 수 있습니다.

다시 말해서 인물들의 유형은 달라도 경험은 똑같은 것입니다. 지금까지 제가 언급한 이들은 대부분 아주 유능한 사람들이었습니다. 그러나 무디처럼 유능하지 않은데도 하나님께 크게 쓰임받은 인물들도 있습니다. 어느 날 오후 뉴욕 월 스트리트 가를 걷다가 경험한 일이 바로 그 직접적인 원인이었습니다. 그 전에도 그는 시카고에 있는 교회의 목사로 성공적인 사역을 하고 있었습니다. 그때까지도 그는 훌륭한 사역을 했던 것이 분명합니다. 그러나 그 후에 한 일에 비교하면 금방 빛이 바래 버립니다.

마지막 예를 들어 보겠습니다. 1857년, 미국에 큰 부흥이 일어나 1858년에는 북 아일랜드로, 1859년에는 웨일스로 확산되었습니다. 일반적으로 부흥은 여러 나라에서 동시다발적으로 일어나곤 합니다. 19세기뿐 아니라 18세기에도 그러했습니다. 참으로 흥미로운 사실이 아닐 수 없습니다. 제가 말하려는 인물은 그 당시 웨일스에서 아주 크게 쓰임받았던 데이비드 모건David Morgan입니다. 그의 놀라운 이야기들 중 한 가지를 말해 보겠습니다. 부흥이 일어났을 무렵 미국에 험프리 존스Humphrey Jones라는 웨일스 사람이 있어서 부흥의 영향을 크게 받았습니다. 새로운 삶을 시작한 그는 기쁨과 희락의 영으로 충만해졌으며 고향 사람들도 이런 경험을 하기를 바라게 되었습니다. 그리고 이것이 마음에 짐이 되어 마침내 웨일스로 돌아왔습니다. 그는 고향으로 돌아오자마자 자신이 보고 경험한 바를 이야기하기 시작했습니다. 그는 여러 교회를 두루 다니면서 이야기했고 목회자와 일반인들은 그의 말에 귀를 기울였습니다. 데이비드 모건도 그의 이야기를 여러 번 들으면서 점차 부흥에 관심을 갖고 사모하게 되었습니다.

어느 날 밤, 험프리 존스가 비상한 능력으로 말하는 것을 들은 모건은 특별히 깊은 감명을 받았습니다. 그는 그 일에 대해 후에 이렇게 말했습니다. "그날 밤, 나는 평소와 같은 데이비드 모건으로 잠자리에 들었다. 그러나 다음 날 아침에 일어났을 때에는 성령의 능력으로 충만한 사자가 된 것 같았다." 그는 이미 목회자로 수년 동안 사역해 오던 중이었습니다. 좋은 목회자이기는 했지만 탁월한 목회자는 아니었습니다. 그야말로 평범한 설교자에 불과했던 것입니다. 그의 설교는 어떤 역사도 일으키지 못했습니다. 그런데 사자처럼 일어난 그날 아침 이후, 설교에 능력이 나타나기 시작하더니 수많은 사람들이 죄를 깨닫고 회심하여 교회에 속하게 되는 일이 일어났습니다. 그런 역사는 2년이 넘도록 계속되었습니다. 모건이 가는 곳마다 엄청난 결과가 나타났습니다.

모건의 사역을 통해 회심한 많은 사람들의 이야기 중에 가장 유명한 것은 T. C. 에드워즈Thomas Charles Edwards의 이야기입니다. 그가 쓴 고린도전서 주석은 널리 알려진 책으로서 헌책방에 가면 아직도 구해 볼 수 있습니다. 그는 확실히 천재였습니다. 그의 아버지 루이스 에드워즈Lewis Edwards는 웨일스 칼뱅주의 감리교회 신학교의 초대 교장이었고, 어머니는 영국성서공회 설립에 크게 기여한 저명인사 토머스 찰스Thomas Charles의 손녀였습니다. 학생으로 방학을 맞이하여 집에 와 있던 에드워즈는 데이비드 모건과 다른 설교자 한 사람이 와서 설교한다는 소식을 듣고 한번 가 보기로 했습니다. 그의 말에 따르면 철학적인 난제들로 인해 어지러운 마음으로 집회에 참석했다고 합니다. 그동안 읽은 철학 서적들 때문에 신앙이 흔들리며 깊은 고민에 빠져 있던 때였습니다. 그는 자신이 서 있는 자리가 어디인지 알 수가 없었습니다. 그런 상태에서 단순한 호기심으로 두 평범한 설교자가 무슨 말을 하는지 들어 보기 위해 찾아간 것입니다. 두 사람은 부흥과 관련된 열정과 흥분에 대해 많은 이야기를 했습니다. 그것들은 그가 평소에 전혀 인정하지 않던 것들이었습니다.

그런데 다음과 같은 일이 일어났습니다. 그는 당시 젊은이들의 유행에 따라 윗옷 주머니에 붉은 비단 손수건을 꽂고 있었습니다. 집회가 끝날 즈음에 보니 그 비단 손수건이 갈가리 찢긴 채 그가 앉았던 의자 밑에 떨어져 있었습니다. 언제 그렇게 찢어 버렸는지 기억이 나지 않았습니다. 그러나 분명한 사실은 그의 모든 삶이 변화되었고, 철학적인 의심은 산산이 흩어졌으며, 불확실하던 모든 것들이 아침 안개처럼 사라져 버렸다는 것입니다. 이 위대한 학자는 성령의 능력으로 충만해졌고 뛰어난 설교자가 되었습니다. 그는 애버리스트위스 대학의 초대 학장이 되었고, 나중에는 아버지의 뒤를 이어 신학교 학장이 되었습니다. 「브리티시 위클리 British Weekly」라는 유명한 종교 잡지의 초대 편집자로서 설교자와 그 밖의 인물들을 예리하게 비평했던 니콜 William Robertson Nicol 경은 자신이 아는 위대한 설교자들 중에 새로운 교단의 설립자로 떠오르는 인물은 T. C. 에드워즈밖에 없다고 말했습니다. 그만큼 그의 능력은 강력한 것이었습니다.

데이비드 모건은 그러한 사역을 약 2년 동안 계속했습니다. 이 이야기의 결말은 무엇일까요? 그는 "어느 날 밤, 2년 동안 누렸던 이 이상한 능력에 넘쳐 사자처럼 잠자리에 들었다. 그런데 다음 날 아침에 일어나 보니 예전의 데이비드 모건으로 돌아와 있었다"라고 말합니다. 그 후에도 그는 15년을 더 살면서 아주 평범한 목회를 했습니다.

이처럼 능력은 찾아오기도 하고 사라지기도 합니다. 이것이 성령의 주권입니다! 여러분은 이 복을 요구하거나 마음대로 불러올 수 없습니다. 이것은 전적으로 하나님이 주시는 선물입니다. 제가 성경에서 제시한 예증들은 바로 이 점을 보여 주고 있습니다. "베드로가 성령에 충만하여." 성령이 베드로를 충만히 채우셨습니다. 데이비드 모건에게도 같은 능력을 주셨다가, 헤아릴 수 없는 지혜와 주권으로 다시 거두어 가셨습니다. 부흥은 영속적인 것이 아닙니다. 모든 설교자는 이것을 인정하는 동시에 설교할 때마다 이 능력이 임하기를 구해야 합니다.

성령을 구하라

그렇다면 성령이 임하신 것을 어떻게 알 수 있을까요? 다음과 같이 대답할 수 있습니다. 첫 번째 표시는 설교자 자신의 인식에 나타납니다. 바울은 "이는 우리 복음이 너희에게 말로만 이른 것이 아니라 또한 능력과 성령과 큰 확신으로 된 것임이라"라고 말합니다. 누가 이 확신을 가지고 있었을까요? 바울 자신입니다. 그는 무언가 중요한 일이 일어났음을 알았고 그것을 인식했습니다. 성령으로 충만해졌는데 본인이 그것을 모를 수는 없습니다. 바울에게는 "큰 확신"이 있었습니다. 그는 자신에게 능력과 권세가 덧입혀졌음을 알았습니다. 우리는 어떻게 그것을 알 수 있을까요? 설교하는 가운데 생각이 명료해지고 언어가 명료해지며 말하기가 수월해지고 권위와 자신감이 크게 느껴질 때, 내 의사와 상관없는 능력이 온 존재를 흔들며 터져 나오는 것이 인식될 때, 말할 수 없는 기쁨이 넘쳐날 때 알 수 있습니다. 그러면 성령께 '사로잡힌' 것이며 붙잡힌 것이고 붙들린 것입니다. 실제로 자기가 설교하는 것이 아니라 남이 설교하는 장면을 보고 있는 듯한 느낌—이런 느낌에 비할 것은 세상 어디에도 없습니다—이라고 할 수 있습니다. 이런 일이 일어나면 자신이 자신을 보면서 놀라게 됩니다. 이것은 자신의 노력으로 이루어진 일이 아닙니다. 자신은 도구요 통로요 수단에 불과합니다. 그저 성령께서 자신을 사용하시는 모습을 큰 기쁨과 놀라움으로 바라볼 뿐입니다. 이에 비할 만한 일은 아무것도 없습니다. 그것을 설교자 자신이 먼저 인식합니다.

회중은 어떨까요? 회중도 즉각 감지합니다. 그 차이를 바로 분별한다는 것입니다. 그들은 압도되며 진지해지고 죄를 깨달으며 감동받고 겸손해집니다. 죄의 깨달음에 짓눌리든지 천국으로 들려 올라가든지 간에 모든 사람이 영향을 받게 되어 있습니다. 사람들은 무언가 평상시와 다른 특별한 일이 일어났음을 즉각 인지합니다. 그 결과 하나님이 하신 일들을 기뻐하기 시작하며 더 많은 가르침을 갈망하게 됩니다. 사도행전에 나오는 사람들처럼 "사도의 가르침을 받아 서로 교제하고 떡을 떼며 오로지 기도하기를" 힘쓰게 되는 것입니다.

그렇다면 이런 일을 경험하기 위해 우리는 무엇을 해야 할까요? 단 한 가지 분명한 결론은 이것입니다. 그를 구하십시오! 성령을 구하십시오! 성령 없이 우리가 무엇을 할 수 있겠습니까? 그를 구하십시오! 항상 그를 구하십시오. 아니, 그를 구하는 데서 더 나아가 그가 하실 일을 기대하십시오. 여러분은 설교하기 위해 강단에 올라갈 때 성령이 일하실 것을 기대합니까? 아니면 '그래, 원고를 준비했으니 원고대로 전해야지. 사람들이 이 내용을 좋아할까, 좋아하지 않을까?'라고 생각하는 데 머뭅니까? 자신의 설교가 누군가에게 삶의 전환점이 되기를 기대하는 마음이 있습니까? 누군가 인생 최고의 경험을 하게 되기를 기대하는 마음이 있습니까? 설교는 바로 이런 목적을 위해 하는 것입니다. 성경과 교회사가 보여 주는 바가 바로 이것입니다. 그 능력을 구하십시오. 그 능력을 기대하십시오. 그 능력을 열망하십시오. 그리고 그 능력이 임할 때 성령께 자신을 맡기십시오. 거부하지 마십시오. 필요하다면 자신이 준비한 내용은 전부 잊어버리십시오. 그가 여러분을 자유롭게 하시며 여러분을 통해, 여러분 안에서 자신의 능력을 나타내시게 하십시오. 이미 여러 번 말했듯이 설교에서 성령의 능력을 되찾는 것보다 더 유익한 일은 없습니다. 진정한 설교를 가능케 하는 것, 오늘날 우리에게 가장 필요한 것이 바로 이것입니다. 이 능력을 능가할 것은 아무것도 없습니다. 이 능력은 어떤 것으로도 대체할 수가 없습니다. 성령의 능력이 임하면 사람들이 깊은 관심을 가지고 배우려 할 것이며 "그리스도 예수 안에 있는 진리"로 더 깊이 들어가게 될 것입니다.

'기름 부음'이야말로 최고의 선물입니다. 주실 때까지 구하십시오. 그보다 못한 것에 만족하지 마십시오. "내 말과 내 전도함이 설득력 있는 지혜의 말로 하지 아니하고 다만 성령의 나타나심과 능력으로 하여"라고 말할 수 있을 때까지 계속해서 구하십시오. 그는 "우리가 구하거나 생각하는 모든 것에 더 넘치도록 능히 하실" 분이십니다(엡 3:20).

「설교와 설교자」
출간 40주년, 헌정의 글

하나님의 은혜와 은사를 받은 위대한 설교자 · 존 파이퍼
시대의 발자취 · 팀 켈러
로이드 존스가 설교에 대해 가르쳐 준 것 · 마크 데버
설교에 대한 비범한 열심 · 브라이언 채플
설교의 낭만과 영광을 향한 불꽃 · 케빈 드영
찾아보고 씨름할 사항 몇 가지 · 리건 던컨
거룩한 삶을 살라는 호소 · 정근두
강해 설교의 지침서 · 김서택
설교 역사의 비탈길에서 들리는 외침 · 김남준

하나님의 은혜와 은사를 받은 위대한 설교자

존 파이퍼

1959년 7월, 마틴 로이드 존스와 아내 베선은 웨일스에서 휴가를 보내고 있었다. 어느 작은 교회의 주일 아침 기도 모임에 참석한 로이드 존스는 물었다. "이 아침에 제가 이야기해도 될까요?" 휴가 중인데 괜히 수고하게 만들까 봐 우려한 사람들은 선뜻 대답을 하지 못했다. 그때 베선이 말했다. "괜찮아요. 설교가 곧 그의 삶인걸요."[1] 그것은 사실이었다.

이 강력한 책 「설교와 설교자」 앞머리에서 로이드 존스는 말한다. "설교는 제 평생의 사역이었습니다. ……제가 볼 때에는 설교야말로 사람의 소명 중에 가장 고귀하고 위대하며 영광스러운 소명이기 때문입니다."

많은 이들이 그를 마지막 칼뱅주의 감리교 설교자라고 부르는 것은, 그가 진리에 대한 칼뱅의 사랑과 건전한 개혁주의 교리를 18세기 감리교 부흥운동의 불꽃 및 열정과 결합시켰기 때문이

---

1. Iain H. Murray, *David Martyn Lloyd-Jones: The Fight of Faith 1939-1981* (Edinburgh: Banner of Truth Trust, 1990), 373. (「로이드 존스 평전3」 부흥과 개혁사)

다.² 그는 30년간 런던 웨스트민스터 채플 강단에서 설교했다. 대개는 금요일 밤, 주일 아침, 주일 밤에 각기 다른 세 편의 설교를 했다. 사역 말기에 그는 말했다. "솔직히 저라면 제 설교를 들으려고 애써 찾아가는 수고를 하지 않을 것입니다."

그러나 다른 이들의 생각은 달랐다. 패커J. I. Packer는 스물두 살의 학생이었던 1948-1949년에 매주 주일 저녁마다 로이드 존스의 설교를 들었다. 그는 "그런 설교는 들어 본 적이 없었다"라고 고백했다. 그의 설교는 "마치 전기에 감전된 것 같은 충격"으로 다가왔으며 "그의 청중 가운데 적어도 한 사람에게(패커 자신을 가리키는 말) 다른 누구보다 하나님을 느끼게" 해 주었다.³

그의 설교를 들은 것이 아니라 읽었음에도 비슷한 충격을 경험한 이들이 우리 중에 많다. 나는 어바나 67에서 조지 버워George Verwer가 산상설교를 다룬 로이드 존스의 책 두 권이야말로 자신이 읽은 책 중에 최고였다고 말하는 것을 똑똑히 들었다. 대학을 졸업하고 신학교에 입학하기 전이었던 1968년 여름, 나는 그가 말한 책을 사서 읽었다. 아버지의 설교를 듣고 자랐던 어린 시절 이후, 패커의 말처럼 "영적인 주제의 크기와 무게"에 그토록 큰 감동을 받은 적은 없었다.⁴ 로이드 존스는 수많은 이들에게 같은 영향을 끼쳤고, 지금도 계속 끼치고 있다. 어떤 이들은 "이 시대 최고의 설교자"

---

2. Christopher Catherwood, *Five Evangelical Leaders*(Wheaton: Harold Shaw, 1985), 55.(『5인의 복음주의 지도자들』 엠마오)
3. Christopher Catherwood, *Five Evangelical Leaders*, 170.
4. J. I. Packer, 'Introduction: Why Preach?', *The Preacher and Preaching*, Samuel T. Logan Jr. 편집(Phillipsburg, NJ: Presbyterian & Reformed, 1986), 7.

라는 간단한 말로 그를 표현하기도 했다.[5]

수년간 많은 이들이 로이드 존스 설교의 특별한 위력을 증언했다. 예를 들어 미국 IVF 창립자 스테이시 우즈Stacy Woods는 로이드 존스 설교의 물리적인 영향력을 다음과 같이 묘사했다.

> 하나님의 임재가 특별한 방식으로 그 교회에 나타났다. 회중석 사이로 한 손이 나타나서 나를 누르는 듯했다. 설교가 끝났을 때 무슨 이유에서인지 오르간이 연주되지 않았다. 박사는 제의실로 퇴장했고, 사람들은 꼼짝도 하지 않은 채 침묵 속에 앉아 있었다. 거의 10분이 지나서야 가까스로 자리에서 일어난 그들은 아무 말 없이 조용히 예배당을 빠져나갔다. 회중에게 그처럼 기이한 반응을 불러일으키는 설교는 과거에 한 번도 목격하거나 경험한 적이 없었다.[6]

샌드필즈 목회 초기에 일어난 일들 중에서도 또 다른 예를 찾아볼 수 있다. 한 유명한 영매가 저녁예배에 참석했다. 그 여자는 회심한 후에 이렇게 간증했다.

> 예배당에 들어가서 사람들 사이에 앉는 순간, 어떤 능력이 느껴졌어요. 우리 강신술 모임에서 익숙하게 경험했던 바로 그 능력이라는 것을 알아챘지요. 그러나 그 사이에는 큰 차이가 한 가지 있었습니

---

5. Catherwood, *Five Evangelical Leaders*, 71.
6. Iain H. Murray, *David Martyn Lloyd-Jones: The Fight of Faith 1939-1981*(Edinburgh: Banner of Truth Trust, 1982), 377.

다. 예배당에서 느낀 능력은 정결한 능력이었어요.[7]

마틴 로이드 존스는 하나님의 은혜와 은사를 받은 위대한 설교자였다. 안타깝게도 오늘날에는 그렇게 위대한 설교를 거의 들을 수가 없다. 우리 대부분은 좋은 전달자가 되는 일에 몰두한 나머지 좋은 설교자가 되지 못하고 있다. 우리는 너무 기발하고 너무 재미있다. 대부분의 청중이 다음과 같이 평가할 만한 설교자가 과연 있겠는가?

> 우리는 구원받는 자들에게나 망하는 자들에게나 하나님 앞에서 그리스도의 향기니 이 사람에게는 사망으로부터 사망에 이르는 냄새요 저 사람에게는 생명으로부터 생명에 이르는 냄새라. 누가 이 일을 감당하리요? 우리는 수많은 사람들처럼 하나님의 말씀을 혼잡하게 하지 아니하고 곧 순전함으로 하나님께 받은 것같이 하나님 앞에서와 그리스도 안에서 말하노라(고후 2:15-17).

이렇게 볼 때 박사가 과거에 얼마나 큰 선물이었으며 지금도 큰 선물인지 모르겠다. 모름지기 설교자라면 누구나, 설교를 가차 없이 깎아내리고 있는 이 시대의 해독제로서 로이드 존스의 설교를 들을 필요가 있다고 생각한다.

그의 설교를 듣고 그가 설교에 대해 한 말들을 읽으면서 내가 주

---

[7]. Iain H. Murray, *David Martyn Lloyd-Jones: The Fight of Faith 1939-1981*, 221.

로 받은 영향은, 설교가 얼마나 진지한 일이며 무거운 일인지 깨달은 것이다. 지난 30년간 나는 수십 편에 이르는 그의 설교를 들었다. 나는 그가 아주 즐거운 일상생활 속에서도 농담을 하거나 장난스러운 소리를 했다는 말을 들은 적이 없다. 그에게 이유를 묻는다면, 설교자는 단지 설교만 진지하게 하는 게 아니라고 답할 것이다.

설교는 하나님이 사람을 통해 주시는 말씀이다. 1968년, 나를 로이드 존스에게로 이끌어 주신 하나님께 깊이 감사드린다. 설교자가 능력을 얻기 위해 냉철하거나 똑똑하거나 최신 정보에 밝을 필요가 없다는 것을 그는 계속해서 일깨워 준다. 실제로 거룩한 기름 부음은 의사소통의 기술들이 난무하는 세계와 다른 세계에 있다. 내가 강단에 설 때마다 머물고 싶은 세계는 로이드 존스의 그 세계다.

존 파이퍼 | 베들레헴 침례교회 담임목사

시대의 발자취

팀 켈러

마틴 로이드 존스의 「설교와 설교자」는 놀랄 만큼 현대적이다. 특별히 내게 유익하다고 생각한 점이 세 가지 있는데, 나는 수년간 그 유익을 누려 왔다.

1. 반발이 있더라도 설교를 우선시하라

로이드 존스는 많은 이들이 '기독교 설교는 더 이상 효과가 없다'고 주장했던 1969년 영국의 상황을 염두에 두고 강의했다. 유럽인들은 제2차 세계대전을 겪으면서 '위대한 웅변가들'(히틀러 같은 웅변가들)에게 의심의 눈길을 보내게 되었다. 텔레비전과 라디오는 사람들의 주의력 지속 시간을 단축시켰고 친밀하고 격식 없는 강연을 선호하게 만들었다. 권위를 불신하는 문화도 한몫했다. 이러한 탈기독교 사회에서 어떻게 한 사람이 다수에게 말하는 방법이 효과가 있다고 믿을 수 있었겠는가? 설교에 반대했던 자들은 새로운 매체(텔레비전과 라디오)를 사용하거나 전례典禮 또는 기술을 더 강조할 것을 제안했으며, 사회 봉사와 상담 사역의 확장을 제안했다. 교회에 기존 형식을 완전히 버릴 것을 요구하는 이들도 있었다. 그들은 그리스도인이 세상 곳곳으로 흩어져 사람들의 개인적인 문제와 사회적인 문제를 풀어 나가야 한다고 주장했다. 함께 모이더라도 소규모로 모여 격식 없이 서로 대화하고 토론해야 한다고 했다.

'이머징 처치the emerging church'라는 이름으로 최근에 미국에서 나오고 있는 제안들과 어찌나 비슷한지 그저 놀라울 따름이다. 이러한 반대의견들에 대한 로이드 존스의 답변은 지금도 여전히 설득력이 있다. 그는 사도들이 사도행전 6장에서 구제 사역이라는 중요한 일을 할 사람들을 따로 임명하고, 자신들은 주요 임무—"기도하는 일과 말씀 사역"(행 6:4)—에 헌신했던 일을 이야기한다. 그리고 매체를 통해 설교를 듣는 것과 한자리에 모여 직접 설교를 듣고 그 능력을 느끼는 것은 아주 다르다고 주장한다. 그는 '사람들이 오지 않는다'는 주된 반대의견에도 아주 담대하게 대응한다. "이런 주장에 대한 저의 답변은, 참된 설교를 하면 사람들이 온다는 것, 그것도 반드시 온다는 것입니다." 다원주의와 후기모더니즘이 다스리는 세속적인 맨해튼에서 설교하고 있는 나 또한 그의 말에 전적으로 동의한다.

2. 모든 이가 그리스도인인 것처럼 설교하지 말며, 그리스도인에게는 더 이상 복음이 필요 없다고 단정 짓지 말라

로이드 존스는 현재 교회에 다니는 사람이라고 해서 전부 그리스도인으로 가정하지 말라고 설교자들에게 경고한다. 그러면서 기독교를 지적으로 받아들이기는 했지만 말씀과 복음의 능력에는 사로잡

혀 본 적이 없는 이들, 따라서 참으로 회개하지 않은 이들이 많다고 말한다. 참된 복음 설교를 하면 교인들이 앞으로 나아와 자신이 실상은 복음을 몰랐음을 고백하며 그 몇 달 사이에야 비로소 회개하고 참으로 믿게 되었다고 고백하는 일이 매년 이어진다는 것이다.

이와 관련하여 생각할 점이 하나 더 있다. 로이드 존스는 양육할 때에도 전도 설교를 할 것을 촉구하며 전도 설교를 통해 그리스도인을 양육할 수 있다고 주장한다. 그의 표현대로라면, 신자도 복음의 능력을 거듭 느낄 필요가 있으며 회심의 경험을 "거의" 또다시 할 필요가 있는 것이다. 로이드 존스는 주일 저녁예배 때는 주로 전도 설교를, 오전예배 때는 주로 양육 설교를 했다. 그는 교인들이 두 예배 다 참석해야 한다고 말하며, 설교자에게도 이 두 가지를 너무 엄격하게 나누지 말라고 충고한다. 복음에는 전도와 양육이 다 포함되어 있다.

나는 1989년 뉴욕에 와서 로이드 존스의 녹음된 설교를 들었다. 그의 전도 설교는 아주 신학적인 강해 설교에 가까웠고, 그의 양육 설교는 아주 복음 중심적인 전도 설교에 가까웠다. 섬광 같은 깨달음이 스쳐 지나갔다. 나는 윌로우크릭 교회가 주말마다 가볍게 '구도자를 위한 말'을 하는 것이 잘못임을 깨달았다. 윌로우크릭 교회에 반대하는 움직임—전부 그리스도인이라는 가정하에 길고 교훈적이고 설명적인 내용을 가르치는 것—또한 맨해튼에는 맞지 않음을 알게 되었다. 1980년대 말 뉴욕은 미국의 어떤 도시보다 20세기 중반 런던에 가까웠다. 그래서 나는 로이드 존스와 딕 루카스Dick Lucas, 그리고 또 다른 런던 설교자의 설교를 들었다. 그러면서 전도하는 동시에 양육하는 설교, 양육하는 동시에 전도하는 설교를 배웠다.

3. 단순히 진리를 설명하기 위해 설교하지 말고, 진리를 살아 있게 하기 위해 설교하라

1968년, 수술을 받고 요양하던 로이드 존스는 웨스트민스터 목회자 협회 회원들이 목회하는 여러 교회를 방문했다. 그들의 설교는 실망스러웠다. 그해 10월 9일, 그는 협회에서 비공식 강연을 하면서 "한때 전도 설교는 너무 주관적이어서 문제였습니다. 그런데 이제는 너무 객관적이 되어 버렸습니다"라고 지적했다.[8] 오락과 만담을 피하려다 '전인全人'이 아닌 사람의 이성에만 호소하게 되었음을 지적한 것이다.

이러한 우려가 「설교와 설교자」에 다시 등장한다. 로이드 존스는 '강해 설교는 본문 순서에 따라 주해하는 것'이라는 입장에 반대한다. 무릇 설교란 절정을 향해 나아가는 과정으로 이루어져야 하며, 논증과 열정이 어우러진 살아 있는 것이어야 한다고 그는 생각했다. 실제로 로이드 존스는 1976년 조나단 에드워즈에 대해 강연하면서, 설교의 주된 목적은 나중에 사용할 수 있는 정보를 제공하는 것이 아니라 바로 그 자리에서 사람의 마음에 감명을 주는 것이라고 말한 바 있다. 이러한 이유 때문에 사람들에게 노트 기록도 하지 못하게 했다. 설교의 핵심은 단순히 교리를 설명하는 데 있는 것이 아니라 그 교리를 사람들의 마음에 생생하게 전달함으로써 그

---

[8] Iain Murray, *Lloyd-Jones: Messenger of Grace*, 2008, pp. 99ff.(「은혜의 설교자, 로이드 존스」 부흥과 개혁사)

들의 삶을 영원히 바꾸어 놓는 데 있다는 것이 그의 입장이었다.

그의 메시지는 설교, 특히 강해 설교의 우선성을 굳게 믿는 이들에게 중요했고, 지금도 여전히 중요하다. 로이드 존스는 그의 표현대로 회중석이 강단을 지배하는 현상, 즉 과도한 맥락화를 극렬하게 반대했다. 그런데 자신을 따르는 목회자들이 이 점에서 지나치게 한쪽으로 치우치는 모습을 보이자, 10월 9일 강연에서 이렇게 호소했다. "우리가 할 수 있는 최고의 설교를 합시다. 가장 좋은 언어, 가장 좋은 모든 것으로 설교합시다. 우리는 '중요한 것은 교리'라는 이상한 개념 때문에 이 점을 무시하고 있습니다. 우리에게 이런 메시지가 있는데도 아무런 활기 없이 냉랭하고 지루하게 설교하는 것은 비극입니다."

「설교와 설교자」에는 나를 포함하여 많은 이들이 트집을 잡을 만한 주장들이 많이 포함되어 있다. 그러나 로이드 존스가 설교자들에게 주는 메시지와 중심 주제는 강력할 뿐 아니라 참으로 시의적절하다. 이 책의 내용과 여러분이 읽은 설교 관련 서적 대여섯 권의 내용이 서로 어긋날 수도 있다. 그러나 이 책은 설교와 관련하여 지금까지 출간된 책들 중 가장 중요한 책에 속한다. 나는 개인적으로 이 책에 도저히 갚을 수 없는 빚을 졌다.

팀 켈러 | 리디머 장로교회 담임목사

로이드 존스가 설교에 대해 가르쳐 준 것

마크 데버

워렌 위어스비Warren Wiersbe는 마틴 로이드 존스의 「설교와 설교자」에 대해 이렇게 말했다. "동료 설교자들에게 권하는데, 적어도 두 번은 이 책을 읽으라. 한 번은 반대하기 위해, 또 한 번은 도움을 얻기 위해 읽으라."[9] 위어스비가 무슨 뜻으로 이런 말을 했는지 안다. 나는 설교를 다룬 최고의 책이 무엇이냐는 질문에 대개는 「설교와 설교자」를 꼽지 않는다. 그러나 가장 재미있게 읽을 만한 책이 무엇이냐고 묻는다면 거의 예외 없이 이 책을 꼽을 것이다!

로이드 존스는 1969년 봄, 필라델피아에 있는 웨스트민스트 신학 대학에서 이 강의를 하면서 복음주의 진영에서 일어나고 있는 거의 모든 일에 대해 솔직한 의견을 피력했다. 평소 강해 설교를 할 때보다 편안하고 격식 없이, 논평하듯이 이야기했다. 그 덕분에 우리는 로이드 존스가 하나님의 말씀을 전하는 주일 사역을 어떻게 이해하고 있었는지에 대해 놀라운 통찰을 얻게 되었다.

---

9. Warren Wiersbe, *Walking with the Giants*(Grand Rapids: Baker, 1976), 184.(「위대한 발자취를 남긴 사람들」 엠마오)

나에게 이 책―그리고 이 책이 아주 잘 소개해 주고 있는 로이드 존스의 설교―은 설교를 이해하는 데 틀을 잡아 주는 주된 도구 중 하나다. 로이드 존스가 설명하고 실제로 구현해 낸 설교의 아홉 가지 측면, 나 또한 내 목회에서 재현하기를 바라며 노력하고 있는 아홉 가지 측면은 다음과 같다.

1. 평상시에 설교는 강해 설교로 해야 한다

로이드 존스는 "오늘날 교회에 가장 필요한 것은 강해 설교로 돌아가는 것이라고 믿어 마지않습니다"라고 말했다.[10] 그는 20대 후반의 청년 시절에 웨일스에서 구약성경을 복음적으로 강해한 것을 시작으로, 1960년대에 원로가 되어 런던 중심부 웨스트민스터 채플에서 마지막 위대한 연속 강해 설교(사도행전 전반부를 다루는 설교)를 할 때까지 무려 50년간 이 확신을 지키며 살았다.

2. 설교는 도입부가 훌륭해야 한다

로이드 존스가 하나님의 말씀에 헌신했다고 해서 설교를 듣는 청중의 특별한 필요와 관심사에 무감각했던 것은 아니다. 그는 다음과 같이 설교를 시작할 것을 주장했는데, 나도 일반적으로 이렇게 하려고 노력해 왔다.

> 저는 전형적인 웨일스 설교자였던 적이 없었고 그것은 지금도 마찬

---

10. D. Martyn Lloyd-Jones, *Studies in the Sermon on the Mount*(Grand Rapids: Eerdmans, 1959), 1:vii.(『산상설교집』정경사)

가지입니다. 제가 생각할 때 설교에서 가장 먼저 해야 할 일은 이제부터 말하려는 바가 청중과 깊이 관련된 몹시 중요한 내용임을 알려 주는 것입니다. 그러나 웨일스의 설교 스타일은 성경구절을 읽은 다음 곧바로 연관성을 설명하고 단어를 분석하는 것으로서, 세상 사람들은 설교자가 무슨 말을 하는지 알지 못했을 뿐 아니라 아예 관심조차 보이지 않았습니다. 저는 제 말을 들려주고자 하는 상대, 이를테면 저를 찾아온 환자에게서 출발하고자 했습니다. 사실상 그것은 의사의 접근방법—병이 있는 환자, 돌팔이 의사들을 찾아다니던 무지한 환자가 찾아왔을 때처럼 그의 문제가 무엇인지 먼저 알려 주는 것—이었습니다. 저는 청중의 마음부터 사로잡은 다음에 강해로 이끌어 가고 싶었습니다. 그런데 웨일스의 설교자들은 다짜고짜 강해를 하고 나서 약간의 적용과 함께 설교를 마쳤습니다.[11]

3. 설교는 복음적이어야 한다

로이드 존스가 강해 설교에 헌신했다고 해서 전도 설교에 대한 열정이 미약했던 것은 아니다. 어떤 이가 그에게 물었다. "웨스트민스터 채플에서 가장 최근에 전도운동을 한 것이 언제입니까?" 즉시 돌아온 대답은 "주일마다 합니다!"라는 것이었다.[12] 그는 목회하는 내내 복음을 전하는 설교를 했고, 그 당시 영국의 전형적인 관습에 따라 특히 주일 저녁에 전도 설교를 했다.

---

11. Iain H. Murray, *Lloyd-Jones*(Edinburgh: Banner of Truth Trust, 1990), 147.
12. D. Martyn Lloyd-Jones, *Old Testament Evangelistic Sermons*(Edinburgh: Banner of Truth Trust, 1996), viii.(「구약을 사용한 복음 설교」 생명의 말씀사)

4. 설교는 하나님을 명확히 전해야 한다

로이드 존스의 설교를 직접 생생히 들었을 때 가장 두드러지게 나타나는 특징이 바로 이것, 즉 하나님에 대한 인식이다. "설교의 주된 목적은 무엇입니까? 저는 다음과 같이 생각하기를 좋아합니다. 설교의 주된 목적은 사람들에게 하나님과 그분의 임재를 느끼게 해 주는 것입니다." 나는 설교자가(그 사람이 나 자신이든 다른 목회자든) 캐피톨힐의 강단에 오르기 전에 하나님이 임재하시는 고요한 순간을 분명히 고대하는 마음을 주시기를 기도한다. 이처럼 고대하는 마음은 말씀을 통해 온전히 선하신 하나님을 거듭해서 만나는 경험을 하는 데 큰 역할을 한다. 1950년대 초반 로이드 존스는 매주 금요일 밤에 교리 강의를 했는데, 그때 이런 말을 한 적이 있다. "지치지도 않고 또 말하지만, 오늘날 복음주의의 진정한 어려움은 하나님의 교리를 충분히 다루지 않는 데서 나옵니다."[13]

5. 설교는 진지해야 한다

나는 강단에서 유머를 사용하는 일에 신중을 기한다. 교회가 지나치게 특정 설교자의 성격 중심으로 형성되지는 않을까, 회중이 복음에 집중하지 못하고 산만해지지는 않을까 조심스럽기 때문이라는 것이 한 가지 이유다. 내가 선뜻 유머를 사용하지 못하는 또 한 가지 이유는 청교도 설교에 나타나는 진지함, 스펄전이 보여

---

13. D. Martyn Lloyd-Jones, *Great Doctrines of the Bible: God the Father, God the Son; God the Holy Spirit; The Church and the Last Things*(Wheaton, IL: Crossway, 2003), 94.(「로이드 존스 교리 강좌 시리즈」 부흥과 개혁사)

주는 간절함, 로이드 존스에게서 발견되는 엄숙함에서 찾아볼 수 있다. 1980년, 「크리스채너티 투데이 Christianity Today」에 로이드 존스의 대담이 실렸다. 칼 헨리 Carl Henry가 "친구 분들에게 들어보니 목사님의 유머감각이 대단하다는데, 강단에서는 거의 사용하시지 않네요"라고 하자, 박사가 대답했다. "강단에서 유머를 사용하기란 무척 어렵지요. 저는 강단에 오를 때마다 지옥에 갈지도 모르는 영혼들과 하나님 사이에 서 있다는 사실에 두려움을 느낍니다. 그 자리는 감히 유머를 사용할 수 없을 만큼 무서운 자리입니다."[14]

6. 설교할 때 죄를 분명하게 지적할 뿐 아니라 죄와 맞서야 한다

로이드 존스는 불신자들에게 설교할 때 굳이 다정하고 부드럽게 할 필요가 없음을 깨우쳐 주었다. 그들을 존중해야 하지만 그들의 반역까지 너그럽게 봐주어서는 안 되는 것이다. 로이드 존스는 전도설교를 할 때 죄가 얼마나 미련한 것인지 힘주어 강조하곤 했다. 한번은 이렇게 말하기도 했다. "그리스도의 교회는 믿는 자들의 교회이자 한 믿음 한 사랑으로 묶여 있는 연합체입니다. 여러분은 믿지 않는 자입니까? 자, 그렇다면 믿는 자인 척하지 말고 그냥 시골이나 바닷가를 찾아가십시오. 제 요구는 일관성 있게 행동하라는 것입니다. 가족이 세상을 떠났을 때 자신은 믿지도 않으면서 교회에 장례를 부탁하지 마십시오. 그냥 바닷가를 찾아가서 위안을 얻

---

14. D. Martyn Lloyd-Jones, 'From Buckingham to Westminster', *Christianity Today*(February 8, 1980), 29.

으십시오."¹⁵ 이 설교를 했을 때, 로이드 존스의 나이는 스물여덟 살이었다!

또한 그는 죄가 무엇인지 알고 하나님의 성령이 그 죄를 입증해 주셔야만 죄에서 구원받을 수 있다는 사실도 거듭해서 지적했다. 죄를 깨달아야만 구주를 찾게 되기 때문이다. 1957년, 어느 금요일 밤에 로이드 존스의 설교를 들은 이들은 자신들을 다음과 같이 묘사했다. "죄인이여! 밉살맞은 피조물이여! 추하고 더럽고 비열하고 절망적인 인간이여! 아무리 욕을 퍼부어도 부족하구나. 죄인은 가증한 자요, 하나님이 만드신 세계의 흉물이요, 악하고 혐오스럽기 짝이 없는 존재다."¹⁶ 로이드 존스는 멸망할 인간의 주된 문제가 낱낱의 죄에 있는 것이 아니라 우리의 죄성과 죄로 가득 찬 상태 그 자체에 있음을 분명히 했다. 하나님, 저도 그와 같이 선명하고 담대하게 복음을 전하게 하소서!

7. 설교할 때 조작하면 안 된다

로이드 존스는 강단에 열정이 필요하지만, 그렇다고 인위적으로 조작해서는 안 된다는 점을 분명하게 지적한다. 설교는 더욱 새롭게 타오르는 빛을 전할 때에야 뜨거워지는 법이다. "일차적으로는 정신, 즉 지성에 접근해야 하며, 그 다음으로 감정에 접근하고, 마지막으로 의지에 접근해야 합니다."

---

15. Murray, *Lloyd-Jones*, 138.
16. D. Martyn Lloyd-Jones, *Romans: Assurance, An Exposition of Chapter 5*(Edinburgh: Banner of Truth Trust, 1998), 122-123.(『로마서 강해』 기독교문서선교회)

8. 설교할 때 모든 이를 대상으로 복음을 전해야 한다

로이드 존스는 항상 모든 이에게 복음이 필요하다는 생각으로 설교했다. 신자와 불신자를 가리지 않고 항상 "여러분에게" 복음이 필요하다고 했으며, 이미 회심했다고 해서 복음이 필요치 않은 것은 아니라는 사실을 각인시켰다.

9. 설교는 하나님이 사용하시는 수단이므로 확신을 가져야 한다

로이드 존스의 맏딸인 엘리자베스 캐서우드가 전시에 런던에서 아버지가 설교한 일에 대해 이야기한 적이 있는데, 나는 그 이야기를 좋아한다. 로이드 존스가 기도하는 중에 교회 가까이에 폭탄이 떨어졌다. 길 바로 건너에서 터진 것 같았다. 교회 건물에 바로 떨어진 것은 아니었지만 그 소리는 엄청났다. 창문이 크게 흔들리면서 회반죽이 떨어져 나갔다. 그때 로이드 존스는 어떻게 반응했을까?

그는 잠시 멈추었다가 다시 기도를 계속했다. 광고를 맡은 사람이 강단에 올라가 평소처럼 광고하더니(이 말을 하며 엘리자베스는 웃었다) 목사 옷에 떨어진 회반죽을 떨어 주었다. 목사는 다시 강단에 서서 설교를 시작했다.

어떻게 그럴 수 있었을까? 설교야말로 주된 임무임을 알고 있었기 때문이다. 에버라본에 부임한 첫날부터 그는 이 사실을 알고 있었다. 설교는 하나님이 정하신 수단이었다. 다른 전략은 필요 없었다. 이안 머레이는 로이드 존스가 첫 부임지에 도착했을 때 "정규 주일예배(11시 예배와 오후 6시 예배)와 월요 기도회, 수요 모임으로 이루어지는 순전히 '전통적인' 교회생활에만 관심을 보이는 것에 교회 총무는 놀라움을 금치 못했다"라고 했다. "그 외의 것은 필요치 않았다. 외부인들을 위해 특별히 마련되었던 활동들은 즉시 중단되었다." 그것은 이제 교회에서 연극도 하지 않는다는 뜻이었다. 그러면 교회에 이미 설치되어 있는 무대는 어떻게 하느냐고 묻자, 로이드 존스가 대답했다. "교회 난방에 쓰면 되겠네요."[17]

그러니 로이드 존스가 다음과 같은 대담한 주장으로 「설교와 설교자」를 시작하는 것도 놀랄 일이 아니다. "또 다른 이유를 밝히라면, 참된 설교야말로 오늘날 교회에 가장 긴급하게 필요한 일이기 때문이라고 주저 없이 말하겠습니다. 이것은 교회의 가장 크고 긴급한 필요일 뿐 아니라 세상의 가장 큰 필요임이 분명합니다." 교회의 역사가 진행되는 내내, 하나님이 교회를 세우기 위해 사용하신 방법은 바로 설교였다.

사도행전에 기록된 교회 초기에도 그러했고 종교개혁 시대에도 그러했습니다. 루터, 칼뱅, 낙스, 래티머, 리들리 같은 인물들은 모두 위대한 설교자들이었습니다. 17세기에도 같은 일이 일어났습니다. 위대한 청교도 설교자들과 다른 설교자들도 떠올려 보십시오. 18세기의 조나단 에드워즈와 윗필드, 웨슬리 형제, 롤런즈, 해리스도 모두 위대한 설교자들이었습니다. 18세기는 위대한 설교의 시대였습니다. 종교개혁과 부흥을 접할 때마다 피할 수 없는 결론이 바로 이것입니다.

---

17. Murray, *Lloyd-Jones*, 135.

나중에 로이드 존스는 자신의 확신을 이렇게 요약했다. "제가 강조하고 싶은 것은 제가 무엇보다 중요하다고 여기는 일, 즉 설교입니다. 설교는 아무리 강조해도 지나치지 않습니다. 설교가 모든 일을 통제하며, 모든 일의 성격을 결정짓습니다."

마틴 로이드 존스의 강단 사역을 보면서 나는 격려를 받고 영감을 얻으며 교정을 받고 도전을 받는다. 또한 스펄전의 아버지가 스펄전에 대해 한 말이 무슨 뜻이었는지 실감하게 된다. "그는 나보다 복음을 더 잘 전할 수 있다. 그러나 더 나은 복음을 전할 수는 없다!" 나는 복음적인 강해 설교, 분명하고 진지한 설교, 죄와 맞서되 인위적으로 조작하지 않는 설교, 늘 복음에 집중하며 복음을 확신하는 설교를 담대히 계속해 나갈 것이다. 설교자로 부름 받은 모든 자가 이렇게 설교할 수 있도록 기도하라.

마크 데버 | 캐피톨힐 침례교회 담임목사

설교에 대한 비범한 열심

브라이언 채플

나는 왜 마틴 로이드 존스를 위대한 설교자라고 생각할까? 그는 설교를 길게 했다. 다들 인정하듯이 너무 문어적이었고 사적인 이야기는 전혀 하지 않았다. 요즘 요구되는 문화적 감수성이라고는 하나도 찾아볼 수 없이 '독단적인 주장들'을 표명했다. 반대자들에게는 가혹했고, 친구들에게는 화를 잘 냈으며, 자기 자신에게는 엄격했다. 그러나 본인 스스로 인정했던 이러한 우려 사항들에도 불구하고 그의 강단에서 흘러나온 말씀은 하늘로 날아오르는 듯했고, 듣는 이들에게 역사상 거의 유례가 없는 위안을 주었다. 사람들은 성경에 충실했던 태도라든지 뛰어난 추론능력이라든지 지칠 줄 모르는 에너지 같은 여러 원인에서 그 탁월함의 원인을 찾으려 했다. 그러나 충실하고 똑똑하며 에너지 넘치는 인물은 로이드 존스 말고도 얼마든지 많다. 물론 그러한 속성들이 로이드 존스의 위대함에 기여한 것은 분명한 사실이다. 그러나 나는 '박사'의 두드러진 특징을 그의 비범한 열심에서 찾는다.

설교의 낭만에 대한 깊은 사랑

설교를 향한 로이드 존스의 열심은 자신의 소명을 깊이 사랑하는 마음에서 흘러나왔다. 그는 다음과 같은 말로 이 책의 모체가 된 강의를 시작했다. "궁극적으로 제가 기꺼이 이 강의를 수락한 이유는, 적어도 제가 볼 때에는 설교야말로 사람의 소명 중에 가장 고귀하고 위대하며 영광스러운 소명이기 때문입니다." 그리고 그는 강의의 결론부에 이르러 '설교의 낭만'을 격찬한다.

"설교의 낭만만큼 멋진 것은 세상 어디에도 없습니다. 그것은 세상에서 가장 위대한 일이자 떨리는 일이고, 흥분되는 일이며, 보람 있는 일이고, 놀라운 일입니다. ······특히 그 메시지가 하나님께로부터 왔음을 알기에 한시라도 빨리 전하고 싶다는 갈망으로 강단에 설 때의 느낌에 비할 것은 아무것도 없습니다."

바로 이 사랑이 40년 이상 금요일 밤마다 로마서를 강해한 10년 반의 놀라운 기간을 포함하여 매주 수없이 설교하게 만든 동력이 되었다.

설교의 우선성에 대한 크나큰 경의

설교를 향한 이런 사랑은 설교의 중요성에 대한 크나큰 경의에서 자라난 것이다. 로이드 존스는 양해의 말이나 변명 한마디 없이 "설교야말로 교회의 주된 임무"라고 단언한다. 그는 교회의 사회적 의무, 상담 사역, 교육적 노력, 예배를 구성하는 모든 요소들 위에 설교를 두면서, 사도들이 맡은 첫 번째 중요한 임무가 바로 설교였다고, 그들이 "교회의 영원한 우선순위"를 정립해 놓았다고 말한다.

그리고 "제아무리 명분 있는 일이고 긴급한 일이라도 그보다 앞에 두어서는" 안 된다고 경고한다.

설교의 능력에 대한 굳센 믿음

이처럼 설교자의 소명에 대한 사랑과 경의가 그의 탁월함에 기여한 것이 사실이지만, 궁극적으로 그 설교의 위대함에 연료를 제공한 것은 설교의 능력에 대한 굳센 믿음이었다. 그는 젊은 설교자들을 향해, 모든 설교가 "누군가에게 삶의 전환점이 되기를 기대"할 것을 촉구한다. 그러나 그런 변화를 기대하는 이유를 목회자의 재능에서 찾을 것이 아니라 "가장 본질적인 것", 즉 "성령의 기름 부음"에서 찾아야 한다고 말한다.

사람들은 박사의 박식함을 칭송했지만, 정작 본인은 지식과 언변으로는 강단의 소명을 충분히 감당할 수 없다고 주장했다. "효과적인 증인이 되려면 지식에 더하여 성령의 능력과 기름 부음과 나타남도 있어야" 한다는 것이다. 그러면서 기름 부음이란 "하나님께서 성령을 통해 능력을 부어 주심으로써⋯⋯그의 통로가 되게 하시는 것"이라고 지적한다.

학자이자 설교자인 에드먼드 클라우니Edmund Clowney가 그에게 성령의 능력이 임했는지 어떻게 아느냐고 질문한 적이 있다. 박사는 대답했다. "아주 쉽습니다. 육신의 에너지로 설교하면 기분이 들뜨고 좋아지지요. 그런데 성령의 능력으로 설교하면 경외감이 들면서 겸손해집니다."[18]

로이드 존스는 성령의 기름 부음이 있을 때 "생각이 명료해지고 언어가 명료해지며 말하기가 수월해지고 권위와 자신감이 크게 느껴"지며 "말할 수 없는 기쁨이 넘쳐"난다고 하면서, "그러면 성령께 '사로잡힌' 것이며 붙잡힌 것이고 붙들린 것"이라고 했다. 이 능력은 초자연적인 것이지만 신비주의적인 추구로 얻는 것이 아니며 하나님이 기분에 따라 주시는 것도 아니다. 로이드 존스의 말처럼 "성령의 기름 부음은 [설교] 준비 위에 임한다고 보는 것이 바른 생각"이다. "세심한 준비와 성령의 기름 부음을 양자택일의 관점에서 바라볼 것이 아니라 상호보완의 관점에서 바라보아야" 하는 것이다.[19]

기름 부음은 세심한 준비와 개인적인 헌신에 따라온다. 기름 부음을 예외적인 일로 볼 수도 있지만, 로이드 존스는 그렇게 생각하지 않았다. 그는 "항상 그를 [성령을] 구하십시오. 아니, 그를 구하는 데서 더 나아가 그가 하실 일을 기대하십시오"라고 했다. 로이드 존스가 기름 부음의 두드러진 본질에 대해 언급한 말만큼 자주 인용되지는 않지만, 기름 부음의 확실성에 대해 언급한 이 말 또한 그에 못지않게 중요하다. 그는 사도들이 이러한 기대감을 가지고 설교했으며 "한 번도 실패한 적이 없었"다고 말했다. 이것은 제자들이 사람들의 반대나 무관심에 직면하지 않았다는 뜻이 아니다. 오히려

---

18. Edmund Clowney, *Preaching Christ in All the Scriptures*(Wheaton, IL: Crossway, 2003), 55.
19. 같은 책, 496쪽. Thomas N. Smith는 "로이드 존스가 염두에 두고 있는 준비에는……메시지의 준비(주해, 강해, 설교학 등)와 설교자의 준비(기도, 개인의 거룩함, 경건의 훈련, 연구, 일반적인 독서 등)가 포함되어 있다. 내가 볼 때에는 이것이야말로 이 주제를 다룬 20세기의 다른 어떤 방법보다 참된 영적 기름 부음을 얻기에 가장 온당하고 통합적인 방법이다." 'D. Martyn Lloyd-Jones: The Preacher', *Reformation and Revival*, vol. 1, no. 4(가을호, 1992) 99쪽을 보라.

그들 스스로 전하는 말씀이 어떤 것인지 알았고 자신들을 부르신 이가 하나님이심을 알았기에, 어떤 상황에서도 거리낌 없이 특별한 용기를 가지고 전할 수 있었다는 뜻이다.

로이드 존스는 그와 마찬가지로 성령께서 말씀에 충실한 설교를 축복하실 것을 기대했다. 리 에클로브Lee Eclov가 나중에 말한 그대로다. "성경은 이미 거룩한 기름에 젖어 있다. ……〔자신이〕 전하는 말이 비록 어설프고 평범하더라도 이처럼 성경에는 항상 기름이 부어져 있음을 믿으라."[20] 마틴 로이드 존스를 사로잡았던 설교에 대한 비범한 열심은 결국 하나님이 그의 말씀을 사용하신다는 이 최고의 확신에서 비롯된 것이다. 성경에 충실했던 로이드 존스는 자신이 하나님의 말씀 그 자체를 전하고 있음을 '알았고', 따라서 하나님이 역사하실 것을 믿었다.

구주와 동역하는 이 일을 향한 사랑, 이 고상한 사명에 대한 경의, 성령의 능력에 대한 확신으로 인해 박사는 열심을 품고 강단에 섰고, 사람들은 그의 설교 듣기를 고대했으며, 그의 말씀에 감동받은 대학생들은 증인의 길로 들어섰고, 반대가 심해져 친구들조차 귀를 기울이지 않을 때에도 그는 계속 설교했다. 우리가 그를 존경하는 것은 그가 이처럼 비범한 열심을 품었기 때문이며, 후대의 설교자들 또한 같은 열심을 품도록 그토록 충성되게 수고했기 때문이다.

브라이언 채플 | 커버넌트 신학대학교 총장

---

20. Lee Eclov, 'How Does Unction Function?' *The Art and Craft of Biblical Preaching*, ed. Haddon Robinson and Craig Brian Larson(Grand Rapids: Zondervan, 2005), 82, 84.

설교의 낭만과 영광을 향한 불꽃

케빈 드영

나는 성경 외에 자발적으로 재독한 책이 드물다. 어떤 사실이나 해석, 신학적인 요점을 확인하기 위해 서재 책장에서 뽑아드는 책은 많다. 너무 좋아해서 가끔 꺼내들고 좋아하는 부분을 찾아 읽는 책들도 상당수 있다(책은 결국 오랜 친구와 같다). 그러나 좋은 건지 나쁜 건지 모르겠지만(아마 나쁜 것이리라) 처음부터 끝까지 꼬박 다시 읽는 책은 그리 많지 않다. 지금 떠오르는 책은 칼뱅의 「기독교 강요 *Institutes*」, 스펄전의 「목회자 후보생들에게 *Lectures to My Students*」, 로이드 존스의 「설교와 설교자」 세 권뿐이다.

「설교와 설교자」를 처음 접했을 때가 생생하게 떠오른다. 개혁신학과 칼뱅과 청교도에 관심을 갖고 대학에 다니던 때였다. 그쪽 공부를 하다가 우연히 마틴 로이드 존스를 만났다. 처음 만난 그 순간부터 나는 박사에게 빠져 버렸다. 찾을 수 있는 모든 책을 찾아 읽었다. 이안 머레이의 방대한 전기도 한 학기 만에 읽어 치웠다(자기 전에만 읽었는데도!). '로이드 존스가 엄청나게 크게 보였던' 그 기간에 읽은 모든 책 중에서도 가장 두드러졌던 책이 바로 「설교와 설교자」다. 대학 숙소에서 일곱 명과 함께 쓰던 지저분한 부엌 식탁에 앉아 로이드 존스의 설교학 고전을(그는 '설교학'이라는 용어를 쓴다고 싫어할 테지만) 열심히 읽었던 기억이 난다. 그의 열정과 지혜, 설교에 대한 지독한 헌신, 확고한 견해(모든 사안에 대한!)를 보면서 내가 설교자가 되고 싶어 한다는 사실을 확실히 깨달았다. 나도 미혼이었고 같이 살던 청년들도 미혼이었던지라 피클이나 설탕가루 뿌린 도넛 같은 형편없는 음식을 먹고 있었지만, 무엇이 입에 들어가는지도 모른 채 세상에서 가장 고상하고 중요한 일을 하겠다는 원대한 비전에 사로잡혀 넋을 잃었다.

그 후 수년 동안 수백 편의 설교를 하면서, 나는 그의 말들이 얼마나 지혜로운 것인지 알게 되었고, 그의 몇 가지 확신에는 동의하지 않아도 된다는 사실을(그만큼 내가 성숙한 결과이기도 했다) 알게 되었다. 그의 견해 대부분은 공유할 가치가 있는 것이며, 그것도 확실하게 공유할 가치가 있는 것이다. 그럼에도 나는 설교 본문을 미리 다 정해서 알려 놓으면 성령을 제한하게 된다거나 설교학 시간에 배우는 내용이 어떤 점에서 매춘 행위가 될 수밖에 없다는 견해에는 전적으로 동의할 수 없다. 이렇게 별난 점이 있기는 하지만, 그럼에도 나는 설교와 관련하여 달리 읽고 싶은 책을 떠올릴 수가 없다.

왜 그럴까? 왜 나는 몇 년마다 다시 이 책을 꺼내 읽는 것일까? 왜 존더반 출판사는 오래전에 죽은 사람이 1960년대에(1960년대라고? 그때 나는 고등학교에서 역사 수업을 듣고 있었다!) 설교에 대해 강의한 내용을 묶은 이 두꺼운 책을 다시 출판하는 것일까? 왜 목회를 준비하는 기간에 읽어야 할 수십 권의 책 중에 늘 이 책이 가장 좋아하는 책으로 꼽히는 것일까? 저자도 이미 죽고 없는, 구닥다리 설교 전달법을 말하는 옛날 책이 이처럼 강력한 힘을 발휘하는 이유가 대체 무엇일까?

이 책이 강력한 것은, 설교의 능력에 대한 로이드 존스의 믿음이 그만큼 강력하기 때문이다. 그리고 그의 믿음은 옳다.

「설교와 설교자」에서 가장 많이 인용되는 구절은 첫 장 첫 페이지에 나오는 이 말일 것이다. "또 다른 이유를 밝히자면, 참된 설교야말로 오늘날 교회에 가장 긴급하게 필요한 일이기 때문이라고 주저 없이 말하겠습니다. 이것은 교회의 가장 크고 긴급한 필요일 뿐 아니라 세상의 가장 큰 필요임이 분명합니다." 첫 페이지를 펴서 읽을 때마다 나는 소리치게 된다. "맞습니다, 정말 맞습니다. 제게 더 말해 주십시오!" 이 책에는 설교자의 기량을 연마시켜 주는 설교의 방법과 유머, 준비, 적용에 대한 특별한 요점들이 담겨 있다. 그러나 내가 이 책과 관련하여 가장 좋아하는 점은, 이 책을 읽을 때마다 내가 하는 일을 더욱더 사랑하는 마음으로 자리에서 일어나게 된다는 것이다. 사실 늘 사랑하는 마음으로 이 일을 하는 것은 아니다. 그런데 이 책을 읽으면 사랑하는 마음으로 이 일을 하게 된다. 말하기 쑥스럽지만, 「설교와 설교자」는 내게 가르침을 줄 뿐 아니라 이런 사랑의 마음을 북돋아 주는 드문 책 중 한 권이다.

로이드 존스는 사람들에게 하나님의 임재를 느끼게 하는 것이 설교의 목적이라고 생각했다. 이 책이 내게 해 준 일도 그것이다. 설교가 얼마나 영광스러운 일인지, 좋은 설교가 교회에 얼마나 간절히 필요한지, 좋은 설교를 세상이 얼마나 갈망하는지(스스로 의식하지는 못하지만) 분명히 느끼게 해 준 것이다. 나는 이 책을 읽으면서, 매주 성경을 꾸준히 주석하고 개요를 작성하며 주일마다 수백 명의 교인들에게 설교하는 것이야말로 다른 어떤 특권에 비할 수 없는 특권임을 새삼 믿게 된다. 그리고 책장을 덮을 때는 그 주 주일에 마치 하늘에서 불이 내려올 것만 같은 기대감을 갖게 된다. 말씀의 씨는 결코 헛되이 뿌려지지 않는다는 사실을 다시금 상기하게 되며, 수없이 해 오던 일이건만 새로운 전율을 느끼게 된다.

이 책을 읽어야 할 사람들이 두 부류 있다. 설교 사역을 이제 막 시작하려는 사람들과 오랜 설교 사역을 해 오면서 이미 지친 사람들이다. 절대적인 법칙으로 제시할 수는 없지만, 일반적으로 볼 때 이 책을 읽고서도 설교에 대한 로이드 존스의 열정에 사로잡히지 않는 사람이 있다면 자신이 과연 설교에 부르심을 받았는지 재고해 볼 것을 권한다. 거듭 말하지만, 나와는 달리 이 독선적인 웨일스 사람의 의견을 좋아하지 않을 수도 있다. 그럼에도 이것은 훌륭한 경험적 법칙이라고 생각한다. 「설교와 설교자」를 읽고서도 마음속에 설교의 낭만과 영광을 향한 불꽃이 당겨지지 않는다면, 설교는 여러분에게 맞는 일이 아니다. 부끄러워할 필요가 없다. 자기 실상을 빨리 알아차리는 편이 좋다.

어떤 젊은이가 목회의 길을 생각하고 있고 신학과 그리스어와 히브리어를 좋아함에도 이 책을 '시시하게' 느낀다면, 과연 그가 목회 사역이라는 주요한 과업에 필요한 열정을 가진 사람일까?(나는 지금 설교를 주된 임무로 삼을 목회자에 대해 말하는 것이다). 반면에, 매장 매 일화를 읽을 때마다 마음이 하늘 높이 솟구쳐 오르는 사람이 있다면, 자신에게 목회의 소명이 있는 것은 아닌지 교회에 확인을 부탁하기 바란다. 마찬가지로, 20년 넘게 설교를 해 오면서 따분함과 단조로움, 사람들의 비판에 기진한 목회자라면 이 책이 그의 지친 영혼에 강장제가 되어 주리라 믿는다. 물론 이 책이 모든 문제를 해결해 주는 것은 아니다. 여전히 힘들게 사역해야 하고, 여전히 부족한 설교를 해야 한다(나도 그랬고, 그래서 마음이 아프다). 그러나 스스로 마음이 새로워졌다는 사실을 감지할 것이며, 마치 처음 설교를 시작했던 20여 년 전으로 돌아간 듯한 느낌이 들 것이다. 열심과 믿음이 회복되면서 설교를 즐겁게 할 수 있게 될 것이며, 설교를 가로막고 있던 장애물은 사라질 것이다.

지금 세상에 필요한 것은 설교, 감미로운 복음 설교다. 하나님이 자기 백성을 구원하시고 거룩하게 하시기 위해 정하신 수단을 포기하지 말라. 로이드 존스를 다시 읽으라. 읽어 본 적이 없는 사람은 이제 읽으라. 자신의 마른 뼈에 성령의 생기가 도는 것을 느낄 것이다.

케빈 드영 | 대학 개혁파 교회 담임목사

찾아보고 씨름할 사항 몇 가지

리건 던컨

신학교 공부를 막 시작했을 때, 모 교회의 한 가족이 마틴 로이드 존스 박사의 「설교와 설교자」를 선물로 주었다. 초판 14쇄였다. 나는 십대 때 「산상설교집」(어머니가 닳도록 읽으신 두 권짜리 원본)을 통해, 그리고 로이드 존스의 설교에 깊이 교화된 주일학교 목사님을 통해 그를 처음 만났다. 실제로 1970년대 전반, 초기 개혁운동에 참여했던 옛 남장로교의 소위 '복음적인 사람들' 중에는 1969년 8월 매킬웨인 장로교회 소속 펜사콜라 신학원에서 로이드 존스가 전한 설교에 크게 영향 받은 이들이 많았다.

나는 「설교와 설교자」를 읽기 전에 책으로 나온 그의 설교들을 먼저 읽었다. 인쇄된 글자로만 읽었는데도 처음부터 설교의 능력에 사로잡혀 버렸다. 지금까지도 그 모든 문장, 모든 문단이 나를 강하게 사로잡고 있다. 녹음된 메시지를 들은 것은 그 후의 일이었는데, 음성이라는 도구가 예전의 감동을 증폭시켜 주었다.

「설교와 설교자」는 그의 설교집들과 완전히 다른 책이다. 강의를 엮은 것이기에 그 특징이 고스란히 담겨 있다. 동시에 평생 설교를 생각했고 실제로 설교했던 인물의 특징도 담겨 있다. 로이드 존스는 진정 당대의 위대한 설교자였다. 이 강의 사이사이에도 설교자의 불꽃이 번뜩인다. 어쩌다 한두 번 그런 것이 아니다. 설교에 대해 강의하다가 불쑥불쑥 설교자로 돌변해 버린다.

이 책에는 몇 가지 특별한 측면들이 있는데, 직접 찾아보기 바란다. 이 측면들은 다시 읽어도 여전히 내 관심을 사로잡는다. 이 책을 읽는 독자는 다음의 몇 가지(최소한 16가지!) 사항에 부딪치게 될 것이다.

1. 로이드 존스가 우리 시대에 설교가 쇠퇴하게 된 배경을 숙고한 이후로 교회의 지형이 많이 바뀌었다는 점. 그럼에도 그의 논의는 여전히 유익하며 시사하는 바가 많다.
2. 교회와 목사의 임무에 대한 명료하고도 단호한 정의. "설교야말로 교회의 주된 임무이자 목회자의 주된 임무이며……." 그는 이 말의 성경적 근거를 개괄하고 요약한다. 이것은 오늘날 전반적으로 배척당하고 있는 주장이지만, 다시 한 번 고찰해 볼 가치가 있다.
3. 교회사의 위대한 운동에는 항상 위대한 설교가 따른다는 주장. 개혁과 부흥의 시기에는 항상 위대한 설교자와 위대한 설교가 있었다고 그는 말한다.
4. 설교의 우선성과 관련하여 복음의 사회적 적용을 고찰한 내용. 두말 할 필요 없이 이것은 오늘날 복음주의자들에게도 시의적절한 논제다. 이 주제를 다룰 때 "설교의 우선성을 주장하는 것이

결국 신학적으로도 옳은 일"이라는 그의 말은 많은 생각거리를 제공한다.

5. 한자리에 모여서 다 함께 드리는 공예배의 중요성을 강조한 점. 로이드 존스는 말한다. "교회는 선교 공동체입니다. 우리는 교회 자체가 복음과 그 진리 및 메시지에 대한 증거의 일부라는 개념을 회복해야 합니다. 그렇기 때문에 사람들이 교회의 영역 안에 함께 모여 말씀을 듣는 일이 아주 중요한 것입니다. 그 자체에 영향력이 있습니다." "회중이 모인 것 자체가 설교의 일부로서, 예배 참석자들에게 즉각 그 영향을 끼치기 시작합니다."

6. 그가 "설교를 대체하려는 현대의 모든 대안들"(논쟁이나 그룹 토의나 대화)이라고 지칭하는 것들에 대한 고찰. "물론 그렇게 되기까지[참된 설교를 함으로써 사람들을 교회에 오게 만들기까지] 오랜 시간이 걸릴 수 있으며, 실제로도 오랜 시간이 걸리는 경우가 많습니다. 설교는 장기적인 정책입니다. 그럼에도 설교는 하나님이 친히 주신 방법이기에 효과가 있으며 열매가 있고 영광이 있다는 것, 반드시 그렇다는 것이 저의 전체적인 논지입니다."

7. 그가 분류한 설교의 세 가지 유형 (1)전도 설교 (2)실천(또는 경험)을 다루는 가르침 (3)교육에 목적을 둔 가르침. 로이드 존스는 이 세 가지 설교가 전부 필요하다고 믿었으며, 그 모든 설교가 명백하게 신학적이어야 한다고 믿었다. 그는 이 문제를 논하면서 그렇다고 설교를 신학 강의로 만들지 말 것을 설득력 있게 요구하며, 복음에 대해 전할 것이 아니라 복음 그 자체를 전할 것을 촉구한다.

8. "설교문은 언제나 강해로 작성되어야 한다"는 명제. 로이드 존스는 "강해"가 무엇인지 정의하고, 강해 설교를 준비하는 구체적인 방법에 대해 현명한 조언을 해 준다. 이 부분은 신중하게 따라해 볼 만하다.

9. 설교자의 인격, 권위, 자유, 상호교류, 진지함, 생동감, 열심, 관심, 뜨거움, 교감, 긴박감, 설득력, 파토스, 설교 행위에 나타나는 능력을 다룬 내용. 이것은 정금처럼 귀한 부분이다. 그는 말한다. "설교는 불붙은 인간에게서 나오는 신학입니다." "설교의 주된 목적은 사람들에게 하나님과 그분의 임재를 느끼게 해 주는 것입니다."

10. '평신도 설교'에 대한 부정적인 평가와 목회의 소명을 점검하는 일에 대한 조언. 여기에는 설교자의 훈련과 준비, 설교자로 일하기 전에 알아야 할 것들에 대한 유용한 언급들이 나온다. 그 사이에 설교학 수업에 대한 비판도 나온다!

11. '회중석'이 강단을 잘못 통제하는 일에 대한 논의는 매력적이다. 회중을 이해하려는 지나친 노력은 온갖 종류의 실수를 낳을 수 있다. 로이드 존스는 이 부분에서 탁월한 균형감을 보여 준다. "회중석은 결코 강단에 지시를 내리거나 강단을 통제해서는 안 된다는 것을 저는 분명한 원리로 제시하고자 합니다. 현대에는 특히 이 점을 크게 강조할 필요가 있습니다. 그러고 나서 똑같이 크게 강조할 점은, 그럼에도 불구하고 설교자는 회중석에 앉아 있는 사람들의 상태를 평가하여 설교를 준비할 때나 전달할 때 참작해야 한다는 것입니다."

12. "현재 교회에 다니면서 스스로 그리스도인이라고 생각할 뿐 아니라 그렇게 주장하는 사람들을 전부 그리스도인으로 가정해" 버리지 말라는 경고는 시의적절하다. 이와 관련하여 이의를 제기하는 사람도 있을 수 있지만, 로이드 존스가 하는 말은 귀담아들을 필요가 있다.
13. "예배에 참석하는 모든 사람이 복음의 능력에 사로잡힐 필요가" 있으므로 주일 오전예배만 참석하지 말고 모든 예배에 참석하라는 촉구. 회중은 마땅히 "최대한 많이 하나님의 말씀을 듣고 주님의 임재를 경험하며 하나님을 예배하고 싶다"라는 자세를 가져야 한다고 로이드 존스는 믿었다. 이것은 기독교 예배가 '일주일에 한 시간'으로 축소되어 버린 이 시대에 깊이 숙고할 가치가 있는 말임이 분명하다.
14. 현명한 충고. "음악은 시종의 자리에 두어야지, 어떤 의미에서든 모임을 다스리거나 통제하는 자리에 두어서는 안 됩니다." 이것은 과거 어느 때보다 오늘날 더 필요한 지침이다.
15. '설교의 낭만'에 대한 그의 격려는 지친 설교자의 가슴에 다시 불꽃을 일으키고 새로운 소망을 심어 주기에 충분하다. 그는 설교자 자신이 전하는 메시지가 언제 어떻게 예기치 못한 방식으로 전개될지, 하나님이 언제 어떻게 자신의 말을 사용하여 누군가의 삶을 변화시키실지 모르는 채 교인들에게 말씀을 전하는 그 엄청난 설렘에 대해 이야기한다.
16. 성령의 기름 부음에 대한 강조. "성령의 기름 부음이란 무엇입니까? 성령께서 설교자 위에 특별한 방식으로 임하시는 것이

며, 능력으로 임하시는 것입니다. 하나님께서 성령을 통해 능력을 부어 주심으로써 인간이 수고하고 노력한 것 이상으로 끌어올려 성령의 손에 사용되게 하시고 그의 통로가 되게 하시는 것입니다."

이 책을 읽다 보면 로이드 존스와 논쟁을 벌이고 싶을 때도 있겠지만(나는 그랬다!) 그때마다 그가 충분히 대화를 나눌 만한 훌륭한 상대임을 발견할 것이다. 또한 그는 지혜로운 멘토이기도 하다. 이제 막 설교를 시작한 사람은 단순히 로이드 존스와 함께하는 것만으로도 실제 설교를 구성하고 방향을 잡는 데 좋은 연습을 할 수 있을 것이다. 그리고 오랫동안 설교하며 힘이 빠진 사람은 오래전에 잊었던 사실들을 새삼 떠올리면서, 복음을 선포하고 십자가를 전하며 말씀을 섬기고 싶은 열정에 다시금 사로잡히게 될 것이다.

리건 던컨 | 잭슨 제일장로교회 담임목사

거룩한 삶을 살라는 호소

정근두

"로이드 존스를 읽고 나면 설교할 의욕이 상실된다." 이 말은 오늘날 한국교회에 선한 영향력을 끼치고 있는 어느 목사님의 고백이다. 어찌 그 한 분뿐이겠는가? 지난 20세기가 낳은 탁월한 설교자와 감히 견주고 싶다는 생각을 한다는 것 자체가 무례한 일이 아닐까 싶다. 지적인 자질을 두고 말한다면, 그는 천재의 반열에 손꼽힐 정도다. 그의 설교를 두고 "개혁주의 설교의 극치"라고 말한 에밀 브루너 교수의 평가나 그가 사역할 당시 "영어권 세계에서 최고의 강해 설교가"라는 찬사를 받은 것을 기억한다면, 우리가 그처럼 탁월한 설교자가 되지 못하는 것을 비난할 사람은 없을 것이다.

오늘날 한국 강단에서 강해 설교에 탄탄한 목회의 기초를 두고 사역해 온 설교자들을 살펴보면, 모두 마틴 로이드 존스의 영향을 받은 분들임을 우리는 알고 있다. 그 가운데 영광스런 강단 사역에서 이미 쉼을 얻은 옥한흠, 하용조 목사님을 비롯하여 아직도 설교자를 돕는 일에 헌신하는 이동원 목사님, 60대 현역으로는 박영선 목사님을 들 수 있을 것이다. 그리고 50대 설교자로 내려오면 김서택 목사나 김남준 목사를 비롯하여 수많은 사람들의 이름이 추가될 수 있을 것이다. 로이드 존스의 설교뿐 아니라 그의 책 「설교와 설교자」의 영향을 입은 이들을 열거한다면 구름 같은 증인들이 그에게서 받은 영향을 말할 것이다.

내가 로이드 존스의 설교를 처음 접한 것은, 신학대학원을 졸업할 때쯤으로 기억된다. 로이드 존스의 「산상설교집」이 막 번역 출간된 시점이다. 그때나 지금이나 사역 현장에는 스트레스가 있게 마련이다. 그 불편한 마음을 깨끗하게 치유시켜 준 것이 바로 산상보훈의 설교들 가운데 '마음이 가난한 자'와 '마음이 온유한 자'였다. 의사 로이드 존스의 설교는 내 영혼을 치료하는 양약이 되었다.

로이드 존스의 설교를 통해 치유의 경험을 한 후에 얼마 되지 않아서 남아프리카공화국으로 유학을 갔다. 그곳에서 애초에 계획했던 조직신학 대신 설교학을 전공하게 되면서 날마다 로이드 존스의 설교뿐 아니라 내 연구의 기본 자료인 「설교와 설교자」를 수없이 반복해서 읽었다.

그러던 어느 날, 수면 부족으로 피곤한 상태라서 자리에 눕고 싶은 유혹이 있었지만 굴하지 않고 순종하는 마음으로 「설교와 설교자」를 읽다가 갑자기 로이드 존스가 주장하는 설교의 원리 두 가지를 발견하게 되었다. 순종하는 자에게 하나님이 주시는 선물처럼 다가왔던 그 기억이 아직도 생생하다. 첫째는 설교의 내용을 주관하는 원리로 "설교는 항상 신학적이어야 한다"는 것이었다. 이것은 크게 보면 신학과 설교의 문제를 다루는 것이다. 둘째는 설교의 형태를 주관하는 원리로 "설교는 항상 강해적이어야 한다"는 것이었다. 이것은 주해와 설교문의 관계를 다루는 것이다.

설교의 두 가지 주요 요소인 '설교의 내용'과 '설교의 형식'에 대한 로이드 존스의 핵심 원리를 발견하고 얼마나 기뻤는지 모른다. 그 당시 하루에 12시간 정도 집중해서 로이드 존스의 설교들을 수백 편 읽다 보니, 본문을 해석하는 원리와 방법, 그의 설교의 구조를 파악하는 일은 자리를 잡아 갔다. 특히 해석학의 공리인 "성경은 성경으로 해석한다", "전체의 빛 속에서 부분을 살핀다" 등을 배우게 되었다.

설교문에 담긴 두 가지 원리를 발견한 이후에는, 설교문을 전달하는 행위가 설교문 자체만큼 중요하고 구별된 영역이기에 이를 관장하는 원리를 찾아야 했다. 로이드 존스가 설교문의 전달 행위를 주관하는 원리로 "설교는 항상 성령의 능력과 통제 아래에서 되어야 한다"고 주장하는 것을 발견하고 얼마나 기뻤는지 모른다. 이 원리는 설교문과 전달 행위의 관계를 규정하는 것이다.

로이드 존스는 진리의 전달은 오직 성령의 주권적인 사역임을 겸비하게 인정하고 삶 전반에서 거룩한 삶을 추구하는 사람이었다. 심지어 성경을 해석하는 첩경은 거룩한 삶을 사는 것이라고 주장할 정도였다. 또한 우리는 성령의 기름 부음을 위한 진지한 간구의 삶을 그에게서 엿볼 수 있다. 특히 그는 기도에 관해서는 위대한 앞선 사람들과 비교할 때 자신은 부끄럽기 짝이 없다고 서슴치 않고 고백하는 기도의 사람이었다. 거룩한 삶과 간절한 기도는 설교자를 거룩한 통로로 삼아 사역하시는 하나님의 일상적인 방법이기 때문이다.

「설교와 설교자」를 통해 "성령의 기름 부음을 위한 삶을 살라"는 그의 호소는 나의 삶을 바꾸었다. 성령의 기름 부음을 받는 설교를 위한 지름길은 없기 때문이다. 성령의 능력으로 설교하는 것은 '어떻게 사느냐', '어떻게 기도하느냐'와 분리할 수 없다. 그러므로 설교의 기름 부음을 위해서 설교자의 일상생활이 경건에 이르는 훈련이 되어야 함을 강하게 도전받았다.

더 나아가 훈련의 궁극적 목표는 순종이기에 일상생활의 경건 훈련이 먼저 이루어진 다음 설교에 임하는 특별한 기름 부음의 간구가 바른 순서임을 로이드 존스는 내게 일깨워 주었다. 해석학적 노력과 설교학적 방법뿐 아니라 거룩한 삶과 간절한 기도에 얼마나 종사하는지 나 자신을 살피게 했다. 공중 앞에서 하는 연설은 숙련될 수 있는 기술이지만 설교는 거룩한 삶으로부터 나오기 때문이다. 능력 있는 설교는 반드시 거룩한 삶을 사는 자에게서 기대할 수 있기 때문이다. "좋은 나무마다 아름다운 열매를 맺고……." 오늘날 나의 강단 사역은 전적으로 로이드 존스를 만난 덕분이요 특히 「설교와 설교자」를 통한 축복임을, 천사가 흠모하는 사역을 맡은 동역자들에게 꼭 밝히고 싶다.

정근두 | 울산교회 담임목사

강해 설교의 지침서

김서택

아마 이 세상에서 가장 매력적이면서도 복된 일이 있다면, 그것은 성경을 설교하는 일일 것이다. 그러나 실제로 많은 목회자들이 매주 설교를 하고 있고 교인들은 설교를 들으면서도, 설교의 가치나 설교의 진수를 깨닫지 못하고 있다. 지금도 많은 젊은이들은 새로운 지식을 얻기 위해 세계 어느 곳에라도 가서 유학을 할 것이다. 그러나 하나님은 그분의 모든 능력과 축복이 담긴 한 권의 책, 곧 성경책을 우리에게 주셨다. 예수님은 제자들에게 "너희가 사람을 낚는 어부가 되리라"고 하셨는데, 이것은 곧 우리 목회자들에게 "너희가 진리를 캐는 광부가 되리라"는 말로 이해될 수도 있다. 마틴 로이드 존스는 자주 성경을 어마어마한 금이 들어 있는 산으로 비유하곤 했다. 과연 우리는 어떻게 이 산을 파고 들어가서 그 안에 있는 보물을 캐내어 교인들을 축복하며 교회를 부흥시킬 것인가 하는 과제를 안고 있다.

나는 목회를 하기 전에 로이드 존스의 「로마서 강해」를 접하고서 '왜 이 분은 로마서를 이렇게 많이 설교했을까?' 하는 궁금증을 가지고 읽기 시작했는데, 그때 설교의 세계가 참으로 엄청나다는 것을 깨닫게 되었다. 그리고 로이드 존스의 「설교와 설교자」 역시 평생 나의 설교와 목회의 교과서가 되었고 멘토가 되었다.

1. 로이드 존스의 독창적인 설교 세계

로이드 존스는 스펄전에 대해 말하기를, "그는 본문을 연속적으로 설교하는 것이 성령의 능력을 제한한다고 생각해서 결코 본문을 연속적으로 설교하지 않았다"고 했다. 사실 로이드 존스 이전에도 마르틴 루터나 칼뱅은 성경 본문을 연속적으로 탁월하게 강해 설교했다. 하지만 그 후에는 본문을 연속적으로 설교하는 일들이 많지 않았다. 그러나 로이드 존스는 본문을 연속적으로 설교하는 일을 너무나도 탁월하게 감당했다. 그 만큼 하나님의 말씀에 헌신되어 있었고 하나님 말씀의 능력을 믿었기 때문이다. 우리는 성경을 읽으면 읽을수록 성경 자체가 완벽하게 논리적이며 완전한 구조를 갖추고 있음을 깨닫게 될 것이다. 그래서 설교자는 성경에 새로운 내용들을 많이 추가해서 설교할 것이 아니라 성경이 말하고자 하는 것을 그대로 살려 내어서, 마치 확성기가 말하는 자의 말을 확대시켜서 소리를 내듯이 해야 한다. 성경에 대한 로이드 존스의 헌신과 열정은 어느 누구도 따라오지 못할 것이다.

2. 강해 설교에 대한 명확한 방향 제시

대부분의 목회자들이 강해 설교를 하기 원하지만 실제로 주해 설교를 강해 설교로 생각할 때가 많다. 그래서 많은 사람들이 강해 설라고 하면 지루한 성경의 단어 해석 정도로 생각한다. 하지만 로이드 존스는 숲과 나무의 비유를 통해서 강해 설교는 결코 주해 설교가 아니라 오히려 교향곡을 작곡하는 것과 같다고 설명함으로써 강해 설교가 무엇인지를 탁월하게 설명한다. 우리는 이 설명을 통해서 강해 설교는 결코 딱딱한 단어 해석이 아니라 웅장하고 치밀한 교향곡인 것을 알게 된다.

3. 실제적인 목회 지침

로이드 존스는 강단에 대한 현대인과 목회자의 오해를 잘 지적하고 있다. 즉 사람들은 때때로 자신이 듣기 원하는 설교를 들으려고 하는데 이것은 회중석이 강단을 지배하려고 하는 것이며, 때때로 싸구려 강단꾼 같은 사람이 돌아다니면서 인기를 끄는데 그것은 결코 바른 설교가 아니라는 것이다. 특히 로이드 존스는 강해 설교가 한 가지 종류만 있는 것이 아니라 복음 설교, 교리 설교, 영성 설교가 있음을 제시함으로써 강해 설교의 세계를 풍성하게 했고 강해 설교만으로 강단을 충분히 감당할 수 있게 했다.

4. 로이드 존스 이후의 신학 발전

오늘날 많은 사람들이 로이드 존스를 흉내 내려고 하지만 잘되지 않을 것이다. 우리는 결코 로이드 존스가 아니며 또한 그가 살던 시대를 사는 것이 아니기 때문이다. 특히 로이드 존스 이후로 복음적인 성경 신학의 발달은 우리의 설교 세계를 더 풍성하게 했다. 사람들은 교리를 넘어서서 많은 현실적인 문제에서 설교가 답을 주기를 바라고 있다. 로이드 존스는 훌륭한 안내자다. 우리는 그를 넘어서서 오늘날 현대 사회가 던지는 많은 문제들을 강해 설교로 해결해야 할 것이다.

김서택 | 대구동부교회 담임목사

설교 역사의 비탈길에서 들리는 외침

김남준

내가 이 책을 읽은 것은 신학교를 졸업하고 나서 얼마 되지 않던 때의 일이다. 나는 당시 개인적으로 특별한 부흥을 경험하고 나서 부흥의 역사와 청교도 역사에 심취해 있었기에 마틴 로이드 존스의 「설교와 설교자」를 읽는 내내 "아멘 아멘"을 연발했다.

흔히 설교를 전달의 기술과 방법으로 여기며 쓰인 설교학 책에 익숙해져 있던 당시 우리와 같은 신학도와 목회 초년생들에게, 이 책은 신선한 충격이었다. 설교의 기술과 방법을 습득하는 일은 꼭 필요한 일이기는 하지만 설교의 수평적 이동과 수직적 상승을 가져오는 것은 아니다. 그러한 가르침들 없이는 설교나 설교자가 되기 쉽지 않지만, 그것만으로 설교가 설교되는 것도 아니다. 오히려 설교 행위 안에 임하시는 비상한 성령의 역사, 충천하는 화염과 같은 감화의 불꽃, 저항할 수 없는 권위로 죄인들을 거룩하신 하나님의 임재 앞에 세우는 일들은 인간의 이성적 논리와 추론의 기능을 초월하여 이루어진다.

로이드 존스가 이 책에 수록된 내용을 미국 웨스트민스터 신학교에서 강의하던 당시, 이미 미국에서는 예배학자들에 의해 설교 없는 예배, 드라마와 연극 등이 설교를 대치하는 예배에 대한 연구가 복음주의 신학교에서도 폭넓게 진행되고 있는 상황이었다. 설교는 전근대적 권위주의의 산물이며, 이제 현대는 설교와 같은 일방주의적인 통고나 훈계 같은 수단이 아니라 실용주의적이고 탈권위적이며 쌍방 소통적인 방법에 의해 교인들을 교화해야 한다는 주장들이 설득력을 얻고 있던 때였다. 이러한 미국적 상황을 알고 있었기에, 내게는 이 책에서 외치는 저자의 목소리가 마치 배교를 향해 내려가던 역사의 비탈길에서 외롭게 전하던 여호수아의 외침—"오직 나와 내 집은 여호와를 섬기겠노라"(수 24:15)—처럼 들렸다.

나는 로이드 존스가 설교에 관해 주장하는 모든 내용에 동의하는 것은 아니다. 몇 가지 점에 있어서는 그와 다른 견해를 가지고 있다. 그러나 이 책은 설교에 관한 한 이제껏 내가 만난 최고의 책이다. 특히 설교자의 사람됨이 설교 행위는 물론이고 설교하기 전 성경의 진리를 깨닫는 지평을 결정한다. 로이드 존스의 설교자론은 영구한 가치를 지닌 것이다. "설교자는 비상하리만치 신령한 사람이 되지 않으면 안 된다"는 그의 외침은 오늘날처럼 기독교 사역의 영적 특성을 경시하는 시대에는 더더욱 외롭게 들린다. 그러나 진리는 작은 크기일지라도 모든 것을 밝히는 힘이 있다. 어두운 밤하늘의 크기는 물리적인 별의 크기에 비할 수 없지만, 그 별이 빛나고 있는 한 밤하늘은 단지 별이 빛나는 데 도움을 주는 배경이 되는 것처럼 말이다. 나는 이 책을 세 권 구입했고 세 번 이상 읽었다. 나는 모든 목회자들과 신학 전공자들이 이 책을 읽기 바란다. 특별히 아직 본격적으로 설교 사역을 시작하기 전인 신학생들과 목회 초년생들은 이 책을 숙독하기를 권한다. 이 땅에 증거의 구름과 같은 설교자들을 세워 주시기를 간절히 기도한다.

김남준 | 열린교회 담임목사

연구와 토론을 위한 질문

1장 설교라야만 한다

1. 요즘도 설교의 정당성을 옹호할 필요가 있다고 생각합니까? 설교를 반대하는 주장에는 어떤 것들이 있습니까?
2. 로이드 존스가 말한 바 설교가 쇠퇴한 이유 중에 가장 공감되는 것은 무엇이고, 설득력이 떨어진다고 생각되는 것은 무엇입니까?
3. "교회와 목회자의 주된 임무는 다름 아닌 하나님의 말씀을 설교하는 것"이라는 말에 동의합니까? 동의한다면 그 근거는 무엇입니까? 동의하지 않는다면 그 근거는 무엇입니까?
4. 설교 대신 오늘날 "교회의 주된 임무"로 제시되는 것들로 무엇이 있습니까?
5. 과연 설교가 우선되어야 한다면, 교회가 다시 이 진리를 주목하게 하기 위해 할 수 있는 일이 무엇이겠습니까?

2장 대안은 없다

1. 사람들의 진정한 필요와 교회의 주된 임무를 생각할 때, "증상"만 치료하고 넘어간다는 것이 가능할까요?
2. 교회가 사람들의 필요를 채우려는 노력의 일환으로 현실에 자꾸 관여하다가 결국 존재 의미를 잃어버린 사례를 본 적이 있습니까?
3. 목회자가 '개인 사역'에 치이지 않고 계속 설교에 헌신할 수 있도록 교회가 도울 수 있는 방법은 무엇일까요?
4. 로이드 존스는 설교가 우선이라는 입장에 반대하는 두 가지 의견을 소개하며 이 장을 마칩니다. 오늘날 그런 반대는 어떤 식으로 표출되고 있습니까?

3장 설교문과 설교 행위

1. 로이드 존스가 겸손에 대해 지적한 내용을 생각할 때, 어떻게 해야 우리 자신이 교만해지거나 상대방을 불쾌하게 만들지 않으면서 설교를 믿지 않는 교만을 깨뜨릴 수 있을까요?
2. 로이드 존스는 참된 설교를 하면 사람들이 들으러 온다고 주장합니다. 이 주장이 우리 시대의 설교에 대해 말해 주는 바는 무엇입니까? 로이드 존스의 주장에 위험한 요소가 있습니까?
3. 로이드 존스가 시사적 설교에 반대하는 이유는 무엇입니까? 여러분은 그의 평가에 동의합니까?
4. 로이드 존스가 마지막에 언급한 세 가지 종류의 설교 가운데 여러분의 교회에서, 또는 여러분의 설교에서 더욱 힘써야 할 것은 무엇입니까?

4장 설교문의 형식

1. 익히 아는 요한복음 3:1이나 에베소서 2:8-9에 비추어 볼 때, 복음에 대해 전하는 설교란 무엇이며 복음 그 자체를 전하는 설교란 무엇일까요?
2. 로이드 존스는 설교가 아닌 것들(예컨대 수필, 강의, 단순한 주해)에 대해 이야기합니다. 그중에서 오늘날 가장 위험한 것은 무엇이라고 생각합니까? 여러분의 설교는 어떻습니까?
3. 여러분의 설교에서 좀 더 망치질이 필요한 부분이 있다면 어디일까요?(이 장 마지막 부분을 참조할 것)

5장 설교 행위

1. 로이드 존스는 설교자의 열정과 파토스, 뜨거움에 대해 많은 이야기를 합니다. 이와 다른 성격의 소유자도 강단에 설 수 있을까요? 설교

에 맞지 않는 성격이라는 것이 존재할까요?
2. 변호사와 증인이 어떻게 다른지 설명해 보겠습니까? 이 사실은 설교에 어떤 영향을 끼칩니까?
3. 설교자와 회중의 관계 및 교감에 대한 로이드 존스의 언급을 고려할 때, 가상 교회나 '멀티사이트 교회' 같은 새로운 교회의 개념에 대해 어떤 생각을 하게 됩니까?
4. 설교의 주된 목적이 하나님의 임재를 느끼게 하는 것이라는 로이드 존스의 말에 동의합니까? 그 외에 또 '주된 목적'이 있다면 무엇일까요?

6장 설교자

1. 설교자의 소명을 확인해야 한다는 로이드 존스의 말을 뒷받침할 만한 성경구절이나 성경의 사례가 있습니까? '소명'의 신학을 지나치게 강조할 때 발생하는 위험이 있다면 무엇일까요?
2. 재능이나 성품이 목회에 맞지 않는 사람을 온유하게 단념시킬 수 있는 실제적인 방법은 무엇입니까?
3. 설교자는 어떻게 보통 신자들과 아무 상관 없는 메마른 지적 논의를 배제하면서도, 학문과 신학에 대한 자신의 애정을 잘 사용하고 활용할 수 있을까요?
4. 로이드 존스는 설교학에 대해 강경한 입장을 취합니다. 그가 확신하는 내용 중 여러분이 동의하는 점은 무엇이며 동의하지 않는 점은 무엇입니까?

7장 회중

1. 여러분의 설교에—형식과 내용에—'청중'을 지나치게 우선시하는 측

면이 있습니까? 서로 이야기해 보십시오.
2. 시의적절한 설교를 하고자 과도히 애쓸 때 나타나는 모습들에 대해 토론해 보십시오. 반대로, 설교는 어떤 식으로 불건전한 전통주의에 매일 수 있습니까?
3. 설교의 능력을 더 이상 믿지 못하겠습니까? 우리가 이처럼 담대함을 잃은 이유는 무엇일까요?

8장 메시지의 성격

1. 어떻게 불신자들에게 복음을 전하는 동시에 신자들을 양육하는 전도 설교를 할 수 있을까요?
2. 설교의 효과를 떨어뜨리는 가정―회중과 설교자 양쪽의 가정―은 무엇입니까?
3. 모든 예배에 참석하라는 로이드 존스의 주장이 너무 강제적인 것 같습니까? 강제적이라고 생각하는 이유나 강제적이라고 생각지 않는 이유를 말해 보십시오. 우리는 예배 횟수를 늘려야 할까요?
4. 로이드 존스는 설교의 구체적인 부분들에 대해 강경한 견해들을 표명합니다. 그중에서 신선하고 솔직하게 느껴지는 견해는 무엇이고, 지나치다고 생각되는 견해는 무엇입니까?

9장 설교자의 준비

1. 최근에 갑자기 기도하고 싶은 충동을 강하게 느낀 적이 언제입니까? 그때 어떻게 했습니까?
2. 지금까지 어떤 식으로 설교를 준비하는 것이 자신에게 가장 효과적이었습니까? 새롭게 시도하고 싶은 방식이 있습니까?
3. 성경 외에 늘 여러분의 영혼을 새롭게 해 주는 책들은 어떤 것입니까?

4. 읽기를 싫어하는 사람이 설교자로 부름 받을 수 있을까요? 책을 잘 못 읽는 사람, 아주 더디게 읽는 사람은 어떻습니까?

10장 설교문의 준비

1. 본문을 연속해서 설교하는 것과 골라서 설교하는 것의 장단점은 무엇입니까? 어느 한 가지를 법칙처럼 고집할 필요가 있을까요?
2. 특별한 설교를 해야 할 날이 있다면 언제입니까?
3. 미리 계획해 놓은 본문을 고집하다가 설교를 망친 경우가 있습니까? 또는 그런 설교를 들은 적이 있습니까? 그 결과는 무엇이었습니까?

11장 설교문의 형태

1. 여러분은 적합한 형식을 위해 씨름하는 것과 형식의 노예가 되는 것 사이에서 어떻게 균형을 잡고 있습니까?
2. "예술적 수완의 기교와 예술의 필연성"이라는 말이 뜻하는 바가 무엇입니까? 이러한 구분이 여러분의 설교 준비에 어떤 도움이 되겠습니까?
3. 인용에 대한 로이드 존스의 의견에 동의합니까? 그 외에 또 어떤 습관이 설교의 능력을 빼앗아 갈까요?

12장 예증, 웅변, 유머

1. 설교를 준비할 때 여러분은 지나치게 준비할 위험이 큰 사람입니까, 부족하게 준비할 위험이 큰 사람입니까? 여러분의 설교 준비에서 바꾸고 싶은 부분은 무엇입니까?
2. 예증을 잘 사용한 설교를 들은 적이 있습니까? 또는 잘 사용하지 못한 설교를 들은 적이 있습니까?

3. 로이드 존스는 균형이 필요한 여러 부분에 대해 이야기합니다. 말을 잘하면 좋지만 그것을 목표로 삼지는 말라, 예증이 유익할 수는 있지만 너무 많이 쓰지는 말라, 유머를 사용해도 되지만 과도히 사용하지는 말라, 충분히 설교하되 너무 길게는 하지 말라고 합니다. 오늘날의 설교, 또는 여러분의 설교에서 균형을 잃고 있는 지점은 어디입니까?
4. 로이드 존스는 "설교에서 국적과 기질이 차지하는 위치는 무엇입니까?"라고 묻고, 그 대답은 하지 않습니다. 여러분의 대답은 무엇입니까?

13장 피해야 할 것들

1. 시간의 제약에 민감한 태도와 성령의 인도를 감지하고 그에 따르는 태도 사이에서 균형을 잘 잡으려면 어떻게 해야 할까요?
2. 여러분이나 다른 사람의 설교가 가지고 있는 장점 중 지나치게 부각되는 것이 있습니까?
3. 어떻게 하면 자신을 의식하지 않고 "자연스럽게" 설교할 수 있을까요? 로이드 존스는 이 장 말미에서 한 가지 답을 주고 있습니다. 그 외에 또 무슨 방법이 있을까요?

14장 결단의 요청

1. 어떻게 하면 사람들이 음악을 주인이 아닌 시종으로 여기게 할 수 있을까요?
2. 사람들의 의지에 직접적인 압력을 가하지 말아야 한다면, 어떤 식으로 설교에 의지를 끌어들여야 하겠습니까?
3. 성령의 역사와 관련하여 생각할 때, 계획과 전략과 방식이 감당하는 역할은 무엇입니까?

15장 함정과 낭만

1. 너무 좋아서 한 번 이상 들은 설교나 한 번 이상 전한 설교가 있습니까?
2. 목회하면서 남의 것을 베끼는 경우를 본 적이 있습니까? 설교할 때 계속 주를 달지 않으면서도 남의 설교에 신세를 졌다는 사실을 밝히려면 어떻게 해야 할까요?
3. 목사는 대개의 경우 한 교회에서 "오래" 목회해야 한다는 주장에 동의합니까?
4. "설교의 낭만"이라고 할 만한 일을 목격하거나 경험한 적이 있습니까?

16장 "성령의 나타나심과 능력"

1. 회중으로서든 설교자로서든, 로이드 존스가 말하는 기름 부음이 있는 설교를 처음 경험한 때가 언제입니까?
2. 특별한 기름 부음에 대한 열망과 정규적이고 평범하고 일상적인 사역의 부르심 사이에서 어떻게 균형을 잡고 있습니까?
3. 여러분이 이 책에서 얻은 가장 중요한 교훈이나 감동은 무엇입니까?

옮긴이의 글

강해 설교자 로이드 존스를 전공할 기회는 우연찮게 찾아왔습니다. 사실 남아프리카공화국으로 유학을 떠날 때에는 조직신학을 하기로 되어 있었습니다. 그런데 조직신학으로 석사 과정을 끝낸 다음 박사 학위 논문 준비를 하다가 평생 가르칠 과목이라면 아무래도 조직신학보다는 설교학이 더 어울릴 것 같아서 과목을 바꾸기로 결심했습니다. 실천신학에서 석사 과정을 하지 않았기에 반년 정도 그 공백을 채우기 위해 공부를 한 다음, 논문에 들어가기 위한 예비 시험을 구두로 치면서 교수님께 질문을 했습니다. "설교학에서 다루어 볼 만한 주제가 무엇이 있을까요?" 그러자 대뜸 로이드 존스를 연구하면 어떻겠느냐고 하셨습니다.

당시 지도교수님은 심장수술을 하고 병원에 누워 계시면서도 로이드 존스의 로마서 강해 설교를 읽고 즐기고 계셨으니 그런 대답은 예상할 수 있는 것이기도 했습니다. 교수님께서는 신앙의 가정에서 태어나서 목사로 부름 받아 사역을 하면서도 마음에 깊은 평안을 누리지 못하다가 로마서 6장에 대한 로이드 존스 설교를 통해 놀라운 해방감을 누린 경험이 있었습니다. 그 무렵 함께 공부를 하던 친구도 제가 설교학으로 과목을 바꾸자 로이드 존스를 전공하면 어떻겠느냐고 권했습니다. 저 또한 로이드 존스의 산상설교 몇 편을 통해 상한 심령을 치료받은 경험이 있었기 때문에, 로이드 존스 연구를 상황에 의한 성령님의 인도로 받아들였습니다.

그리하여 본격적으로 로이드 존스를 읽기 시작해서 하루 12시간 이상 그의 설교를 집중적으로 읽어 나갔습니다. 같은 설교를 최소한 두 번씩, 처음에는 한 사람의 성도로서 은혜를 받기 위해, 그리고 두 번째는 연구자의 입장에서 그의 해석 방법과 강해 방법에 주의하며 읽었습니다. 그의 설교뿐 아니라 그가 쓴 설교론인 이 책 「설교와 설교자」를 수없이 읽었고, 그 결과 학위 논문을 마무리할 수 있었습니다.

그런 과정이 있었기에 이미 번역된 이 책에 대해 아쉬움을 느끼던 차에, 기독교 잡지 「목회와 신학」의 부록인 '그말씀'에서 번역을 부탁받게 되어 반갑게 받아들였습니다. 처음에는 연재하다가 완역이 되면 단행본으로 출판할 계획이었으나 이런저런 사정으로 끝을 내지 못한 채 몇 년이 흘렀습니다. 그런데 이번에 복 있는 사람 출판사를 통해 정성을 다한 편집과 아름다운 장정으로, 또 로이드 존스가 생전에 선호하던 양장본으로 출간하게 된 것을 정말 기쁘게 생각합니다.

원서를 접하지 못하고 이미 나온 번역서만을 대하던 사람들도 이 책에 담긴 로이드 존스의 설교론에 큰 감명을 받았던 것이 사실입니다. 그럼에도 좀 더 원서에 충실하고 그 의미를 잘 살린 새로운 번역을 시도한 것은, 로이드 존스를 사랑하고 학문의 빚을 진 사람으로서 마땅한 도리요 갚아야 할 빚이라는 심정이 있었기 때문입니다. 그래서 깊은 애정을 가지고 작업에 임했습니다.

이 새로운 책을 통해 아직 로이드 존스의 설교론을 접하지 못한 사람들에게 새로운 시야가 열리게 되기를 바랍니다. 뿐만 아니라 이전 책으로 이미 유익을 얻은 사람들도 좀 더 정확하고 은혜로운 그의 음성을 다시 듣게 되는 기쁨을 누리게 되기를 간절히 소망합니다. 그리하여 로이드 존스를 알고 그에게 도움을 받은 모든 사람들의 서가에 「설교와 설교자」가 사랑받는 책으로 자리하게 될 것을 확신합니다.

2005년 9월

정근두